浙江省普通高校“十三五”新形态教材

高等职业教育电子商务专业系列教材

电子商务
网页设计与制作

傅 俊 主 编

曹春益 高雅斯 鲍婷婷 副主编

電子工業出版社

Publishing House of Electronics Industry

北京 • BEIJING

内 容 简 介

本书基于电商视觉设计这一岗位群体的生态链发展。电商视觉设计是运用最广泛的网页设计与制作为切入点，借助新的媒体手段，打造新形态教材，为学生学习提供更好的辅助、自由的拓展，为今后的职业生涯成长提供服务。打碎原有的学科化、软件应用化的知识体系，借助新形态的微课视频、案例、拓展图像、题库等，再依托省在线开放课程体系，将课程体系分解为有机关联的技能树。通过新形态的素材关联更好地叙述了知识点，展现了技能实践过程并能将情感态度价值观培养落实在其中。

本书内容包括：电子商务网站网店的结构规划、商品图片的拍摄与后期处理、电商网店的首页设计与制作、电商网店的详情页设计与制作、电商网站站点的设计及创建、运用 HTML5 制作宣传微网页、电商网站静态页面布局和创建。在具体学习任务组织中按资讯、决策、计划、实施、检查和评价这 6 个相对固定步骤去安排项目教学，便于学生更好地按照职业工作过程的习惯去学习和掌握技能，以实现能力本位的可持续发展培养目标。

本书可作为高职高专院校电子商务、信息类及计算机类专业的教学用书，也适合作为各类企业及电子商务工作人员的自学参考用书。

图书在版编目（CIP）数据

电子商务网页设计与制作 / 傅俊主编. —北京：电子工业出版社，2021.7
ISBN 978-7-121-41322-3

Ⅰ. ①电…　Ⅱ. ①傅…　Ⅲ. ①电子商务－网页制作工具－高等学校－教材　Ⅳ. ①F713.36②TP393.092

中国版本图书馆 CIP 数据核字（2021）第 116229 号

责任编辑：徐建军　　特约编辑：薛　阳
印　　刷：三河市鑫金马印装有限公司
装　　订：三河市鑫金马印装有限公司
出版发行：电子工业出版社
　　　　　北京市海淀区万寿路 173 信箱　邮编 100036
开　　本：787×1 092　1/16　印张：19.25　字数：492.8 千字
版　　次：2021 年 7 月第 1 版
印　　次：2022 年 1 月第 2 次印刷
印　　数：1 000 册　　定价：58.00 元

凡所购买电子工业出版社图书有缺损问题，请向购买书店调换。若书店售缺，请与本社发行部联系，联系及邮购电话：（010）88254888，88258888。
质量投诉请发邮件至 zlts@phei.com.cn，盗版侵权举报请发邮件至 dbqq@phei.com.cn。
本书咨询联系方式：（010）88254570，xujj@phei.com.cn。

前言
Preface

“双十一”已过完了 12 周年，电商行业也在向深入化发展，以网页设计、页面美工岗位为代表的电商视觉设计人才的需求也在逐渐转型升级，更多是趋向于网页设计与制作、商品图片处理这一类型。但是，随着网页美工与视觉营销及主题场景化设计的结合越来越多，越来越多的公司给这一岗位群体提出了更高的要求。另外，随着智能手机的普及，移动互联网不断发展，移动设备和大屏幕设备越来越多，手持界面和大屏幕的用户体验设计是大势所趋。网店的载体拓展到移动端后，网页美工人员还将越来越多地涉及 HTML5 页面设计、动效交互等更深入的内容。对于企业而言，特别是知名电商，在做营销活动时越来越注重活动页面内容建设，不仅是 C4D、动效等技术的融入，更是主题设计与整体运营思维的结合。

而一名合格的电商视觉设计师除了必须具有传统网页设计师所需要的网页制作能力和相关软件应用能力外，更需要有良好的审美能力、较强的设计创造能力、独特的视觉感受能力、扎实的艺术素养以及对电商营销、运营相关的深刻理解。

本书入选浙江省省级新形态教材，编写团队关注基于电商视觉设计这一岗位群体的生态链发展，打碎原有的学科化、软件应用化的知识体系，借助新形态的微课视频、案例、拓展图像、题库等，从企业真实招聘需求出发，注重职业核心技能和发展需求，重新制定所包含的知识目标和能力目标。本教材在内容编写时，将电子商务网页设计与制作的基本工作流程整理为：①前期规划；②信息采集；③素材处理；④素材合成；⑤页面呈现这样的一条业务主线。然后围绕这一业务主线进一步分离出一系列的岗位群需求对应情景。根据情景需求选择具有代表性的项目为载体组织课程内容。例如，增加了创意构成、商品拍摄、短视频制作、HTML5 宣传页呈现等符合最新岗位需求的内容。在具体学习任务组织中按资讯、决策、计划、实施、检查和评价这六个相对固定的步骤去安排项目教学，便于学生更好地按照职业工作过程的习惯去学习和掌握技能，以实现能力本位的可持续发展培养目标。

通过构建的内容学生将具有色彩、构图以及对于网页布局风格把握的综合审美能力，能运用主流网页美工软件 Photoshop、Dreamweaver 完成页面从规划、处理、合成到展现的业务流程。为学生胜任企业的电商视觉设计岗位群打好基础，同时也能满足学生向商品拍摄、产品交互设计、运营策划等细分岗位的升迁和自主创业的需求。在培养职业能力的同时注重培养学生的方法能力和社会能力。一是通过项目中流程的管理和教学情境，二是通过特色拓展内容的设置，如引入了商品拍摄、客户沟通结构图制作、商业活动海报创意、移动端交互设计等来提高学生职业迁移能力的培养，提高可持续发展能力。

在项目中的具体任务和情境化场景制定上，强调校企合作、工学结合，强调从生产一线的典型工作任务分析归纳为行动任务。本教材除了由入选国家“双高计划”的高水平专业群建设名单的浙江经贸职业技术学院电子商务专业群电商网页课程组负责外，还引入了杭州蓝阔视觉设计公司总经理、站酷十佳设计师之一的李渊，杭州念诚信息技术有限公司创始人余靓等企业导师，浙通服设计院高工鲍婷婷老师提供资源，使得教材内容能更好地与一线企业需求相结合。另外，团队还联合了浙江台州职业技术学院的童海君、浙江特殊职业教育学院的张磊等高职院校电商视觉设计领域知名的骨干力量一起开发教学内容，通过资源共享来更好地服务广大学生群体。

同时，本书还依托于浙江省省级在线开放精品课程“电子商务网页设计与制作”（https://www.zjooc.cn/course/2c9180827333632101733bdba4cd0ade）为课程服务，提供更好的交流平台。

本书由傅俊任主编，制定了本书的总体纲要，并编写项目 2、项目 4 和项目 7；由曹春益、高雅斯、鲍婷婷任副主编，曹春益编写了项目 3，高雅斯编写了项目 1，童海君和张磊编写了项目 5，鲍婷婷编写了项目 6。全书由傅俊、曹春益统稿。

本教材是课程团队近年来教学实践的总结，高职课程改革面临的任务还十分繁重，我们希望以此作为与院校同行、企业界朋友交流的载体，期待大家的指点和帮助，共同推动电子商务专业教学的改革和发展。由于本课程项目教学法正处于经验积累和改进过程中，同时，由于编者水平有限和时间仓促，书中难免存在疏漏和不足，希望同行专家和读者能给予批评和指正。

编　者

目录
Contents

项目 1

电子商务网站网店的结构规划

能力目标

通过本项目的学习，读者能够根据不同网站或网店的需求对目标网站或网店进行合理的结构规划，能够运用网页布局和色彩原理，对网站或者网店进行相应的色彩设计，以及运用软件绘制原型图。

知识目标

学习和掌握电商网站的设计需求，构图要点，色彩应用原理，首页结构布局，详情页的结构，掌握网店主题海报的色彩设计与应用。

教学重点与难点

- 网站设计的前期需求分析。
- 电商网站的常见布局。
- 电商网站设计的常用配色方法。
- 网店首页结构设计。
- 网店详情页的结构设计。
- 网店主题海报的配色原理。
- 网店设计的常用软件。
- 网店页面原型图的设计。

任务一 借鉴分析典型电商企业网站的结构

任务导入

在网上购物时，人们常常会被一些特定的信息所吸引，这些信息也许是令人心动的折扣信息，也许是制作精美的商品图，也许是风格独特的店铺首页，甚至可能是色彩微妙的海报。无论是被以上哪种信息所吸引，从本质上来说，都是被网页所传递的视觉信息所吸引。

思维拓展：作为设计师，在网店的视觉设计中，怎样分辨哪些是重要信息，哪些是次要信息呢？

心理学家表明：在所有人类感知中，视觉信息对人的认知影响达到83%。日常生活中，人们每天要接触成千上万条信息，大脑会有选择地对某些信息进行加工处理。尤其是在网上购物的过程中，区别于传统线下渠道的视觉、触觉和嗅觉并用，消费者只能通过图片和文字描述对商品进行了解。因此在网上购物过程中，视觉信息对消费者的影响尤其重要。

本项目将从构图、色彩两方面入手，由浅入深，带领读者进入电商网页设计的世界。

任务 1-1 电商企业网站的需求分析

任务描述

一个高质量的店铺视觉设计通常会让消费者印象深刻，准确把握消费者的需求，实现销售产品的目的。那么如何做到准确把握消费者的需求？在设计初期，设计团队需要以消费者为中心，进行充足的市场调研以及数据分析，从消费者出发进行视觉设计。

任务实施

1. 获取相关信息

信息获取渠道汇总如图 1-1 所示。

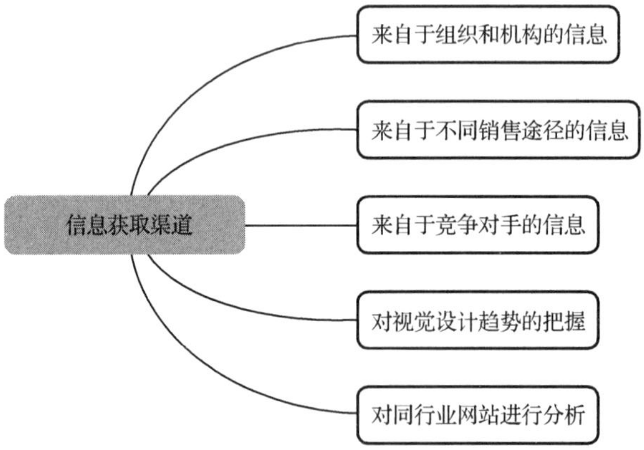

图 1-1 信息获取渠道汇总

（1）来自组织和机构的信息。行业分析数据可以来自互联网上权威的调研机构，也可以来自政府或行业协会等进行专业数据分析的组织和机构。从这些数据中心，可以了解到该行业的发展状况、发展趋势，甚至是消费者的需求。

（2）来自不同销售途径的信息。除了线上消费者的特殊性以外，消费者在选购某种商品时更多的是表现出一类群体的需求。因此在收集信息的过程中，应该从多种销售渠道收集详细的购买信息，大到厂家、平台数据，小到超市、便利店的销售数据，都可以为整个设计过程提供重要信息。

（3）来自竞争对手的信息。商品经济发展成熟的情况下，销售方更多的是需要不断地去了解、比较和改善。了解竞争对手的长处，和竞争对手进行比较分析，进而改善自己的产品和服务，准确把握自身品牌定位。

（4）对视觉设计趋势的把握。通过以上三个方面，可以了解网店的基本情况。而在视觉设计中，仅了解以上信息远远不够，还需要把握一些特定的设计趋势。例如，每一年度的设计趋势，流行色、流行设计风格，不同年龄、国家、性别的消费者的喜好等。

（5）对同行业网站进行分析。对于一个商品来说，在不同销售平台上的销售方式也会有差异，例如，国内外知名电商平台淘宝和亚马逊，两者虽然同为电商平台，但是其在视觉设计上却大有不同。因此在具体的设计项目中，对同行业中视觉设计中的佼佼者进行分析和借鉴也是必不可少的，视觉设计优秀的网店值得其他人学习。

2. 信息的处理

在拿到真实可靠的数据信息后要进行详细的数据分析。数据分析可以从线上和线下购物的共性和两者各自的特性三个方面来进行。线上数据主要分析消费者的年龄、消费时间、用户分布情况、价格接受度等；线下实体店数据分析重点在于要对自有产品的地域销售差异和同类产品的包装、价格、促销情况、销量等进行分析。

在实际数据采集中，线上数据多来自第三方平台或品牌方，此类数据较好采集，所花费的人力和物力较线下数据来说较低。因此，很多品牌方常常会忽视线下数据的收集。然而在日常购物途径中，整个行业的销售情况是由线上和线下实体店铺两者相结合组成，只有对两者分别进行分析，才能构成完整的销售形态，得到的销售数据才更加全面，更加真实。

3. 消费者分析

消费者分析主要用来确定消费人群的年龄、性别、购买时间、购买场景等。通过消费者分析可以得到针对不同年龄层次和不同性别的消费者在不同购物场景的不同需求，可以更进一步地将用户需求具体化。通过消费者分析，可以确定消费者的生理情况，把握消费者的主流心理，确定消费者的兴趣爱好，为视觉设计指明方向。

4. 竞品分析

竞品分析是对竞争对手的产品进行分析比较。通过竞品分析，设计团队可以了解并学习竞争对手。对于产品而言，可以更直观地了解用户的需求，增加产品的竞争力，使产品更加贴近市场。竞品分析主要分为 5 个步骤，如图 1-2 所示。

（1）确定目标，即明确竞品分析的目标是什么，要得到哪些具体信息，需要分析哪些层面。

（2）选择竞品，即确定市场上存在哪些竞争对象。竞品通常分为两种，第一种为直接竞品，第二种为间接竞品。以健康网站为例，直接竞品就是同类健康网站，间接竞品则是运动类网站。

（3）确定维度，指的是确定产品之间进行哪些方面的对比，通常分为市场需求、用户需求、产品、市场与价格等方面。以产品为例，对竞品进行分析可以从产品的功能与内容、视觉与设计、交互体验、品牌形象等方面来进行分析。

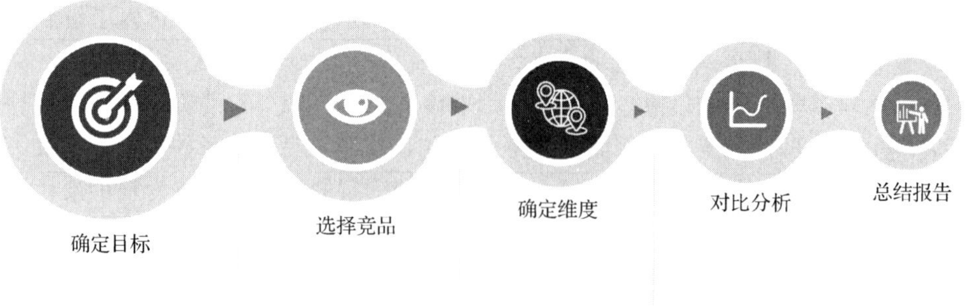

图 1-2　竞品分析的 5 个步骤

（4）对比分析：以产品的功能分析为例。例如，可以对比分析以下几个问题：产品各自有哪些基础功能？产品的特色功能是什么？通过头脑风暴进行分析后，可以初步生成产品功能的思维导图。进一步将信息进行整理和对比，形成产品功能对比表格。

（5）总结报告。

任务分析

1. 网站规划的市场调研

网站的规划是指在网站建设前确定好网站的主题和功能目标后，对网站目标定位进行的内容规划和功能规划。其中直接的表现就是网站结构的规划，特别是对于网站前端部分而言，更为关注的是网站的栏目设计。

对于确定网站的主题和功能目标而言，就是明确该电商企业网站建立的目标是企业形象展示，还是用于与用户之间进行交互、社群营销改进服务，还是单纯要实现网络营销与在线交易为主的。其次是分析考虑企业自身的经营状况，包括企业的主营产品的情况，消费市场的认知程度以及所处行业状况。目标明确后，就是市场分析，分析网络中企业现有的同类型公司的网站情况。若是比较大的网站，那么往往还需要调研市场人群的详细情况，进行目标客户分析。最后再进行可行性分析评估。

2. 竞品分析的目的

竞品分析的目的分为以下几种。

（1）帮助产品定位：在产品的战略层面制定产品战略规划，帮助产品进行定位，找到合适的细分市场。

（2）产品运营：随时了解竞争对手产品的市场竞争和运营策略，提高产品市场竞争力，挖掘潜在市场。

（3）了解对手：了解行业新产品、新技术，与时俱进，提高自身竞争力并超越对手。

（4）取长补短：在产品的功能与用户体验方面，“取长补短”，深入了解用户的习惯，并在对手的基础上进行改进和提升。

（5）做产品的依据：形成较为完整的系统化产品思维，把握客观准确的产品设计方向。

竞品分析通常包括背景分析和定位分析两方面。

背景分析主要包括公司的资源、团队的背景、人员构成、组织架构、公司愿景、成本构成。通过背景分析，可以深入了解公司的现状、公司的风格。

定位分析包括产品定位、目标市场定位、产品差异化定位。产品定位指的是在产品设计之初或在产品市场推广的过程中，通过广告宣传或其他营销手段使得本产品在消费者心中确立一个具体的形象的过程，简而言之，就是给消费者选择产品时制造一个决策捷径。经营者决定进入的细分市场称为目标市场。选择目标市场的有效方法是产品/市场网目分析法。目标市场定位是指根据竞争者现有产品在市场上所处的位置，针对消费者或用户对该种产品的某种特征、属性和核心利益的重视程度，强有力地塑造出此企业产品与众不同的、给人印象深刻的、鲜明的个性或形象，并通过一套特定的市场营销组合把这种形象迅速、准确而又生动地传递给顾客，影响顾客对该产品的总体感觉。产品差异化定位指企业在其提供给顾客的产品上，通过各种方法造成足以引发顾客偏好的特殊性，使顾客能够把它同其他竞争性企业提供的同类产品有效地区别开来，从而达到使企业在市场竞争中占据有利地位的目的。

任务 1-2　电商企业网站的布局结构分析

微课-电商网站布局结构分析

任务描述

在明确了企业电商网站的设计需求后，需要进一步对所获得的信息进行归纳整理，同时进行视觉上的设计排版，电子商务网站的布局类别繁多，按栏位分有两栏式、三栏式、多栏式，按对齐方式分有居中对齐、左对齐，按照宽度分也有宽屏和非宽屏之分。通过任务实践了解如何去实施电商网站布局。

任务实施

1. 确定页面尺寸

随着科技的进步，网店页面设计分为两种：一种是 PC 端的界面设计，另一种是针对移动端的界面设计。PC 端又叫网页端，常见尺寸有如表 1-1 所示的几种。

表 1-1　常见 PC 端显示器分辨率及其比例及现状

序　号	尺寸/px	比　例	使用现状
1	1920×1080	16 : 9	主流
2	1366×768		
3	1600×900		非主流
4	1440×900	16 : 10	传统比例
5	1680×1050		
6	1920×1200		
7	2560×1600		
8	800×600	4 : 3	淘汰
9	1024×768		

随着显示器价格的下降，显示器的尺寸越来越大，小尺寸的显示器遭到淘汰，在实际运用中，网页常用尺寸为 1920×1080px。

2. 确定布局方式

不同的页面布局在视觉上有不同的侧重点，在确定了页面尺寸后，设计人员需要进一步确定网页的布局方式。

按对齐方式分类，常见的布局方式有以下几种。

（1）居中布局——导航栏在主视觉图下方。

主视觉图在导航下方的居中布局，在一定程度上弥补了主视觉海报截断的感觉，使元素过渡更加自然，页面更加完整，如图 1-3 所示。

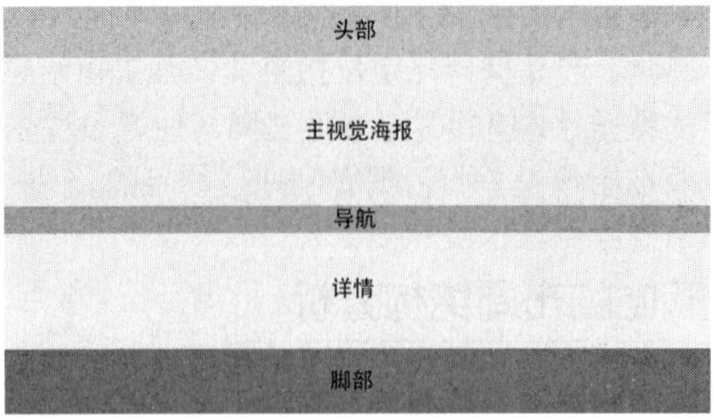

图 1-3　导航栏在主视觉下方的布局方式

（2）居中布局——导航栏在主视觉图上方。

导航在主视觉图上方的居中布局方式，相比导航在主视觉图下方的布局来说，主视觉部分更具有灵活性，既可以向上拓展到 logo 和导航的顶部位置，也可以向下延伸到内容部分。这种布局方式也是非常常见的，如图 1-4 所示。

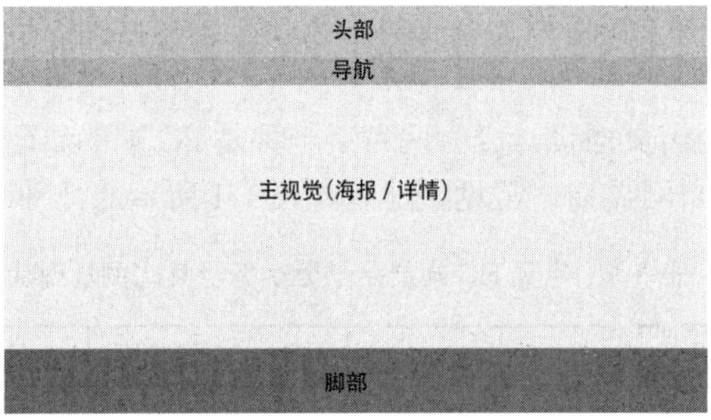

图 1-4　导航栏在主视觉上方的布局方式

（3）同字形布局。

环绕式的布局比其他布局方式更加灵活，海报区域相对较小，因此可以在页面上放置更多的信息，如图 1-5 所示。

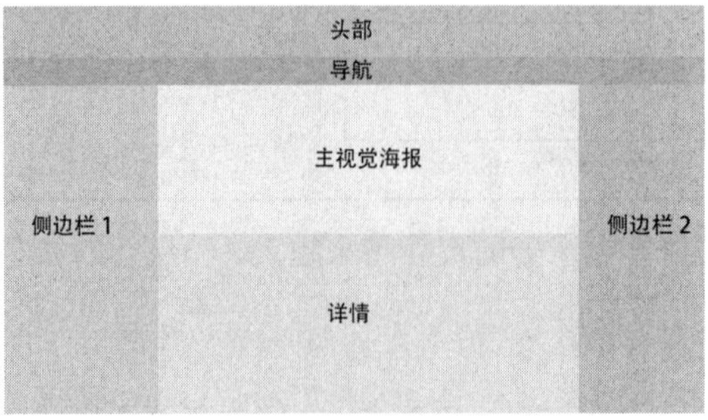

图 1-5　同字形布局方式

（4）T 字形布局。

T 字形布局方式侧重于导航和文字内容的展示，因此在商业网站中并不常见，通常会运用在系统后台，如图 1-6 所示。

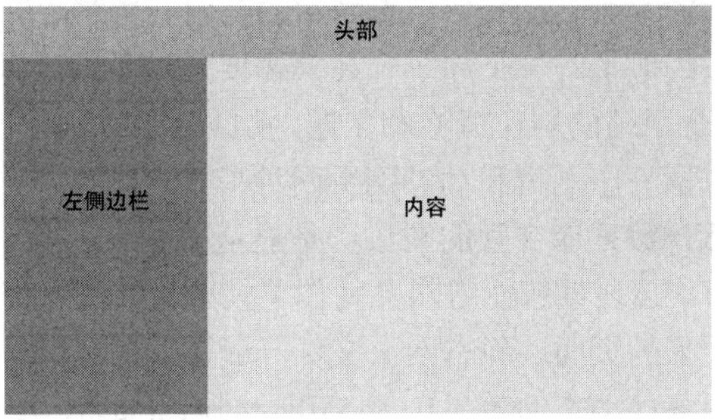

图 1-6　T 字形布局方式

（5）左右布局。

左右布局方式在商业网站中并不常见，通常会运用在系统后台，如图 1-7 所示。

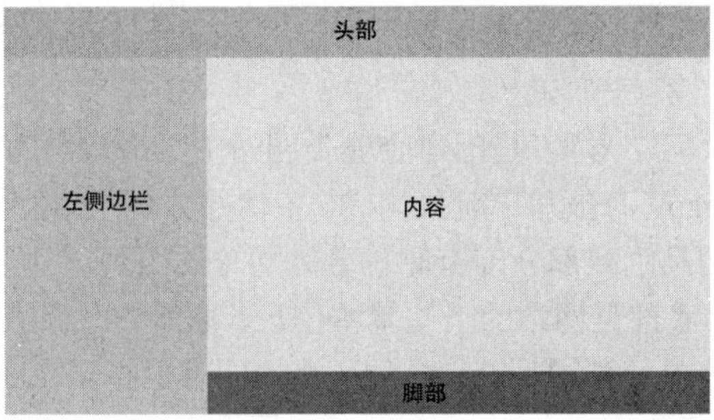

图 1-7　左右布局方式

另外，按分栏数量分类，还可以分为：两栏式、三栏式和多栏式。

任务分析

1. 电子商务网站布局的概念

网页的美感除了来自网页的色彩搭配外，还有一个重要因素就是版面布局设计。布局，就是以最适合浏览的方式将图片和文字排放在页面的不同位置。什么才是“最适合”并没有一个标准答案。一般来讲，主要考虑其实用功能和审美功能。

1）实用功能

网页内容的主次一定要从网页的版式上体现出来，网页设计要突出重点内容；网页的导航一定要清晰，布局合理和逻辑性也是网页版式设计的要点。

2）审美功能

网页的版式要具有整体性、一致性，总体来讲就是统一；要合理地划分整个页面，安排页面各组成元素，即分割；通过合理运用矛盾和冲突，使设计更加富有生机和活力，即对比。

2. 网页和网站

网页是构成网站的基本元素，是承载各种网站应用的平台。网站就是由一系列围绕同一主题的统一风格的网页组成的。网站的具体内容就是网页，访问网站就是通过网页浏览器来获取该网站的资源信息或者网络服务。

主页，也称为“Home Page”，也是一个网页，但是它是一个特殊的网页。一般每一个网站必须有且只有一个主页，该主页与该网站的 URL 绑定，当在浏览器中输入一个网站的 URL 时，在浏览器上将显示该网站的主页。主页相当于网站的正门。当然，访问一个网站不一定通过主页进入，但是想要规范系统地了解一个屋子，还是需要通过正门进入。主页作为网站的正门，也是一个标志，体现了整个网站的制作风格和主题，主页上通常还会包含整个网站的导航目录。

网站中的网页一般包括静态网页和动态网页两种形式。

静态网页是指不和后台数据库交互的网页，是显示 HTML 格式的网页，内容相对固定，当需要改变其信息内容时，必须重新使用网页制作工具来对其进行修改，修改后的网页还要重新上传到服务器上覆盖原来的页面。静态网页文件一般以.htm、.html、.shtml、.xml 为扩展名。在静态网页上，可以出现各种动态的效果，如 GIF 动画、Flash、滚动字幕等，这些动态效果并不会改变页面本身的内容。

动态网页通常由数据库交互和相应的应用程序构成，采用动态网站技术生成。动态网页文件一般以.asp、.aspx、.jsp、.php 等为扩展名。

3. 网页版面布局类型

网页版面布局大致可分为“同字形”“拐角形”“标题正文形”“封面形”“框架形”“Flash 形”等。

“同字形”，也称为“回字形”，是国内企业类网站主页最常用的类型，即分为顶端、主体和底部。顶端常由网站 logo、海报和导航条构成。主体部分是网站的主要内容，一般分为三列，左右分列一些类目，中间是主要部分，有时也分为均分的四列。“同字形”最主要的特点就是沿中轴线左右大致对称。底部是网站的一些基本信息、联系方式、版权声明等。这种结构是一般企业网站的首选，这种布局能体现出稳重的风格，同时也能显现出大气。

“拐角形”分为“左拐角形”和“右拐角形”，国内企业网站常采用“左拐角形”，这种结构与“同字形”很接近，只是形式上的区别。主要区别在主体部分，它分为两列，“左拐角形”左侧列表为一窄列，右列则很宽，“右拐角形”反之，其余顶端和底部和“同字形”类似。因此，这种布局经常和“同字形”结合运用，很多企业网站主页采用“同字形”，二级页面采用“左拐角形”，能够很好地体现整个网站的一贯风格。

“标题正文形”，该类型最上面是标题或类似的一些内容，然后是分割线，接着就是正文，很像平时的文章。这种类型多用于网站的新闻页面中。

“封面形”基本上出现在一些网站的首页，整个页面的绝大部分为一个动画或者一张精美的图片，然后通过几个简单的链接或者直接通过单击即可以链接到真正的主页。这种类型主要起着美化和点题的作用，如同杂志的封面。

电商平台类最主要的特色是在主页会有一定篇幅显示分类列表，如图 1-8 所示。分类列表的作用如同传统商场中的导购牌，将购物商场中的商品分门别类，这样可以方便访问者找到需要的商品。除了分类列表外，就是在主页最为明显的位置放置搜索栏。整个首页最为主要的部分，是分栏目地展现各种营销活动和商品的推荐，从而促发消费者的购买需求。现阶段由于主页商品展示的需求，电商平台主页的幅面长度也和门户类网站、电商网站一样越来越长。

图 1-8　电商平台类布局

任务 1-3　电商企业网站的色彩应用

微课-企业网站色彩分析与应用

任务描述

颜色是人们感知世界的重要途径之一，它最容易打动人心。在设计过程中，掌握了相关信息并进行排版后，需要进一步对页面色彩进行设计应用。要想制作出具有美感的设计作品，需要掌握一定的色彩规律。通过对颜色的属性、色彩关系和色彩感情的理解，来进行颜色的搭配。

任务实施

1. 品牌色取色法

微课-动画：色彩的心理的展现

（1）确定主要色调。通常情况下，企业会有一个自己的品牌色。主色调的确定有以下几种途径：①根据品牌色确定主色调，品牌色指的是品牌官方最常使用的颜色；②根据产品的性质选取颜色，例如，健康食品类网站通常使用绿色，母婴用品通常使用粉色等柔和色彩，金融支付类网站通常使用蓝色、红色和金色等，不同的产品和服务，会选择不同的颜色。

（2）选择辅助色。选择辅助色的方法有两种，一种是选择类似色，另外一种是选择对比色或互补色。前者在设计中使用较为稳定，色彩搭配中不易出错；后者运用得当时，可以增加视觉冲击力，在运用不恰当的情况下，则会让产品产生廉价感。

2. 马赛克取色方法

根据产品需求选取一张色调和谐统一的图片，要求色调柔和统一。在选择图片时要注意图片的色彩的选择，不能选择低质量的摄影作品、PSD 或平面设计文件、插画和部分产品摄影作品，避免出现全灰或者全部都是亮色这种极端的颜色，如图 1-9 所示。

图 1-9　取色

（1）将图片进行马赛克处理。在 Photoshop 的菜单栏中找到“滤镜”｜“像素化”｜“马赛克”。马赛克大小要适中，过小取色难度大，过大颜色渐变过少，缺乏细节。

（2）根据需要选择几种颜色。用“吸管工具”吸取所需要的颜色，选取的颜色要由深到浅，有明显的明暗渐变变化。其中最重的颜色要接近黑色，最亮的颜色接近白色。如图 1-10 所示，从中选出 5 种颜色，具体颜色数量在实际应用中可以根据需要来选择。

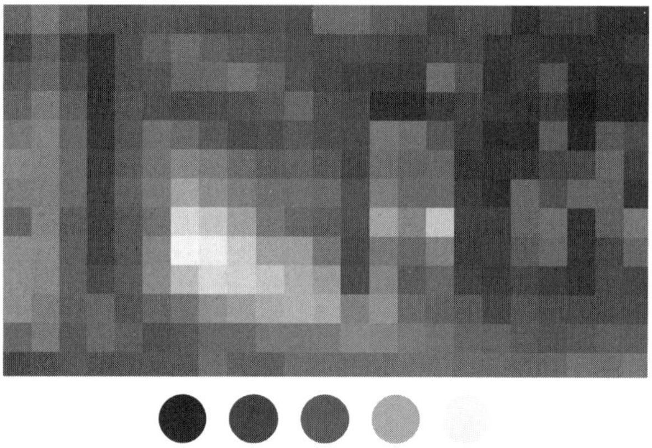

图 1-10　最终选取颜色

（3）将色彩填入页面中。填入色彩时，要将 5 种颜色分清楚主次，在使用面积上主动做出区别，同时在使用色彩时也有一些常用的规律，例如，最深的颜色通常不能以大面积色块的形式出现，重色的主要作用是增加页面的层次感，让页面在整体视觉上具有重量。因此，除了特殊风格的需求，重色一般在页面中小面积、分散地出现，甚至是文字的形式。而最浅的颜色也是必不可少的，否则页面容易使人产生沉闷感。剩下的中间过渡色中，需要取出一种颜色作为主色彩，在页面中大面积地出现，但是有一点要注意的是，主色彩最多选择一两种，不能太多，对于初学者而言，过多的色彩更加难以控制。

任务分析

当人们提到可口可乐、星巴克、淘宝时，脑海中会自然而然地联想到和这些品牌相关联的颜色：可口可乐的红色瓶身，星巴克的绿色 logo，淘宝橙色的图标……研究表示，人们对于品牌商品的快速印象有90%来自其色彩，品牌或者品牌商品的颜色是人们接触品牌最直接的视觉呈现，从某种意义上来说，色彩是品牌在人们心中构建品牌辨识度的第一步。因此，一个好的配色能够给消费者留下好的印象，促进品牌的推广和消费者的购买欲。在色彩中有一些基本的理论需要掌握。

1. 色彩的属性

一块色彩出现，就同时具有三种基本属性：明度、色相、纯度（饱和度）。三属性是界定色彩感官识别的基础，灵活应用三属性变化是色彩设计的基础。

1）明度

根据物体表面反射光的程度不同，色彩的明暗程度就会不同，这种色彩的明暗程度称为明度。以光源色来说，可以称为光度。对物体色来说，可称为亮度、深浅度等。在无彩色类中，最高明度是白色，最低明度是黑色，黑色的明度被定义为0，而白色的明度被定义为10，其他系列灰色的明度则介于两者之间，一般可分为9级。靠近白色的部分称为明灰色，靠近黑色的部分称为暗灰色。在有彩色类中，最明亮的是黄色，最暗的是紫色，这是因为各个色相在可见光谱上，振幅不同，对于眼睛的知觉的程度也不同。黄色、紫色在有彩色的色环中，成为划分明暗的中轴线。任何一个有彩色掺入白色，明度会提高；掺入黑色，明度则会降低；掺入灰色时，依灰色的明暗程度而得出相应的明度色。

2）色相

色相是有彩色的最大特征。所谓色相是指色彩的相貌，亦即能够比较确切地表示某种颜色色别的名称，如藤黄色、橘黄、柠檬黄等。色相是区别各种不同色彩的最准确的标准。事实上，任何黑白灰以外的颜色都有色相属性，而色相也就是由原色、间色和复色构成的。色彩的相貌是以红、橙、黄、绿、青、蓝、紫的光谱色为基本色相。从光学物理上讲，各种色相是由射入人眼的光线的光谱成分决定的。即便是同一类颜色，也能分为几种色相，如黄色可以分为中黄、土黄、柠檬黄等，灰色则可以分为红灰、蓝灰、紫灰等。基本色相的秩序以色相环形式体现，称为色环。色环分别可作为6色相环、12色相环、24色相环等多种色彩秩序，如图1-11所示可以到演化到24色相环。

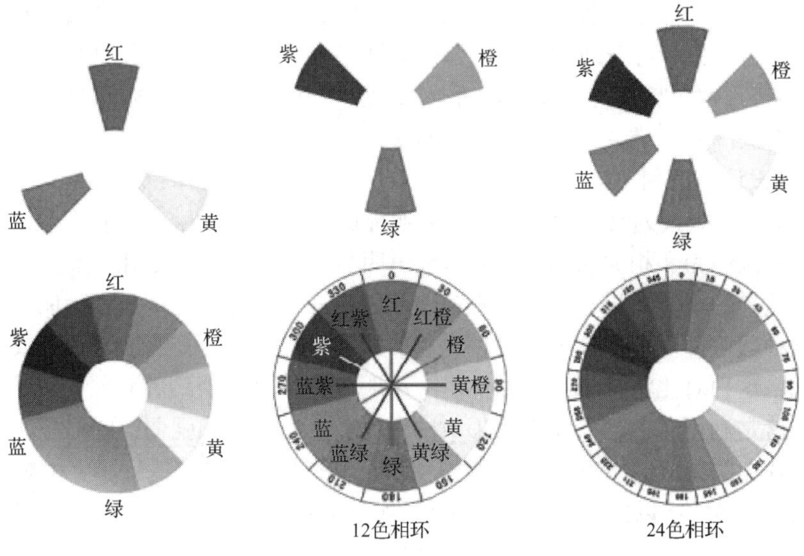

图1-11　色相环

3）纯度

色彩的纯度是指色彩的纯净程度，也常被称为饱和度，它是表示颜色中所含某一色彩的成分比例。可见光谱的各种单色光是最纯的颜色，当一种颜色掺入黑、白或其他彩色时，纯度就产生变化。纯度还能表现出色彩感觉的强弱，其中纯色的色感较强，也可被称为色度强。

对于物体固有色而言，物体表面结构的细密与平滑有助于提高该色的纯度，光洁的表面表现出的色彩纯度要比同一粗糙表面的色彩纯度更高。单一的基本色要比其他色彩的纯度高，而在单一的基本色中除各自有各自的最高纯度外，之间也可分纯度高低，红色纯度最高，绿色相对低，其他居中，黑白没有纯度。任何一种单一的色彩加入无彩色系中任何一色混合，都会降低纯度。

2. 色彩心理

色彩心理可以说是客观世界的主观反映，色彩本身并不具备情感因素，人们能感知色彩的情感，是长期受自然色彩的熏陶，使视觉感知与外来色彩刺激发生呼应，在人心理上引发了一定的情绪，从而培养了对不同色彩的好、恶情感，进而影响了人们的心理、情绪和行为。例如，红色易使人联想起太阳、火焰、鲜花等，感觉温暖、热情、积极、希望、幸福等向上的情绪，红色也是我国传统的喜庆色彩。含白的高明度粉红色，则使人产生柔美、愉快、温雅的感觉，几乎成为女性的专用色彩。黑色属于无彩色，明度最低，因此给人留下神秘、黑暗、庄严的意象。而事实上，黑色还能直接表现出一种坚毅、力量、勇敢精神，生活用品、科技产品以及一些服装设计大多利用黑色来塑造相应的形象。白色有明亮、纯洁的意象，象征纯洁、朴素、卫生等，白色被大量应用在医疗卫生系列中。另外，白色也具有高级、科技的意象，通常需和其他色彩搭配使用。在生活与服装用色上，白色是永远流行的主色，可以和任何颜色搭配。

了解色彩的心理性格及其对人们心理的联想，不仅对于我们在商品拍摄时的背景、搭配场景等的选择有着重要的意义，也对人们的工作、生活和身心健康有着重要的影响。色彩心理也与年龄有关，研究发现，人们随着年龄上的变化，生理结构也发生变化，色彩所产生的心理影响也会变化。年龄越近成熟，所喜爱的色彩越倾向成熟稳重。儿童大多喜欢鲜艳颜色，婴儿喜欢红和黄，随着年龄增长，人们对色彩的喜好逐渐向复色过渡，向灰色系靠近。

人们对某种色彩的偏爱与性格有很大关系，不同的色系具有不同的含义，因此可以根据人们的衣着色彩、房间色彩等身边的东西，分析其性格。色彩心理也与职业有关，一般体力劳动者喜爱鲜艳色彩，脑力劳动者喜爱调和色彩及复色。色彩偏好还与民族习惯有关，色彩心理喜好与社会因素有关，有人类共性的一面，又有民族、地域差异。

3. 色彩的设计与应用

在色彩的设计中，最为常用也是效果最为明显的就是色相对比。色相对比并不需要受众具有很高的色彩辨别能力和相关认知，就能体现出明显效果。例如，使用三原色的色相对比就能产生最为明显差异的视觉效果。三原色的对比是任何三种颜色对比中最强烈的、最直接的，因为三原色的每种颜色都没有掺杂另外两种原色。如果将间色或者复色加入画面或者是间色、复色之间的对比，这种对比将被缓和，当然，应用明度和纯度也能缓和对比。

色相对比就是利用各色相的差别而形成的对比。色相对比的强弱，也就是冲突和协调，决定于色相在色环上的距离。以常见 24 色相环为例，任选一色作为基色，色相对比可以分为：同种色相对比，距离 30° 以内；类似色相对比，距离 60° 以内；邻近色相对比，距离 90° 以内；对比色相对比，距离 120° ；以及互补色相对比，距离刚好 180° 。

同种色对比，色距非常接近，产生的对比为弱对比。有时更是一种颜色产生不同明度变化，如深浅不同的绿色为同种色。同种色对比将获得安静柔和的色彩效果。类似色相对比，跨度加强了一些，但总体来说色差还是较小。通过这种中弱对比，色彩关系既柔和又有相对明确的变化，在体现整体风格的色彩设计中应用较多。邻近色相对比，色相之间的对比进一步扩大，对比明显加强，色彩关系趋于活跃，效果也趋于明快。对比色相对比，如品红到黄到青等，色感更具有鲜明、强烈、饱满的感情特点，容易使人兴奋、激动。互补色相对比，也是表现冲突常用的颜色，而互补色对比是所有色相对比中最为强烈的对比，色彩的矛盾冲突极为强烈，色彩对感官的刺激也最为强烈，在应用中需要更高的技巧。

任务二　借鉴分析典型电商网店的结构

任务导入

从设计师的角度出发，要想做好网店的页面设计，就必须先了解页面有哪些结构，为今后的学习内容建立起框架。

任务 2-1　电商网店的首页结构分析

微课-网店首页结构分析

任务描述

随着移动互联网软件和硬件的成熟，电商网店逐渐分为移动端和 PC 端两种，两种终端的页面设计主题、内容基本相同，但在细节上还是有细微的区别。本任务以各大电商平台店铺为例，介绍了两者在首页和详情页上有哪些异同。

任务实施

1. PC 端首页结构分析

PC 端店铺首页指的是在 PC 浏览器上显示的网店首页，在结构上通常分为两种，一种是以淘宝、京东为代表的以店铺或者品牌为主体的形式，另外一种是以亚马逊、唯品会为代表的在展示上弱化店铺的平台。因此在分析时以淘宝、京东平台的店铺为主要分析对象。

下面以花西子天猫旗舰店店铺首页为例，如图 1-12 所示。

1）店招

店招指的是店铺招牌，位于页面主体内容的最顶端，好比人的眉头，起到宣传和引导的作用，通常从店招开始就可以看出店铺的风格和品牌特点。店招的内容包括店铺 logo、企业宣传语，以及简短的促销信息等。

在不同的电商网站中，店招的具体内容和尺寸会有略微的区别。天猫和淘宝的具体店铺位置之前会一个平台 logo，高度统一为 150px。在宽度上淘宝店铺店招为 950px，天猫店铺店招为 990px。因此在进行具体的店招设计时，需要根据平台的具体要求来设计。

花西子旗舰店的店招左边为品牌 logo，中间为品牌理念，右侧为品牌主打产品名称。整体色调和元素都以中国风元素为主，如图 1-13 所示。

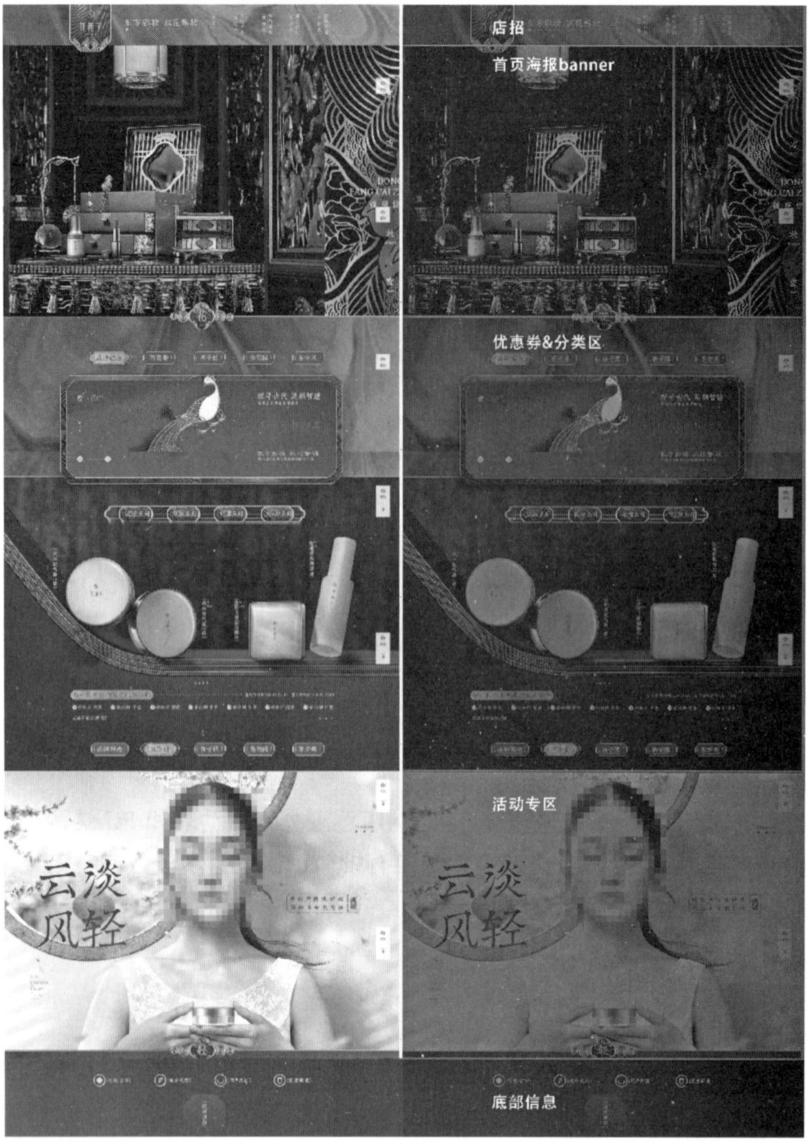

图 1-12　花西子旗舰店首页分析对照图

图 1-13　花西子店招截图

2）首页海报

首页海报也可以称为首页 Banner，无论是在移动端还是在 PC 端，打开店铺出现的屏幕中所占面积最大的就是首页海报，因此首页海报始终是设计的关键。首页海报传达着店铺当前的重要促销信息，最能体现店铺风格。好的首页海报可以有效营造店铺风格调性，或者传递品牌当前的营销策略。PC 端首页海报的尺寸宽为 1920px，高度没有具体的限制，常用尺寸为 600～1000px。其中，天猫海报宽度为 990px，淘宝海报宽度为 950px。

花西子的首页海报是由一组轮播图组成的，分别是以其主打产品为组合的国风套盒为中心的风格统一的古典海报。该店铺的海报尺寸为 1920×1000px，如图 1-14 所示。

图 1-14　花西子海报示意图

3）分类区&优惠区

第三部分内容通常是分类产品展示或者活动优惠券。在平时这一部分以产品的分类展示为主，而在重大主题活动时，会适当展现领取优惠券的信息。该区域位于第一屏和第二屏之间，通常起到吸引消费者继续往下看的作用。

花西子旗舰店第三部分——“花”主要起到分类的作用，第一排“品牌理念”“百花册”“西子匣”“御花园”“东方美”分别对应首页的几个部分；第二部分则是产品的分类筛选“底妆系列”“唇妆系列”“眼眉系列”“定卸系列”等，如图 1-15 所示。

图 1-15　花西子分类筛选示意图

4）活动专区

活动专区位于第二屏的位置，需要用手指上滑一下才能看到。该区域放置的是店铺的活动产品或者热销爆款。该区域的长度通常没有具体的限制。

5）底部信息

底部信息位于店铺的最底端，通常包含店铺 logo 和所提供的服务。底部信息在网店设计中为非必要部分，可以根据实际需要进行设计。花西子的底部信息以其品牌故事为主要内容，彰显其品牌文化。

2. 移动端首页结构分析

下面选择花西子天猫旗舰店的部分内容为例。移动端店铺首页分为以下几个部分：首页海报、优惠券&分类区、活动区&产品介绍，如图 1-16 所示。

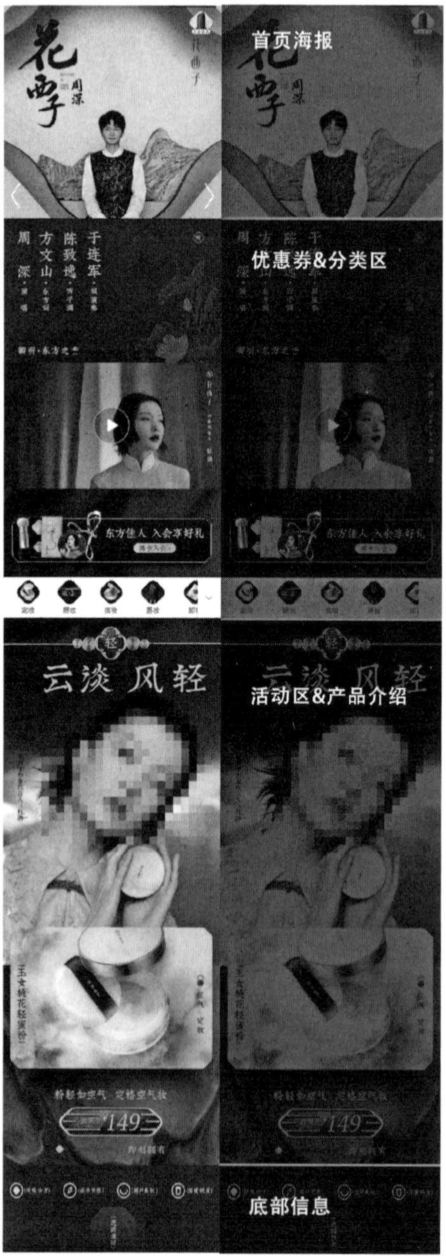

图 1-16　首页布局信息对照

任务分析

1. 店招的尺寸

1）PC端店招尺寸

在不同的电商网站中店招的具体内容和尺寸会有略微的区别。以天猫和淘宝为例，天猫和淘宝的具体店铺位置之前会有一个平台logo，高度统一为150px。在宽度上，淘宝店铺店招为950px，天猫店铺店招为990px。因此在进行具体的店招设计时，需要根据不同的平台来设计。

2）移动端店招尺寸

移动端的店招不会在店铺首页出现，店铺首页主要展示的是系统默认的项目和导航。

2. 首页海报尺寸

1）PC端海报尺寸

PC端主题海报的宽度和页面宽度一致，即1920px，但是为了能让网页在不同的PC显示器上观看效果良好，在内容布局上要注意使用页面的版心。淘宝的版心宽度为950px，天猫店铺的主题海报版心宽度为990px，在设计的过程中所有内容要分布在这个范围内。

2）移动端海报尺寸

移动端海报也可以叫作竖屏海报，在设计过程中为了能够适配，竖屏海报的宽度经常会和PC端版心保持一致。其区别在于竖屏海报为了让手机浏览体验更好，左右两边会各自空40px的距离，而高度则一般控制在1200px以内，可以根据实际需求来确定。

任务2-2　电商网店的详情页结构分析

任务描述

电商详情页指的是在购物时看到的宝贝详情页，也叫作宝贝详情、宝贝介绍等。电商详情页经历了从2003年淘宝成立初期简单的产品图片排版和产品参数介绍，发展到如今由专业团队协作、精心策划的阶段。电商详情页在电商网站中发挥着越来越重要的作用。

任务实施

本部分以某店铺产品为例，选取该店的某产品详情页作为案例进行分析，如图1-17所示。

1. 主图

主图，顾名思义是展示产品的主要图片，位于详情页的左上端，主图尺寸通常是314×418px。主图并不是指一张图，而是指一块由多张图片构成的区域。近年来，由于视频展示的兴起，主图中也会放入一段精心制作的短视频来展示产品。

主图区域包括商品主图信息、跳转按钮、商品标签等。商品主图信息包括：短视频、图片、全景图片等，当商品同时具有不同类型的主图信息时，优先顺序要确定。跳转按钮即滑动翻页，翻至最后一页时，进入商品详情页面。商品标签指的是根据促销活动所显示的标签，在用户了解商品基本信息后，帮助用户快速定位重要信息，如限时秒杀、团购、折扣等，如图1-18所示。

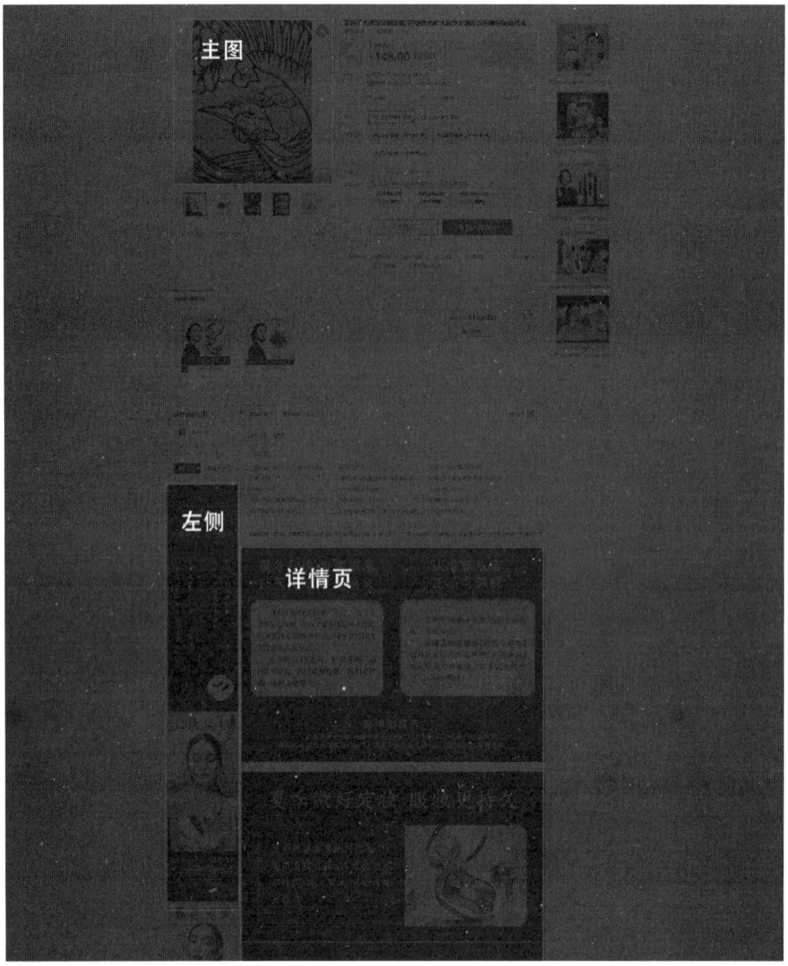

图 1-17　店铺详情页分析

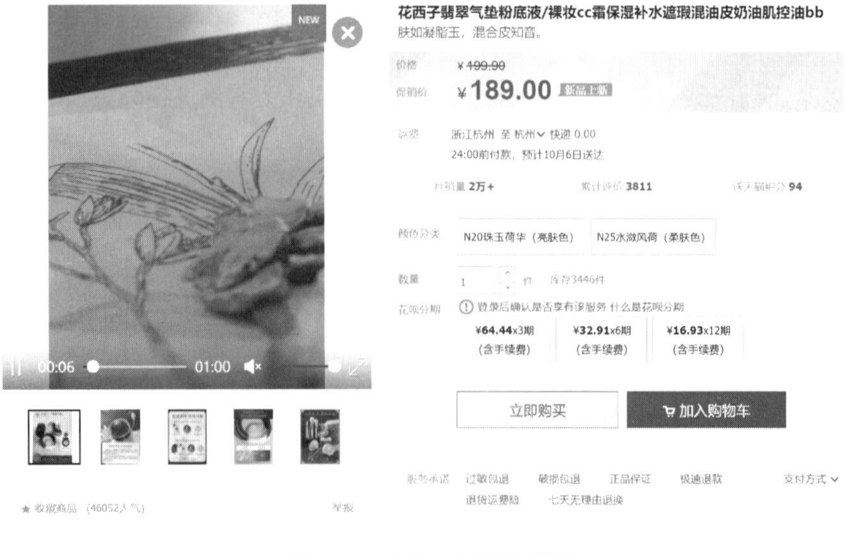

图 1-18　商品主图区域截图

2. 商品价格

商品价格位于主图的右侧，包括价格类型和价格标签两部分。价格类型是价格信息中必不可少的部分，在页面中通常会高亮显示。除了高亮显示的价格以外，有时候会有一类画线的灰色价格信息，画线价格等辅助价格信息可作为参照，作用是刺激消费者的购买欲，如当前销售价、画线价、跨境综合税（跨境商品）等。

第二类是价格标签，根据产品和商品的特性，可适当展示价格标签，如会员专享价等。格标签一般在商品价格有对比情况下展示，如最终销售价格、画线价格等，用来突出当前活动力度，如果没有对比价格，则不显示此标签。

在商品价格信息下方还有一项库存信息，显示商品库存紧张、仅剩 X 件等；库存范围对应展示内容，催促用户需要尽快下单的信息。

以上信息位于商品主图一横栏中，其中，除主图需要设计师设计上传外，其他显示都是在店铺后台修改参数即可。

3. 左侧信息

左侧信息只有在 PC 端的页面中才有，移动端由于屏幕宽度的限制没有左侧信息栏。PC 端的左侧信息指的是店铺中其他产品的相关信息，包括但不仅限于客服咨询入口、产品分类、热销产品推荐等。左侧通常不限制长度，可以根据需要进行设定。

4. 详情内容

详情页内容是宝贝详情页中承载信息最多、最重要的部分。该部分包含产品规格、材料、效果图等基本信息，以及促销活动、优惠券、售后服务标签、商品评价信息等。淘宝和天猫的详情页内容的宽度略有不同，淘宝店铺的宽度为 750px，天猫店铺的详情页内容的宽度为 790px。

在这一部分内容中，设计师需要做的是把产品的相关信息、优惠券等关键信息组织起来，按照信息的重要性设计出相应的图文信息，以达到吸引消费者购买的目的，如图 1-19 所示。

任务分析

1. 电商详情页的作用

通常在顾客有想进一步了解商品的意愿时，通过单击进入详情页可以进一步了解产品，通过产品的介绍、销量、评价来判断产品的质量。因为详情页直接向消费者展示产品的外观和详细信息，一个好的详情页可以有效提高用户的转化率，促进销售额的增长。一个优质的详情页除了可以提高产品本身的销量以外，还可以促进整个店铺的流量增长。因此，详情页的设计在电商网站中有着举足轻重的作用。

2. 电商详情页的风格

不同的店铺有不同的风格，因此在详情页设计上也有不同的风格体现，下面就目前比较流行的中国风风格进行分析。

近几年，在设计界掀起了一股国货热潮，随之而来的是中国风设计界面的流行。以彩妆为例，人们耳熟能详的国货彩妆品牌有百雀羚、片仔癀、花西子等。这一类店铺的详情页设计色彩通常取自中国传统流行色，色调相对传统沉稳，在设计元素上经常会用到中国传统的吉祥图案，如漏窗、祥云纹、浮雕等一些具有传统意义的图案。

如图 1-20 所示，片仔癀详情页中的产品分类使用了中国传统的漏窗元素。如图 1-21 所示，花西子产品详情页中运用了蜻蜓、荷花等元素。

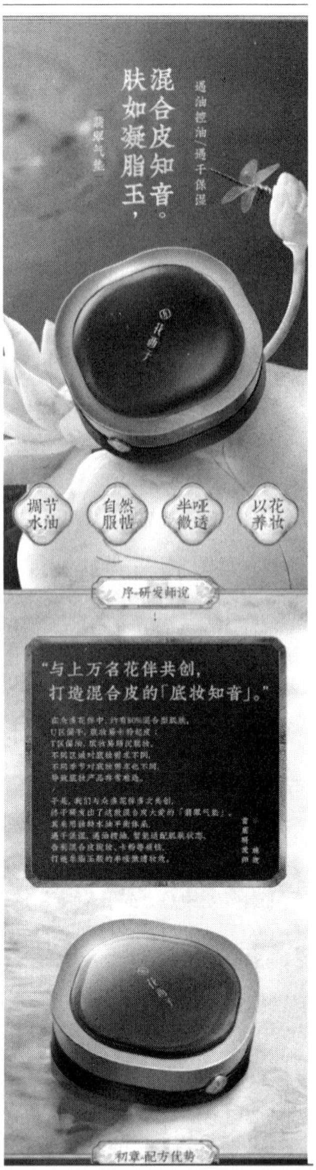

图 1-19　花西子详情页截图

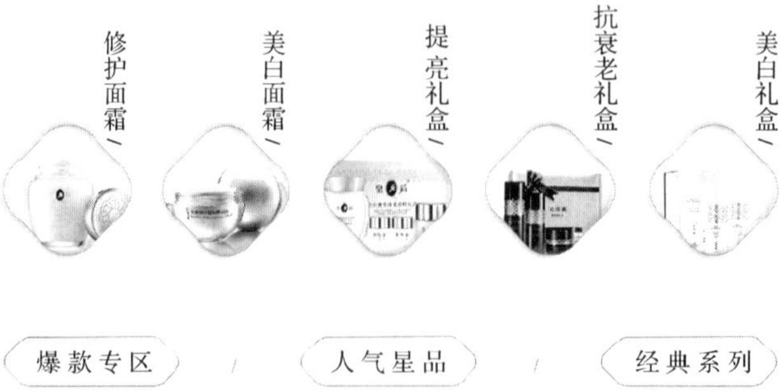

图 1-20　片仔癀详情页截图

图 1-21　花西子产品详情页截图

中国风通常会出现在国货或者中国传统手工艺产品相关的店铺中。

其他常见的还有使用比较多的简约风格，指的是以大色块来展示详情页，不适用过多的装饰，有的店铺甚至直接使用黑白灰三种颜色。简约风格使用范围广泛的原因有以下几点：一是店铺设计成本低，适合产品多且杂的品牌；二是页面设计简单，适合快速更新，缩短页面制作周期，完成快速上架和下架；三是简单的页面适合消费者快速找到产品信息，完成购买。

任务 2-3　网店海报的色彩设计与应用

微课-网店海报的色彩设计与应用

任务描述

海报的色彩设计比页面配色更加常用，在海报设计过程中，需要考虑的因素更多，因为海报是店铺大部分流量的来源，因此在主题海报进行色彩设计时，需要从多方面因素考虑，兼顾产品风格的同时还要突出产品信息与文案。

任务实施

1. 海报色彩风格确定

海报色彩设计的第一步是要确认海报的整体风格。海报的风格可以依据两个方面，一个是店铺页面的主要视觉风格，其次是特殊活动需求。例如，花西子的店铺主视觉为中国风，在设计海报时也需要延续店铺的主要视觉风格，倘若换成波普风格或者日系风格，海报风格就会和店铺风格脱节。另一个因素就是要考量是否有特殊需求，例如节日因素，光棍节和七夕在细微的风格或者元素上肯定是有所区别的。

电商色彩设计中比较有代表性的几种风格是：中国风、日系文艺风、复古文艺风、波普风格、孟菲斯风格、简约风、高级灰等。中国风、日系文艺风、复古文艺风在色彩上通常会选取中国、日本、欧洲古典主义的色彩作为主色调。

从设计上来讲，波普风格是多种风格的混合，对色彩大胆渲染，以及新奇独特、富有趣味的画面是它最鲜明的特征，如图 1-22 所示。

图 1-22　巴黎世家七夕海报（左）和安迪·沃霍尔的作品《玛丽莲·梦露》（右）

孟菲斯风格则是使用高明度的色彩组合，线条、图案的随机排列搭配，几何元素的大量运用和空间填充，如图 1-23 所示。

图 1-23　孟菲斯风格海报

2. 海报配色

海报常见的色彩来源有产品本身色彩、产品包装色彩、海报效果三种方法。无论使用哪种方法，色彩设计需要考虑如何烘托产品。

1）产品本身色彩

海报色彩来自产品本身是应用非常广泛的色彩设计方法之一。这种方法的优点是能够较为容易地使海报的色彩达到和谐的效果。以花西子蜜粉海报为例，产品色彩为粉色盖子和半透明的容器，在模特妆容和海报背景上也是使用较为接近的粉色和白色，如图 1-24 所示。

图 1-24　花西子散粉海报

2）产品包装色彩

海报色彩来自产品包装色彩指的是在海报设计的过程中选取产品包装的色彩来进行设计。在选择色彩的时候可以使用前面章节所讲的马赛克取色法。2020 年花西子七夕礼盒海报的色彩取自于礼盒包装中的金色和礼盒的蓝色。为了更好地烘托出产品，选择将蓝色作为背景环境的点缀色，如蓝色的流苏，金色作为主要的环境色，如图 1-25 所示。

图 1-25　2020 年花西子七夕礼盒海报

3）海报效果

有时候产品没有美丽的外观和精心设计的包装时海报取色还可以从最终效果来选取。在确立了海报合成的最终效果后，可以倒推海报产品颜色，给产品添加环境色。例如，在看不出原料的产品中，可以以产品中的某个卖点元素作为海报的装饰元素，让海报背景色以装饰元素的色彩为主色，例如，净水器、家具等。

3. 文字配色

字体的色彩设计的目的是让文案的内容重点突出，字体能够和海报甚至是整个页面风格统一。因此，优秀的字体在色彩上通常具有色彩对比突出、字体样式契合海报风格等特点。

色彩对比体现在两方面，一个是明暗颜色的对比，颜色亮的会吸引注意，那么暗的则是次要的文字。不同的字体样式会使字体产生不同的效果，因此字体样式和色彩的选择也需要慎重。以图 1-26 为例，在 4 个图片样式中，文字较为醒目的是 1 和 4，这是因为在添加了字体样式后，字体更加突出了，因此在进行字体样式设计时，要想突出字体，可以选择加大字体和背景之间色彩对比的样式，反之则可以选择接近背景的样式来弱化文字。

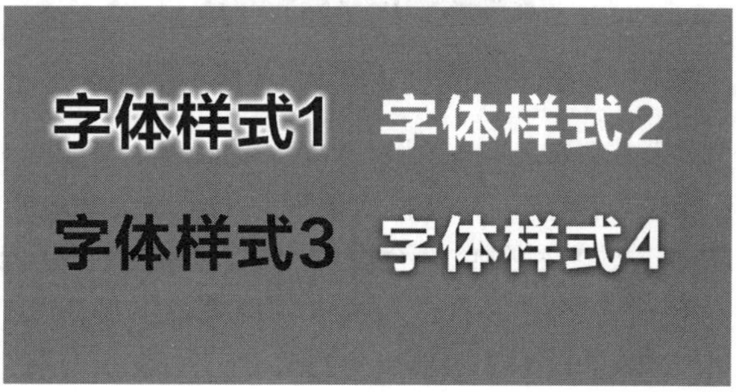

图 1-26　字体样式示意

任务分析

1. 认识拾色器

拾色器指的是设计软件中的颜色选择工具，是 Photoshop 最常用到的颜色设置工具。如图 1-27 所示，整个拾色器分为两部分，左边是明度和纯度调整区域，右边的彩色条是颜色即色相调整区。通常情况下，在使用拾色器时会先在彩色条中选择好颜色，然后再到左边的面板中进行微调。左边正方形面板中，横向（*X* 轴）是调整色彩的纯度，纵向（*Y* 轴）是调整颜色的明度，也可以理解为黑白，左上角到右下角对角线则是调整灰度。

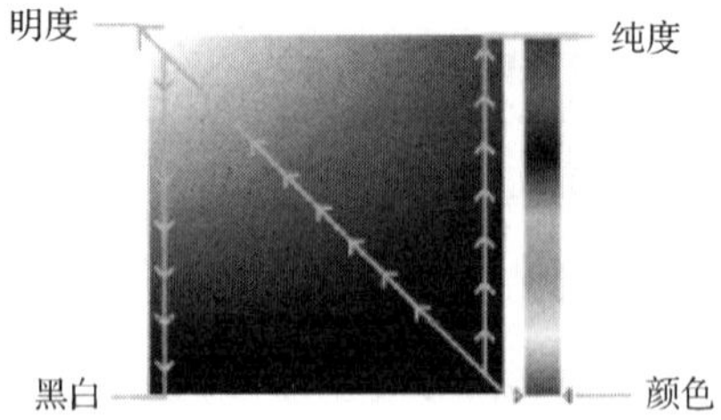

图 1-27　拾色器分析

2. Photoshop 中的色彩模式

在任务一中已经学习了色彩的三个属性，在 Photoshop 新建文档时有颜色模式设置，如图 1-28 所示。

图 1-28　Photoshop CC 2019 新建文档选项

Photoshop 有两种色彩模式：RGB 模式和 CMYK 模式。

RGB（R=红色，G=绿色，B=蓝色）又称光色三原色，颜色通过光线的照射反射到眼中，自然界中所有的颜色都是通过这三种颜色混合叠加而成。通过 R、G、B 的辐射量，可描述出任一颜色。计算机定义颜色时，R、G、B 三种成分的取值范围是 0～255，0 表示没有刺激量，255 表示刺激量达最大值。白色的 RGB 数值为（255，255，255），黑色的 RGB 数值为（0，0，0）。当 RGB 三个数值相等时，如（100，100，100）等，这类数值在显示上会是没有任何色彩倾向的灰色，数值越大越接近白色，反之则越接近黑色。

另一种色彩模式是 CMYK 色彩模式，其中 CMY 又叫印刷三原色，对应的是青色、品红、黄色。CMYK 模式是通过印刷时三种颜色不同的配比来调整颜色的，因此在数值上是按照百分比来计算，范围为 0%～100%。

两种色彩模式在设计中都经常用到，但是在实际作图的时候，RGB 模式的色彩更加鲜艳亮丽一些，通常会默认在 RGB 模式下进行操作，在实际应用时根据色彩模式需要输出成品图。值得注意的是，CMYK 模式相对会比较深，在进行设计制图时新建的色彩模式若为 CMYK 模式，则后期无法输出 RGB 模式的图片。

思维拓展：CMY 模式为何被称为 CMYK 模式？

CMY 在实际应用中，常采用 CMYK，即印刷色彩模式，K 取的是 Black 的最后一个字母，之所以不取首字母，是为了避免与蓝色（Blue）混淆。从理论上来说，只需要 CMY 三原色对应的油墨就足够了，它们三个加在一起就能到黑色。但是由于目前制造工艺和成本问题，因此特意加入黑色墨晶。

思维拓展：RGB 颜色模式和 CMYK 颜色模式有何直观区别？

RGB 颜色模式和 CMYK 颜色模式的直观区别在于：RGB 颜色模式是一种发光的色彩模式，在一间黑暗的房间内仍然可以看见屏幕上的内容。网页素材的主要载体都是应用 RGB 颜色模式，如各种显示器、手机屏幕、相机屏幕和电视机等。CMYK 颜色模式是一种依靠反光的色彩模式，人们是怎样阅读报纸内容的呢？是由阳光或灯光照射到报纸上，再反射到人们的眼中才看到内容。它需要有外界光源，如果在黑暗房间内是无法阅读报纸的。

任务三　电商网站网店的原型图

任务导入

在初步设计电商网站时，常常会面临团队成员的设计理念沟通问题，本任务从电商设计的工作流程出发，介绍电商网站设计的规划工作要点和设计原型图的绘制方法。同时也介绍了一些设计常用的原则，来提升初学者的设计水平。

任务 3-1　电商网站的设计工作流程

任务描述

电商网站的设计岗位分工越来越细致，这个过程中会和各种各样的团队成员进行沟通和工作交流，只有了解了设计的整个工作流程，才能更好地解决工作中的问题，提高工作效率。

任务实施

1. 页面策划

页面策划指的是根据产品需求或者运营需求对页面进行初步的规划和设计。整个策划包括设计构思、设计构图、设计分工和设计排期几个阶段。

其中设计构思最受关注，是指在接到需求之后，根据设计对象的要求进行构思，进行发散思维，通过头脑风暴等多种方法可以确定设计的关键词，以及网站的初步构图。并绘制出效果图、平面图，再根据图纸进行制作，达到完成设计的全过程。

2. 色彩设计

网店页面设计是一项由多人合作完成的工作，而电商网站页面的长度相较于其他设计来说长很多，有的甚至接近 20 000px，因此在确定了设计构图后产生了页面的线稿，下一步就是要根据线稿进行填色，初步形成页面的色稿。色稿是为了在做详细的设计前，能够从整体上把握住页面的色彩。因此在色稿中，通常使用大的色块来概括每个部分的内容。

3. 电商文案排版

电商文案由三部分构成：主标题，描述文案，营销点。随着消费者浏览信息的时间越来越短，在文案设计过程中，需要将设计信息进行精简，让消费者在有限的时间内把握住关键信息。而在文案排版的过程中，需要注意三个方面的内容。

1）辨识度

文案排版首先要具有辨识度，辨识度指的是文案能让消费者看得清楚。要想让用户看清楚信息内容，首先要注意的是文案的字号，在 PC 端字体字号不能小于 18 号，移动端则是 30 号。在字体选择上，通常次要信息都可以用黑体。

2）节奏感

节奏感指的是让消费者一眼就能看到自己感兴趣的信息。节奏感在设计构成中指物体的大小、疏密、粗细的变化，在文案设计中，可以理解为字体的大小粗细变化，通常情况下，主文案字号要大于描述文案。而在文案颜色上，总的颜色使用不要超过 3 种，其中主标题字体颜色要尽量和背景产生强烈对比，描述文案则可以比主标题对比略弱。

3）充实感

充实感指的是让文案在整个画面中饱满，能够在满足前两个原则的情况下，使文案契合主题、有趣。例如，使用一些艺术性的字体、一些点线面的辅助设计等，适当使用一些装饰性元素能够使页面更加丰富。在使用中要注意的两点是，在使用艺术字体时要注意字体的版权问题，并且在使用装饰元素时要谨记设计的目的是让信息层级更加清晰。

在了解了上面三个原则后，就可以着手进行文案排版了。文字的排版方式常用的有三种，如图 1-29 所示，即左对齐、居中对齐、右对齐，使用哪种排版方式是由产品外轮廓决定的。字体间距控制在单个字体宽度的五分之一以内，行间距控制在文字高度的二分之一以内。其中，行间距一定要大于字间距，避免在阅读中识别困难。

图 1-29　文字排版的三种方式

4. 素材整合

在有了页面策划后，根据页面的策划进行色彩设计、文案设计，最后一步是以上内容进行整合设计，完成海报的最后整体设计与实施，并且在设计团队中进行评审后调整修改，最终让海报上线。

任务分析

1. 文案的信息层级

文案的排版并不是简单地将文案直接复制粘贴，设计师需要对信息进行刻画，在易于阅读与识别的同时还要具有观赏性，让受众愿意去阅读并且记住它。在设计中确认文案信息的层级至关重要。

在电商设计中，区分文案信息层级的方法有两种，一种是和品牌方或者运营方进行沟通，共同商讨确定信息的主次；第二种方法是可以把握住产品的利益点，也就是根据产品自身的特点来分析。

2. 格式塔心理学在设计中的运用

格式塔心理学（Gestalt Psychology），又叫完形心理学，是西方现代心理学的主要学派之一，诞生于德国，后来在美国得到进一步发展。格式塔心理学对视觉设计的最大贡献在于提出了十个设计原则，包括：简单性、相似性、接近性、闭合、连续性、图形和背景、对称和秩序、转换、同型论、共同运动方向。这里以最为常见的五类来加以说明。

1）简单性

人脑有化繁为简的能力，设计的构图越复杂，用户理解起来越吃力。简单原理适用于设计中的三角形构图、均衡构图、对称构图、向心构图、摄影中的对角线、X 型构图等。这些构图方式都是为了把复杂的信息元素通过简单的方式让观者易于理解。熟练运用这几种构图技巧，就可以牢牢抓住观者的眼球，做出为人称道的好设计，让画面更具视觉冲击力和感染力，如图 1-30 所示。

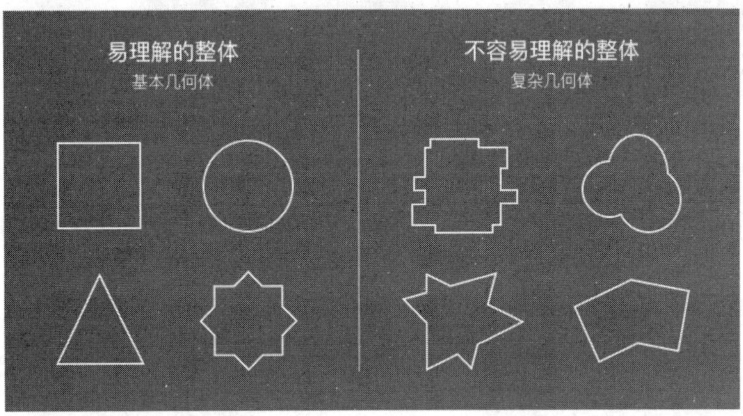

图 1-30 简单和复杂的几何形体对照

2）相似性

人们的眼睛很容易关注那些复杂环境中外表相似的东西，这一点在设计中运用得非常多，因为网页中的元素非常多，可以利用相似原则组织好界面中的信息和层级关系。相似可以分为多种，例如，形状、大小和色彩等，用颜色对对象进行分组、用大小区分主次等。无论哪种方法，在设计中都可以很好地用来区分信息层级。通过相似原则来实现信息层级划分的优点是可以更好地实现页面协调统一的效果，如图 1-31 所示。

3）接近性

简单来说，就是接近的元素更容易被看成一个整体，或者同一组信息。这个原则在文字信息分布时经常用到，例如，在淘宝的页面分布中，红框内的信息在距离上比周围的产品间隔较近，大脑会自动将位置靠近的信息加工为一个整体，如图 1-32 所示。

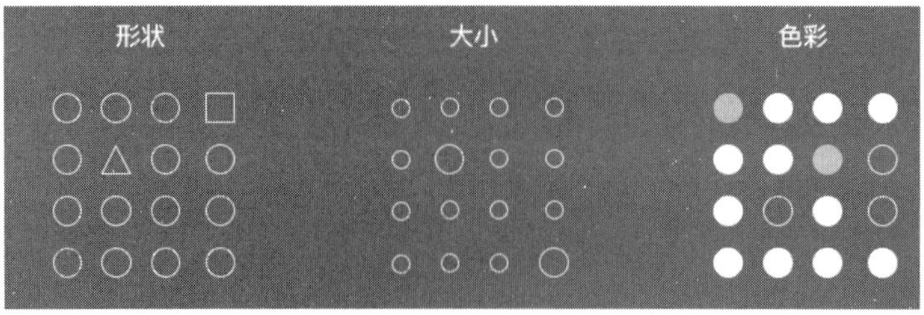

图 1-31　相似性原则示意

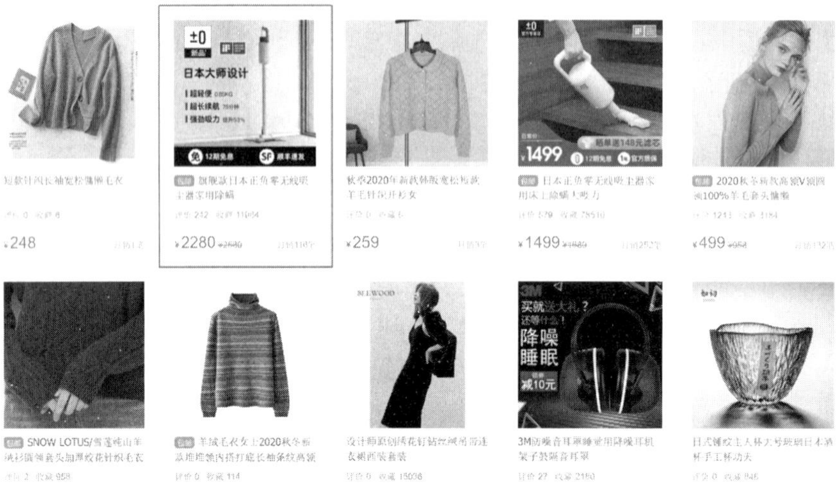

图 1-32　接近性原则运用案例

4）闭合

简单来说就是脑补，这也是格式塔被称为完形心理学的原因之一。人的视觉会主动将未闭合的图形补充完整。这在日常生活中也非常常见，如图 1-33 所示，未闭合的圆、残缺的马等，在视觉上都会自觉地补充完整。

图 1-33　闭合原则示意

形状闭合常见于 UI 中的 icon 设计和字体设计中；负形闭合常用于 logo 设计和海报设计中，福田繁雄就很喜欢运用这一技巧，如图 1-34 所示。

图 1-34　福田繁雄海报作品

用更少的元素表达出更多的信息，同时减轻人在识别信息上的消耗。

5）连续性

人的视觉会追随一个方向上的连续性，以便把不关联的元素联系到一起。连续与闭合并存的情况很多，为了方便区分，这里给出一个闭合的例子做比较，如图 1-35 所示。

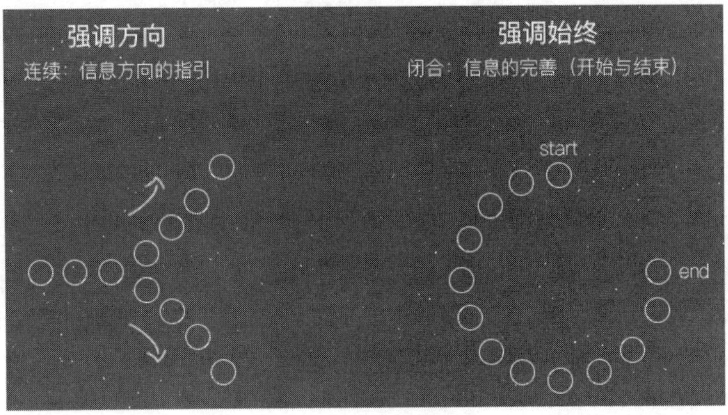

图 1-35　连续性案例示意

任务 3-2　电商网店的规划流程

任务描述

电商网店的展示过程中宽度是固定的，在长度上有时多达两万像素，因此在页面设计难度上比一般的企业要高，在这种前提下，要想做好电商网页设计，前期的网页策划至关重要。下面来一起学习如何做好网页的规划。

任务实施

1. 了解该行业产品

拿到项目需求时，首先要做的事情不是开始对产品进行设计，而是需要对该项目的行业进行初步了解。不同的行业在设计的重点上会有不同，以卫衣和洗衣机为例，如图 1-36 所示。

图 1-36　不同行业产品主图对比

从图 1-36 上可以明显看出，“卫衣”检索所出现的产品图以产品为主，而洗衣机的图片上用标签突出文案和产品。对比两类产品，顾客在购买卫衣时优先关注的是产品的颜色和款式，其次才是价格。而洗衣机类家电产品的外观差别不是特别大，消费者会更加关注产品的价格和功能，因此这类产品在设计时文案和产品并重。

因此，在对网店进行设计时的第一步是需要去了解产品的行业特点，不能闭门造车。

2. 了解客户诉求，进行信息层级划分

在了解了产品的整个行业背景后，需要对项目的具体信息进行整理分析。根据客户提供的文案和图片，通过主动和客户沟通来了解产品具体要传达的信息，并对信息的重要层级进行划分。例如，客户可能会提供若干句文案，通过与客户的交流了解最重要的文案是哪一句，第二重要的是哪一句以及哪些是次要的，等等。在了解用户诉求时要仔细倾听客户的观点，没有比客户更加了解产品的人，不能主观揣测。

3. 确定网店风格调性

在了解了产品的行业和把握了客户的诉求后，需要做的就是将客户诉求转换为视觉语言。将客户诉求转换为视觉语言的第一步是根据客户诉求确定网店的风格。例如花西子美妆品牌，通过搜索“花西子”可以在网上找到其品牌相关信息，如表 1-2 所示。

表 1-2　花西子品牌相关信息

序　号	名　称	内　容
1	品牌介绍	“花西子”品牌探索中国千年古方养颜智慧，针对东方女性的肤质特点与妆容需求，以花卉精华与中草药提取物为核心成分，运用现代彩妆研发制造工艺，打造健康、养肤、适合东方女性使用的彩妆产品
2	品牌理念	东方彩妆，以花养妆
3	品牌由来	“花西子”品牌名称由来：花西子中的“花”，是指“以花养妆”。西子指西湖，亦指西施。“西子”二字，则取自苏东坡诗句“欲把西湖比西子，淡妆浓抹总相宜”。西子亦是对西施的尊称，是中国古代四大美女之首。花西子品牌希望中国女性无论浓妆还是淡抹，一如西子般美丽动人。 花西子英文名为“Florasis”，是“Flora”+“Sis”，意为“花神”，借喻使用了花西子产品的女性，和荷花花神西施一样动人美丽

从上面的信息可以得出花西子的品牌关键词为“东方”“女性”“西湖”“国货”“以花养妆”。

从这几个关键词中可以提取出很多元素，例如，荷花、古典美女、中国风、粉色等。从这些词语里提取出来的元素就可以让我们大致对店铺的风格调性有了一个大致的印象。

4. 绘制原型图

在绘制网页的线稿时，可以使用 Axure RP 来绘制专业的原型图。

1）新建并保存项目

打开 Axure，单击“新建文件”按钮，如图 1-37 所示。单击菜单栏中的“文件”，单击“保存”按钮，弹出“另存为”对话框，选择合适的位置后，在“文件名”文本框中输入文件名，单击“保存”按钮保存文件。

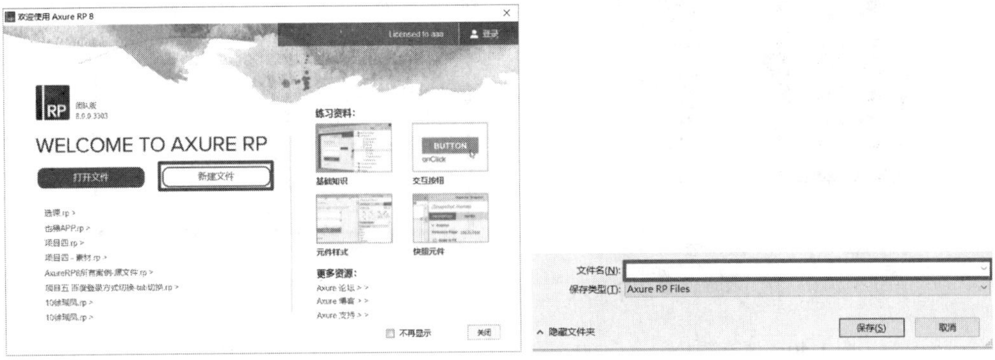

图 1-37　新建并保存项目

2）创建页面背景

在左侧元件库中找到浅灰色的“矩形 2”，单击鼠标左键按住矩形，拖动到右侧工作区中，新建页面背景完毕，如图 1-38 所示。

3）调整背景尺寸和颜色

单击选中上一步新建的矩形，在右侧找到“检视”面板，修改元件名称为“首页背景”，在“样式”属性栏中调整位置尺寸，根据上文介绍，将宽和高分别修改为 1920px 和 1080px，如图 1-39 所示。

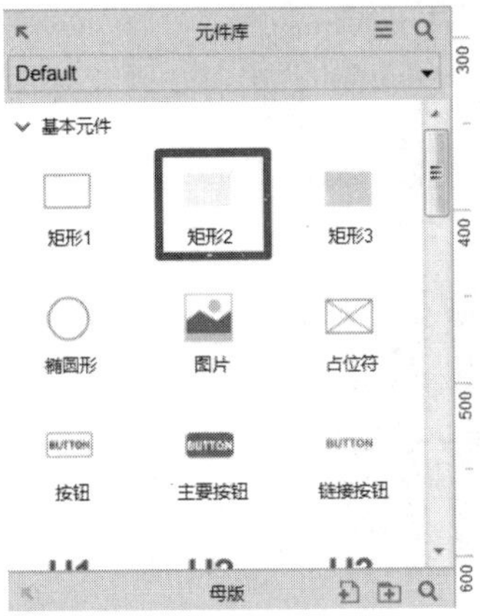

图 1-38　创建页面背景

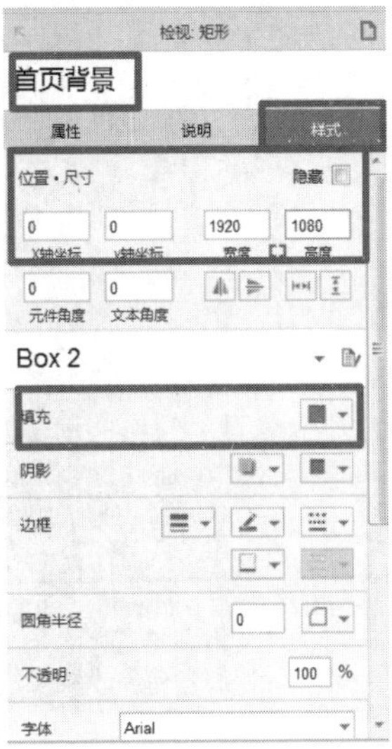

图 1-39　调整背景尺寸和颜色

调整背景颜色。在“检视”窗口中的填充属性中选择背景的颜色。在线稿阶段可以使用简单的黑白灰颜色来表示不同的信息分区，如图 1-40 所示。

4）新建辅助线

确定页面轴心和留白区域。在菜单栏中单击“布局”按钮，选择“栅格和辅助线”，单击“创建辅助线”，弹出“创建辅助线”对话框。调整列的数据，如图 1-41 所示。

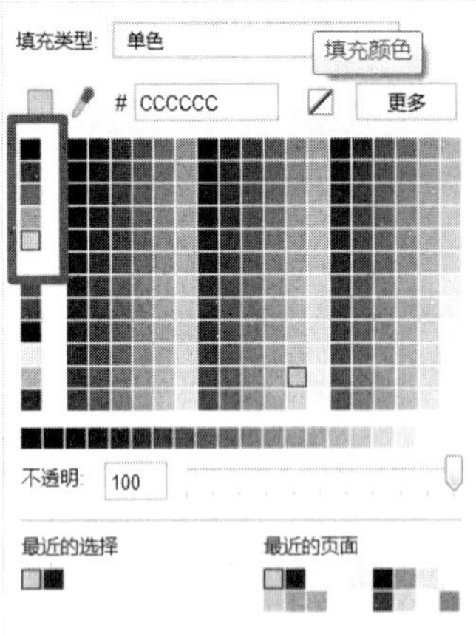

图 1-40　填充颜色

图 1-41　新建辅助线

图片中列宽等于天猫首页的宽度 990px 的一半，行数可以初步设定为 5 行，行高为常用的页面高度，设置行高可以在设计中帮助我们掌握设计的位置在第几屏。勾选“创建为全局辅助线”复选框可以将辅助线应用到每个子页面中，后面设计详情页时也会用到。

5）创建大的分区

重复步骤（1）～（3），分别用不同的颜色搭配确定店招、首页海报和产品筛选区。在这个过程中，如果背景高度不够，可以在步骤（3）中的尺寸里面调整背景宽度，如图 1-42 所示。

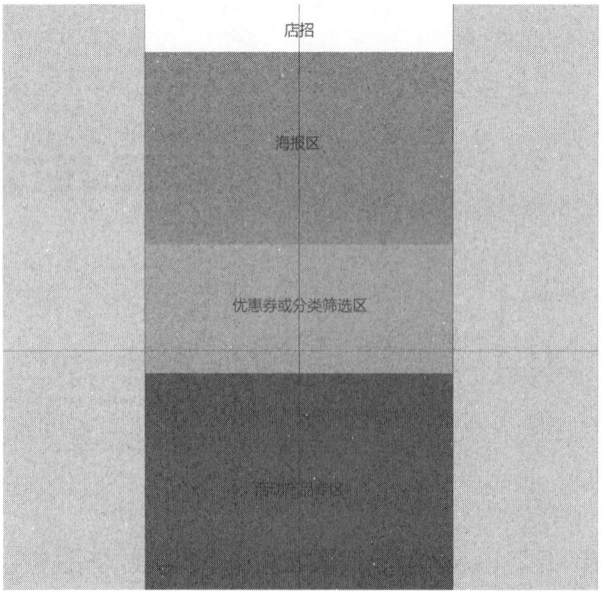

图 1-42　创建大的分区

6）细化线稿布局

在左侧“元件库”中选择合适的元件，如图片、矩形、按钮等，完善整个页面规划，如图 1-43 所示。

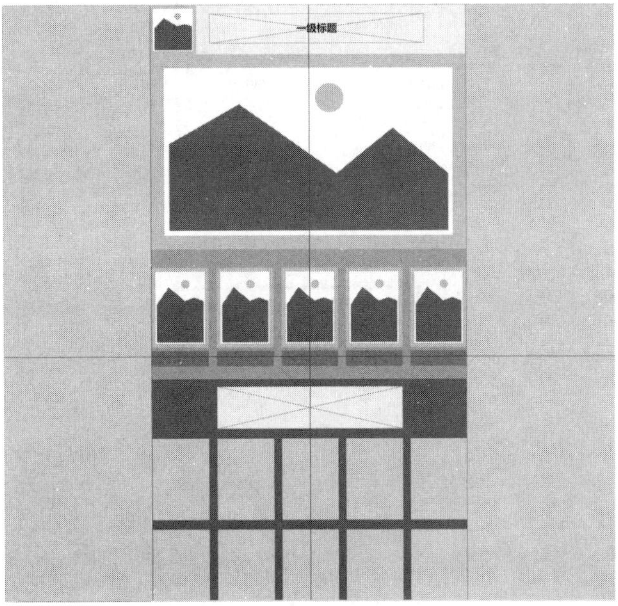

图 1-43　细化线稿布局

7）预览与导出

在设计过程中，如果需要预览效果，可以在软件右上角的菜单栏中单击“预览”按钮，如图 1-44 所示。随后会在浏览器中弹出预览窗口，如图 1-45 所示。

图 1-44　“预览”按钮

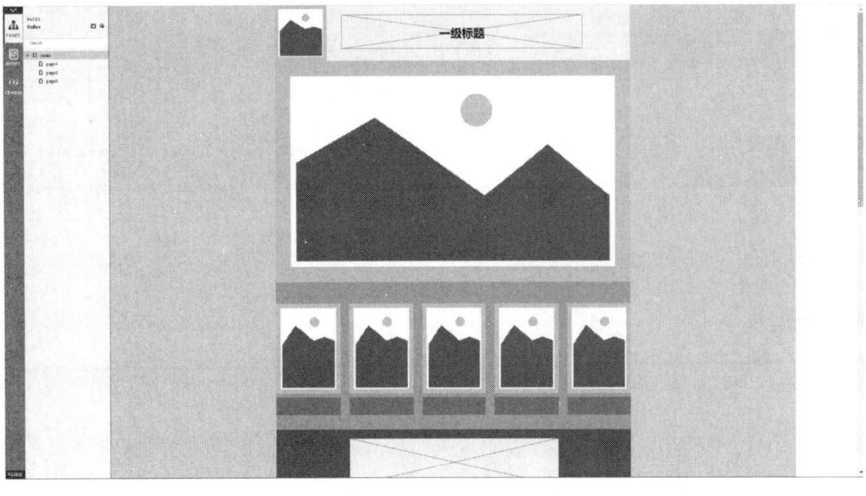

图 1-45　预览窗口

单击菜单栏中的“文件”|“导出 index 为图片”或“导出所有页面为图片”命令，如图 1-46 所示，选择导出文件所保存的位置并给文件命名。

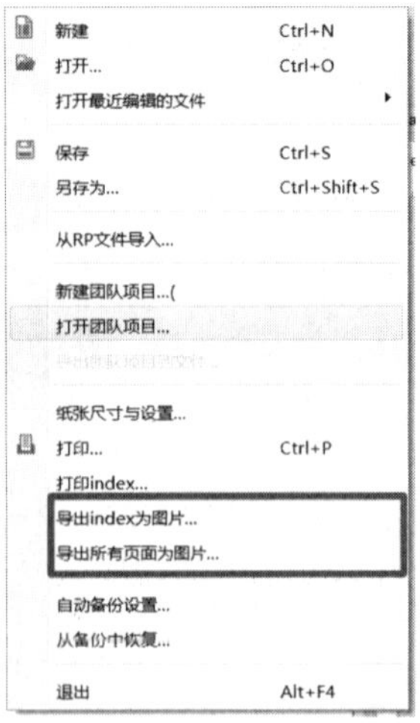

图 1-46　文件导出

任务分析

1. Axure

一般是指 Axure RP，是一个专业的快速原型设计工具。Axure 代表美国 Axure 公司，RP 则是 Rapid Prototyping（快速原型）的缩写。工作环境一般在 Windows 下，页面主要包含主菜单和工具栏、面板、控件面板、工作区和交互区，如图 1-47 所示。初级使用就是按照需求从控件面板拖相应的控件到工作区内，快速绘制出页面的原型，如图 1-48 所示。

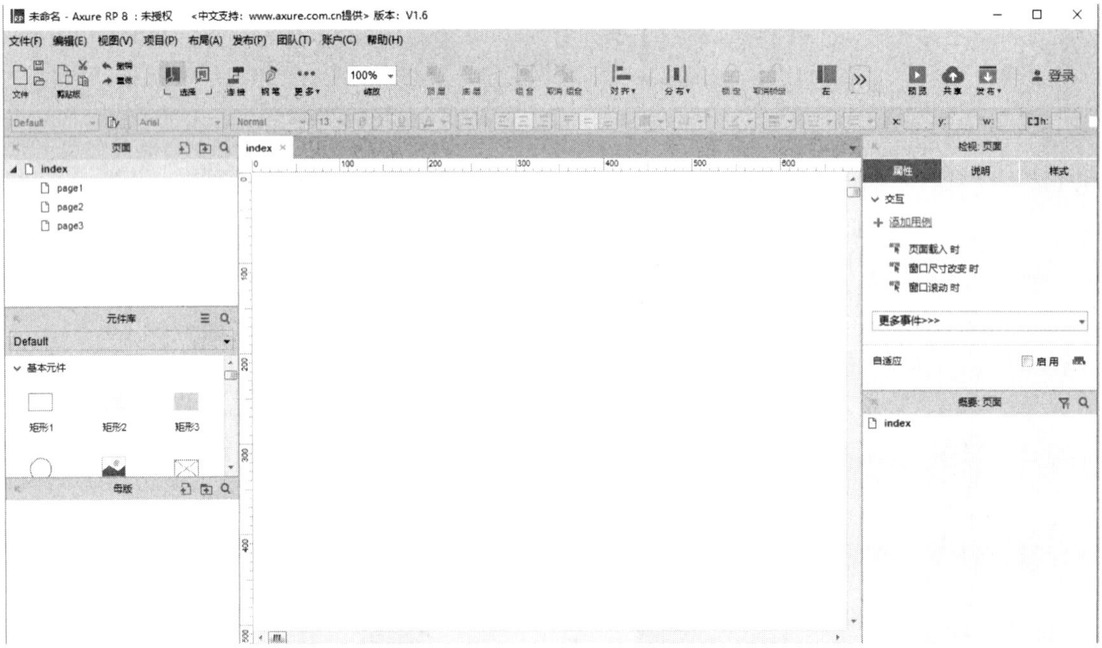

图 1-47　Axure RP 8 的工作界面

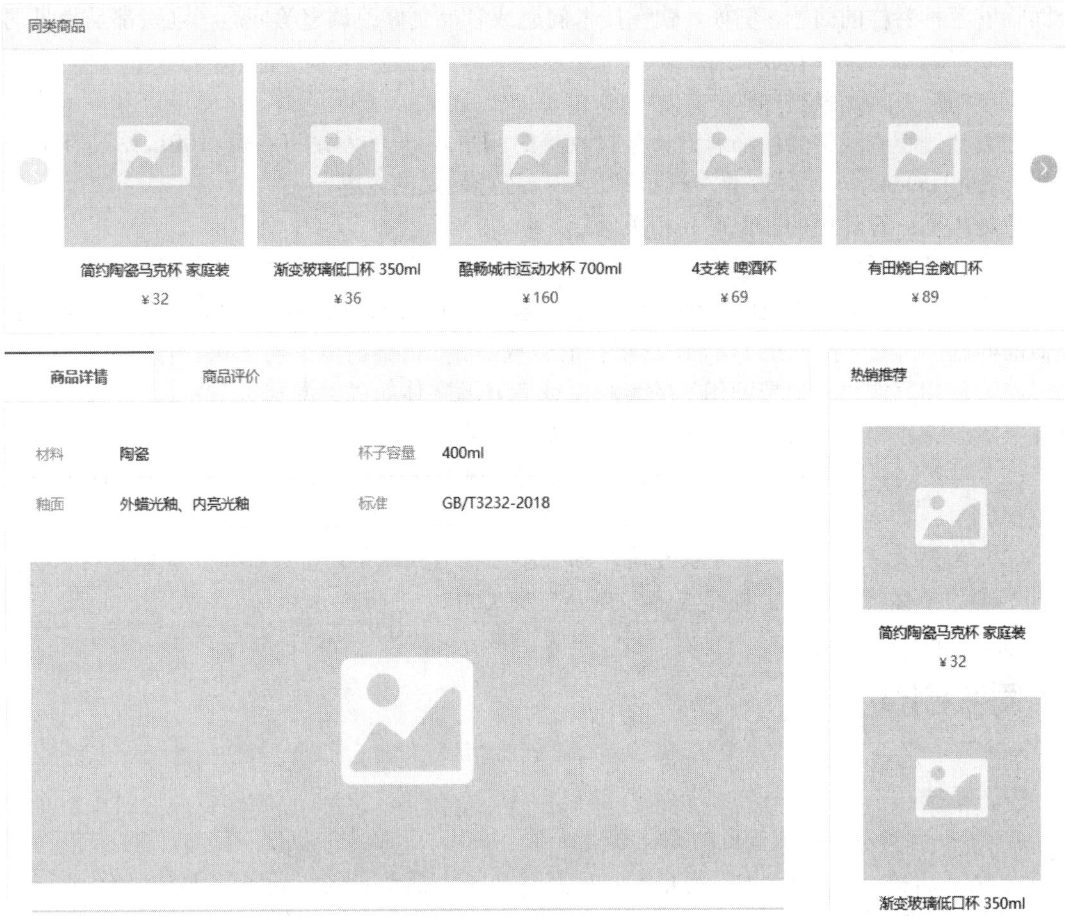

图 1-48　某详情页原型

2. 其他原型图绘制工具的介绍

原型图的工具有很多，最原始的是用笔绘制草图，但是这种方式在后期制作时必须将绘制好的草稿扫描成照片才能进行编辑，因此在计算机作图中使用较少。第二种是使用数位板，数位板的使用可以弥补在纸上绘制草图的缺陷，在后期修改和传阅时比较方便。缺点是并不是每个人都有数位板，因此受设备限制较大。最后一种是借助计算机软件，运用基本型，结合图片的形式来传达设计创意，这种方式综合了前面两种方式的优点，因此在设计中使用较多的是用计算机手绘线稿。

3. 结构原型图的应用

1）根据结构原型图的线稿收集素材

在绘制线稿的过程中，会出现有些无法用线条表达出来的内容，此时可以借助一些参考图。在收集参考图素材的时候要具体标明参考的是图片的什么内容，如图片中模特的姿势、照片的某种风格、模特的某种妆容等。尽量做到准确表达，减少沟通中的误解，提高效率。

除了收集网上素材以外，有些素材还需要设计团队原创。这些素材可能包括背景的设计、三维场景的建模渲染、产品和模特的拍摄、手绘的表达等。

2）根据线稿和素材制作页面

有了以上素材后，就要根据线稿借助设计软件完成最终的网店页面。在设计制作的过程中会面临着各种各样的问题，例如，软件技术问题或者反复修改调整等问题，这些都是常见的问题，需要有耐心一步步完成。

思维拓展：常用素材网站。

在设计过程中经常会面临着设计素材收集的问题，常见的网站有花瓣、1001、站酷、Freepik、海洛、WallHaven、求字体网等。这里不再一一描述网站的内容。

思维拓展：设计中的知识产权相关问题。

在看网站视频和某些学习资料的时候，经常会看到"本视频仅供学习交流使用"的字样，这是因为在设计中会有涉及网站的知识产权问题。设计的最终目的是商业盈利，无法避免遇到类似的问题，例如，字体的版权、图片素材的版权等。如何解决以上问题呢？有以下几种方式。

（1）使用写明"可免费商用"的素材，或者开源字体如"思源雅黑""阿里普惠"等。但是此类资源随着知识产权保护越来越严格，能选择的越来越少。

（2）付费购买需要的字体和素材。这种方式是最方便的，看到了需要的资源，直接联系购买就行。

（3）如果觉得第二种方式不够经济，那么第三种方式就是自己设计制作原创素材。例如，通过 C4D、字体设计等。前提是要多多提升自身实力。

同步测试

一、单选

1．下列哪类不是店铺首页的设计要素？（　　）

A．店招　　B．海报　　C．活动专区　　D．评价

2．当 CMY 数值为（30%，10%，90%）的时候，对应的是什么颜色？（　　）

A．青色　　B．黑色　　C．黄色　　D．红色

3．天猫店铺常用的海报版心宽度是多少？（　　）

A．1920px　　B．1080px　　C．950px　　D．990px

4．关于 Axure 中创建辅助线的说法，正确的是（　　）。

A．创建辅助线功能在"视图"菜单中

B．勾选"创建全局辅助线"复选框能够将辅助线应用到所有页面

C．行数对应的是页面的宽度

D．辅助线默认颜色是绿色

5．在 Axure 中，创建矩形的方法是（　　）。

A．单击　　B．双击　　C．拖动　　D．以上都可以

二、多选

1．RGB 分别代表的是哪几种颜色？（　　）

A．红色　　B．绿色　　C．蓝色　　D．黄色

2．文案颜色可以选择几种？（　　）

A．1 种　　B．2 种　　C．3 种　　D．4 种

3．下列哪几项属于详情页的组成？（　　）

A．主图　　B．主题海报　　C．商品价格　　D．产品视频

4. 常用的页面设计取色方法有哪几种？（　　）

A. 直接吸取　　B. 品牌取色法　　C. 马赛克取色法　　D. 以上都可以

5. 文案排版有哪几种方式？（　　）

A. 左对齐　　B. 居中对齐　　C. 随机分布　　D. 右对齐

三、简答题

1. 叙述 RGB 和 CMYK 颜色模式的区别。
2. 详情页分为哪几个部分？
3. 叙述竞品分析的步骤。

项目 2

商品图片的拍摄与后期处理

能力目标

通过本项目的学习，读者能够根据实际需求选择相应设备来搭建符合商品基本电子商务信息化采集的环境，能够熟练运用相机进行商品信息采集，并使用 Photoshop 软件对图片进行明度、色泽的美化调整以适应电子商务网店的使用需求。

知识目标

学习和掌握商品信息采集活动的要点与分类方式，掌握人造光源等设备的选择以及搭建简易采集环境的要点，掌握相机控制曝光效果的基本知识，掌握 Photoshop 新建文件的设置、图像和画布的调整，掌握 Photoshop 的图像调整的基本操作，能够修复处理基本的图像素材瑕疵。

教学重点与难点

- 相机与智能手机在商品拍摄中的基本操作。
- 相机与智能手机对曝光的控制。
- 室内拍摄环境的搭建。
- 常见商品拍摄的光位布局。
- Photoshop 快捷键的使用。
- Photoshop 色阶、曲线调整。
- Photoshop 色相/饱和度、替换颜色的调整。
- Photoshop 修复工具的选择。

任务一　商品图片的拍摄

微课-商品信息采集的要点与分类

任务导入

在电子商务环境下，人们不像线下可以通过直接的交流沟通来了解商品，视觉元素的影响则更为重要。在网络贸易环节，视觉营销的元素主要体现在网站页面的设计、商品图片的展现、促销海报的设计这些环节。而商品图片不仅是它们的重要组成部分，更是它们的基础元素。好的商品图片能够将流量吸引进来，也等于增加了潜在顾客，只有顾客进来了、关注了，后续营销才能起到相应的作用。

在页面中展示的这些商品的图片，正是需要通过商品拍摄而得到的，如图 2-1 所示。好的商品图片，不仅能增加商品被顾客发现的机会，影响客户购买的决策，向客户更好地展现商品的价值和优势，也更能体现出商家的专业度从而增加客户的信任。最终的目的不仅是促使与顾客达成某一笔交易，而是成功树立产品的品质。

图 2-1　商品的基础图片

思维拓展：在商品拍摄时，如何去展现其特点？哪些信息需要展现？

商品信息采集是对商品本身进行多角度的还原，也是对商品特点与卖点的再加工。对商品整体展现时需要符合人们在现实中对该商品认知的视觉习惯，也要展现该商品的基本特性。而对商品拍摄的深层次要求，也是展现商品品质、提升价值的重要手段。另外，在对商品进行拍摄时，需要商品信息采集人员对商品进行分类。而对于拍摄时的商品分类原则，更多是按物体对光线的作用性质来分类，另外也和拍摄所处的环境相关。

任务 1-1　商品拍摄器材的选择

微课-适合采集的数码相机

任务描述

掌握适合进行基本商品拍摄的设备要求。

要实施商品图片的拍摄自然离不开拍摄器材的选择。首选一定是数码相机，然而在选择数码相机时，很多人都会有各种疑问，如各种类型的相机怎么选？多少万像素的相机可以完成拍摄？其次，就是现在的手机拍摄功能也很强大，如华为 P30 拍摄的静物图，如图 2-2 所示。那么是否可以采用手机来进行商品拍摄呢？

图 2-2　华为 P30 手机拍摄的静物图

任务实施

（1）拿到常见的某品牌相机观测其整体样式，在顶部可以看见这类相机一般都具有热靴，如图 2-3 所示圈选部位。

（2）继续观测相机的顶部，找到拍摄模式转盘，发现除自动模式外，还有很多模式可选，其中包括手动模式（M 模式），如图 2-4 所示，可以满足基本拍摄要求。

图 2-3　某品牌相机正面整体图

图 2-4　某品牌相机顶部整体图

（3）以某品牌安卓手机为例，打开手机自带相机软件，在下方各拍摄模式中找到专业模式，如图 2-5 所示。在专业模式中，可以手动对测光、感光度、快门等进行修正，则意味着其具有手动模式。在较好的光源与拍摄环境中也能完成商品的拍摄。在专业模式中，单击右上角的信息标识，可以了解对于专业模式各项功能的说明，如图 2-6 所示。

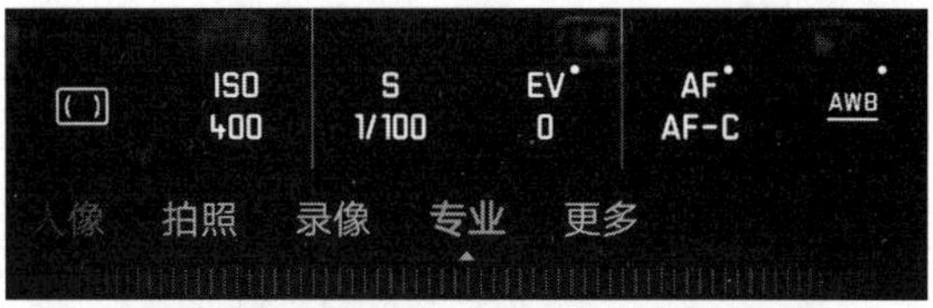

图 2-5 某品牌安卓相机的专业模式

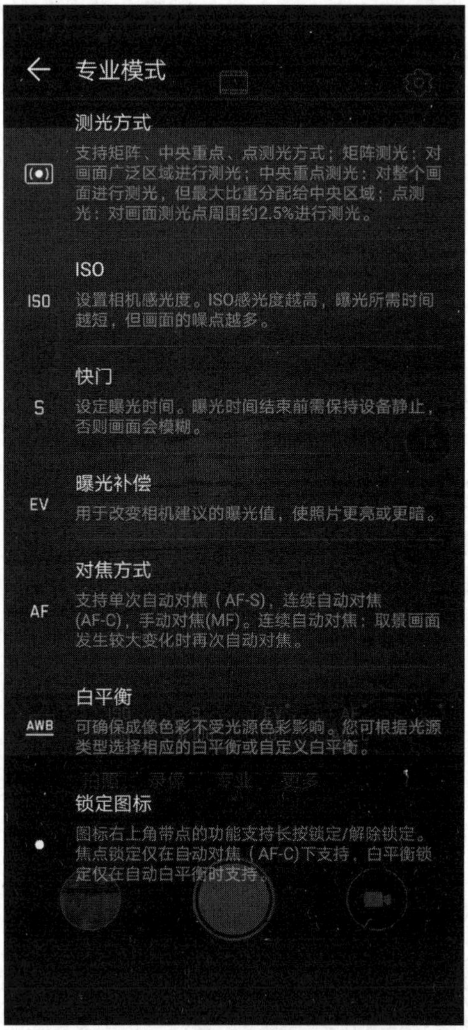

图 2-6 该相机专业模式的说明

任务分析

其实像素并不是最重要的参考条件。对于目前的数码相机市场来说，像素均达到千万以上。手机也早就实现千万像素，像最新旗舰手机拍摄甚至达到了 4000 万像素。特别是新手机融入了拍摄的 AI 功能，使得很多时候直观上来看要比单反相机效果更好，这是因为手机相机的 AI 算法会对照片直接进行修整。而运用数码相机特别是单反相机的拍摄则可更多保持色彩的最大还原度和细致度。成像质量上，数码相机还是会好于手机相机，这是由于成像质量的关键更多取决于感光传感器的面积和镜头。而对于常见的商品拍摄而言，相机中“适合的感光传感器和要有手动模式”是最为关键的条件。

1. 选择适合的感光传感器

数码相机是通过感光传感器来进行成像记录的。感光传感器是数码相机的核心，也是最关键的技术，更是选购时重要的参考条件。感光传感器的重要参数是它的面积尺寸，面积尺寸越大则成像质量越好。现在市面上的数码相机主要有全画幅相机、APS-C（常见入门级）相机和普通卡片数码相机等，传感器面积是依次降低的。越专业的单反数码相机，感光传感器的面积尺寸也越大。而手机中华为 P30 使用的传感器面积是当前主流旗舰级中最大的，达到了 1/1.7 英寸，但还是远远小于入门级单反相机，1 英寸的传感器尺寸基本是 13.2mm×8.8mm，而 APS-C 传感器尺寸是 23.55mm×15.8mm，全画幅传感器尺寸更是 36mm×24mm。

2. 具有手动模式（M 模式）

要面对拍摄环境光源的各种变化，具有手动模式同样是十分重要的。手动模式能够更加灵活地对光线进行控制，特别是在借助人造光源的室内商品采集环境中。通过手动模式的设置，可以在各种不同的光线环境中，更为准确地还原商品颜色和质感。

任务 1-2　相机拍摄的基本操作

微课-数码相机的基本操作

任务描述

在明确了适合商品拍摄的相机选择后，需要熟练掌握相机的一些基本操作，这样才能具备一定拍摄基础。首先是在拍摄之前，需要了解正确的拍摄姿势，拿稳相机。其次是对相机做基本的设置，然后进行取景，最后就是对焦后按快门来完成拍摄。

任务实施

（1）在进行拍摄前，最重要的就是要拿稳相机，如图 2-7 所示。拍摄瞬间的震动，会使照片的质量因影像模糊而大大降低，虽然可以用三脚架等辅助器材来降低震动的可能性，但更多的时候是以手持相机拍摄为主。在拍摄过程中，要保持稳定又放松的姿态，双脚分开，肘部夹紧身体。用两只手的力量来端稳手中的相机，其中一只手成环形托住镜头，帮助变焦和对焦。如果使用光学窗口，那么还需要让手中的相机紧贴着脸部来进一步保持稳定。

图 2-7　正确的横握相机姿势

（2）掌握正确的拍摄姿势后，可以开始实际进行相机的操作，拍摄前往往需要对相机做一些初始设置。这部分设置一般常在进行商品拍摄前完成。除了常见的默认设置外，作为商品拍摄需要关注的是“图像品质”设置为最高的“FINE”，有些相机标识为“画质”或者“照片质量”等。在设置为最高品质里面，一般为精细，有些专业级相机可以进一步设置 RAW+JPEG 精细，如图 2-8 所示，这样导出格式可以提升后期图片处理的空间。另外，图像尺寸也设置为最高，如图 2-9 所示。

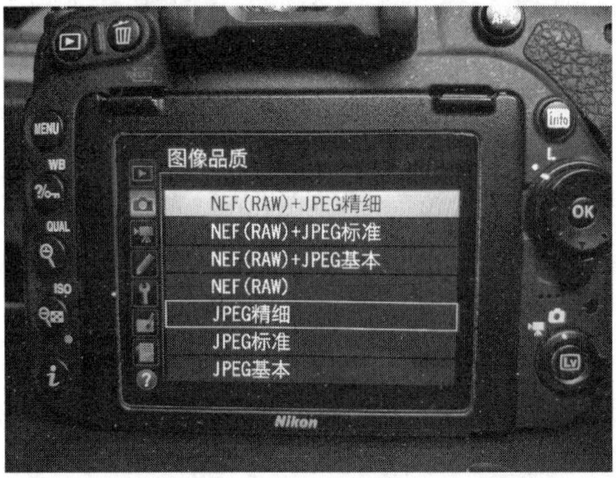

图 2-8　图像品质的设置

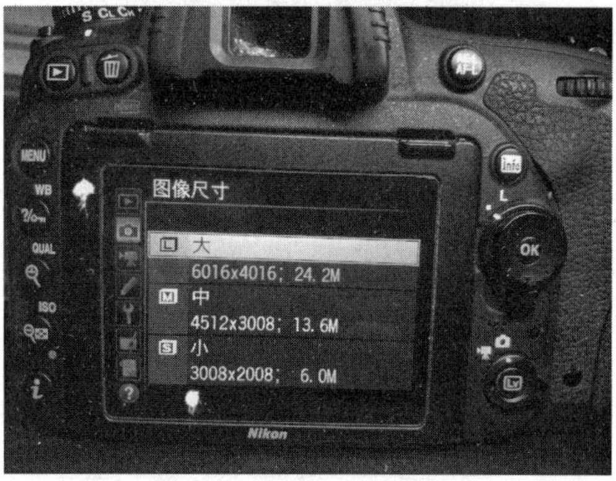

图 2-9　图像尺寸的设置

（3）在相机设置中的照片风格，有些相机也称为设定优化校准，用于数码相机在记录图像之前会在图像传感器的信号输出中对图像的色调、亮度等按预设风格进行修正。作为商品拍摄的还原，需要避免添加人为风格，采用标准即可，如图 2-10 所示，最为真实地还原商品本身的色彩。这一点在手机拍摄中更为如此，需要关闭多余的滤镜效果，例如美颜。

（4）完成初步设定后，就可以选择目标进行拍摄的取景。除了单反相机有光学取景器可以让用眼睛贴近取景器来观察对象外，也可通过液晶显示屏取景的方式来观察拍摄对象。在取景的时候，眼睛要尽量和液晶显示屏保持垂直角度。也可以通过在液晶显示屏中显示网格线来辅助取景构图，如图 2-11 所示。网格线可以通过 MENU 菜单中的定义来设置，也可以在显示取景时按所圈选的按钮切换不同显示风格来完成。

图 2-10　设定优化校准

图 2-11　网格显示

（5）取景远近的调节涉及变焦，可以通过手指转到镜头上的变焦环来改变，如图 2-12 所示。一般可变焦镜头宽的为变焦环，窄的是对焦环。定焦镜头只有对焦环。有些非可换镜头相机的远近变焦则常通过如图 2-13 所示的变焦杆让镜头伸缩来实现变焦调节。

图 2-12　变焦环和对焦环

图 2-13　相机的变焦杆

（6）完成取景后，最后需要通过按快门来完成确定。按快门可通俗地理解为计算机中的回车确认键，按下快门能够完成成像。需要注意的是，相机快门一般采用两段式快门设计，快门先按下一半，完成对焦后，再继续完全按下完成拍照。对焦点所在的范围将清晰成像。对焦成功，在液晶屏中一般以绿框显示，如图 2-11 所示。而如果没有对焦成功，则一般不显示或者以红框显示。若一次直按到底，没有半按对焦的过程，则常会因为没有完成精准对焦而成像模糊。

（7）若要查看拍摄的照片，可以通过回看按钮（如图 2-14 所示）来查看拍摄的照片情况，从而决定是否需要保留或者删除。

（8）手机拍摄的基本操作中，除了不用额外的滤镜外，也常用参考线来完成构图。手机的参考线基本采用 9 宫格布局，便于采用三分法构图，如图 2-15 所示。手机拍摄时也是采用 2 段式的，先在显示屏中点选要对焦的位置，完成对焦后，如图 2-15 中间所示标识再点按拍摄按钮来完成拍摄。

图 2-14　回看拍摄的图片

图 2-15　手机的参考线和对焦

当然，如果想拍出漂亮的商品照片，不仅要对基本功能操作非常熟悉，还要学会熟练运用各种摄影技巧。

任务分析

RAW 与常见的 JPEG 不同，是一种未压缩的文件类型，是图像传感器将捕捉到的光源信号转换为数字信号的原始数据。RAW 文件记录了数码相机传感器的原始信息，由相机拍摄所产生的一些原数据（Metadata，如 ISO 的设置、快门速度、光圈值、白平衡等）的文件，可通过相关软件来查看和处理。RAW 可以通过后期软件来处理许多拍摄时所忽略的问题，而不影响输出的图像质量。出于同样的原因，RAW 格式也为印刷品输出提供了最好的帮助。

镜头的焦距基本上就是从镜头的中心点到胶片平面上所形成的清晰影像之间的距离。镜头的焦距决定了该镜头拍摄的被摄体在胶片上所形成影像的视野大小。焦距越小视野越大，焦距越大视野越小。视野也被看作视角，短焦距时，画面拍摄视角较大，整个收取的内容更广阔丰富。例如，小于 35mm 焦距的镜头常被称为广角镜头。长焦距时，镜头的焦距拍摄角度逐渐缩小，收取的画面内容也逐渐缩小。例如，80mm 焦距以上被称为长焦镜头。而 50mm 焦距因为和人的视角最为接近被称为标准镜头，也是拍摄静态商品的常见选择。若以相同的距离面对同一被摄体进行拍摄，那么镜头的焦距越长，则被摄体在胶片上所形成的影像就越大，如图 2-16 所示。

焦距：38mm

焦距：135mm

图 2-16　不同焦距下的图像效果

旋转变焦环，能改变镜头的焦距，以取得不同的视角范围。只有变焦镜头有变焦环，而固定焦距的定焦镜头是没有这个元件的。

旋转对焦环，能实现镜头的精确对焦，以保证被摄对象的清晰度。一般电动控制也可以在手动对焦模式中手动微调。

任务 1-3　相机拍摄的曝光控制

微课-相机的曝光控制

任务描述

掌握对相机的基本操作后，又有新问题出现了，就是商品拍摄时，拍出来的商品照片有时还是会过亮或者过暗，这时就需要控制曝光。

任务实施

（1）通过拍摄模式转盘，将当前拍摄模式转到手动模式（M 模式），然后进行试拍后发现过暗，通过相机背面转盘，将快门速度放慢到 1/160s，从而增加进光量，如图 2-17 所示。

（2）若拍摄后还是亮度不够，考虑手持时快门速度过低会使画面模糊，则通过相机前侧转盘，调节光圈，将光圈放大 4 档到 F5 光圈，从而增加进光量，如图 2-18 所示。

（3）若拍摄后还是不够亮度，则再调大光圈后发现景深变浅，画面背景内容变模糊，则为了保持景深，光圈不便再做调整。按住所圈选的 ISO 按键和前面快门调节所用的背面转盘一起调节感光度，将 ISO 值从 1000 提升 8 档到 6400，如图 2-19 所示，测试拍摄后满足亮度需求。

（4）使用手机拍摄时，可以在专业模式中手动改变快门速度和 ISO 感光度来调节曝光度，而对于光圈，手机摄像头基本采用固定光圈，一般不能物理调节。除了在专业模式下，普通拍照时也可以点选对焦点，在焦点圆圈边上通过滑动太阳标志，从而改变曝光补偿来增加或者降低亮度，如图 2-20 所示。

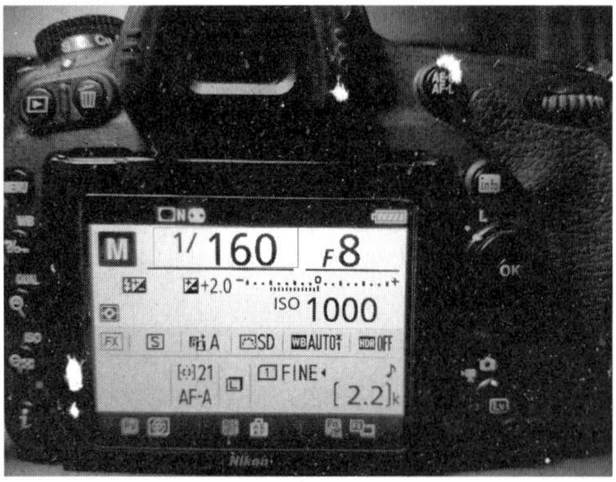

图 2-17　快门的调节

图 2-18　光圈的调节

图 2-19　感光度的调节

图 2-20　手机拍摄时通过曝光补偿来改变曝光

任务分析

（1）光圈，是一个用来控制光线透过镜头，进入机身内感光面的光量的装置，通常是在镜头内。相机镜头内有一组重叠的金属叶片，其所围成的孔径大小和开放的时间决定了一次成像的曝光量，也产生了相机的光圈和速度，如图 2-21 所示。

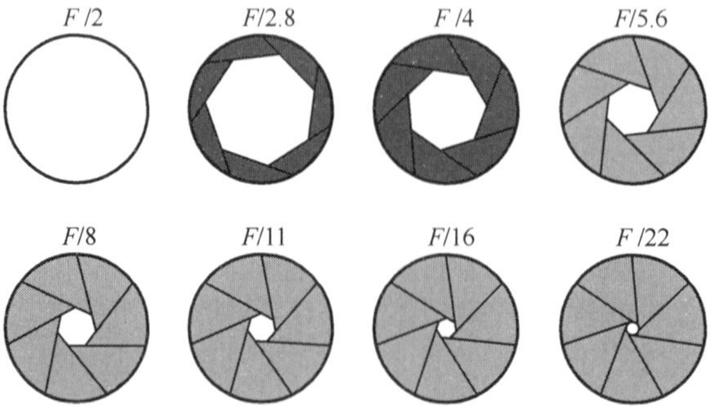

图 2-21　不同光圈值与进光量的关系

不同的光圈大小决定了单位时间进光量的不同。*F*后面的数值越大，光圈越小，也就是说单位时间的进光量越少。*F*后面的数值越小，光圈越大，也就是说单位时间的进光量越多。同时，光圈大小影响景深的深浅，它能决定是把背景模糊化来突出拍摄对象，还是拍出清晰的背景。将光圈设置较小则景深就深，焦点前后清晰的范围比较大；相反，光圈大景深就浅，焦点前后清晰的范围比较小，如图2-22所示。

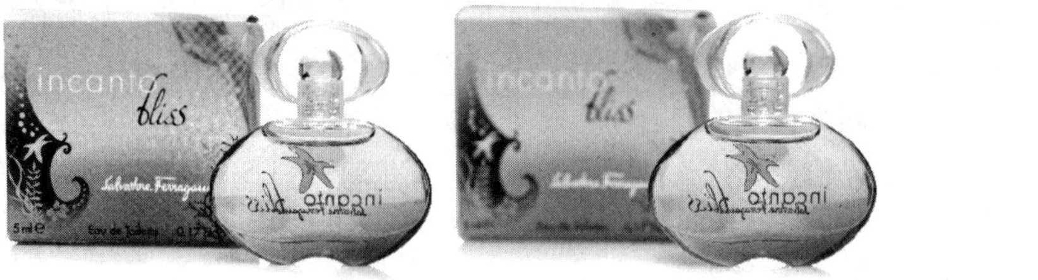

小光圈　　大光圈

图2-22　光圈大小与景深的关系

在硬件上手机的摄像头都没有真正的光圈硬件，不像相机，大光圈模式的光圈景深效果只是模拟出来的，属于电子虚拟光圈，就是依靠多个摄像头效果合成。

思维拓展：景深与哪些元素有关？

（2）快门，类似一个帘子的装置，挡在镜头光圈和感光部件之间。按下快门的一瞬间，快门帘打开。

快门速度：快门打开的时间。1/60表示快门打开时间为1/60s。数值越大，快门打开时间就越长，相同光圈下，进光量就越多。例如，快门速度由慢而快：1、1/2、1/4、1/8、1/15、1/30、1/60、1/125、1/250、1/500。快门速度每向上或向下跳一格，曝光量加倍或减半。低速快门虽然会提升进光量，但是也会造成影像模糊的问题，因此往往需要考虑安全快门。安全快门是指一个避免手持晃动而造成影像模糊的最慢快门值。安全快门的值往往和焦距也有关系，焦距越短，可以较慢的快门速度成为安全快门，焦距较长，则需要更快的快门速度才能成为安全快门。从具体值而言，一般标准焦距为50mm，1/60s配合正确的拍照姿态则能达到安全快门。而在实践中，大部分情况下使用1/125s就相对比较安全，能够手持清晰成像。

光圈与快门的关系：光圈大小和快门速度的配合，决定了进光量的多少，如表2-1所示。光圈开得越大，相对的曝光时间就可越短（特殊条件下的情况不算），有很多种不同的快门速度和光圈的搭配可以得到相同的曝光值，但曝光效果却未必相同，因为还涉及景深的问题。例如，相同光圈大小下，1/60的进光量是1/30的一半；而F8和1/60组合，与F16和1/30组合的进光量是一样的。

表2-1　光圈与快门的关系

光圈F	32	22	16	11	8	5.6	4	2.8	2	1.4	1.2	1
快门S	1/2	1/4	1/8	1/15	1/30	1/60	1/125	1/250	1/500	1/1000	1/2000	1/4000

（3）感光度，原先表示胶卷对光线的敏感度，常用ISO表示。ISO感光度分为100、200和400等。感光度越高，就越适合在光线昏暗的场所拍摄，但同时色彩的鲜艳度和真实性则会受到影响。数码相机尽管不使用胶卷，但却具备类似的功能，数码相机的传感器感光度（ISO感光度）即等效转换为传统胶卷的感光度值，并可通过设置来改变ISO感光度。ISO数值越大，

感光度越大，形成画面需要的光量就越小，成倍数关系。例如，ISO200 需要的光量是 ISO100 的一半。但 ISO 增大会带来画面的粗糙，颗粒感明显，反之画面越细腻。在光线条件比较好的情况下，应尽量使用小的 ISO 值。一般在条件允许的情况下，使用较小的 ISO 值，来获取较高质量的画面，当光线不足又需要保持较高快门速度时以及较小光圈时则需要增大 ISO 值。

（4）曝光补偿。现实拍摄中很多使用者并不是完全使用 M 档，即手动模式，特别是在使用手机进行拍摄时，还是借助自动测光来生成对应的光圈快门组合。然而在实际环境下，自动测光往往并不精准，需要进行修正，曝光补偿就是起到这个作用。曝光补偿就是让拍摄者可以主动变更相机自动测光得到的“合适”曝光参数，让照片更明亮或者更昏暗的拍摄手法。想增加亮度就是增加曝光值，单位为 EV，如增加+1EV 或者+1.5EV。相机中的曝光补偿，标识如图 2-23 所示，而手机的曝光补偿比较简单，直接在对焦后，在焦点上通过上滑可增加曝光补偿下滑可减少曝光补偿。

图 2-23　相机中的曝光补偿标识

思维拓展：曝光补偿在预设时存在越白越加越黑越减的说法。

白色或接近白色的主体如白雪皑皑的画面拥有高反光度，这表示如采用自动测光生成的曝光模式来拍摄的话，它们会显得偏暗。对于这些主体，就需要加曝光补偿。相反，黑色或接近黑色的主体，如有阴影部分明显的夜景，通过自动测光生成效果往往会比实际场景更亮，使得黑色变为灰色。这也就需要减曝光补偿。

思维拓展：白平衡的设置。

身边的“光”有很多种类，例如，阳光、电灯灯光、白炽灯光、水银灯光。仅在阳光中，就还有早晨和傍晚红彤彤的太阳光，以及背阴处略带蓝色的阳光，是具备“光”和“色”两方面性质的。人类的眼睛可以对类似的光的色彩进行修正，无论在何种光源下都难以区分“颜色的偏差”。但是拍摄照片所要用的彩色底片和数码相机的感光传感器生成的图像，会把光线微妙的偏差如实地反映出来，从而还原出略带偏差的颜色。要拍摄出和人眼接近的，没有颜色偏差的照片，可以在使用胶片的照相机上添加滤光镜，在使用数码相机时，就可以使用叫作“自动白平衡”的自动颜色修正功能。“自动白平衡”功能可以让用户无须进行像使用胶片照相机时添加滤光镜那样复杂的程序，就可以直接还原出和人眼看到的相同的颜色。因为它可以把白色的物体没有偏差地描绘出来，所以把它叫作白平衡。

全自动白平衡功能基本上能满足大多数拍摄场所的需要。但是，由于不同的数码相机中，起感光作用的传感器质量不一样，拍摄曝光时，对光线色温的“适应”时间长短不一。当一种光线色温转到另一种光线色温下拍摄时，全自动白平衡需要一定的时间才能适应，即它的反应较“缓慢”。如需要立即拍摄时，往往会导致色彩还原偏色的问题。这时，若想达到理想的拍摄效果，就需要自定义白平衡。

思维拓展：小件商品的拍摄要点。

在进行商品拍摄时，特别是日常所见的体积不大的小件商品，一般使用标准焦距及长焦距进行拍摄，这样便于取景、修正透视以及调节景深。除了焦距的选择外，商品拍摄时需要注重的是要表现好商品的外形特点以及商品的摆放和构图设计，一般要符合人们的视觉习惯，另外就是要起到相应的视觉引导作用。

任务二　简易商品图片拍摄环境的搭建

任务导入

商品拍摄一般在室内完成，也是商品拍摄对光源的要求。对于商品拍摄而言，对光源的要求主要就是能够使商品形态得到自然的展现、色彩得到准确的体现、质感得到充分的表现。除了光源外，合适的拍摄环境为商品拍摄提供了更多的便利，使得商品获得更好地展现空间。另外，新设备的应用也让拍摄变得便捷，使得手机拍摄成为常态。

任务 2-1　人造光源的安装

微课-简易拍摄环境的搭建

任务描述

在商品拍摄中使用的人造光源，最为主要的就是专门用于摄影的影室灯。对于初学者而言，可以从持续光源的四联灯入手，了解影室灯的安装和使用特性，通过两组或者三组影室灯来构成商品拍摄的布光组合。

任务实施

（1）影室灯可以分为瞬间照明和持续光源两大类。本次安装使用的是典型持续光源影室灯的代表四联灯，灯头有四个 E27 陶瓷螺旋口，可以安装四个持续光源的摄影灯泡，也可以安装新的 LED 摄影灯泡。这种四联灯，结构简单，各个厂家生产的基本相同，由灯座、柔光罩和灯架构成，如图 2-24 所示。一般 2～3 组这样的四联灯就能构成一个简单的室内商品拍摄环境，适合拍摄小件商品，受到许多初学者和爱好者的喜爱。

（2）安装灯架。灯架常采用折叠支撑灯架，可以调节高低。将灯座安装于灯架的顶端凸起，然后旋紧固定。灯座可以在灯架上上下角度进行调整，从而使得光源可以向下或者向上。柔光罩的反光面面向灯座，套在灯座上，便于后续用支撑金属杆来支持整个柔光罩，如图 2-25 所示。

（3）柔光罩在安装时注意不要装歪，保持矩形，高为长边的结构。将四根支撑杆的一端依次插入灯座边的孔洞，另一端插入柔光罩四角上布套袋中，将整个柔光罩撑起。

（4）依次将摄影灯泡旋入灯座，需要注意的是，采用一手捏住灯泡底部旋入，不要用力捏住灯泡前端玻璃，以免捏碎灯泡，如图 2-26 所示。若是采用 LED 的灯泡则不存在这个问题。

（5）将白色的柔光布贴住柔光罩外边沿的魔术贴上，如图 2-27 所示，可使整个影室灯由直接照明变为间接照明。

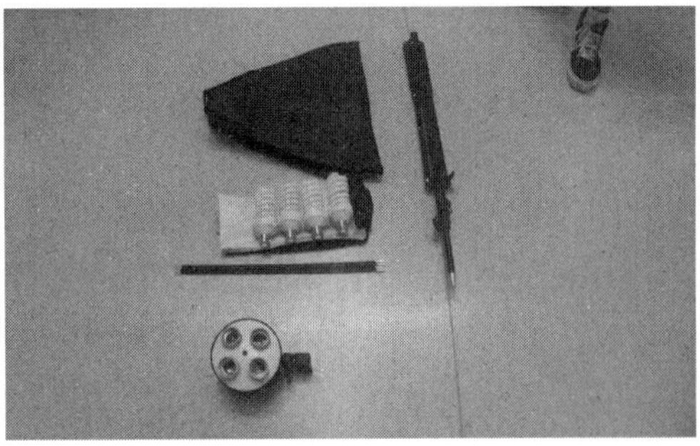

图 2-24　常见持续光源的四联灯构成

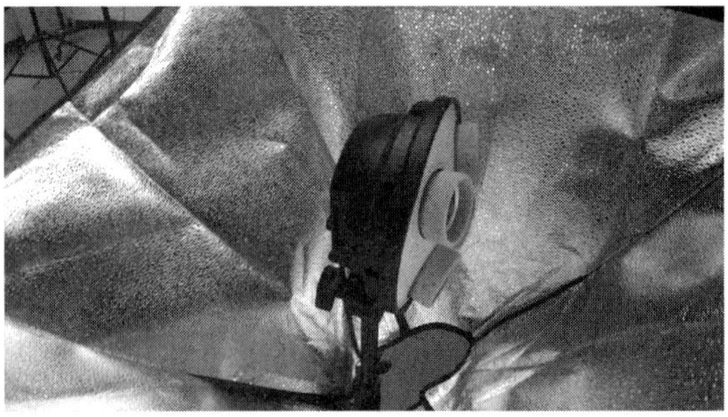

图 2-25　灯座与柔光罩安装

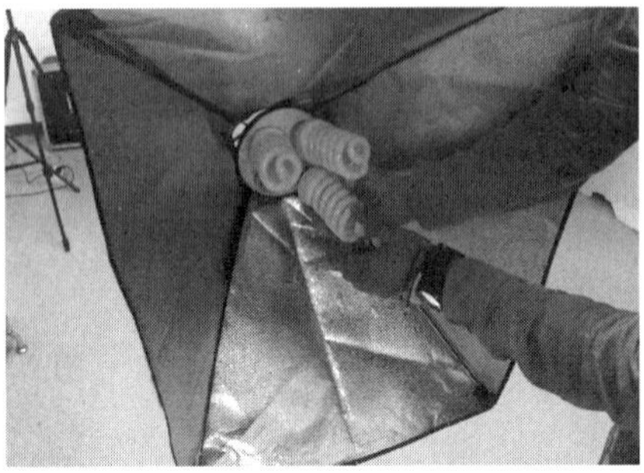

图 2-26　灯泡安装

图 2-27　完成四联灯的安装

（6）完成类似的多盏影室灯安装，就可以进行拍摄环境的光源布局来进行拍摄。常见的采用两盏或者三盏组合成相应光位，用于小件商品的拍摄，如图 2-28 所示采用两盏侧光位照明和一盏顶部光位照明构成布光环境。

图 2-28　多影室灯组合光位布局

任务分析

动画-光源对比

1. 光源对比

自然光源由太阳提供，亮度和方向则不受人们的控制，像夜晚以及天气不好时，均不能提供充足的照明。当天气良好时，阳光直射商品，背光面具有浓重的阴影，而阳光的直接照射的部分则会产生高亮区域而失去原有的色彩，商品的细节也得不到体现。若通过遮挡，使阳光直射变为间接照射，则光线会变得柔和，色彩还原较好，如图 2-29 所示。不过当光线过于柔和时，会使商品缺乏明暗变化而质感不够。

2. 摄影灯的分类

在商品拍摄中使用的人造光源，最为主要的就是专门用于摄影的影室灯。然而，并不是说普通电灯不能用于拍摄，只是在效果上不如影室灯。

影室灯可以分为瞬间照明和持续光源两大类。瞬间照明，绝大部分使用的是闪光灯，如图 2-30 所示，高压电流通过氙气灯管瞬间发电发出和阳光相似的强闪光，可以改变当前环境中的照明环境，瞬间凝固被摄物体。瞬间照明每次闪光能够获得稳定的光源输出，前后变化较小，也适合于对同一商品的多次拍摄，使之得到光源效果一致。持续光源，这里指的是只有单纯持续光源的影室灯。持续光源，顾名思义就是能持续提供照明的光源，可以有效补充室内照明不足，生活中常见的灯光均是持续光源。单一持续光源的影室灯，最大的特点就是价格低廉，又便于操作，但整体光源强度和照射范围有限，更适用于一些小件商品的拍摄。

图 2-29　光源对比

图 2-30　闪光影室灯

市场上有着大量的闪光影室灯可供选择，价格差异也非常巨大。这些区别主要表现在闪光灯每次输出的稳定性、色温的精确、灯管的可靠、闪光后重新充电完成的时间长短上。对于普通面积不大的室内场地进行商品信息采集而言，一般 300～600W 的闪光影室灯足够完成拍摄任务。使用标准罩时，对光源可以起到聚集作用，起到强调硬光的作用，而使用柔光罩，则起到间接照明的作用，如图 2-31 所示。

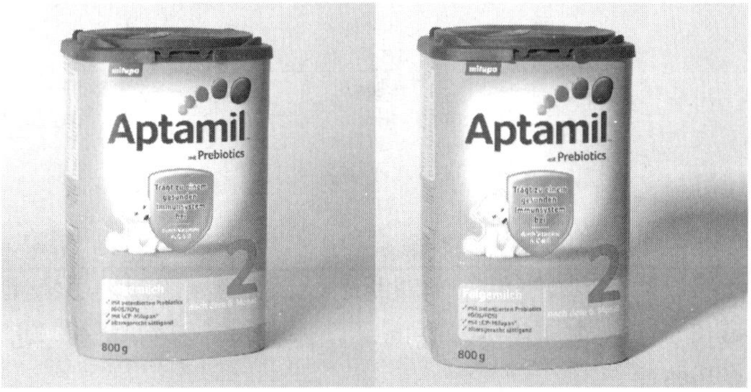

图 2-31　柔光罩与标准罩效果对比

思维拓展：LED 光源的使用。

LED 灯越来越多地被用于常持续光源影室灯中，每个 LED 颗粒具有体积小、成本低、高强度、低能耗、寿命极长等特质，往往可由数量众多的 LED 颗粒组合成一个 LED 灯。LED 光源技术的优势，主要体现在亮度强、成本低、寿命长、体积小并便于组成各种形状的 LED 补光灯，另外无频闪，也适合手机等其他设备拍摄图片或者高清视频，如图 2-32 所示。

图 2-32　LED 光源的使用

3. 光位的布置

动画：光位的概述

光位，又被称为光的方向，指光源相对于被摄物体的位置或角度，常见的水平方向光位图如图 2-33 所示。

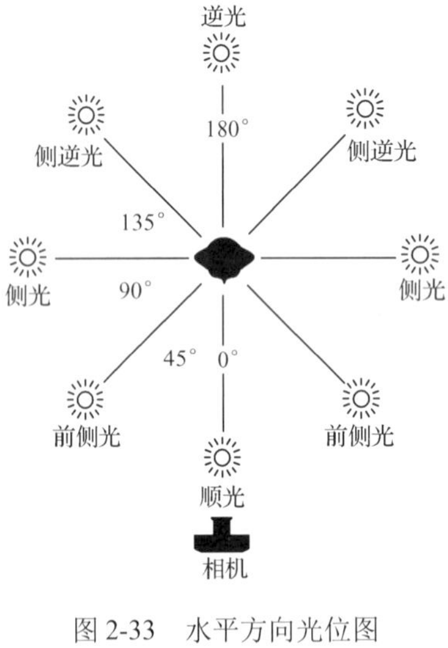

图 2-33　水平方向光位图

顺光时，被摄物体受到均匀的照明，影调柔和，阴影面少，不利于层次感和立体感的表现，但能较好地体现物体固有的颜色，一般作为辅助光源。前侧光能使被摄物体产生丰富的明暗层次，很准确地表现被摄物体的表面质感和轮廓，立体感强，起到很好地塑形作用，如图 2-34 所示，常被用于主光的照明。

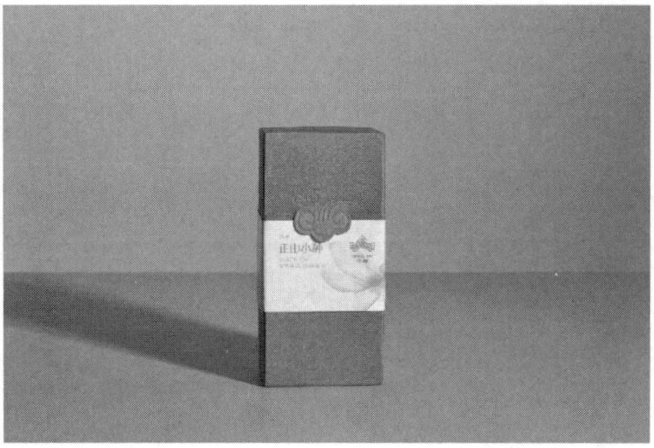

图 2-34　前侧光效果

侧光，明暗对比和投影强烈，立体感和质感突出，但往往会形成明暗的不均衡，需要在构图上考虑物体的受光面和阴影比例关系。侧光源有时也被用于主光源，特别是在以一对形式出现时。侧逆光照明的物体，大部分处在阴影之中，被照明的一侧往往有一条受光轮廓线条，使主体与背景空间的空间感增强，质感和轮廓得到很好的表现。侧逆光常作为轮廓光来加以表现，还可以和主光配合增加被摄物体的层次感，如图 2-35 所示。单独作为主光源时，可产生个性化的效果。逆光，由于从背面照明，被摄物体处于阴影中，更多表现为剪影，在边缘可形成强烈的轮廓光效果，常用于表现物体的轮廓，和侧逆光一样都可作为轮廓光，往往被用作拍摄透明型物体的主光。

图 2-35　侧逆光效果

在商品拍摄环境中，影室灯的布光常采用两盏以上来进行布光配合。两侧光布光方式，适合拍摄扁平小件商品，这类布光可以使商品的顶部均匀受光，正面没有完全受光，但不适合具有一定高度的立体感很强的商品。两前侧布光，是商品拍摄中最常用的布光方式，光源全面而均衡，商品表现不会有暗角，常见的吸光类物体都适用，如图 2-36 所示。

前后交叉布光方式，常用于表现出商品表面的层次感，这种布光既表现出商品的层次又有前侧光源的存在而使正面细节也能展现，常用于瓷器、食物等类型的商品拍摄。侧逆光或者逆光主要运用在透明型物体的商品拍摄当中，如图 2-37 所示。这些常见的布光方式在运用中还是要结合具体商品的特性来进行运用和调整。

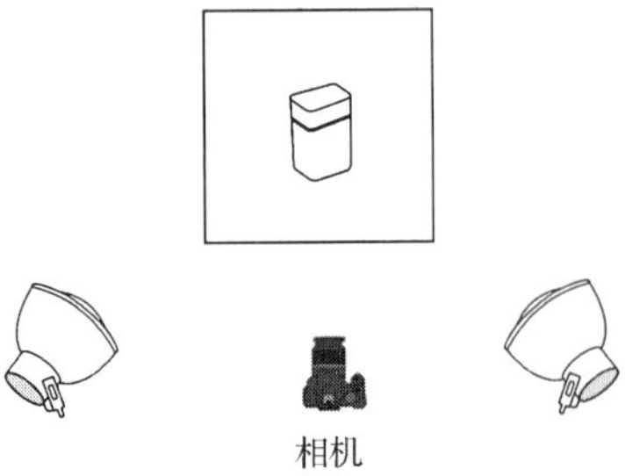

图 2-36　两前侧布光

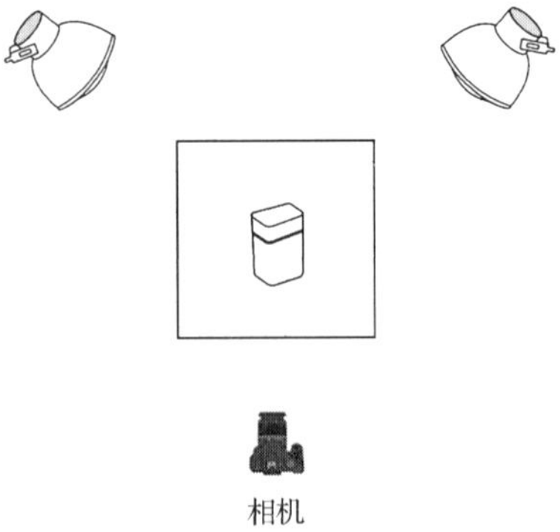

图 2-37　两侧逆布光

任务 2-2　简易摄影棚的搭建

微课-简易拍摄棚的搭建

任务描述

了解了拍摄设备和摄影灯后，实施商品拍摄，往往还需要一个放置被摄商品的地方，也就是拍摄台。影室灯将围绕着拍摄台进行布光。对于拍摄台的要求就是水平、稳固。另外，商品拍摄时还需要一个单一且能够突显商品的背景。为了更好地构成拍摄环境，特别是对于桌面完成的中小件商品，可以采用便携式摄影棚来实现一个独立的不受周围干扰的拍摄环境。

初学者可以通过纸板箱来制作一个类似的简易摄影棚，随着 LED 光源的普及，越来越多人选择使用自带 LED 光源的摄影棚，如图 2-38 所示。这类摄影棚组装简易，自带光源，效果突出，甚至适合采用手机拍摄。

图 2-38　自带 LED 光源的摄影棚

任务实施

（1）简易的摄影棚，可以用废弃的周转纸箱来制作，各面尽可能差不多大小。首先把纸箱各面抠空，底部可以不抠，保留框架，如图 2-39 所示。这里有个小技巧，开窗的时候不要着急直接切掉，应该把每面的 4 个角预留一下，等所有面都切完了，再一次全切掉，这样纸箱不容易因为切割时的压力而压趴。

图 2-39 简易摄影棚纸板框架

（2）再用白纸、白布或者硫酸纸将框架各面糊住，在里面铺上背景，如图 2-40 所示。这类简易的柔光棚无法进行折叠。白纸可选复印纸，不用太厚，适合白色光源（日光/荧光灯、日光色节能灯），优点是便捷。硫酸纸的优点是散光均匀细腻，透光性好，文具店买不到可以用面包店的叠纸。各影室灯可以按光位放置在摄影棚的各面，形成间接照明。

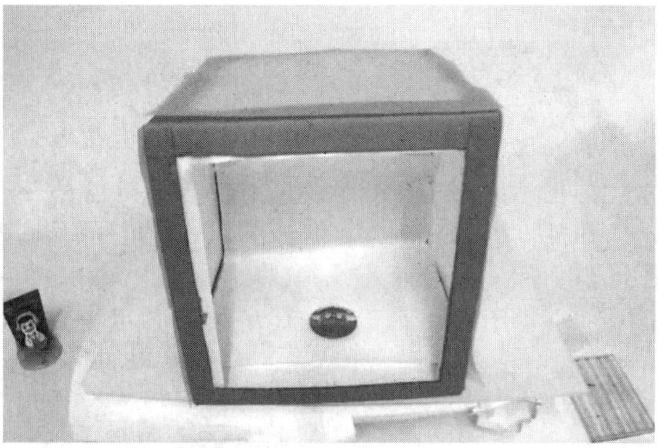

图 2-40 使用简易摄影棚创建独立的拍摄环境

思维拓展：反射光源的简易摄影棚，如图 2-41 所示，可由哪些材料制作？

图 2-41 反射光源的简易摄影棚

PVC 泡沫板、美工刀、A3 白纸、胶带、铝箔纸、白色台灯，以及尺子、铅笔等材料。

（3）自带 LED 光源的摄影棚，更适合相对专业化的使用。除了能够发挥 LED 光源的特性外，也便于携带折叠，整个拍摄棚具有更好的密闭性并自带各色 PVC 材质的背景板。安装时同样是首先搭建摄影棚的框架，这类框架也是采用 PVC 材质，借助三通接头来完成，如图 2-42 所示。

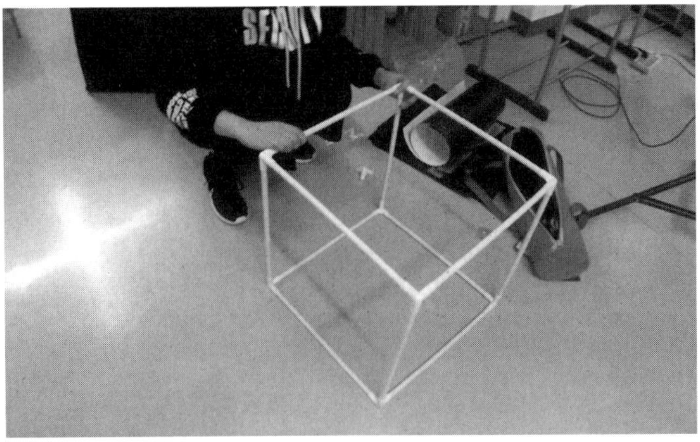

图 2-42　PVC 材质的摄影棚框架

（4）这类成品摄影棚的外罩为外黑内银色反光面料，在顶部和前面有带有魔术贴的开口，用于拍摄以及电源线的出入，如图 2-43 所示。按结构可以套在框架上，再用各边的开口拉链拉上。

图 2-43　摄影棚外罩

（5）提供 LED 光源的光板有两块，常采用卡扣式可以卡在框架上，组成相应的光位布局。柔光布则可以套在框架各脚上，使直接照明变成间接照明，如图 2-44 所示。

图 2-44　摄影棚内的柔光布

（6）将光板的电源线从电源开口拉出接上变电器，可以调节光源的亮度。而背景纸可以插入到背景所在位置的外罩卡槽中加以固定，如图 2-45 所示。

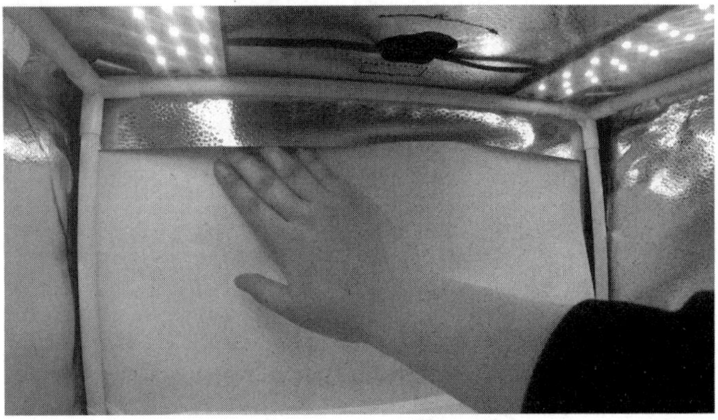

图 2-45　背景纸固定

（7）这类摄影棚常采用顶部光源布局，整体光源比较均匀，一般适合小件商品拍摄，如图 2-46 所示。

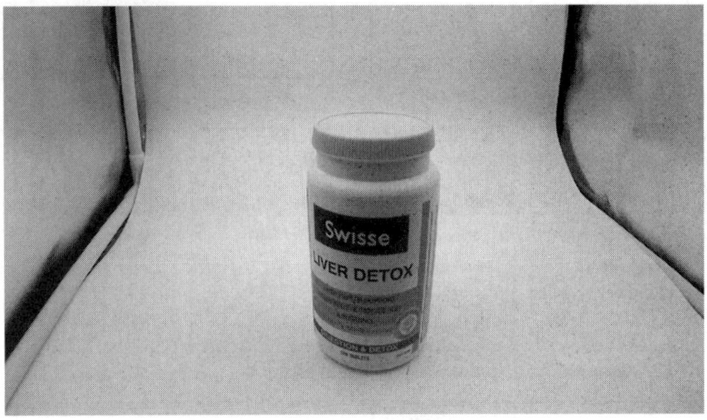

图 2-46　摄影棚效果

任务分析

1. 拍摄台

在拍摄时，商品一般放置在拍摄台上。拍摄台的要求就是水平、稳固，同时周围方便放置影室灯。因此，在一些简易环境中，也经常拿一张小桌子来做拍摄台。当然，在拍摄器材中也有专门用于放置商品的拍摄台，被称为静物台，如图 2-47 所示。静物台可以使商品展示出最佳的拍摄角度和最佳的外观效果。

2. 背景

背景是为了更好地衬托被拍摄的商品，使商品看起来更明显清楚、色彩干净，突显其质感。背景可分为背景纸、背景布、仿真主题背景等。背景的颜色一般以黑、白、灰为主，也可以根据被摄商品的特点去选择色彩，注意不要选择与商品颜色相近的背景颜色。

背景纸或者背景布，作为专业拍摄配件，有专业厂家生产，选购时常以卷为单位，可按不同标准的色号进行选择，如图 2-48 所示。背景纸除纯色外，还有渐变色，常为双色渐变，主要适用于古玩、工艺品、化妆品、手机、摆件等的背景，立体效果明显。

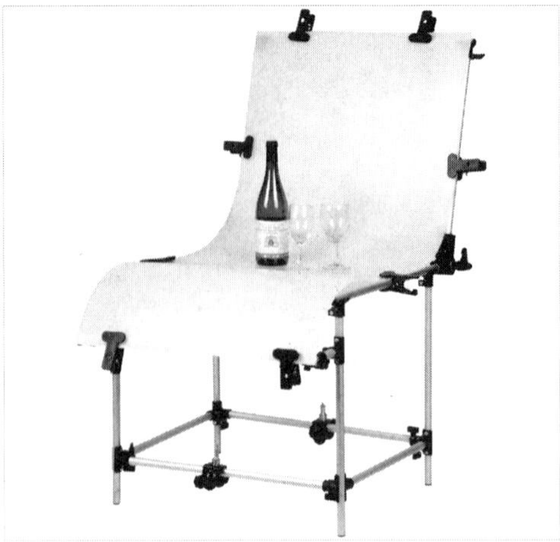

图 2-47　静物台

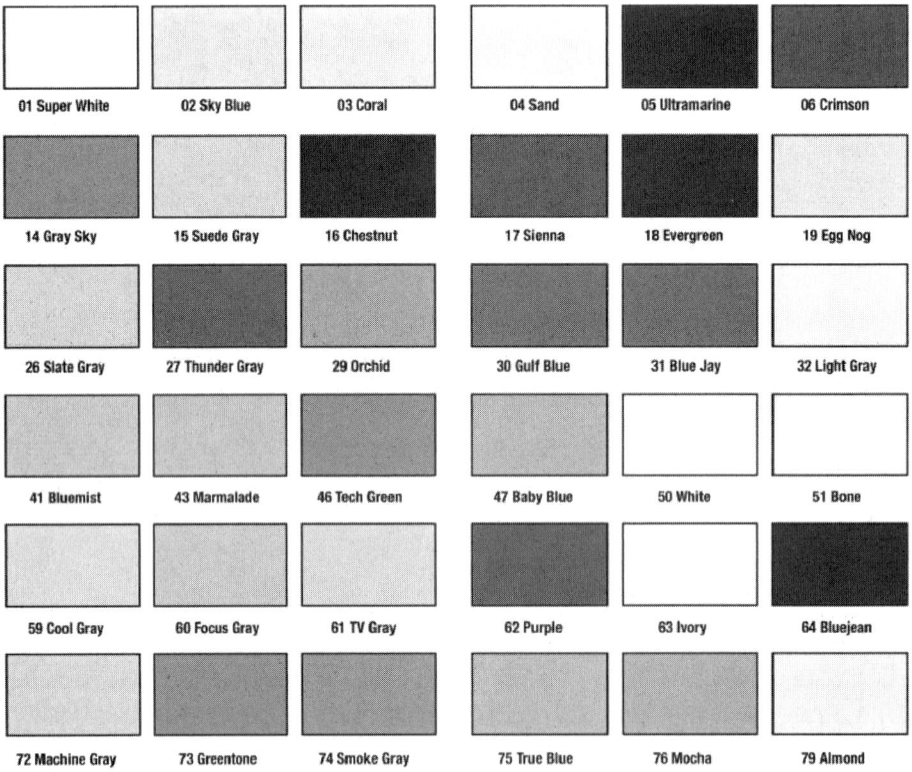

图 2-48　不同色号的背景纸

背景纸和背景布在使用过程中可以说各有千秋，从效果上而言，专业背景纸更好，但纸张容易被褶皱、污渍，还需要防潮，而这些问题对于背景布而言则简单很多，就算褶皱污渍严重了还可以用蒸汽烫平清除。现阶段除了背景布，还经常使用 PVC 材质的背景，也便于打理和使用。

3. 柔光摄影棚

柔光摄影棚，主体由柔光布和金属框架构成，金属框架缝制在柔光布中，构成整个主体的上下左右背面。从尺寸上将柔光摄影棚一般分为 40cm×40cm、60cm×60cm、80cm×80cm 等几档，规格一般都为正方形。从外观和使用上又分为正方形的敞开式柔光棚和四面为圆幅框架的包围式柔光棚，如图 2-49 所示。

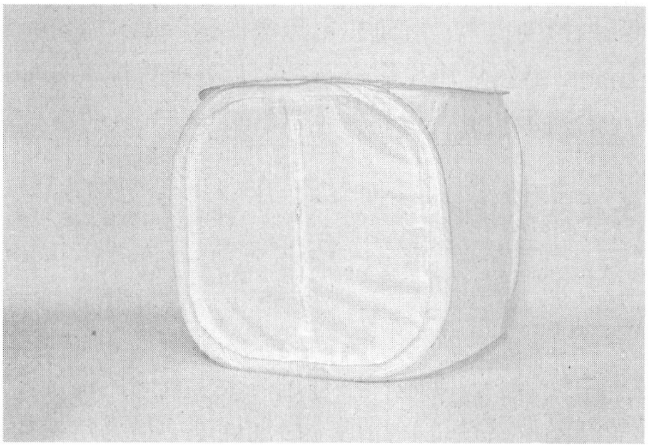

图 2-49 包围式柔光棚

4. 三脚架

三脚架在拍摄器材中主要起到稳定作用，是辅助拍摄达到更好效果的重要器材，特别是在需要较慢快门速度时。现有的三脚架常配有云台，其特点是云台活动主体是一个（或两个）球体，通过几个旋杆来控制球体的活动与紧固。球形云台操作方便、快捷，能快速地将相机定位在任意一个角度，如图 2-50 所示。

思维拓展：电子稳定器的使用。

视频拍摄在电商中大量使用，对于拍摄过程中的稳定效果有了更高的需求。电子稳定器是用来防止拍摄抖动的设备，使用陀螺仪来检测相机抖动，然后用三个电机来抵消抖动。电子稳定器主要分为面向手机的稳定器、面向运动相机的稳定器和面向单反的稳定器，如图 2-51 所示。

图 2-50　球型云台三脚架

图 2-51　单反相机电子稳定器

任务三 商品图片的后期处理

任务导入

前面任务介绍了商品拍摄的内容，然而在实际操作过程中，得到的商品图片往往还是存在这样或者那样的问题。因此商品图片往往需要通过图片处理软件进行处理，这样才能在电子商务网店中使用。这些常见的基本任务，也是快速掌握 Photoshop 的基础。

任务 3-1 商品图片亮度的调整

微课-调整图片的亮度

任务描述

商品图片在拍摄过程中经常会出现整体图片过亮或者过暗的情况，这是因为曝光过度或者不足造成的。商品图片的亮度调整也是商品图片后期处理中最为常见的一种。

任务实施

（1）打开 Photoshop，这里以 Photoshop 2018 CC 为例，打开后可以见到最近使用过的工作项目，还可以同步 CC 文件和 LR 照片管理。这里可以单击“新建”按钮，则会出现“新建文档”对话框，如图 2-52 所示。可以选择最近复制的图像文件大小尺寸或者最近刚工作过项目文件大小以及默认 Photoshop 文件大小。

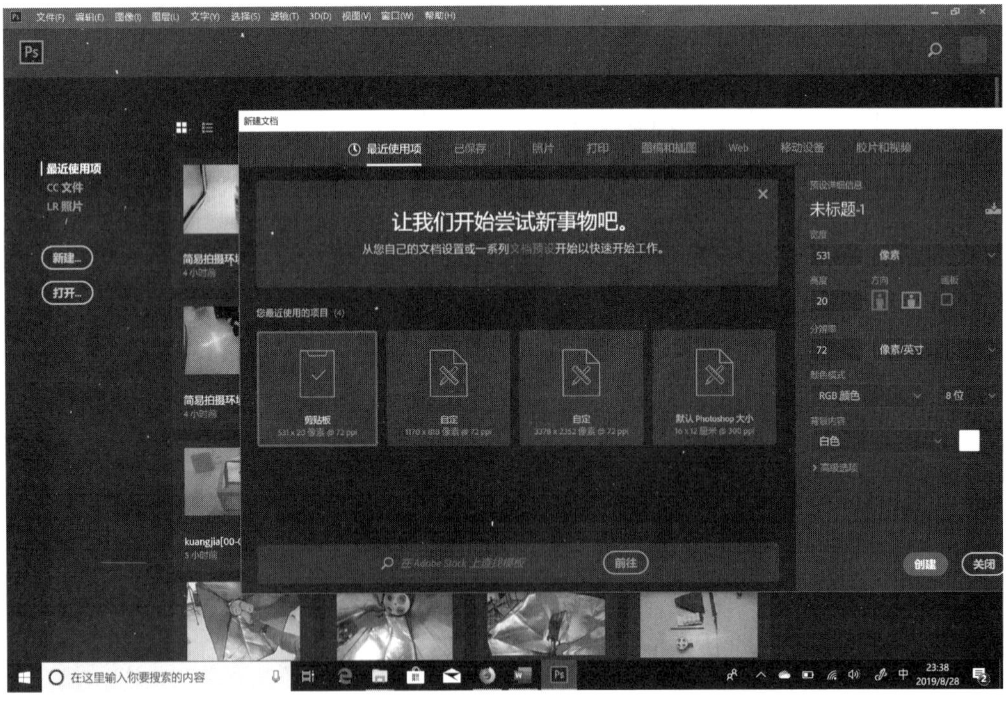

图 2-52 “新建文档”对话框

（2）打开要处理的图片，单击“打开”按钮或者通过菜单栏的“文件”菜单，在出现的列表中单击“打开”（快捷键：Ctrl+O），进入打开标签的面板，在面板中选择路径，找到对应的文件夹里面需要处理的拍摄图片“DSCN0011.jpg”，单击“打开”按钮，这样所选择的图片就在 Photoshop 的工作界面中打开了，如图 2-53 所示。若一次打开多个图片可通过单击菜单栏的“窗口”菜单，在出现的列表中单击“排列”选择不同的“排列”方式，对打开的拍摄图片进行排列管理。

图 2-53　打开待处理的商品图片

（3）原图四周有多余的瑕疵，目标是需要将商品图片呈现在白底背景中。为了更好地调整图像，使用裁剪工具将多余部分裁剪去除。“裁剪工具”，即选择工具栏中的“裁剪工具（快捷键：C）”，然后调整四边，确定裁剪的范围，去除多余背景，如图 2-54 所示。双击或者单击裁剪工具栏的对按钮完成裁剪。

图 2-54　裁剪工具

（4）新建一个图像文件，采用网店中基础图片大小 800×800px。新建文件，除了前面通过单击“新建”按钮外，也可通过菜单栏上的“文件”下的“新建”命令（快捷键：Ctrl+N），命名为“油头膏”，设置文件大小为 800×800px，分辨率为 72，颜色模式为 RGB 模式，背景内容为白色，确定，如图 2-55 所示。

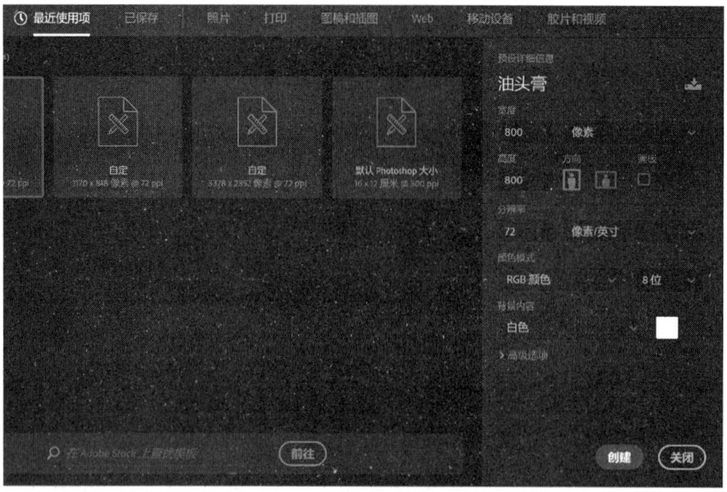

图 2-55　新建文件规格

如若觉得文件较大，可以通过调整画布大小或者图像大小来改变。例如，改成 500×500px，单击菜单栏“图像”中的“画布大小”（快捷键：Ctrl+Alt+C），在弹出的对话框中把高度和宽度都改成 500px，确定即可，如图 2-56 所示。同理，单击菜单栏“图像”中的“图像大小”（快捷键：Ctrl+Alt+I），在弹出的对话框中先勾选下方的“缩放样式”和“约束比例”复选框，再把高度和宽度都改成 500px，确定即可。

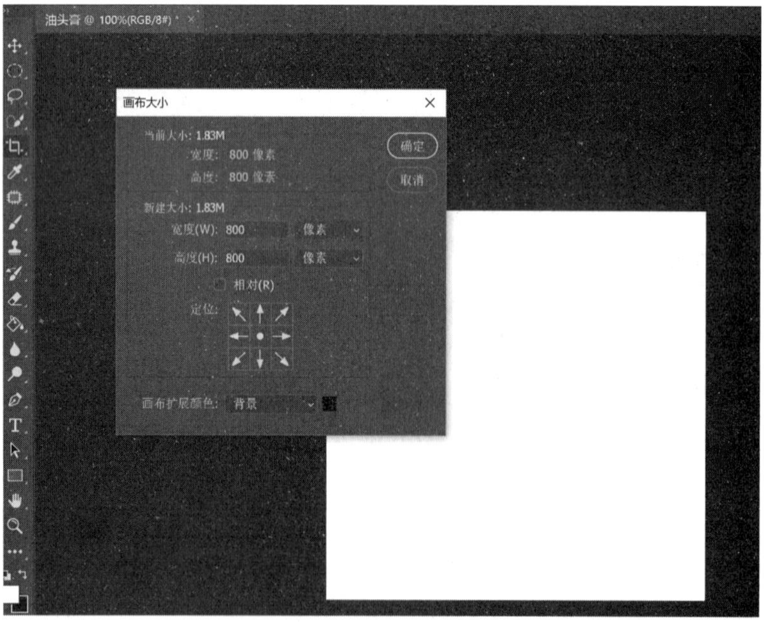

图 2-56　修改画布大小

（5）将要处理的图片放入新建的文件中，首先打开裁剪后的商品图片，进行全选，使用菜单栏“选择”下的“全部”按钮选择（快捷键：Ctrl+A）。然后复制，使用菜单栏“编辑”下的“复制”按钮（快捷键：Ctrl+C）。再切换到新建文件油头膏中进行粘贴，使用菜单栏“编辑”下的“粘贴”按钮（快捷键：Ctrl+V），然后在新建文件图像的中间调整合适大小和位置。

图像的大小调整，特别是从拍摄原图复制过来的，往往通过菜单栏“窗口”中调出导航器结合选择菜单栏“编辑”列表中的“自由变换”（快捷键：Ctrl+T）来共同完成，从而把图片还原为适合屏幕大小（快捷键：Ctrl+0，Ctrl++）即可。在使用“自由变换”时，收缩粘贴图像大小时，注意保持原图的长宽比，可按住 Shift 键进行缩放，也可在“自由变换”工具栏中，单击锁定长宽比，如图 2-57 所示。

图 2-57　自由变换调整图像大小

（6）商品图片亮度的调整。本图曝光不足，颜色偏暗需要调亮。曝光不足也是商品图片常见的问题。图像调整主要通过菜单栏“图像”下的“调整”菜单列表中的命令来完成。这里通过“色阶”进行调整，单击“调整”列表中的“色阶”，打开“色阶”调整对话框（快捷键：Ctrl+L），在对话框中用鼠标向右移动白色块，再微调灰色块来调整，如图 2-58 所示。直到原图中灰色背景和新建文件的白色背景一致，同时也观测商品主体的颜色变化不能过度。

（7）通过“色阶”调整变亮后，若原图四角还有一些灰色像素没有变白，为了使主体部分过渡变亮，可以选择“橡皮擦工具”，即选择工具栏中的“橡皮擦工具（快捷键：E)”，通过工具栏调整适合大小（快捷键：[，]）后，擦除这些灰色区块，如图 2-59 所示。

（8）商品图片保存。图片处理完成后，进行保存。可以单击菜单栏“文件”菜单，在出现的列表中单击“存储”（快捷键：Ctrl+S)，或单击“存储为”（快捷键：Ctrl+Shift+S)。“存储”命令可以直接将文件保存为.PSD 格式，可以保留图层信息，方便以后打开继续编辑。“存储为”命令则可以提供多种格式的文件保持。在“存储为”对话框中，选择保存在“完成”文件夹中。当选择保存格式为 JPEG 且第一次保存文件后，会弹出“JPEG 选项”对话框来选择保存的 JPEG

格式，如图 2-60 所示，单击“确定”按钮后完成保存操作。

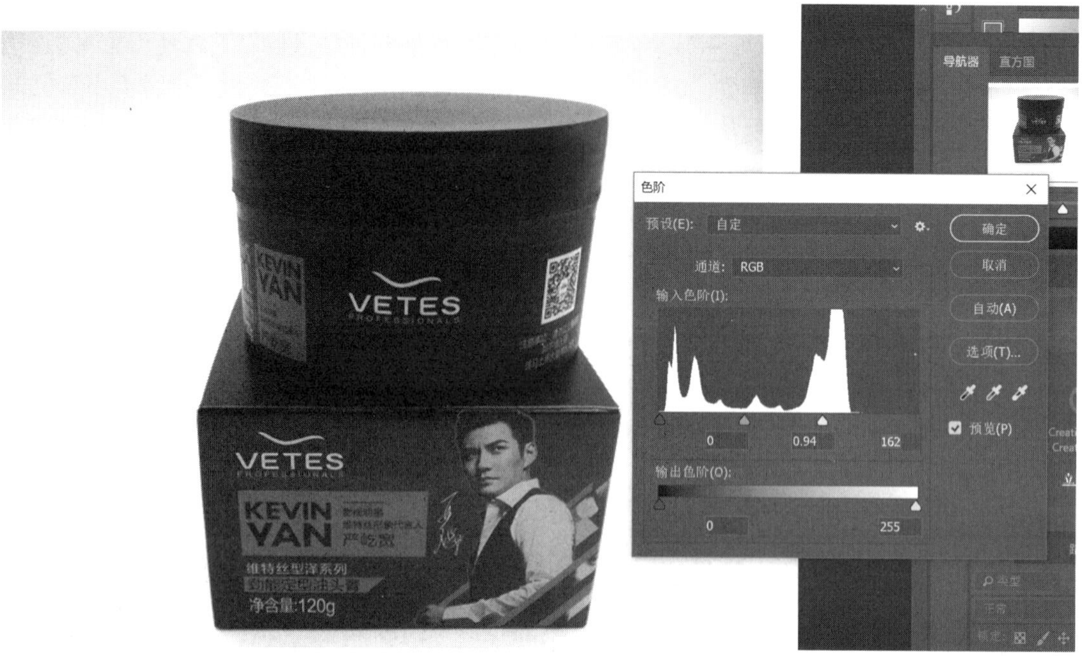

图 2-58　色阶调整

图 2-59　橡皮擦工具

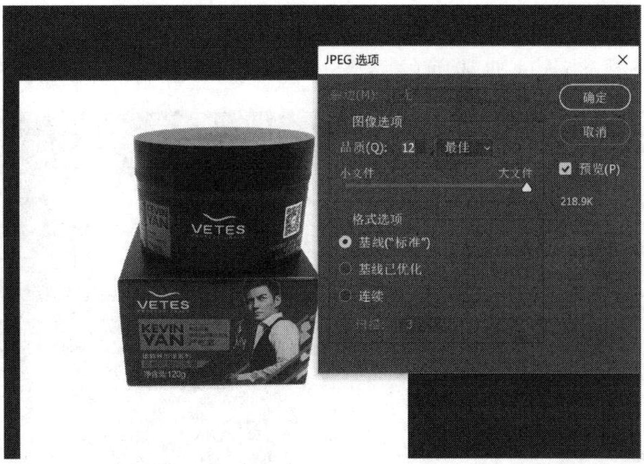

图 2-60　JPEG 选项设置

任务分析

1. Adobe Photoshop

Adobe Photoshop，简称 PS，是由 Adobe Systems 开发和发行的图像处理软件。Photoshop 主要处理以像素所构成的数字图像。使用其众多的编修与绘图工具，可以有效地进行图片编辑工作。PS 有很多功能，在图像、图形、文字、视频、出版等各方面都有涉及。

2. 图层与像素

图层是 Photoshop 中构成图像的重要组成单位，许多效果可以通过对层的直接操作而得到，Photoshop 中图像文件常由若干图层组成，而每一个图层都是由许多像素组成的，而图层又通过上下叠加的方式来组成整个图像。打个比喻，每一个图层就像一块透明的“玻璃”，而图层内容就画在这些“玻璃”上。而且无论在上层“玻璃”上如何涂画都不会影响到下层“玻璃”。如果“玻璃”上什么都没有，该图层就是一个完全透明的透明图层。当各“玻璃”上都有图像时，上层“玻璃”会遮挡住下层“玻璃”上的图像并可移动各“玻璃”上图像的相对位置。最后自上而下俯视所有图层，各图层上的图像会重叠显示从而形成图像显示效果。

像素（pixel，常用 px 标识），通常被视为图像的最小的完整采样，图像由许多像素组成。商品拍摄图像基本都由位图（即像素图）构成。像素是一个带有特定的位置和颜色值的正方形小块。像素以行和列的方式排列，若将位图图像的某一区域放大后，所看到的这些正方形小块就是像素，如图 2-61 所示。这也是判断该图像文件是否是位图图像的重要特征。

3. 分辨率

Photoshop 中分辨率是指图像的分辨率，图像的大小与质量取决于像素和分辨率，常用单位为像素/英寸（ppi），即每英寸包含的像素点数。例如，300ppi 表示每英寸包含 300 个像素点。相同打印尺寸的图像，分辨率越高，所包含的像素点也就越多，色彩信息也就越丰富。当然分辨率也不是越大越好，对于网页载体的图片，通过计算机等在线浏览，则 72ppi 就是合适的分辨率，而输出打印时则可选择 300ppi。

4. 裁剪工具

在做图片处理时，通过“裁剪工具”可以清除图片边缘的杂物、重新规划图片比例、调整构图。“裁剪工具”的属性栏如图 2-62 所示。“裁剪工具”提供了很多预设的比例模板来方便使用者进行裁剪，对图片重新构图。取消勾选“删除裁剪的像素”复选框，则将隐藏保留被裁剪的部分而不删除。当需要重新裁剪时，图片文件是以 PSD 格式保存的话，选择“裁剪工具”后单击选择图片，就能看到当时被裁剪的像素，便于重新进行构图，调整裁剪内容。

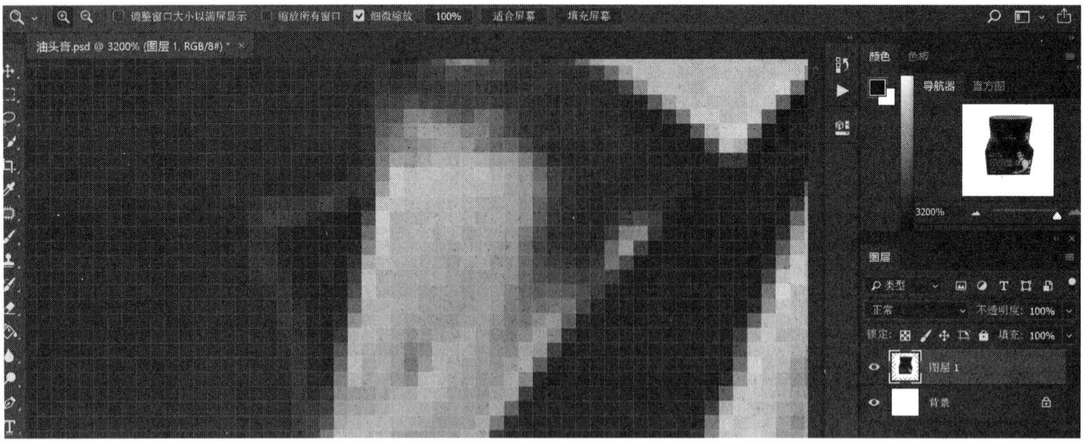

图 2-61　像素与图层

图 2-62　“裁剪工具”属性栏

思维拓展：透视裁剪工具。

“透视裁剪工具”可以在裁剪的同时方便地矫正图像的透视错误，也就是把具有透视变形的图像进行裁切，同时把画面拉直并纠正成正确的视角。

5. 自由变换

在“编辑”菜单项列表中，有“变换”命令，可对所选图像应用各种变换操作，如“缩放”“旋转”“斜切”“扭曲”“透视”或“变形”等。而“自由变换”命令则可直接在一个连续的操作中应用变换（“旋转”“缩放”“斜切”“扭曲”和“透视”），也可以应用“变形”变换，而不必选取其他命令。

6. 色阶

“色阶”是表示图像亮度强弱的指数标准，但并不指具体颜色。一个颜色从最亮的白色到最不亮的黑色，共 256 个色阶，由 0～255 来表示。使用“色阶”调整通过调整图像的阴影、中间调和高光的强度级别，从而校正图像的色调范围和色彩平衡。“色阶”对话框中可以调整图像的明暗度，可以对整个图像进行调整也可以对被选中区域、被选中的图层、被选中的颜色通道进行调整。“色阶”对话框如图 2-63 所示。

预设：选择预设的模板来进行调整，如较暗、加亮阴影等，不设则为默认值。

通道：默认值按图像的色彩模式对全部通道进行调整，也可选其中某个颜色通道进行调整。

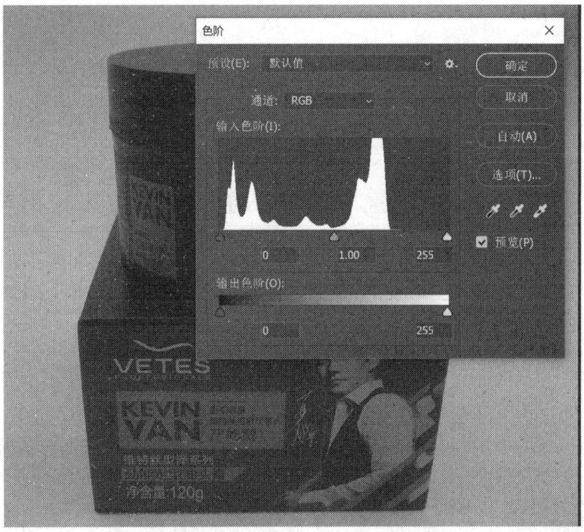

图 2-63 原图打开的“色阶”对话框

输入色阶：通过设置阴影、中间调和高光的色调来调整图像的色调和对比度，也是色阶调整的主要部分。其中，阴影（黑色滑块下方对应文本框）值越大，图像越暗；高光的色调（白色滑块下方对应文本框）值越小，图像整体越亮。文本框中，值在 0～255 波动。以如图 2-64 所示的调整结果为例，高光对应的值由 255 改为 169，也就是标示色调值 169 为最亮，也就是色阶映射为 255，其余色阶也就按比例提高了整体亮度。中间调值表示阴影和高光之间的分布比例，比 1 小表示增加对比度，比 1 大表示减小对比度。中间调的灰色滑块位置会随着左右阴影和高光的改变而滑动，保持原图的默认对比度。

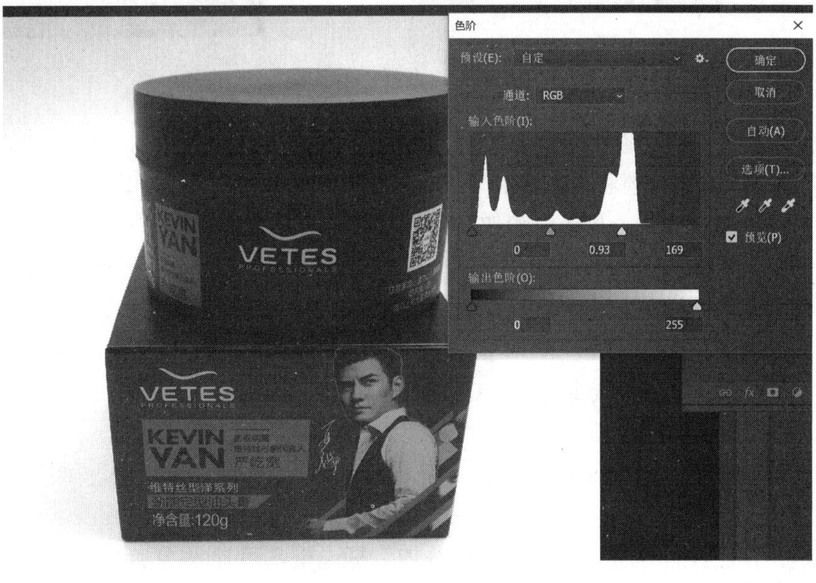

图 2-64 修改色阶

输出色阶：输出色阶决定输入色阶的范围，但一般不调节输出色阶。这是因为，输出色阶是默认复制输入色阶后输出的图像，那么调整输入色阶后，不调节输出色阶，就是默认把调整后的输入色阶效果输出。而调整输出色阶，则是将输入色阶的效果，等比例分布在新的输出色阶中再输出。

右下方的三个吸管工具，分别用于在图像中取样来①设置黑场：将取样的颜色为图像最暗处色调值，比它暗的像素都将被设为黑色；②设置灰场：将取样的颜色为图像中间调范围的平均亮度；③设置白场：取样的颜色为图像最亮处色调值，比它亮的像素都将被设为白色。若是原图背景灰色比较均匀，则可以使用设置白场，快速调整亮度，使得背景为白色。

7. 曲线

除了“色阶”外，“曲线”也是亮度调整时“调整”列表中常用的一个命令。单击“调整”列表中的“曲线”命令，打开“曲线”对话框（快捷键：Ctrl+M），在对话框中用鼠标提升原图高光部曲线从而带动全图曲线向高光部色阶偏移，如图 2-65 所示，完成微调。

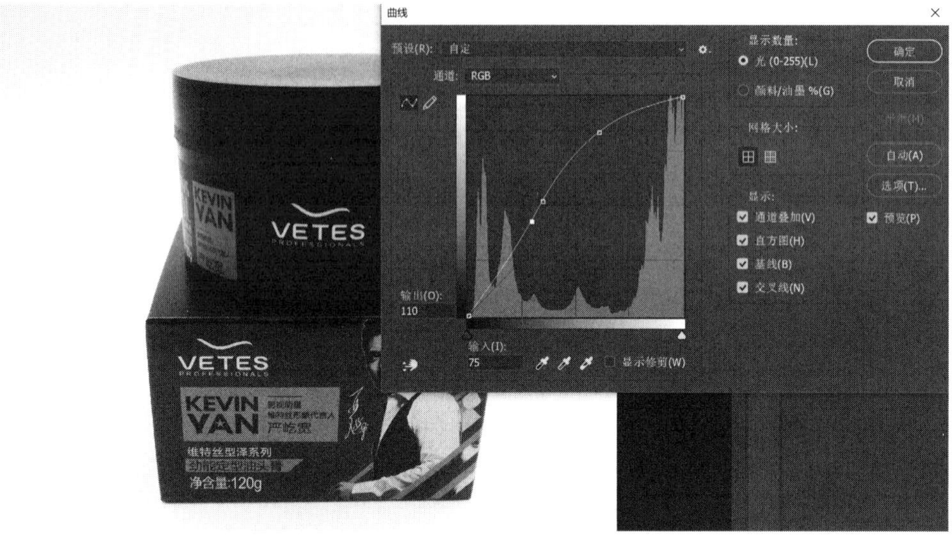

图 2-65 “曲线”对话框

移动曲线顶部的点可调整高光，移动曲线中心的点可调整中间调，而移动曲线底部的点可调整阴影。要使高光变暗，请将曲线顶部附近的点向下移动。将点向下或向右移动会将“输入”值映射到较小的“输出”值，并会使图像变暗。要使阴影变亮，请将曲线底部附近的点向上移动。将点向上或向左移动会将较小的“输入”值映射到较大的“输出”值，并会使图像变亮。

对话框中其他选项说明如下。

光（0-255）：显示加色混合，RGB 图像的强度值（范围为 0～255），黑色位于左下角。

颜料/油墨量（%）：显示减少混合，CMYK 图像的百分比（范围为 0～100），高光位于左下角。

网格大小：显示网格，便于精准调整。简单网格以 25%的增量显示网格线，详细网格以 10%的增量显示网格线。

显示：在图中显示的信息。勾选“通道叠加”复选框，可显示叠加在复合曲线上方的颜色通道曲线。勾选“直方图”复选框可显示图形后面的原始图像色调值的直方图。勾选“基线”复选框以 45° 角的线条作为参考，可显示原始图像的颜色和色调。勾选“交叉线”复选框显示水平线和垂直线，方便于拖动时对齐控制点。

思维拓展：“调整”列表中还有哪些可以选项调整图像亮度？

亮度/对比度、曝光度、阴影/高光。

8. 橡皮擦

橡皮擦工具可将像素更改为背景色或透明，擦除后的区域将为透明。如果在背景层上使用橡皮擦，由于背景层不允许透明，擦除后的区域将显示背景色。如果要使其透明的话，要先将背景层转为普通图层。

思维拓展：背景色橡皮擦和魔术橡皮擦。

背景色橡皮擦，与普通的橡皮擦相同，都是抹除像素，可直接在背景层上使用，使用后背景层将自动转换为普通图层。魔术橡皮擦工具的作用与背景色橡皮擦类似，都是将像素抹除得到透明区域。只是两者的操作方法不同，魔术橡皮擦是区域型（即单击一次就可针对一片区域）的操作，操作重点主要是容差的设置。

任务 3-2　商品图片色彩的调整

微课-商品图片的色彩调整

任务描述

除了亮度外，商品图片有时也会需要进行色彩的调整，当然基本上只是一些色彩的微调，常见于饱和度的调整。也有因为白平衡不正常所需要的调整，还有就是一些替换颜色的调整。

任务实施

（1）使用 Photoshop 继续打开前面调整好亮度的“油头膏.PSD”文件，这里色彩调整运用“色相/饱和度”命令来完成，通过调整使其颜色更为鲜艳。单击“调整”列表中的“色相/饱和度”命令，打开“色相/饱和度”对话框（快捷键：Ctrl+U），如图 2-66 所示，整体提升色彩鲜艳度和明度。

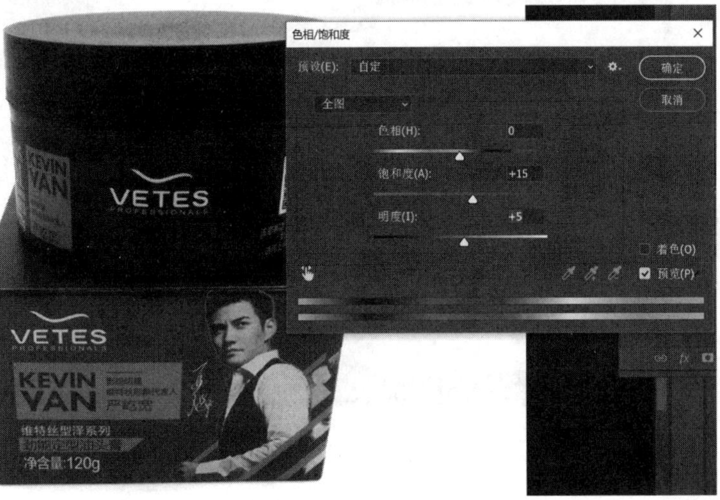

图 2-66　色相/饱和度调整

（2）继续对某个颜色进行更为精准的微调。单击“调整”列表中的“替换颜色”命令，打开“替换颜色”对话框。在对话框中选择吸管工具，单击图片上要替换颜色的地方，用滑块调整颜色容差，白色选区就是将要进行颜色替换的部分，确定好容差后，在最后分别对选区调整色相、饱和度和明度，如图 2-67 所示，对原图框选位置颜色进行微调。

图 2-67　替换颜色设置

（3）商品图片“USM 锐化”，可在一定程度上提高图片的清晰度，一般商品图片中需要展示文字内容，有效的锐化可以更好地提升展示效果。调整锐化，一般可使用“USM 锐化”滤镜来实现。单击“滤镜”列表中的“锐化”命令，选择“USM 锐化”后，可打开“USM 锐化”对话框，可移动如图 2-68 所示的滑块进行调整，并通过预览窗口查看锐化效果。

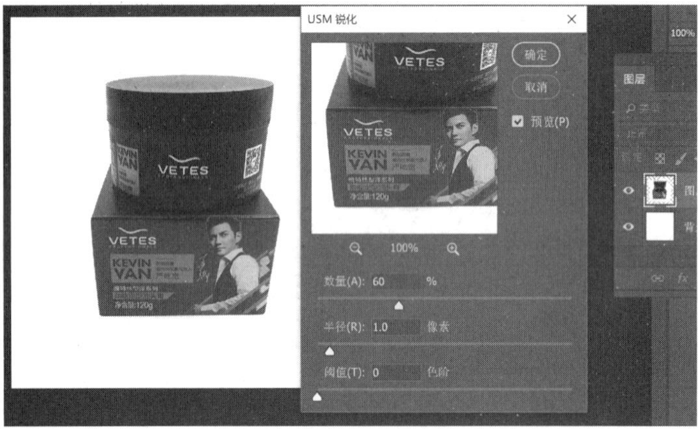

图 2-68　USM 锐化

（4）完成图片处理，进行保存。首先通过“存储”命令继续保存到“油头膏.PSD”文件，再通过“存储为”命令选择保存格式为 JPEG 导出阶段性成果图片。

任务分析

1. 色相/饱和度

色相，可改变色相光谱的对应关系。在设置对话框中显示的值反映像素原来的颜色在色相环中的度数。正值指明顺时针旋转，负值指明逆时针旋转。值的范围可以为-180～+180。饱和度，是控制图像色彩程度的，即鲜艳度。调至最低的时候图像就变为灰度图像了。对灰度图像改变色相是没有作用的。明度，即亮度。如果将明度调至最低会得到黑色，调至最高会得到白色。对黑色和白色改变色相或饱和度都没有效果。

在对话框下方显示有两个颜色条，它们以各自的顺序表示色相环中的颜色。上面的颜色条显示调整前的颜色，下面的颜色条显示如何以全饱和状态影响所有色相。单击颜色条上方的图像调节按钮，然后利用“吸管”工具在图中选择一块颜色区域，则可使用色相/饱和度指定调整的颜色范围，如图 2-69 所示。注意在两颜色条中间的滑块区域也可以控制颜色调整影响的范围。

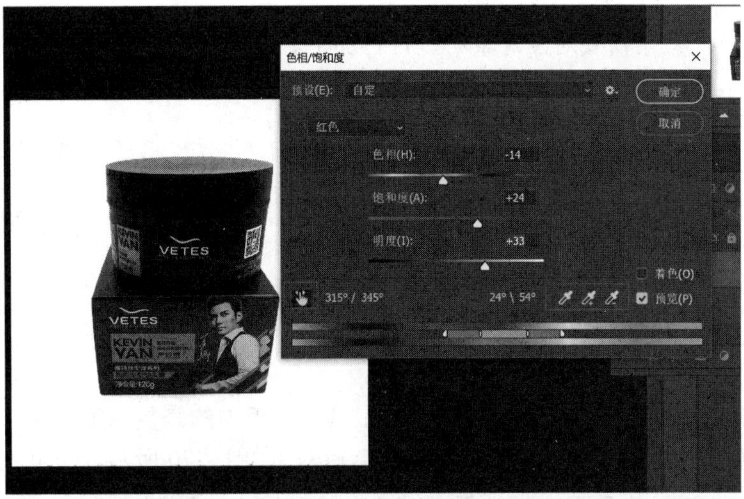

图 2-69　色相/饱和度指定调整的颜色范围

2. 替换颜色

替换颜色：和色相/饱和度的作用类似，使用时用吸管工具在图像中单击所要改变的颜色区域，所圈框中就会出现有效区域的灰度图像，呈白色的是有效区域，呈黑色的是无效区域。改变颜色容差可以扩大或缩小有效区域的范围，如果选择较低的百分比，则替换与所单击像素非常相似的颜色；如果选择较高的百分比，则替换范围更广的颜色。也可以使用 “添加到取样”的吸管工具和“从取样中减去”的吸管工具来扩大和缩小有效范围。选区确定后，替换颜色的方式和色相/饱和度类似。如果需要在图像中选择相似且连续的颜色，则选择“本地化颜色簇”可构建更加精确的选择区域。

思维拓展：当图片出现白平衡偏色时，调整菜单中是否有其他调整工具可用？

对于普通的色彩校正，“色彩平衡”命令更改图像的总体颜色混合。

“照片滤镜”调整模仿以下技术：在相机镜头前面加彩色滤镜，以便调整通过镜头传输的光的色彩平衡和色温，使胶片曝光。“照片滤镜”还允许自定义颜色预设，以便将色相调整应用到图像。

“可选颜色”：调整单个颜色分量的印刷色数量。虽然“可选颜色”使用 CMYK 颜色来校正图像，但也可以在 RGB 图像中使用它。

3. USM 锐化

USM 锐化是一个常用的技术，简称 USM，用来锐化图像中的边缘清晰度。对于高分辨率的输出，通常锐化效果在屏幕上显示比印刷出来更明显。

数量：用于调节锐化的程度，该值越大，锐化效果越明显。

半径：用于设置图像轮廓周围被锐化的范围，该值越大，锐化效果越明显。

阈值：用于设置锐化相邻像素必须达到的最低差值，只有对比度差值高于此值的像素才会得到锐化处理。

任务 3-3　商品图片的修复

微课-商品图片修复画笔工具组的使用

任务描述

在网页制作中，经常需要对图片素材进行再加工。其中有很大一部分是因为图片素材本身存在相应的瑕疵，需要通过图片处理软件来进行相应的处理。

任务实施

微课-商品图片修复仿制图章工具的使用

（1）使用 Photoshop 继续打开前面调整好的“油头膏.PSD”文件。选择“工具”面板中的“吸管工具”（快捷键：I）在原图中取样褐黄色来设置“前景色”，然后选择“工具”面板中的“画笔工具”在原图包装盒黑色区域中单击一小点褐黄色，作为图片需要修复的瑕疵。

（2）对于纯色背景上较小的瑕疵，选择“工具”面板中的修复画笔工具组（快捷键：J）中的“污点修复画笔”对原图中的瑕疵进行直接涂抹，如图 2-70 所示，即可完成相应的修复。

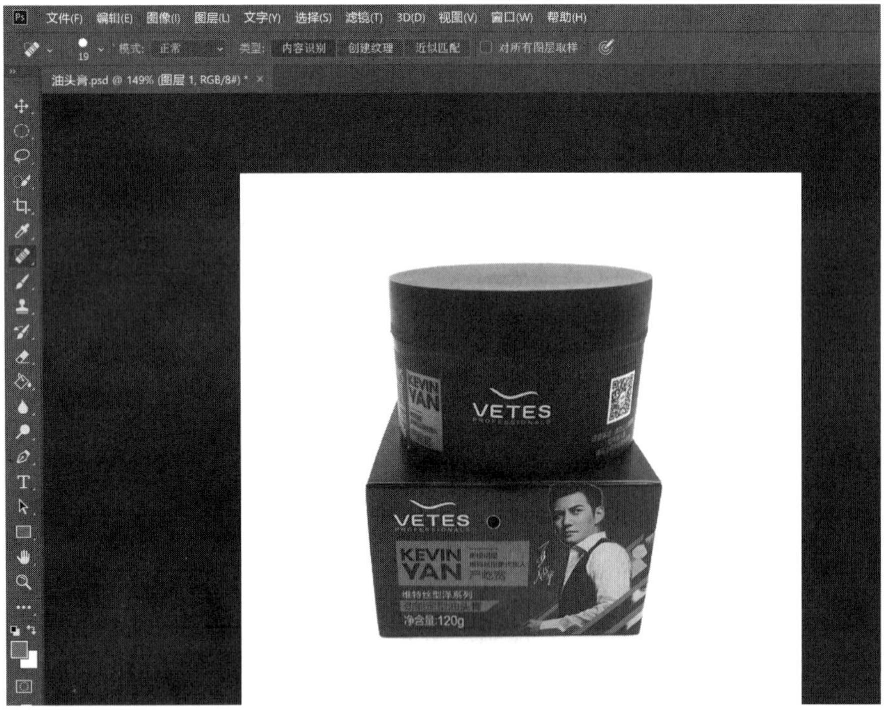

图 2-70　污点修复画笔工具

（3）选择“工具”面板中的“缩放工具”（快捷键：Z），放大原图。这里通过消除代言人签名来使用仿制图章工具操作。选择“工具”面板中的“仿制图章工具”（快捷键：S），先按住 Alt 键然后选择采样点，然后选择需要修复的地方，进行同步修复，如图 2-71 所示。

图 2-71　仿制图章工具

（4）完成图片处理，进行保存。首先通过“存储”命令继续保存到“油头膏.PSD”文件，再通过“存储为”命令选择保存格式为 JPEG 导出成果图片。

任务分析

1. 图像素材的瑕疵

细分商品图片的瑕疵，可以分为两类，一类是商品图片拍摄时存在的瑕疵，常见于样品或者背景上有细微破损、多余杂点或者影响观感的反光、褶皱等，且不便于抠图等操作处理；另一类是图片素材作为背景等合成图片时存在的瑕疵，如图 2-72 所示，需要增加和改变背景中的树叶。

图 2-72　图片背景合成素材

2. 前景色与背景色

在使用当前所选的绘图工具时，如“画笔工具”“铅笔工具”以及“油漆桶工具”填充选区时，出现的颜色即为前景色。而设置图像的底色，以及使用“橡皮擦”工具应用到“背景”图层时出现的颜色即为背景色。前景色和背景色可在工具箱中分别设置，也可以互相切换（快捷键：X），恢复默认值时（快捷键：D），前景色为黑色，背景色为白色。设置前景色或背景色时，可以单击工具箱中的设置前景色或设置背景色图标，在弹出的“拾色器”对话框中设置，如图 2-73 所示。

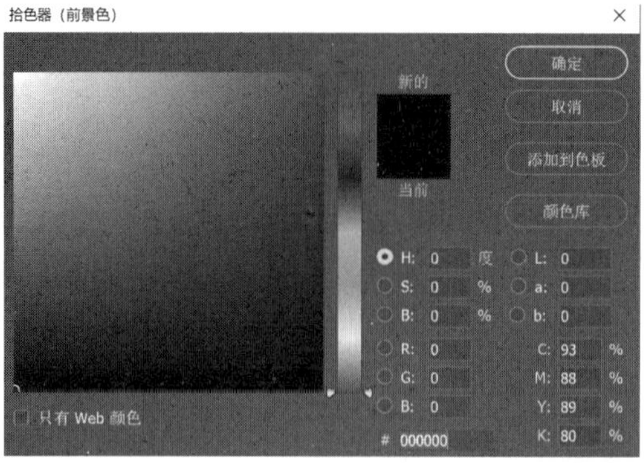

图 2-73 “拾色器”对话框

3. 修复画笔工具组工具

常见的修复可以通过修复画笔工具组里的工具来完成，其中常用的修复工具有“污点修复工具”“修补工具”“内容感知移动工具”以及“修复画笔工具”。

污点修复画笔工具：可以快速方便地修复照片中的污点和其他不理想的部分。它将自动从所修饰区域的周围图像取样。将样本像素的纹理、光照、透明度和阴影与所修复的像素相匹配。主要处理一些细微的瑕疵，背景色大致相同。

修补工具：可以用其他区域或图案中的像素来修复选中的区域。在修复时同样会将样本像素的纹理、光照和阴影与源像素进行匹配。选区修复，适用于各种背景情况，有规律的背景处理更佳，如图 2-74 所示处理商标边线多余的线头。

图 2-74 修补工具

内容感知移动工具：可以简单到只需选择图像场景中的某个物体，然后将其移动到图像中的任何位置，经过自动计算合成效果。主要有两种功能模式可选：①移动，选取想要移动的部分，并随意放置到合适的位置，移动后的空隙位置，会智能修复；②扩展，也就是复制功能，选取想要复制的部分，移到其他需要的位置就可以实现复制，复制后的边缘会智能修复。如图 2-75 所示右下角，有个多余的黑包需要去除。

图 2-75　内容感知移动工具修复样图

修复画笔工具：可用于修复图像。使用方法与仿制图章工具一样，但修复画笔工具还可将样本像素的纹理、光照、透明度和阴影与所修复的像素进行匹配，从而使修复后的像素不留痕迹地融入图像。

思维拓展：若修复存在问题，如何撤销多步之前的操作？

“窗口”菜单列表中的“历史记录”面板，可显示记录的当前图像文件的每一步操作。在用 Photoshop 进行图像处理时，经常需要回到前一状态，这时可以使用“历史记录”面板在当前工作会话期间跳转到所创建图像的任一最近状态。每次对图像编辑更改时，图像的新状态都会添加到该面板中。

也可以使用“历史记录”面板来删除图像状态，并且在 Photoshop 中可以使用该面板依据某个状态或快照创建文档。当恢复到前某一状态时，做了新更改，新状态将会替代原有灰色状态，原有状态不能还原。

4. 仿制图章工具

仿制图章工具对于复制对象或移去图像中的缺陷很有用，能将图像的一部分应用到其他图像或同一图像的其他部分，也可以将一个图层的一部分绘制到另一个图层。在使用仿制图章工具时，首先从仿制像素的区域上设置一个取样点，并在另一个区域上绘制“复印”。若选择“对齐”选项（默认为勾选），在每次停止并重新开始绘画时，都可以重新使用最新的取样点。若取消勾选，每次停止并重新开始绘画时，都使用同一个初始取样点。采样点即为复制的起始点。

对仿制图章工具可使用任意的画笔笔尖，这样方便准确控制仿制区域的大小。也可以使用不透明度和流量设置来控制对仿制区域应用绘制的方式。选择不同的笔刷直径会影响绘制的范围，而不同的笔刷硬度会影响绘制区域的边缘融合效果。对于“样本”，可选择从指定的图层中进行数据取样。单击“取样”选择右侧的“关闭以在仿制时包含调整图层”图标，意味着从调整图层以外的所有可见图层中取样。

Photoshop 提供了多种修复工具，虽然各个工具功能差不多，但并没有完全通用性的工具，实践中往往还是要根据具体内容，来选择最为适合的工具。有时，还需要借助多工具的协同修复。因此，各个工具都要熟练掌握。

思维拓展：仿制图章工具与修复画笔工具的区别。

在对源取样区进行复制时，可以明显看出修复画笔工具与仿制图章工具两者的区别，特别是当复制的内容与背景色差距明显时。在正常模式下，修复画笔在复制后，同时融合匹配图像；而仿制图章则不会融合，只有在边缘时根据仿制图章画笔的硬度产生相应效果。

同步测试

一、单选

1. 下列哪类不是商品信息采集的重点要素？（　　）

A. 形　　B. 体　　C. 色　　D. 质

2. 下列哪类在按商品信息采集对物体进行划分时不是一类？（　　）

A. 皮包　　B. 绒毛抱熊　　C. 不锈钢保温杯　　D. 牛仔裤

3. 下列哪类在商品信息采集时最为关注偏色问题？（　　）

A. 图书　　B. 存储卡　　C. 水果　　D. 皮包

4. 关于光圈的说法，正确的是（　　）。

A. F 值越大，光圈越大　　B. F 值越小，光圈越大

C. F 值越大，进光量越多　　D. 光圈越小，进光量越多

5. 关于景深的说法，错误的是（　　）。

A. 光圈大小与景深成反比，光圈越大，景深越小

B. 焦距长短与景深成反比，焦距越大，景深越小

C. 物距大小与景深成正比，物距越大，景深越大

D. 景深只受光圈大小和焦距长短的影响，与物距无关

6. 关于 ISO 说法错误的是（　　）。

A. 在传统相机中，ISO 表示胶卷对光线的敏感度

B. ISO 数值越大，感光度越大

C. ISO 200 需要的光量是 ISO 100 的一倍

D. ISO 越大，画面的颗粒就越粗，反之画面越细腻

7. 在“图像/调整”命令中，调整颜色最精确的方法是（　　）。

A. 色阶　　B. 曲线　　C. 色彩平衡　　D. 色相/饱和度

8. 当图像颜色偏蓝时，应该给图像增加（　　）来达到平衡。

A. 绿色　　B. 白色　　C. 黄色　　D. 洋红

二、多选

1. 商品信息采集活动具有下列哪些重要作用？（　　）

A. 增加商品被客户发现的机会　　B. 展示商家的专业程度

C. 影响客户购买决策　　D. 提升价格

2. 闪光灯作为光源照明具有下列哪些特性？（　　）
   A. 阴影明显　　B. 阴影柔和　　C. 反差小　　D. 反差大
3. 下列哪类适合用于作背景？（　　）
   A. 白卡纸　　B. 照片纸　　C. 白绸布　　D. 绒布
4. 下列哪类适合用于作拍摄台？（　　）
   A. 地面　　B. 书桌　　C. 鞋盒　　D. 讲台
5. 数码相机的成像传感器有哪些？（　　）
   A. 胶卷　　B. CCD　　C. CMOS　　D. 闪存卡
6. 相机照片预览时可设置（　　）。
   A. 放大　　B. 删除　　C. 保护　　D. 日期和时间
7. Photoshop 中下面有关裁剪工具的使用，描述正确的是（　　）。
   A. 裁切工具可以按照所设定的长度、宽度和分辨率来裁切图像
   B. 裁切工具只能改变图像的大小
   C. 裁切框是不可以旋转的
   D. 要想取消裁切框，可以按键盘上的 Esc 键
8. Photoshop 中的自由变换命令可以对以下哪些对象操作？（　　）
   A. 图层中选取的部分区域　　B. Alpha 通道
   C. 图层蒙版　　D. 背景层

三、简答题

1. 叙述电子商务环境中商品信息采集与传统商品拍摄的区别。
2. 为初学者搭建一个简易的拍摄环境，预算在 800 元以内。
3. 叙述对罐装龙井绿茶进行信息采集时哪些信息需要以图片展现。
4. 叙述相机基本操作三部曲。
5. 叙述曝光补偿的作用。为什么说“越白越加，越黑越减”？

项目3

电商网店的首页设计与制作

能力目标

通过本项目的学习，读者能够根据网店的产品及需求完成店铺首页面核心版块的设计与制作，包括：

（1）利用选区工具完成素材的准备。

（2）优惠券、店招以及网店主题促销海报的制作。

（3）完成移动端首页面的设计与制作。

知识目标

①掌握魔棒工具的使用；②掌握快速选择工具的使用；③掌握钢笔工具的使用；④掌握横排文本工具及字符面板的使用；⑤熟悉图层样式的概念及使用；⑥掌握形状工具的类型及使用方法；⑦熟悉渐变工具的填充方法；⑧熟悉促销海报背景的常见类型；⑨掌握促销海报文案设计的排版方式；⑩熟悉移动端网店设计的流程和要点。

教学重点与难点

- 钢笔工具的使用。
- 横排文本工具的使用。
- 促销海报文案设计的排版方式。
- 图层样式的概念及使用。

任务一　网店优惠券的制作

任务导入

近年来，电商的促销活动日渐频繁，大额优惠券的发放，对于提升店铺的流量及转化率发挥了重要作用。本任务按照选择工具组的使用、钢笔工具的抠图和典型优惠券的制作三个子任务来介绍网店优惠券的具体制作。

任务 1-1　选择工具组的使用

微课-魔棒和快速选择工具组的使用

任务描述

利用魔棒工具和快速选择工具对皮包以及食物图片进行背景颜色及图片的替换，赋予图片新的风格。

任务实施

1. 魔棒工具的使用

（1）首先在 Photoshop 中打开皮包图片，如图 3-1 所示。

图 3-1　打开皮包图片

（2）单击左侧工具栏中的魔棒工具，在皮包图片的白色背景中单击，白色背景大部分区域会出现蚂蚁线即代表选中的区域，如图 3-2 所示。

图 3-2　选中背景区域

（3）按住 Shift 键可以在已有的选区上继续增加选区，如果遇到靠近物品边界的区域可以同时按 Ctrl++组合键放大图像以确保可以精准地选择，最后完成的效果如图 3-3 所示。

图 3-3　选区增加

设置前景色为浅黄色，单击工具栏中的油漆桶工具（快捷键：G），按 Alt+Delete 组合键，将白色的背景颜色替换为黄色，最终效果如图 3-4 所示。

图 3-4　替换背景颜色后的效果

2. 快速选择工具的使用

（1）首先在 Photoshop 中打开意大利面的图片，如图 3-5 所示。

图 3-5　打开待处理图片

（2）单击工具栏中的快速选择工具（快捷键：W），在选项栏中将画笔大小设置为 30，在木纹的背景处拖动将背景选中，如图 3-6 所示。

图 3-6　选中背景区域

（3）单击前景色，在香菜处吸取颜色，单击油漆桶工具将其背景替换为绿色，效果如图 3-7 所示。

图 3-7　替换背景颜色

任务分析

以天猫为例，平台的优惠券分为店铺优惠券、天猫优惠券和官方节日优惠券。

1. 店铺优惠券

店铺优惠券是商家在店铺首页公开发放的优惠券，此优惠券通常包含有门槛优惠券和无门槛优惠券。例如，例外旗舰店的优惠券如图 3-8 所示，无门槛优惠券的面额是 30，有门槛的优惠券包括“满 1699 减 100”和“满 2999 减 200”。优惠券的风格偏复古，用浅灰色带斑驳的纹理营造文艺的氛围，优惠券面额处用低饱和度的绿色为背景，和清凉的夏季呼应。文字部分用繁体字，与众不同，很好地表达了该品牌的理念：众人争执于眼前，你的心里住着日月星辰，你是例外，够特别。

图 3-8 例外店铺优惠券

2. 天猫优惠券

商家为某项商品活动发布的独家优惠券，通常可以全店通用，鑫满祥旗舰店的天猫优惠券如图 3-9 所示。该优惠券通常在风格上比较简约，突出优惠券面额，采用红色为主色调，能吸引眼球。

图 3-9 天猫优惠券

3. 官方节日优惠券

如天猫 618、端午节、双十一等淘宝官方推出的会场活动优惠券。某家居品牌的年中大促优惠券如图 3-10 所示。该优惠券和店铺的海报进行了结合，采用中式风格，红色为主色调，以信封为背景，突出立体感，和年中大促的主题相契合。

图 3-10 年中大促优惠券

通过分析以上三个案例，可以总结出优惠券的设计要点主要包括以下两方面。

（1）符合店铺产品的风格。

（2）在色彩的选取以及设计上必须突出醒目，能够吸引用户的眼球，用户愿意去单击，就代表成功一半了。

1. 魔棒工具

对于一些分界线比较明显的图像，通过魔棒工具可以很快速地将图像抠出。魔棒的作用是可以知道单击的那个地方的颜色，并自动获取附近区域相同的颜色，使它们处于选择状态。

魔棒工具的选项栏如图 3-11 所示，其中，“容差”代表所选取图像的颜色接近度，也就是说容差越大，图像颜色的接近度也就越小，选择的区域也就相对变大了；“连续”选项指选择图像颜色的时候只能选择一个连续区域当中的颜色，不能跨区域选择，如果一个图像中有几个相同颜色的五角星，当然它们都不相交，当选择了“连续”时，如果选择一个五角星，只能选择到一个；如果没选择“连续”，那么整张图片中的相同颜色的五角星都能被选中；“对所有图层取样”选项代表选中了这个选项，所有图层当中相同颜色的区域都会被选中，没选择的话就只会选中单个图层的颜色。

图 3-11　魔棒工具选项栏

2. 快速选择工具

快速选择工具可以拖动，像画笔一样，鼠标涂抹的地方就会被选中。快速选择工具可以自动感知像素对比较大的边缘，这样在选择某个区域时可以精确操作。

该工具的选项栏如图 3-12 所示，可以设置画笔的大小以及对已有选区进行增加减少等操作。

图 3-12　快速选择工具选项栏

3. 魔棒和快速选择工具的异同点

相同点在于两者都适用于图像和背景色色差明显、背景色单一、图像边界清晰的图片，都属于快速抠图的工具组。不同点在于魔棒工具适合在选择单一色调时使用；快速选择工具适合在主体和背景反差较大但主体又较为复杂时使用。

任务 1-2　使用钢笔工具抠图

微课-使用钢笔工具抠图

任务描述

钢笔工具在抠图上的应用非常广泛，主要适用于图像边界清晰且不规则、图像边缘精细度要求高的商品图片。在本任务中通过对油头膏商品的抠图处理介绍钢笔工具的具体使用方法。

任务实施

（1）首先在 Photoshop 中打开油头膏的商品图片，如图 3-13 所示。

图 3-13 打开商品图片

（2）把图片放大 3 倍，单击钢笔工具（快捷键：P），在瓶盖的左侧单击添加锚点，如图 3-14 所示。锚点的位置最好在边界 1～2px 以内。

图 3-14 添加锚点

（3）接下来在瓶盖的最顶部单击并向右下角方向拖动控制柄，直到路径贴合商品的轮廓，同时可以按 Ctrl 键调整左侧控制柄的长度及方向保证路径更好地贴合商品轮廓，如图 3-15 所示。

图 3-15　路径贴合商品轮廓

（4）然后在瓶盖的右侧单击并拖动控制柄，如图 3-16 所示。再按 Alt 键即用转换点工具将右下角的控制柄拖动到和瓶盖的边界贴合，如图 3-17 所示。

图 3-16　添加锚点

图 3-17　改变控制柄的方向

（5）接下来按照以上方法依次沿着商品的轮廓绘制出闭合的路径，如图 3-18 所示。

（6）打开“路径”面板，单击右键选择“建立选区”命令，如图 3-19 所示，在弹出的对话框中单击“确定”按钮，路径转换成选区。

图 3-18　绘制闭合路径

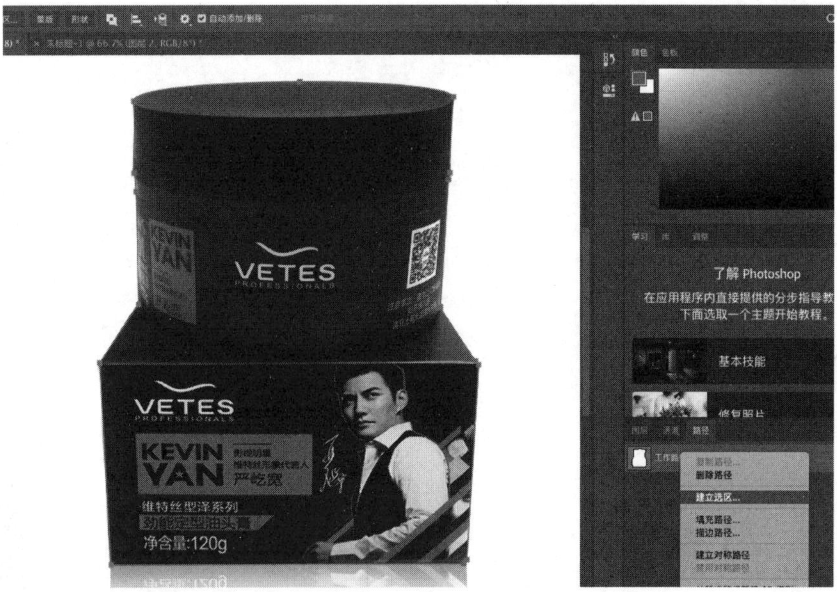

图 3-19　建立选区

（7）按快捷键 Ctrl+J，将选区复制至新的图层，最后增加灰色背景，完成的效果如图 3-20 所示。

图 3-20　完成后的效果

任务分析

钢笔工具在绘制曲线时需要在曲线改变方向的位置添加一个锚点，然后拖动构成曲线形状的控制柄，控制柄的长度和斜度决定了曲线的形状。如果利用钢笔工具进行抠图要注意以下四点。

（1）在抠图时针对局部区域需要放大处理，这样更容易捕捉到细节以保证抠图的准确性。

（2）抠图时需要往商品轮廓内收缩 1～2px，这样可以避免将多余的背景带入到图像中。

（3）关于锚点的添加位置：如果曲线是凸出来的，锚点就放在最凸的那个地方；如果曲线是凹进去的，锚点就要放在最凹的那个地方。

思维拓展：如何进行字母 S 的抠图？

例如，要将图 3-21 中的“S”进行抠图，锚点的添加位置如图 3-21 所示，具体的操作方法见二维码视频。

微课-字母 S 的抠图

图 3-21　锚点添加示意图

任务 1-3　典型优惠券的制作

微课-优惠券的制作

任务描述

在前述任务的基础上，利用形状工具以及文本工具完成优惠券的制作，从而进一步掌握形状工具及文本的编辑方法。

完成典型优惠券的制作，效果如图 3-22 所示。

图 3-22　优惠券效果图

任务实施

1. 新建文件

新建一个名为“优惠券”，大小为 750px×120px 的文件，具体设置如图 3-23 所示。

图 3-23　新建文件

2. 设置标尺及参考线

（1）单击菜单栏“视图”|“标尺”选项（快捷键：Ctrl+R），在界面上出现的“标尺”上双击或者单击菜单栏“编辑”|“首选项”中的“单位与标尺”选项，在弹出的对话框中将标尺单位改为“像素”，如图 3-24 所示。

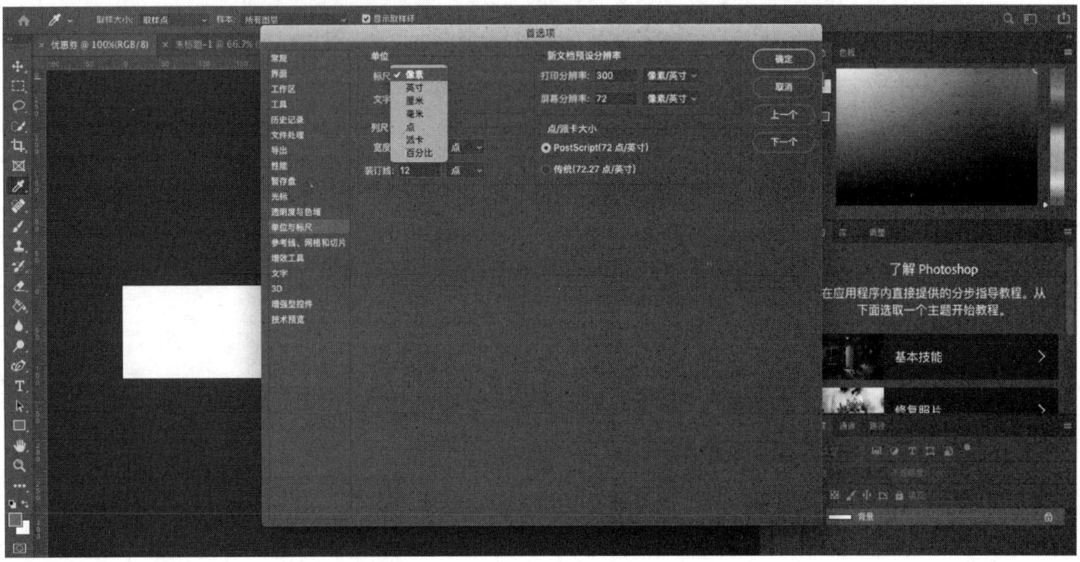

图 3-24　设置标尺单位

（2）将鼠标放在界面左侧的标尺上，将参考线分别拖曳至 245px、255px、495px 及 505px 处，如图 3-25 所示，将文件从纵向分成三等份并且设置每张优惠券的间隔为 10px。

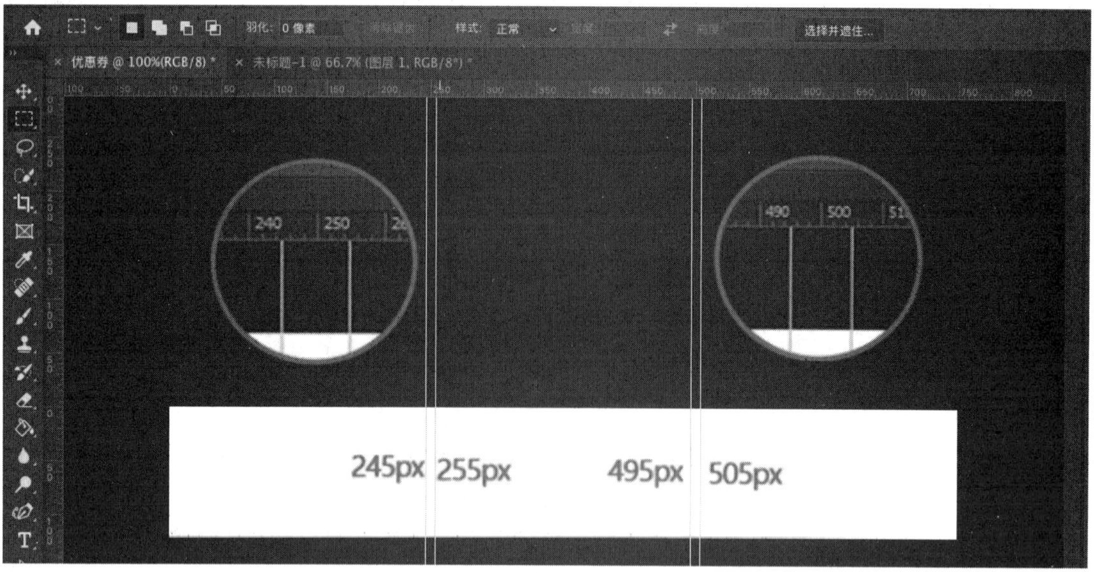

图 3-25　设置参考线

3. 设置底色

（1）单击前景色，在对话框中设置背景色为“#cd0a0a”，如图 3-26 所示。

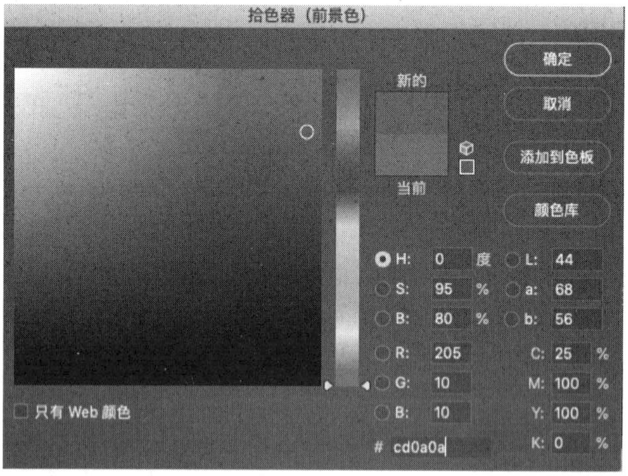

图 3-26　设置背景色

（2）新建一个图层名为“底色”，单击“矩形选框工具”（快捷键：M），在其选项栏中单击“添加到选区”按钮，选中红字标注的三个区域，如图 3-27 所示。

（3）单击“油漆桶工具”，在选中的区域单击添加底色，完成后的效果如图 3-28 所示。

4. 添加形状

（1）在工具栏中，用鼠标长按“矩形工具”，在弹出的列表中单击“自定义形状工具”，在其选项栏中单击“形状”右侧的下拉箭头，在弹出的列表中单击“菱形”图形，如图 3-29 所示。

（2）新建一个名为“形状”的图层，用拾色器把前景色改为黄色，颜色值为“ffea00”，如图 3-30 所示。

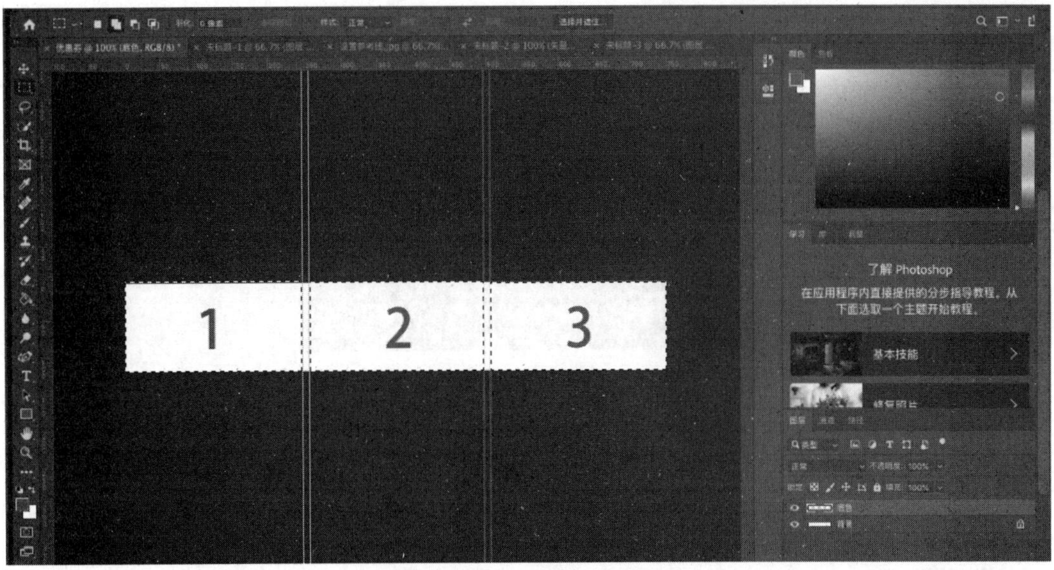

图 3-27　选中背景

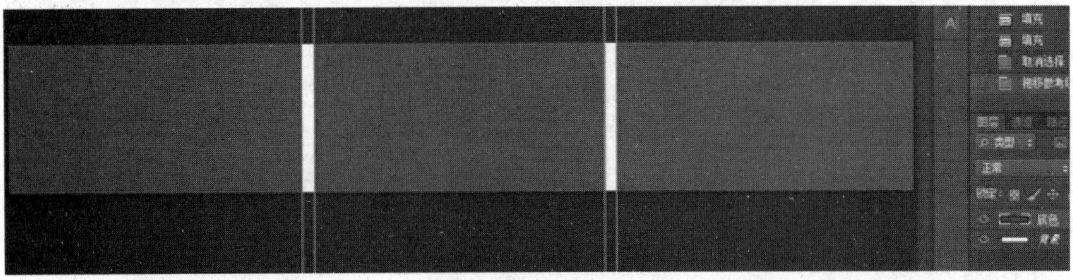

图 3-28　添加底色

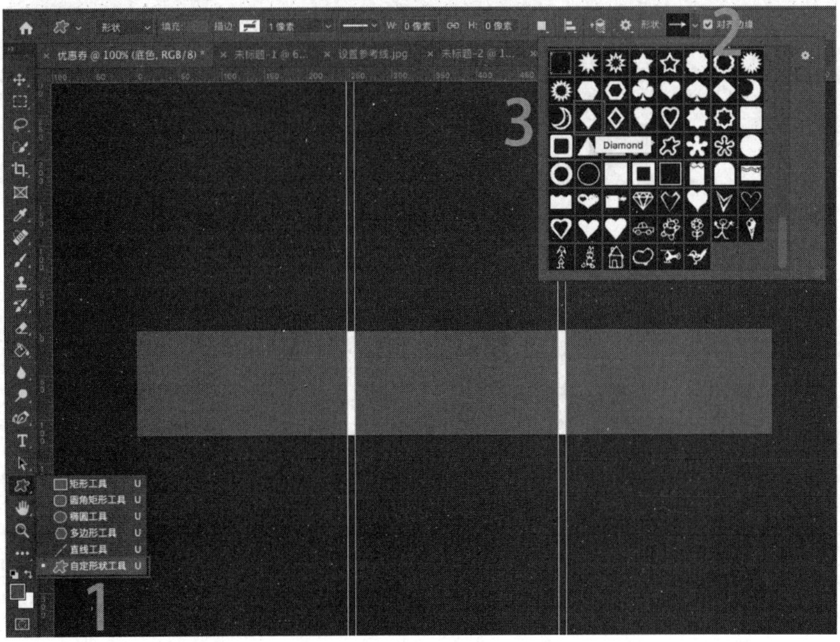

图 3-29　选择自定义形状

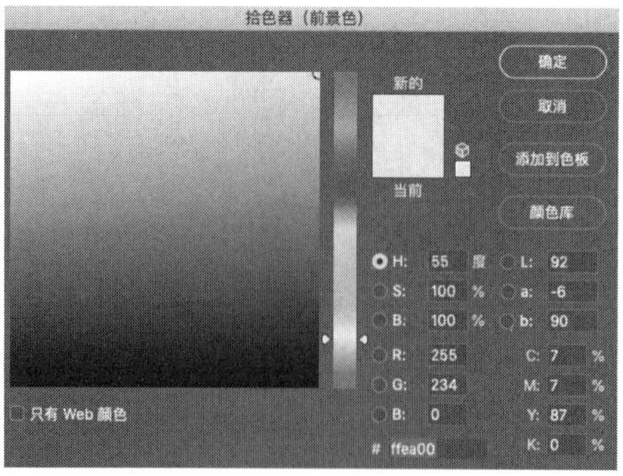

图 3-30　修改前景色

（3）单击工具栏中的“自定义形状工具”，在其选项栏单击“形状”，在下拉菜单中选择“像素”。选中菱形形状，拖动并且不断复制对齐，如图 3-31 所示。接着单击工具栏中的“矩形工具”，新建一个名为“矩形”的图层，以菱形中心线为起点拖动矩形，如图 3-32 所示。

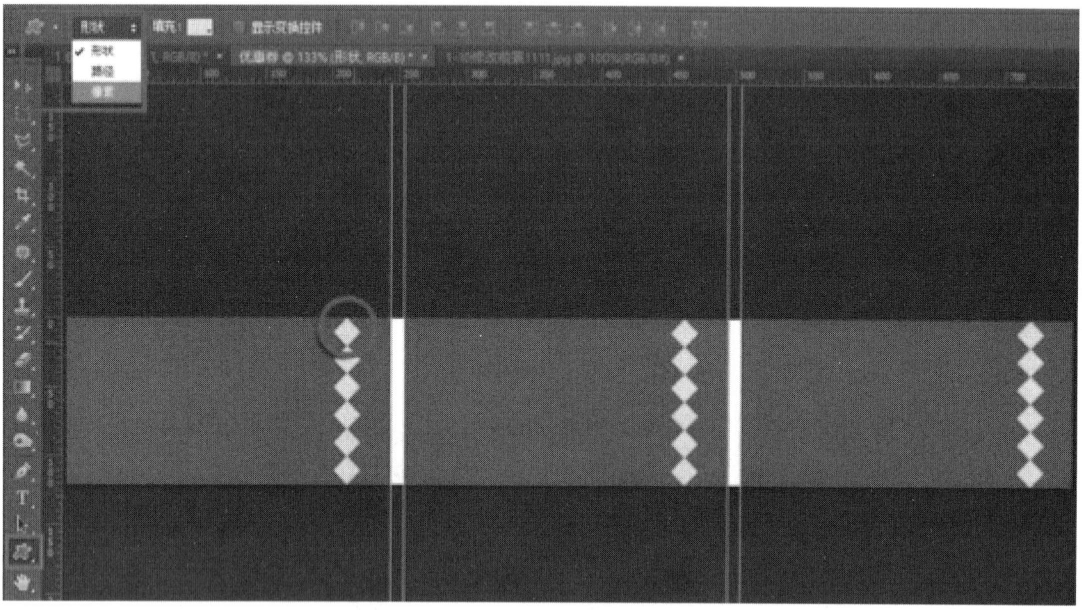

图 3-31　绘制菱形

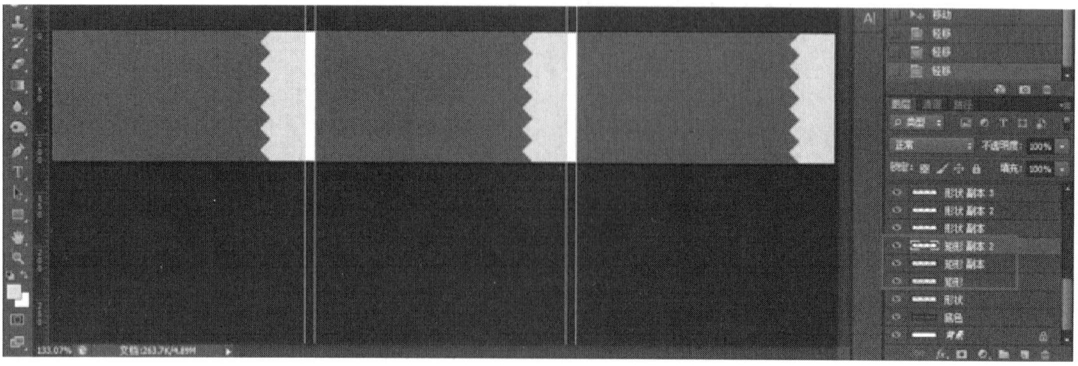

图 3-32　绘制矩形

5. 添加文字

（1）鼠标长按工具栏中的“横排文字工具” T （快捷键：T），在弹出的列表中选择“竖排文字工具”。将光标移至最左侧的黄色区域内，单击鼠标左键，输入“立即领取”，如图 3-33 所示。

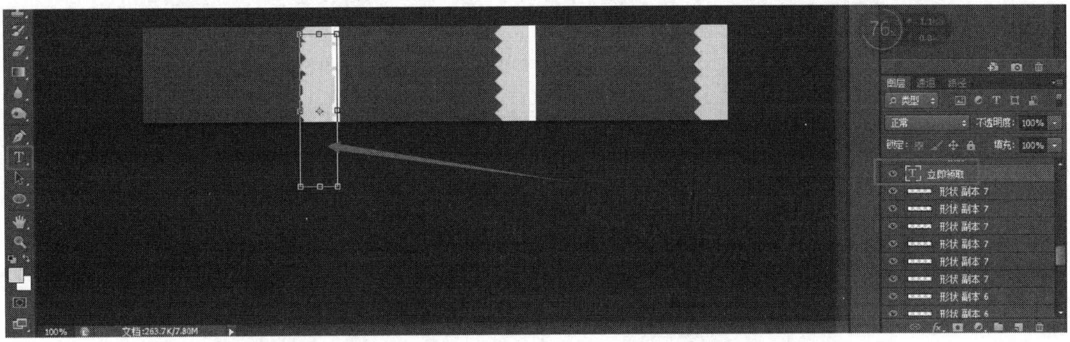

图 3-33　输入文本

（2）单击菜单“窗口”|“字符”命令，弹出“字符”面板，如图 3-34 所示。

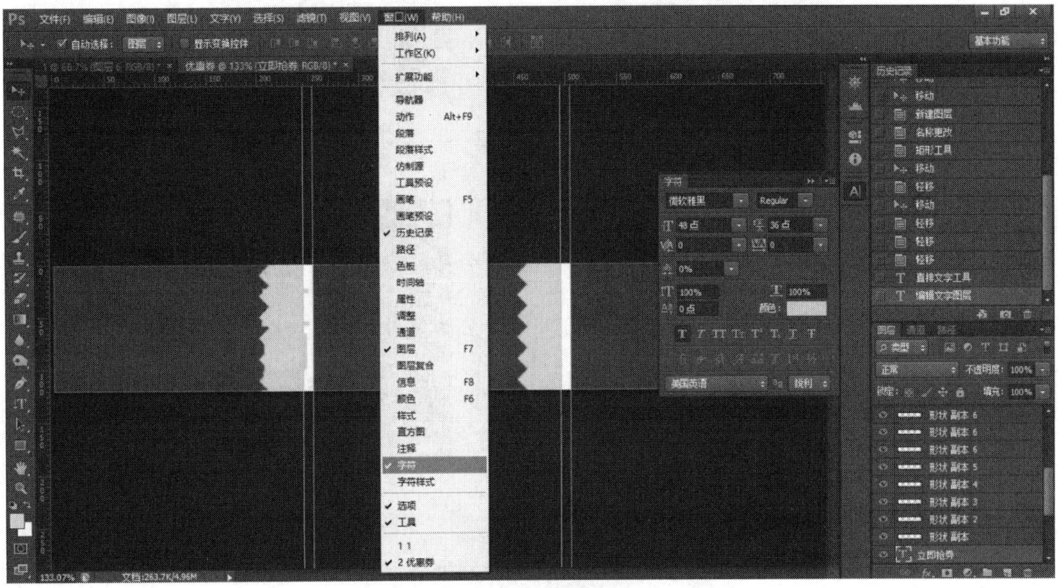

图 3-34　“字符”面板

（3）接下来选中文本“立即抢券”，通过“字符”面板设置文本的属性为：字体为“微软雅黑”，字号为“18 点”，字符间距设为“540”，字体颜色设置为“黑色”，如图 3-35 所示。

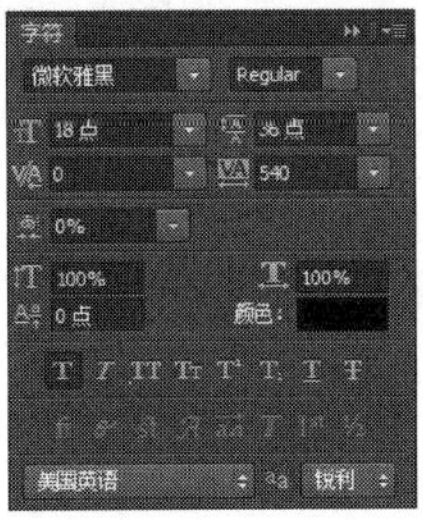

图 3-35　设置“字符”面板

设置完成后的效果如图 3-36 所示。

图 3-36　文本显示效果

（4）接下来输入优惠券面额。依次输入人民币符号“￥”“10”“元优惠券”以及“满 199 元使用”。其中，“￥”的参数设置如图 3-37 所示，“10”的参数设置如图 3-38 所示，“元优惠券”的参数设置如图 3-39 所示，“满 199 元使用”的参数设置如图 3-40 所示。设置完成后的效果如图 3-41 所示。

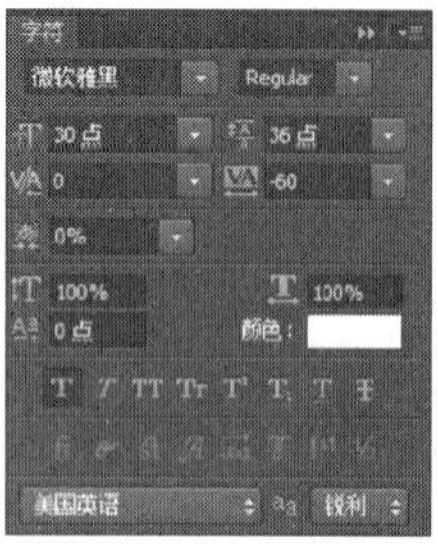

图 3-37　“￥”符号参数设置

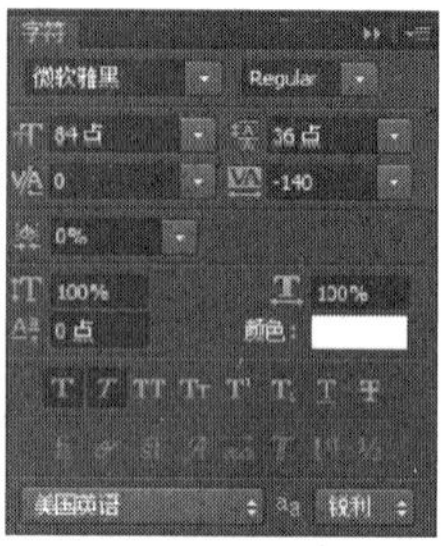

图 3-38　数字“10”的参数设置

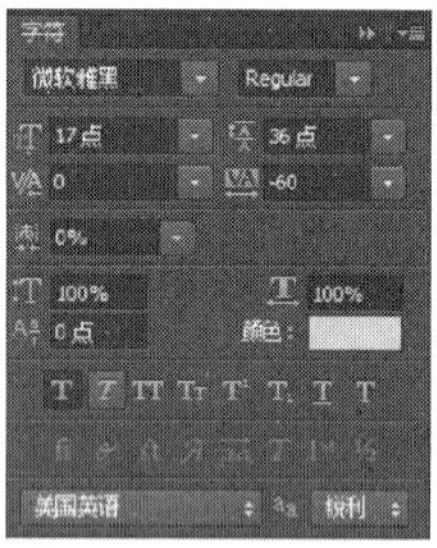

图 3-39　“元优惠券”的参数设置

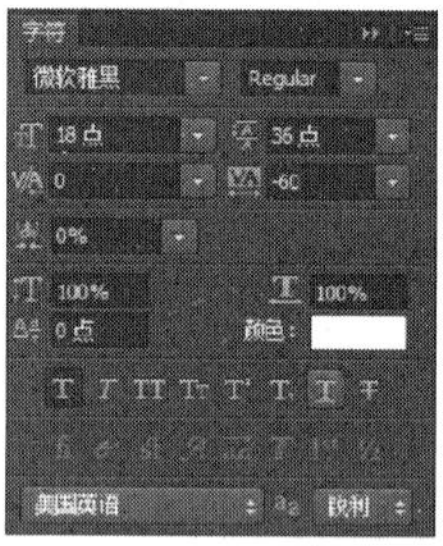

图 3-40　“满 199 元使用”参数设置

图 3-41　10 元优惠券效果

6. 添加效果

为了使优惠券的文字更立体，需要为其添加效果。单击“￥”符号所在的图层，单击下方的“添加图层样式”，选择“投影”，如图 3-42 所示。具体设置如图 3-43 所示，其中，“距离”和“大小”都设置为“3”，其他文字也做同样的设置，最终完成的优惠券效果如图 3-44 所示。

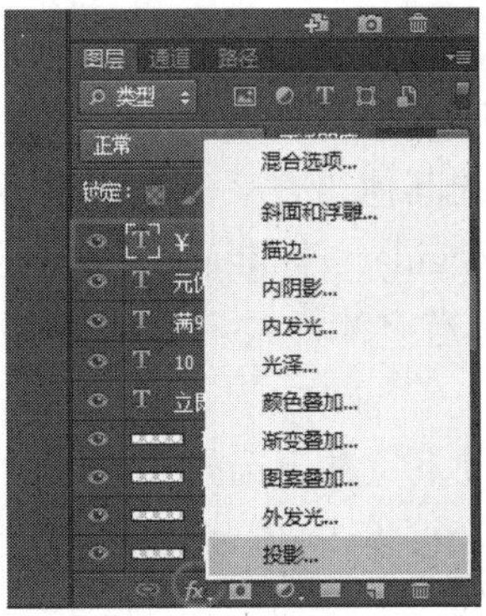

图 3-42　添加投影

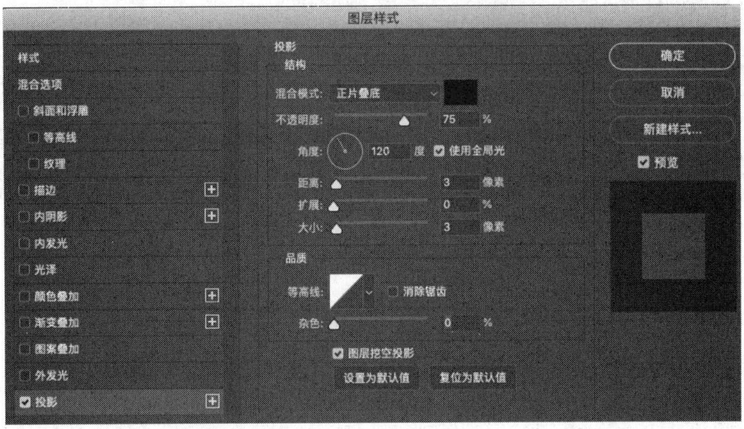

图 3-43　投影参数设置

图 3-44　优惠券效果图

任务分析

1. 文本工具

文本工具，就是可以在图像文件上创建文字，文本工具选项栏如图 3-45 所示。

图 3-45　文本工具选项栏

排列方向：决定文字以横向排列还是以竖向排列。所以在工具栏中选择字体工具时，选择横排文字工具还是竖排文字工具都可以在对应的文字属性栏再进行更改。这个选项不能针对个别字符，只能选中对应文字图层中的一些文字。通过该选项还可以改变该层所有文字的方向。

字体：可以选择使用何种字体，不同的字体风格完全不同。Photoshop 使用的字库就是当前计算机操作系统中自带的字体。因此如果要增减 Photoshop 使用的字体，需要在操作系统字库中进行操作。如果选择非中文类的其他语言字体来创建中文，可能无法正确显示中文内容。

字体样式：下拉列表有 4 种：Regular（标准）、Italic（倾斜）、Bold（加粗）、BoldItalic（加粗并倾斜）。可以为每个字符单独指定字体样式。大部分中文字体都不支持字体样式，不过可以在以后通过“字符”面板来控制。

字体大小：也称为字号，可通过下拉列表选择，也可通过手动自行设定字号。字号的单位有像素、点、毫米，默认单位是点。可单击 Photoshop 菜单栏中的“编辑”，在其列表中选择“首选项”，在“首选项”对话框中的“单位与标尺”项目中更改，如图 3-46 所示。

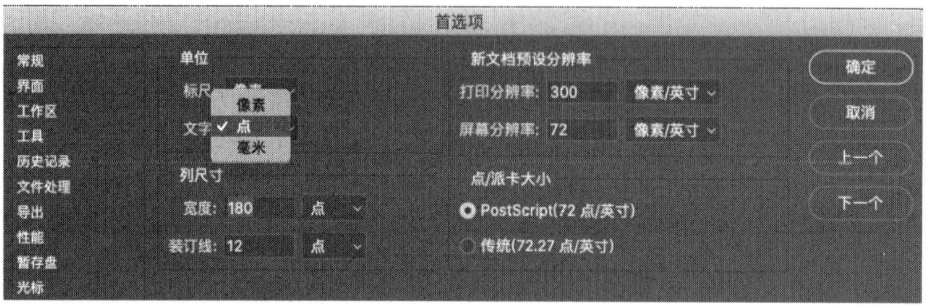

图 3-46　更改字号单位

抗锯齿：控制字体边缘是否带有羽化效果。一般如果字号较大可以通过选择得到光滑的边缘，这样文字看起来较柔和，但较小的字号则可能使阅读困难。

对齐方式：可以让文字左对齐、居中对齐或右对齐。主要针对多行的文字内容。

颜色：就是通过调色器来改变文字的颜色，可以针对单个字符设置颜色。

变形：可以令文字产生变形效果，如图 3-47 所示。

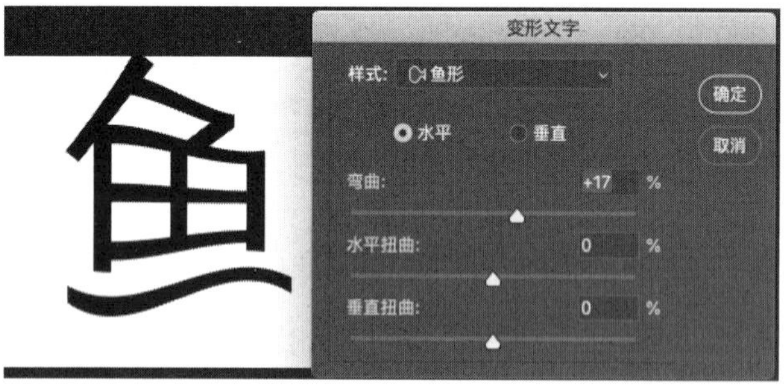

图 3-47　创建变形文字

思维拓展：“字符”面板的使用。

字符面板：可以用快捷方式打开“窗口”菜单栏中的“字符”“段落”浮动面板，进一步对字体进行操作。

2. “字符”面板

可以对文字设定更多的选项，调整文字。“字符”面板除了可以从字符工具属性栏调出外，还可以从菜单栏“窗口”中调出。“字符”面板如图 3-48 所示。

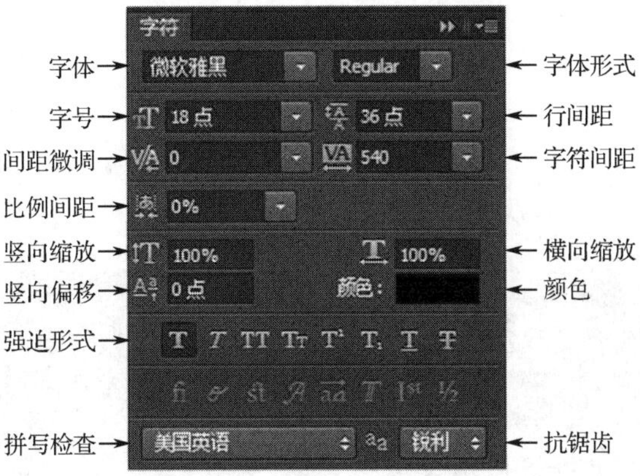

图 3-48 “字符”面板

（1）行间距：控制文字行之间的距离，若设为自动，间距将会跟随字号的改变而改变，若为固定的数值时则不会。

（2）比例间距：更改字符与字符之间的距离，是同比例地减少（只做减少而不能增加）字符的间距。

（3）字符间距：也是更改字符与字符之间的距离，相当于对所有字距增加或减少一个相同的数量。

（4）间距微调：用来调整两个字符之间的距离，但只针对某两个字符之间的距离有效。

（5）竖向偏移：即基线偏移，作用是将字符上下调整，常用来制作上标和下标。

任务二　网店店招的制作

任务导入

本次任务通过网店 logo 以及网店店招的设计与制作，进一步掌握店招的基本类型、图层样式、形状工具以及渐变填充的具体操作及方法。

任务 2-1　网店 logo 的设计与制作

微课-网店 logo 的设计与制作

任务描述

通过文本及自定义形状工具完成华美优选旗舰店店铺 logo 的设计与制作，从而进一步掌握“字符”面板的使用、自定义形状的绘制以及特效的添加。

完成华美优选旗舰店 logo 的设计与制作，效果如图 3-49 所示。

图 3-49　华美优选旗舰店 logo 效果图

任务实施

1. 新建文件

新建一个名为“华美 logo”，像素大小为 254×130px，分辨率为 72，颜色模式为 RGB，背景内容为白色的文件，具体设置如图 3-50 所示。

图 3-50　新建文件

2. 添加参考线

首先修改标尺单位为“像素”。单击菜单栏“视图”列表中的“标尺”（快捷键：Ctrl+R），调出标尺。然后单击菜单栏“编辑”列表下“首选项”中的“单位与标尺”，在出现的对话框中设置标尺单位为“像素”，确定即可。接着，从界面上方的标尺处按住鼠标左键，往画布中拉参考线，第一条停在 30px，第二条停在 100px，如图 3-51 所示。

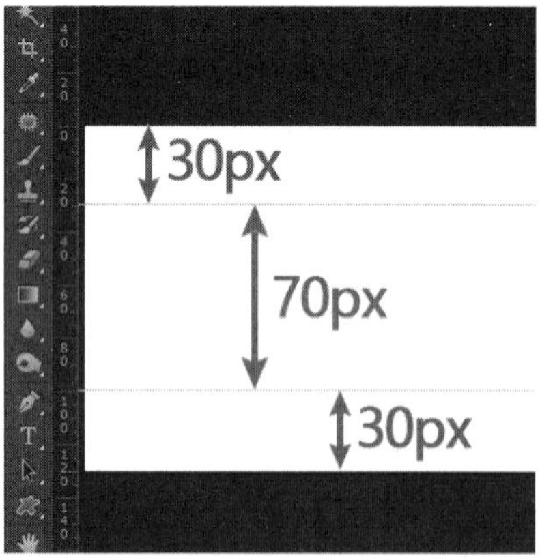

图 3-51　添加参考线

3. 制作 logo

（1）在工具栏中选择“横排文本工具”（快捷键：T），输入一个大写的“M”。选择菜单栏“窗口”列表下的“字符”调出“字符”面板，设置字体为 Pump Demi Bold LET，字号大小为 91 点，颜色为 R:204，G:34，B:34，如图 3-52 所示。

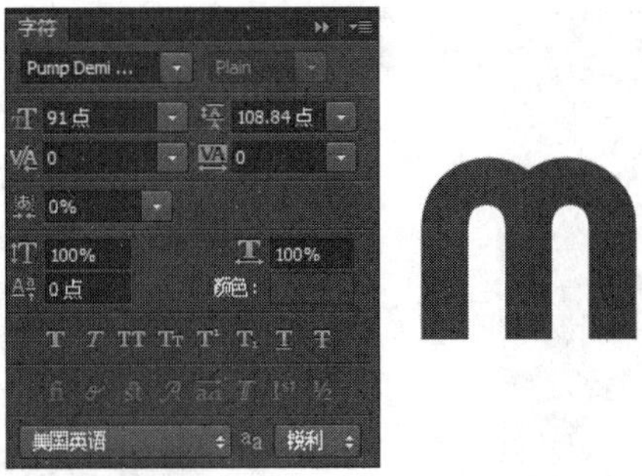

图 3-52　字符 M 属性设置

（2）同理，输入一个大写的“H”。设置字体为“迷你简超粗圆”，字号大小为 72 点，颜色为 R:255，G:255，B:255，水平缩放 105%，如图 3-53 所示。

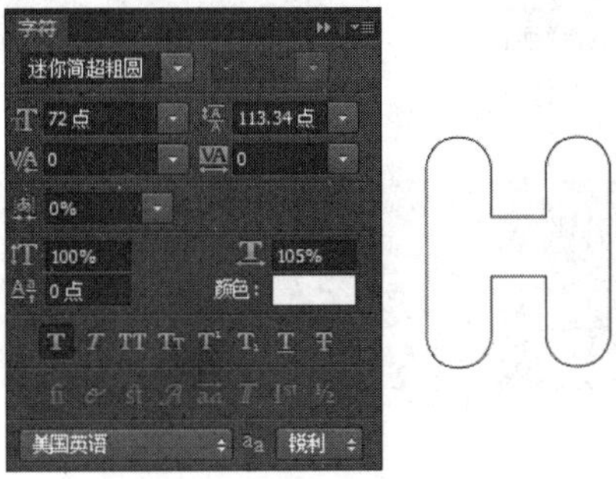

图 3-53　字符 H 属性设置

（3）将 M 图层在下，H 图层在上，叠起来，如图 3-54 所示。

图 3-54　叠加效果图

（4）合并 H 和 M 图层。按住 Ctrl 键，选中 H 和 M 图层，在图层上单击鼠标右键，选择“栅格化文字”命令，如图 3-55 所示。再在图层上单击鼠标右键，选择“合并图层”命令（快捷键：Ctrl+E），并将其命名为“LOGO”。

（5）选择“LOGO 图层”，在工具栏中长按“快速选择工具”，在右侧出现的列表中选择“魔棒工具”，在文件中单击 H 所在部分，会有虚线围绕 H，此为不规则选区，按 Delete 键删除。如图 3-56 所示。

（6）选择“LOGO 图层”，单击下方的“添加图层样式”，在弹出的列表中选择“投影”命令。在投影列表中设置如下三个参数：不透明度为 60%，距离为 2px，大小为 2px，确定即可，如图 3-57 所示。

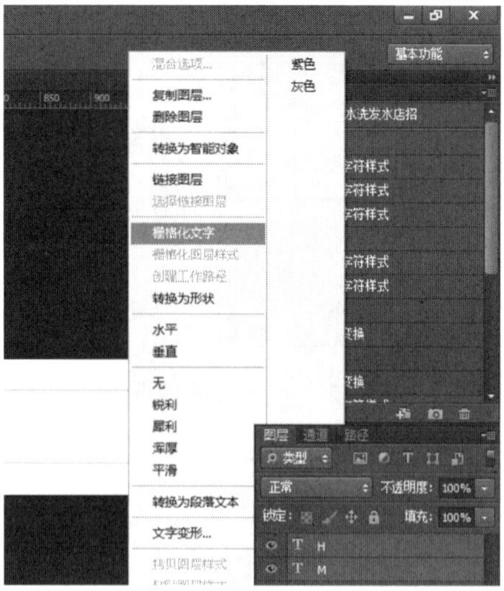

图 3-55　栅格化文字

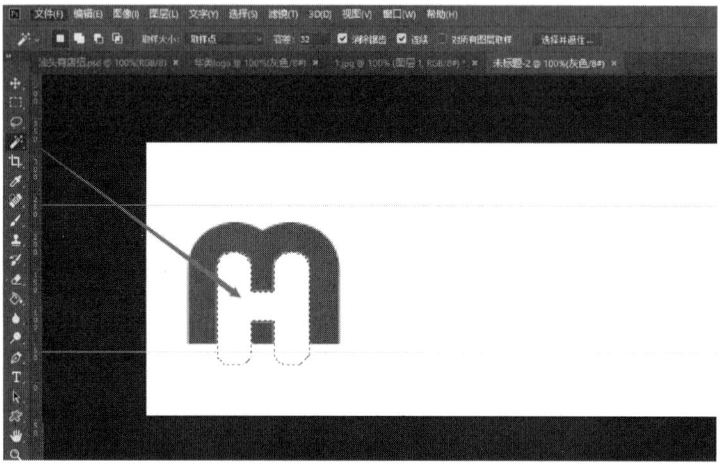

图 3-56　删除 H

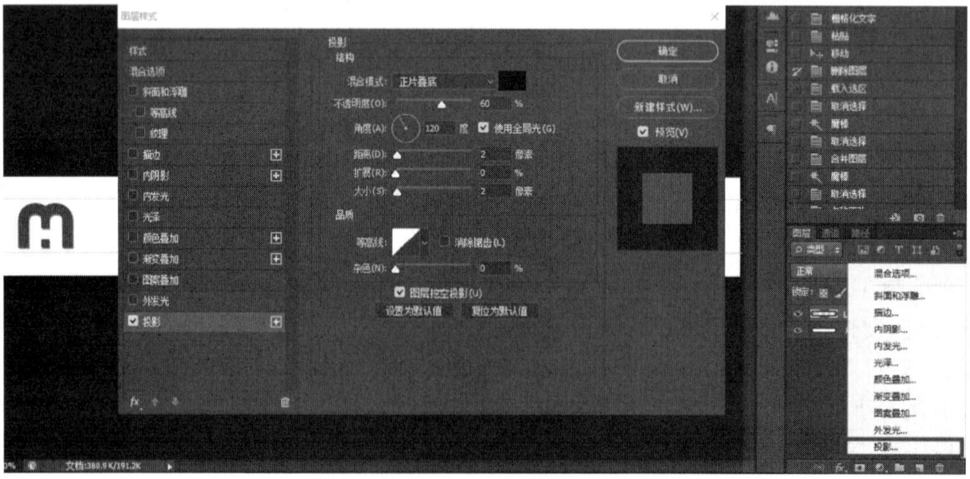

图 3-57　添加投影

（7）选择工具栏中的“横排文字工具”（快捷键：T），输入“华美优选”。选择菜单栏“窗口”列表下的“字符”调出“字符”面板，设置字体为“微软雅黑”，字号大小为“30”点，字体样式为 BOLD，颜色为 R:204，G:34，B:34，如图 3-58 所示。同理，在下方输入“HUAMEICOLLECTION”，设置字体为“微软雅黑”，字号大小为 11 点，字体样式为 BOLD，所选字符字距调整为 20，颜色为 R:43，G:43，B:43，如图 3-59 所示。

图 3-58　“华美优选”属性设置

图 3-59　英文字符属性设置

（8）新建一个图层（快捷键：Ctrl+Shift+N），命名为“R 标”，在工具栏中选择“自定义形状工具”，在其选项栏中选中注册图标，如图 3-60 所示。设置前景色为黑色，选中新建的图层在界面上按住鼠标左键画出形状，最终效果如图 3-61 所示。

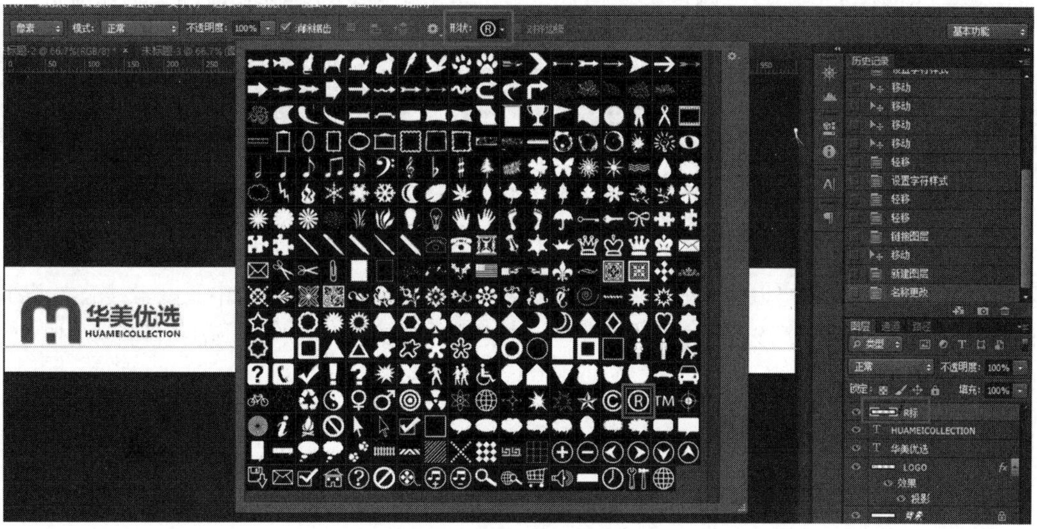

图 3-60　绘制注册商标

图 3-61　logo 效果图

任务分析

1. 店招

店招就是店铺的招牌，通常出现在店铺的顶部。通过店招可以让客户在第一时间了解店铺的名称及主营的商品，好的店招可以给客户传达信任感。店招一般可以分为品牌类店招、营销类店招以及活动类店招。

1）品牌类店招

主要用于展示品牌形象，没有过多的辅助元素，旨在突出店铺 logo 及品牌风格。以“江南布衣”的店铺为例，如图 3-62 所示。店招包括白色的背景和黑色的 logo 及该品牌的子品牌 logo，非常简约，和 JNBY 品牌追求的简约时尚相吻合。

图 3-62　江南布衣店招

2）营销类店招

在品牌类的基础上通常会增加宝贝跳转链接或者优惠券的信息。例如，家电家居类的店铺都喜欢采用这种方式。以海尔官方旗舰店为例，如图 3-63 所示，除 logo、店铺名称以及店铺广告语外，还增加 Lee 三款宝贝的促销信息，用户单击后就可以进入相应的宝贝详情页。

图 3-63　海尔官方旗舰店店招

3）活动类店招

比如双十一、双十二以及店庆等活动，就会将活动信息添加到店招中。以素缕官方旗舰店为例，如图 3-64 所示。该店铺五周年店庆，用很醒目的颜色及设计将其添加到店招中，营造出比较浓厚的活动氛围。

图 3-64　素缕店招

2. 图层样式

图层样式是指可以给对应图层添加一些特殊的样式，主要可选图层样式如下。

（1）投影：将为图层上的对象添加阴影效果。投影参数由“混合模式”“不透明度”“角度”“距离”“扩展”和“大小”等选项组成，通过对这些选项的设置可以得到相应的效果。

（2）内阴影：在图层内容的边缘内添加阴影，使图层具有凹陷外观。

（3）外发光和内发光：在图层内容的外边缘或内边缘产生发光的效果。

（4）斜面和浮雕：为图层添加高光与阴影效果的各种组合。

“斜面和浮雕”对话框如图 3-65 所示，样式参数的具体含义如下。

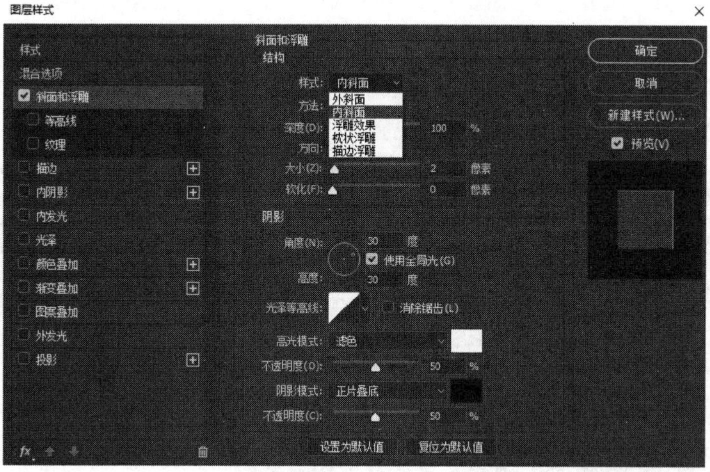

图 3-65　“斜面和浮雕”对话框

① 外斜面：沿对象的外边缘创建三维斜面。

② 内斜面：沿对象的内边缘创建三维斜面。

③ 浮雕效果：创建外斜面和内斜面的组合效果。

④ 枕状浮雕：创建内斜面的反向效果，其中对象看起来下沉。

⑤ 描边浮雕：只适用于描边对象，即在应用描边浮雕效果时才打开描边效果。

（5）光泽：为图层创建光滑光泽的内部阴影效果。

（6）颜色、渐变和图案叠加：使用颜色、渐变或图案填充图层内容。

（7）描边：使用颜色、渐变或图案在当前图层上描画对象的轮廓，主要运用于文本图层。

任务 2-2　网店店招的设计与制作

微课-网店店招的设计与制作

任务描述

在前述任务 logo 设计的基础上完成华美优选旗舰店店招的设计与和制作，从而进一步掌握渐变工具的使用。

完成“华美优选旗舰店”店招的设计与制作，其中店招包含 logo、店铺名称、热销产品以及优惠券信息，效果如图 3-66 所示。

图 3-66　店招效果图

任务实施

1. 添加分割线

单击矩形形状工具，在出现的列表中选择“直线工具”。新建一个图层命名为“分割线”，设置前景色为黑色，在其选项栏中把粗细设置为“1 像素”，绘制一条竖线，如图 3-67 所示。

图 3-67　绘制分割线

单击菜单栏“滤镜”列表中的“模糊”命令，在右侧的列表中选择“动感模糊”。在弹出的对话框中，设置“角度”为 90 度，距离为 45 像素，如图 3-68 所示。

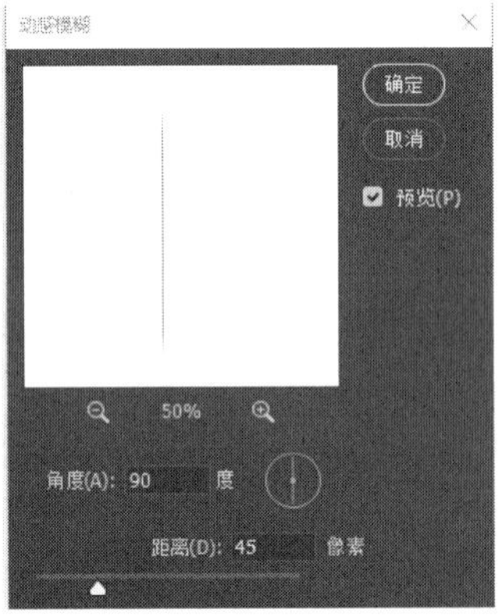

图 3-68　设置动感模糊

2. 添加文字

选择工具栏中的“横排文字工具”工具（快捷键：T），输入“日化旗舰店”。选择菜单栏“窗口”列表下的“字符”命令调出“字符”面板，设置字体为“微软雅黑”，字号大小为 28 点，字体样式为 BOLD，所选字符字距调整为 20，颜色为 R:30，G:30，B:30，如图 3-69 所示。同理，在下方输入“一家专注于品质生活的特卖网店”。设置字体为“微软雅黑”，字号大小为 14 点，字体样式为 Regular，所选字符字距调整为 20，颜色为 R:0，G:0，B:0，如图 3-70 所示。

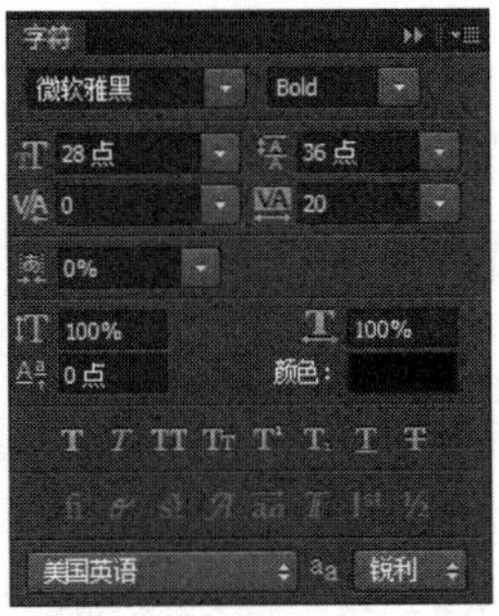

图 3-69　日化旗舰店字符设置

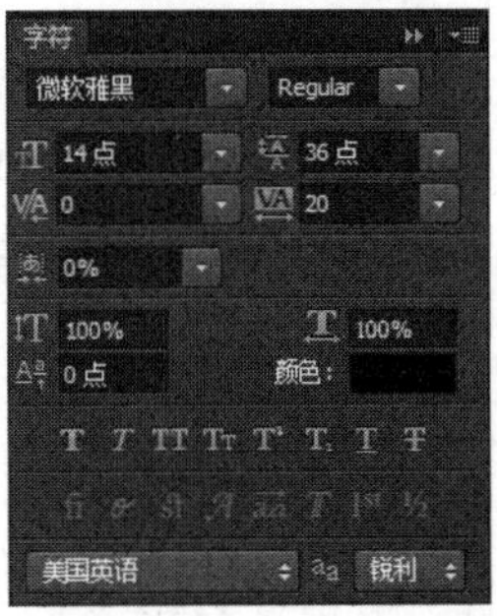

图 3-70　口号字符设置

3．添加关注

（1）新建一个图层命名为“关注”，单击“圆角矩形工具”，选择前景色为 R:204，G:34，B:34，在其选项栏中设置半径为“10 像素”。选中该图层，在界面上按住鼠标左键画出形状，如图 3-71 所示。

（2）单击“横排文字工具”，输入“关注”。选择菜单栏“窗口”列表下的“字符”命令调出“字符”面板，设置字体为“微软雅黑”，字号大小为 12 点，字体样式为 Regular，所选字符字距调整为 80，颜色为 R:255，G:255，B:255，如图 3-72 所示。

图 3-71　绘制圆角矩形

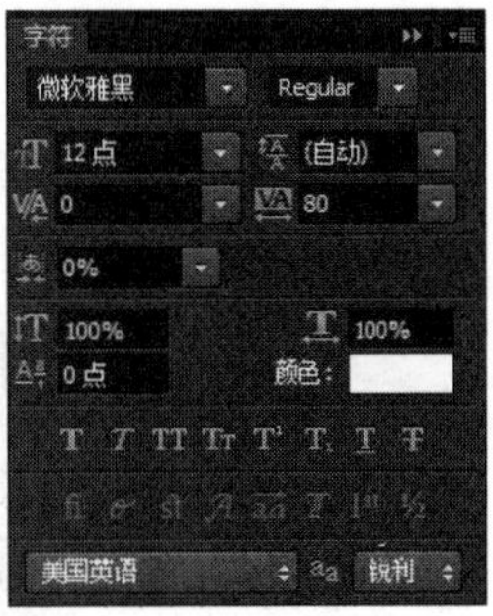

图 3-72　关注文本设置

（3）新建图层命名为“爱心”，单击“自定义形状工具”，在其选项栏中选择“爱心”形状，设置前景色为 R:255，G:255，B:255，选中新建的图层在界面上按住鼠标左键画出形状，如图 3-73 所示，最终效果如图 3-74 所示。

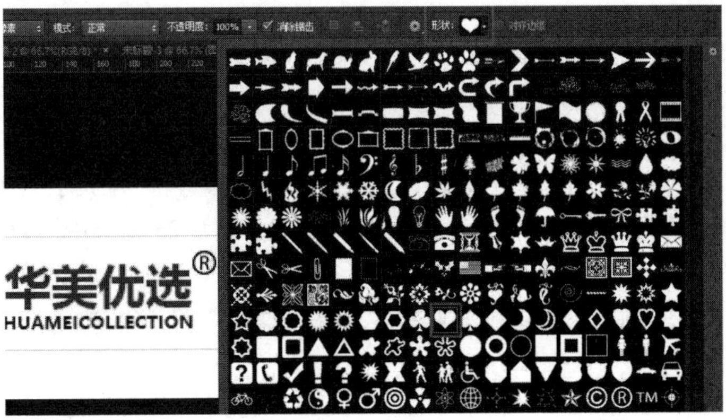

图 3-73　绘制爱心

图 3-74　店铺名称效果图

4. 添加产品及产品价格

（1）打开油头膏的图片，用工具栏中的“矩形选框工具”框选产品，将其复制到店招文件中。

（2）由于置入的图片较大，单击菜单栏“编辑”列表下的“自由变换”命令（快捷键：Ctrl+T）将其调至合适大小，确定后按回车键即可，如图 3-75 所示。

图 3-75　添加产品

（3）新建图层，命名为“立即抢购形状”。然后在工具栏中选择“椭圆工具”，选择前景色为 R:189，G:8，B:8，选中新建的图层在界面上按住鼠标左键画出形状，如图 3-76 所示。

图 3-76　绘制椭圆

（4）新建图层，命名为“价格形状”。在工具栏中选择“自定义形状工具”，在其选项栏中选中如图 3-77 所示的形状，设置前景色为 R:255，G:228，B:0，绘制多边形形状。

（5）选择工具栏中的“横排文字工具”工具，输入“立即抢购”。选择菜单栏“窗口”列表下的“字符”调出“字符”面板，设置字体为“微软雅黑”，字号大小为 11 点，字体样式为 Regular，所选字符字距调整为 80，颜色为 R:255，G:255，B:255，如图 3-78 所示。

（6）输入“39.9 元”。设置字体为“微软雅黑”，字号大小为 14 点，字体样式为 Regular，颜色为 R:0，G:0，B:0，加粗，如图 3-79 所示。最终效果如图 3-80 所示。

5. 插入优惠券

在 Photoshop 中打开之前制作好的“优惠券.jpg”，将其放入油头膏店招中。利用“自由变换”工具将其调至合适大小，放至画布右上角，确定后按回车键即可。接下来，在此“优惠券”

图层上添加“投影”图层样式，设置参数：不透明度为 55%，距离为 2px，大小为 2px。

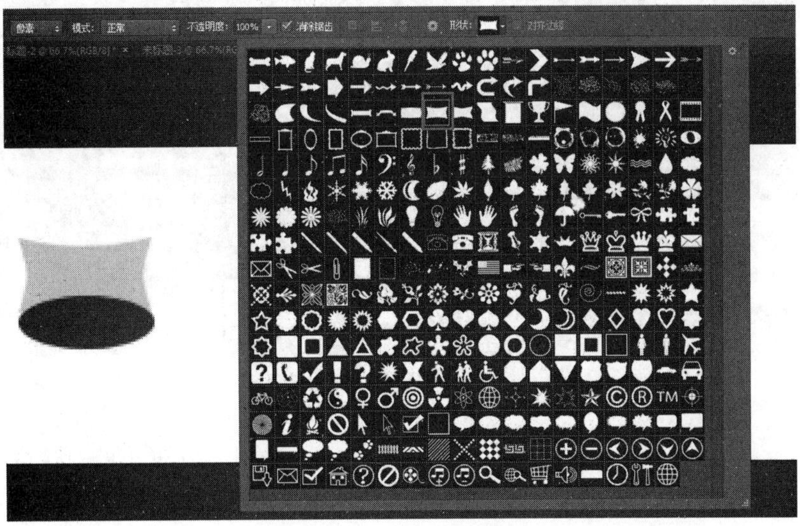

图 3-77　绘制价格背景

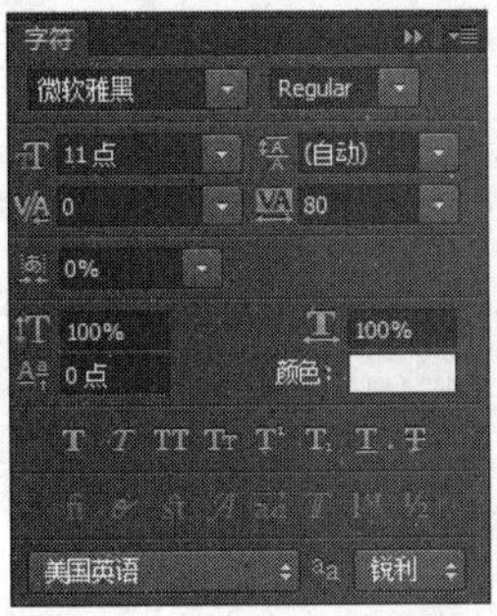

图 3-78　立即抢购字符设置

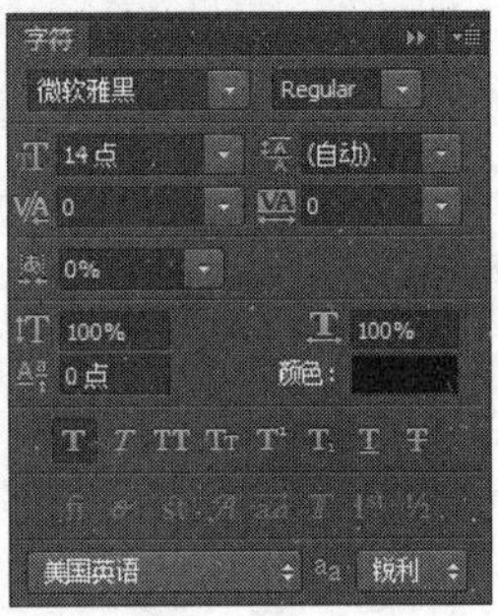

图 3-79　设置价格字符属性

图 3-80　热销产品效果图

6. 添加喜庆图标

（1）新建一个图层，命名为“喜庆效果”。在工具栏中选择“自定义形状工具”，在其选项栏中选中如图 3-81 所示的形状绘制。

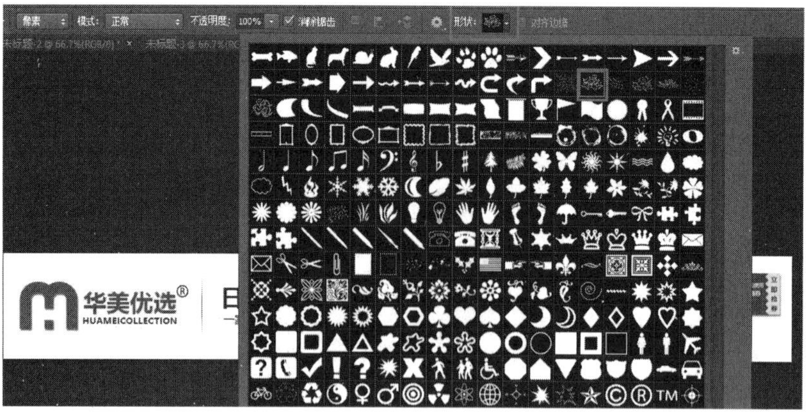

图 3-81　绘制喜庆效果图标

（2）选中“喜庆效果”图层，添加“渐变叠加”图层样式。在弹出的对话框中，单击“渐变”后的样式，在弹出的另一对话框中，选中第 2 排第 5 个样式，确定即可，如图 3-82 所示。

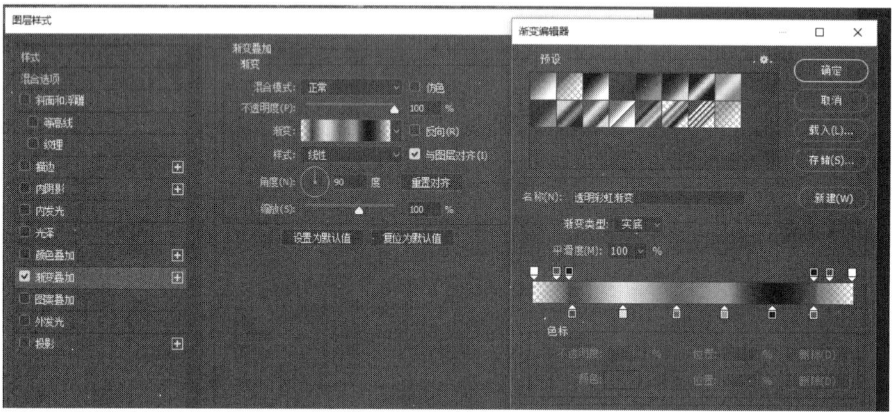

图 3-82　渐变叠加样式添加

（3）把“喜庆效果”图层“置底”，放在背景图层的上一层，并且降低透明度至 50%，如图 3-83 所示。最终油头膏店招效果如图 3-84 所示。

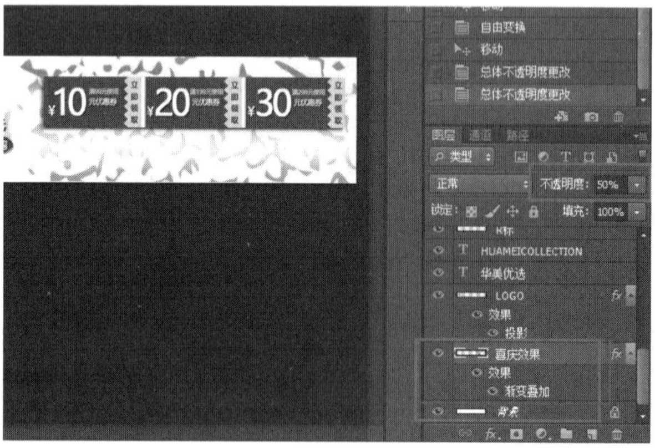

图 3-83　降低透明度

图 3-84　店招效果图

任务分析

形状工具是指可以使用各种形状工具绘制形状，也可以从大量的预设形状中进行选择，以及在单独的图层上排列矢量形状。在使用形状或钢笔工具时，在对应的工具属性栏上有三种不同的模式可以选择，如图 3-85 所示。

图 3-85　形状模式选择

1. 形状

生成单独的图层，创建形状。可以使用形状工具或钢笔工具来创建形状图层。因为可以移动、对齐、分布形状图层以及调整其大小，所以形状图层非常适于为 Web 页面创建图形。可以选择在一个图层上绘制多个形状。形状图层包含定义形状颜色的填充图层以及定义形状轮廓的链接矢量蒙版。

2. 路径

在当前图层中绘制一个工作路径，可使用它来创建选区、创建矢量蒙版，或者使用颜色填充和描边以创建栅格图形。在创建路径时，除非存储工作路径，否则它只是一个临时路径。

3. 像素

直接在图层上绘制，与绘画工具的功能非常类似。在此模式中工作时，创建的是栅格图像，而不是矢量图形。可以像处理任何栅格图像一样来处理绘制的形状。在此模式中只能使用形状工具，而不能使用钢笔工具。

思维拓展：渐变工具如何使用？

渐变工具可以创建多种颜色逐渐混合的效果。可以从预设渐变中选取或通过渐变编辑器创建新的渐变效果。渐变工具不能运用于位图或索引颜色模式的图像。在拖拉时用渐变填充区域，以按下鼠标处为起点和松开鼠标处为渐变终点。渐变工具选项栏如图 3-86 所示。

图 3-86　渐变工具选项栏

渐变工具选项从左到右依次如下。

线性渐变：以直线从起点渐变到终点。

径向渐变：以圆形图案从起点渐变到终点。

角度渐变：围绕起点以逆时针扫描方式渐变。

对称渐变：使用均衡的线性渐变在起点的任一侧渐变。

菱形渐变：以菱形方式从起点向外渐变，终点定义菱形的一个角。

工具属性栏中其他的选项如下。

反向：对换渐变的起点和终点的设置，反转渐变填充中的颜色顺序。

仿色：可以在较少的颜色中创建较为平滑的过渡效果。仿色在网页设计中较为常用，因为较少的颜色数也就意味着可以减小图片的字节数，有利于在带宽有限的网络上快速传递。当然过少的颜色也必然损失图像的细节质量。一般该选项被默认勾选。

透明区域：可以保持渐变设定中的透明度。如果不勾选，渐变中就不带有透明区域。一般该选项也被默认为勾选。

单击选项栏中的渐变缩览图，可打开“渐变编辑器”窗口。在“渐变编辑器”窗口中，可通过单击添加色标来增加中间色，如图 3-87 所示。

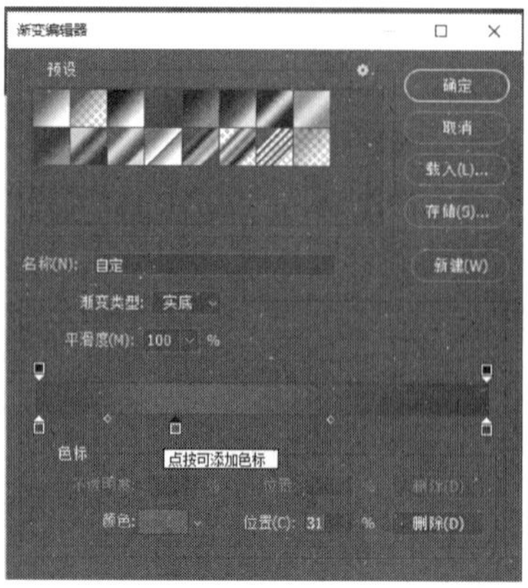

图 3-87　添加色标增加中间色

更改色标中的颜色以及位置：可通过鼠标单击色标来设置，如图 3-88 所示。其中，色标两侧的菱形“颜色中点”代表该色标颜色的色域范围，可通过移动来改变。删除色标，可通过鼠标按住色标下拉删去。渐变条的上边沿色标是表示不透明度的“不透明度色标”。以白色色标表示不透明度 0%，一直过渡到黑色表示不透明度 100%。位于渐变条上方的“平滑度”，可控制色彩的过渡范围，默认的 100%可得到最亮丽最丰富的过渡色彩。渐变类型除了默认的实底外，还可选择“杂色”，即在指定的色彩范围内随机地挑选色彩，不能手动自定义设置色标和不透明度色标。

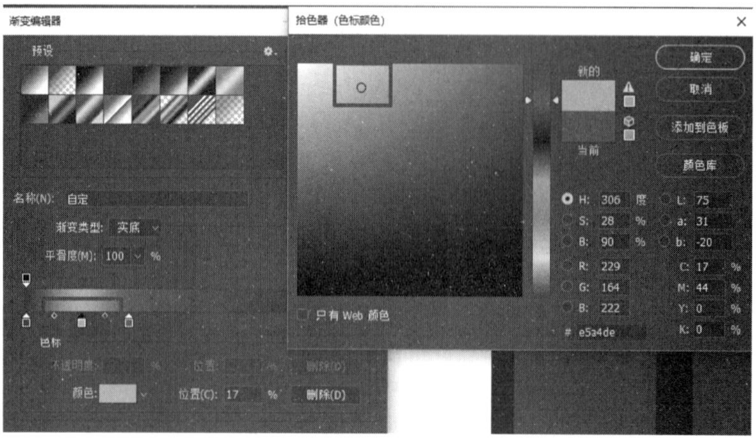

图 3-88　更改色标的位置和颜色

任务三　网店主题促销海报的设计与制作

任务导入

本任务主要介绍华美优选旗舰店主题促销海报的设计与制作过程，分成背景设计和文案设计两个模块，从而掌握促销海报的制作流程和技巧。

任务 3-1　网店促销海报的背景设计

微课-网店促销海报的背景设计

任务描述

通过介绍网店促销海报的背景设计过程，熟悉促销海报的常见背景类型并掌握图层样式的概念及应用。

完成油头膏促销海报的背景部分的设计与制作，效果如图 3-89 所示。

图 3-89　促销海报背景

任务实施

1. 新建文件

新建一个名为“油头膏促销海报”，大小为 750×416px，分辨率为 72，颜色模式为 RGB，背景内容为白色的文件。

2. 添加素材

在 Photoshop 中打开“素材”文件夹下的 people.jpg，选择工具栏中的“钢笔工具”，通过添加锚点建立选区，把素材中涂红部分所在的区域抠出来，并且复制选区图层，用于背景，抠图区域如图 3-90 所示。

（1）降低透明度。将复制后的图层移动到“油头膏促销海报”中，取名为“背景人物”。调整至合适大小，并且在图层中降低“背景人物”透明度为 20%，如图 3-91 所示。效果图如图 3-92 所示。

图 3-90　抠图区域

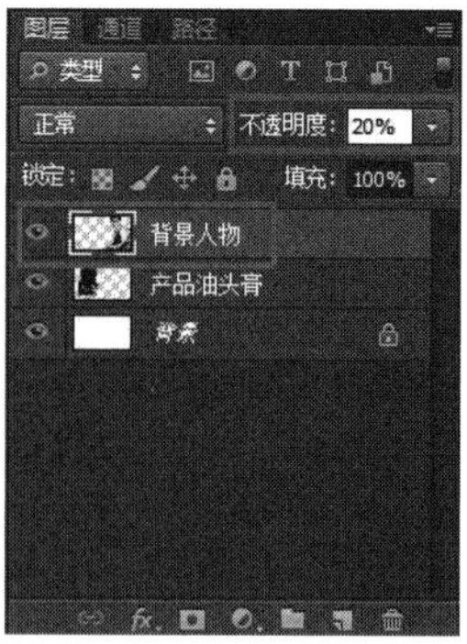

图 3-91　降低透明度

图 3-92　背景人物效果图

（2）添加混合模式。选中“背景人物”图层，修改其混合模式。单击图层中的“正常”，在出现的列表中选择“叠加”命令，如图 3-93 所示。

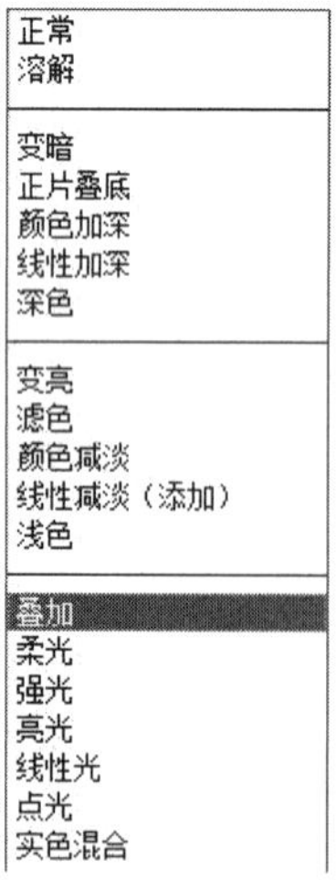

图 3-93　修改图层混合模式

3. 添加背景颜色

（1）在“背景”图层上双击，弹出一个对话框中，将“名称”修改为“背景”，确定即可，如图 3-94 所示。

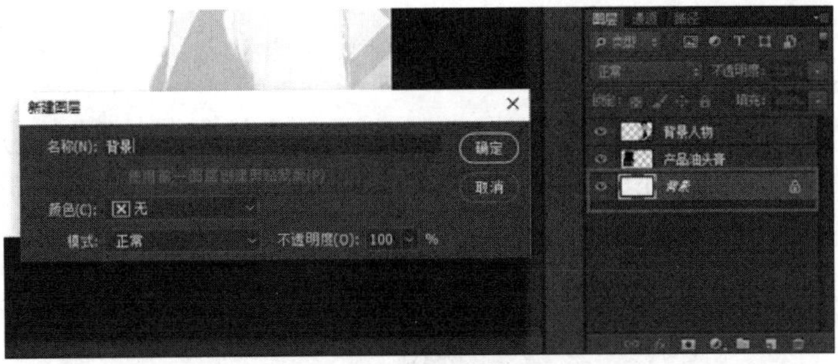

图 3-94　修改背景图层

（2）选中“背景”图层，单击下方的“图层样式”选择“颜色叠加”。在弹出的对话框中选择“颜色”，如图 3-95 所示。单击后会出现“拾色器（颜色叠加）”，将颜色设置为“#d9d9d9”，确定即可。添加背景颜色后的效果如图 3-96 所示。

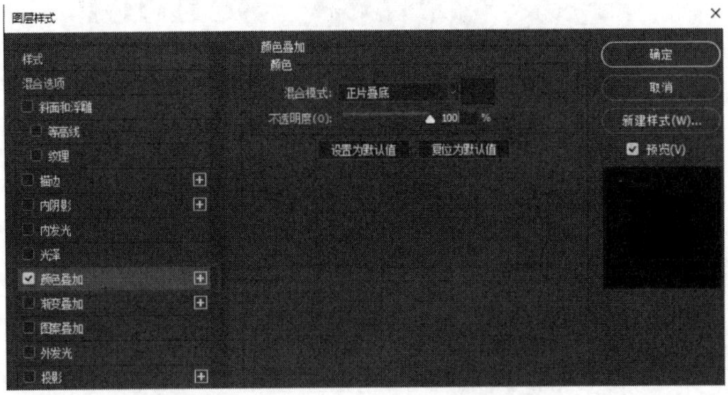

图 3-95　添加图层样式

图 3-96　添加背景颜色后的效果

任务分析

促销海报的背景根据其表现形式可以分成四大类。

1. 纯色或渐变色背景

背景根据海报的主题选择一种颜色或者多种颜色的渐变来填充。以 zara 天猫旗舰店的开学季海报为例，如图 3-97 所示，背景用浅灰色，画面很干净，重点突出模特，海报主题一目了然，跟品牌所追求的简约风格相一致。

2. 文理/商品/模特与背景相叠加

多种元素包括纹理、商品以及模特的叠加。以图 3-98 为例，是手账集市的海报，背景用白色的线条和粉色的背景进行了叠加，另外，商品也按照同一个角度和背景进行了叠加，杂而不乱，同时也传达了产品的诉求。

图 3-97　纯色背景海报

图 3-98　叠加背景

3. 实景图

实景图的形式比较有真实感，在内容传达上也更直接。不过需要注意的一点就是，如果把照片拿来直接用的时候，一定要保证文字信息的可读性，所以在文字部分会适当加一些半透明蒙层、涂抹颜色或者背景虚化的处理，以保证文字的可读性。

以全棉时代官方旗舰店的海报为例，如图 3-99 所示，背景采用的是一家三口穿着家居服的照片，温馨自然，传达了幸福感。这张海报的文字部分恰恰选取了照片中那个白墙部分的区域来编辑，有较强的可读性。

图 3-99　实景图背景

4. 合成

这类背景的制作在于整体场景的搭建要注意围绕着产品特性或者主题去营造对应的氛围，要注意对光影、环境色以及透视等元素的把握。以佳能官方旗舰店的海报为例，如图 3-100 所示，背景就是一个合成的案例，将餐盘、照片、花朵和产品进行了合成，体现自然和谐，所有的产品按照放射状的版式排版，又营造了大促的氛围。

图 3-100　合成背景

任务 3-2　网店促销海报的文案设计

微课-网店促销海报的文案设计

任务描述

通过介绍网店促销海报的文案设计过程，熟悉文案的排版及注意事项。

任务实施

1. 输入文本

（1）选择工具栏中的“横排文字工具”（快捷键：T），输入“NEW”。选择菜单栏“窗口”列表下的“字符”命令调出“字符”面板，设置字体为 Arial，字号大小为 57.04 点，字体样式为 BOLD 和“斜体”，颜色设置为 R:39，G:39，B:39，如图 3-101 所示。同理，在下方输入“维特丝劲能定型油头膏”，设置字体为“微软雅黑”，字号大小为 36 号，字体样式为 Bold，颜色为 R:39，G:39，B:39，如图 3-102 所示。

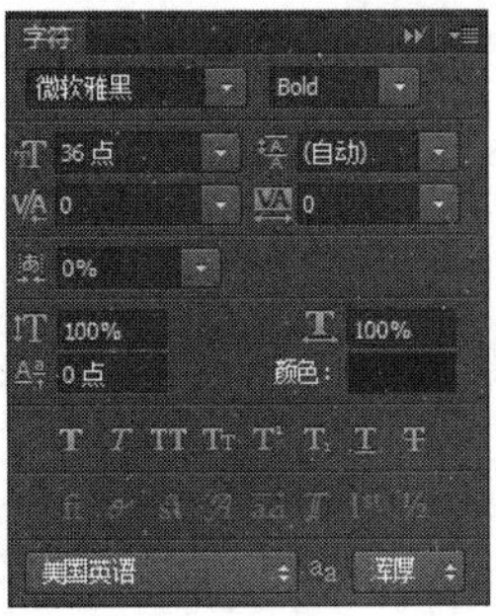

图 3-101　英文 NEW 设置

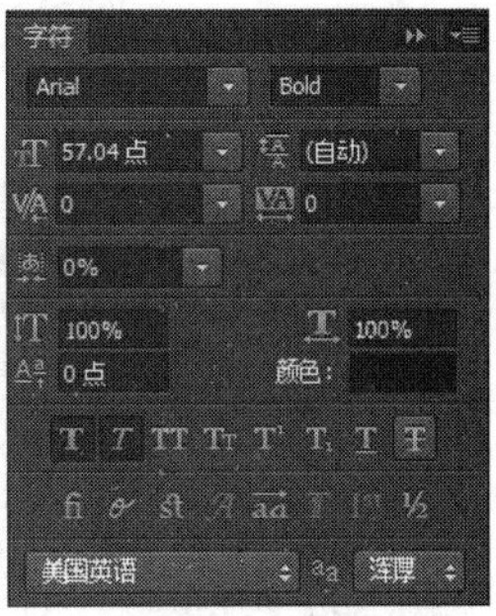

图 3-102　大标题文字设置

（2）同理，在下方分别输入“风吹不倒、持久定型、即可定型、速干硬化”，设置字体为“微软雅黑”，字号大小为 15 点，字体样式为 Regular，颜色为 R:37，G:37，B:37，如图 3-103 所示。

（3）新建一个图层（快捷键：Ctrl+Shift+N），命名为“图形”。长按工具栏中的矩形工具，在出现的列表中选择“自定义形状工具”，如图 3-104 所示。在属性面板中单击“形状”，在出现的图形中选择“第 15 行，第 7 列”的“选中复选框（打钩）”图案，如图 3-105 所示。最终完成的效果如图 3-106 所示。

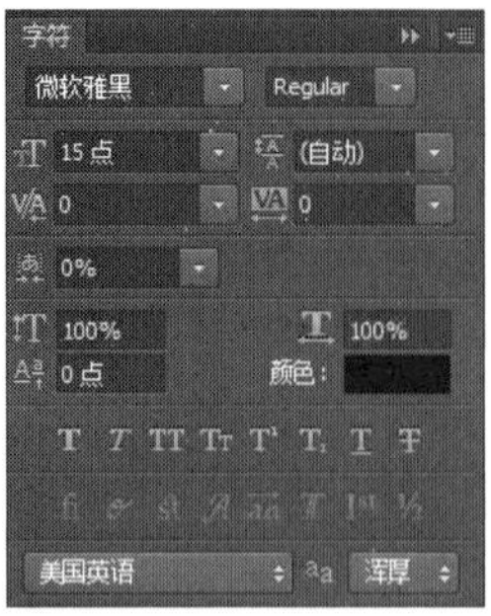

图 3-103　字体样式设置

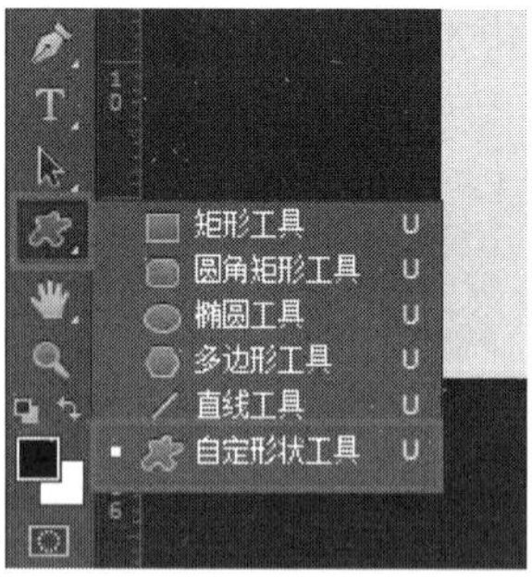

图 3-104　选择“自定形状工具”

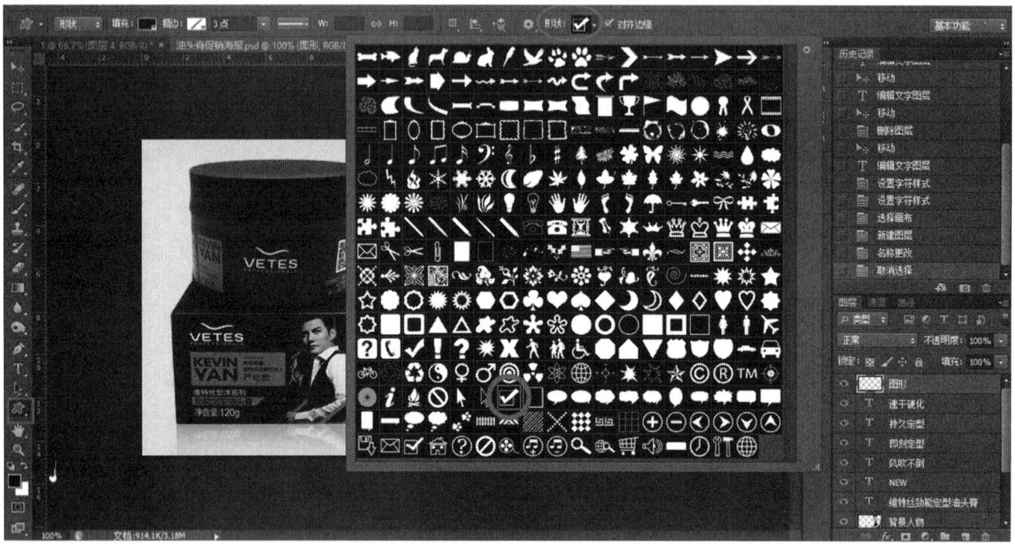

图 3-105　选择自定形状工具

图 3-106　添加后的效果

2. 添加促销信息

（1）新建一个图层，命名为“矩形”，选择工具栏中的矩形工具，在出现的列表中选择“圆角矩形工具”命令。修改“属性”面板中形状的类型为“像素”，修改半径为“7 像素”，如图 3-107 所示。

图 3-107　修改属性

（2）单击工具栏中的“前景色设置”，在弹出的“拾色器（前景色）”中设置 R:149，G:206，B:59，单击“确定”按钮即可。

在“矩形”图层上，“即刻定型”前的图形下画一个“矩形图形”，并在其上方用“横排文字工具”输入“0 元免息购”。选择菜单栏“窗口”列表下的“字符”调出“字符”面板，设置字体为“微软雅黑”，字号大小为 23 点，字体样式为 Regular，字体倾斜，颜色为 R:255，G:255，B:255，如图 3-108 所示。

选中“矩形”图层，单击添加样式，选择“投影”样式，如图 3-109 所示，在弹出的投影样式对话框中设置“透明度”为 45%，“距离”为 2 像素，“大小”为 2 像素，如图 3-110 所示。文字最终效果如图 3-111 所示。

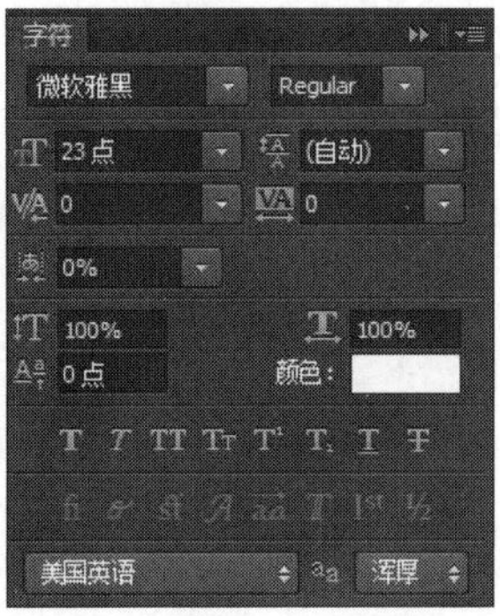

图 3-108　设置促销文本属性

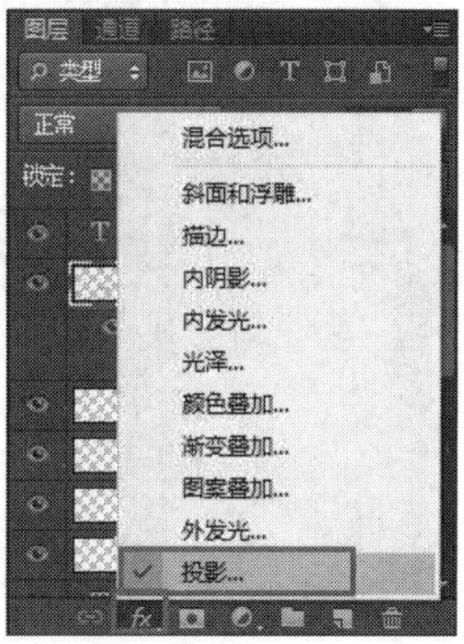

图 3-109　添加图层投影样式

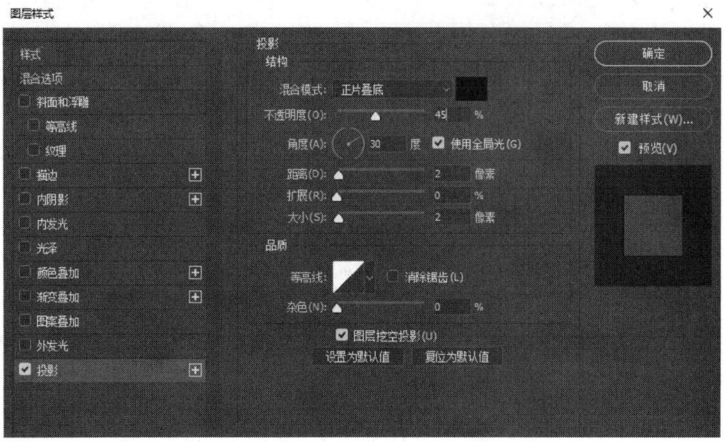

图 3-110　设置具体参数

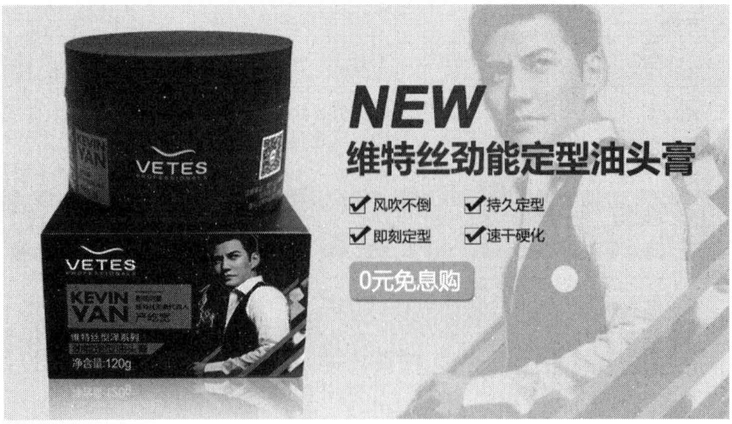

图 3-111 文字最终效果图

3. 修饰与修复图案

在图 3-11 中，右边的代言明星衣服上有一个白色圆形污点，影响美观，需要进行修复，如图 3-112 所示用红色圈起来的部分。

图 3-112 污点区域

长按工具栏中的“污点修复画笔工具”，在出现的列表中选择“修补工具”，如图 3-113 所示。选中图层“背景人物”，鼠标移动到需要去除的地方，按住左键，在周围画一圈，会出现一个选区，鼠标按住这个选区移动到相同颜色的黑色区域，放开鼠标即可，最终效果如图 3-114 所示。

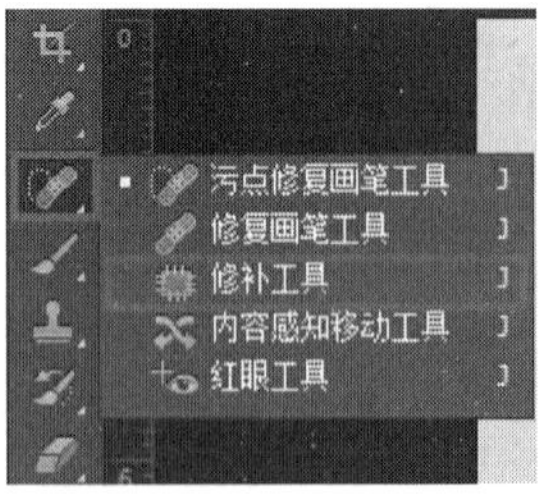

图 3-113 修补工具

图 3-114 最终效果图

任务分析

1. 文案的排版方式

通常文字的排列要遵循一定的规律，如图 3-115 所示，最常见的排版方式为左对齐和居中对齐。

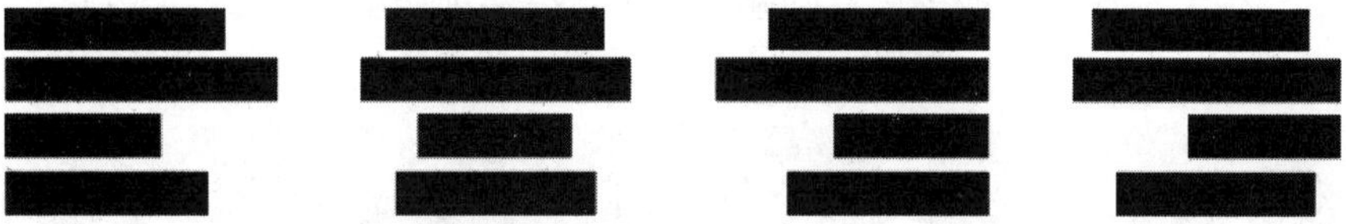

图 3-115 文案排版示意图

贝亲的海报就是居中对齐的文案排版，非常活泼可爱，如图 3-116 所示。

图 3-116 贝亲促销海报

亲子拖鞋的海报文案采用的是左对齐的排版方式，简洁大方，传达内容清晰直接，如图 3-117 所示。

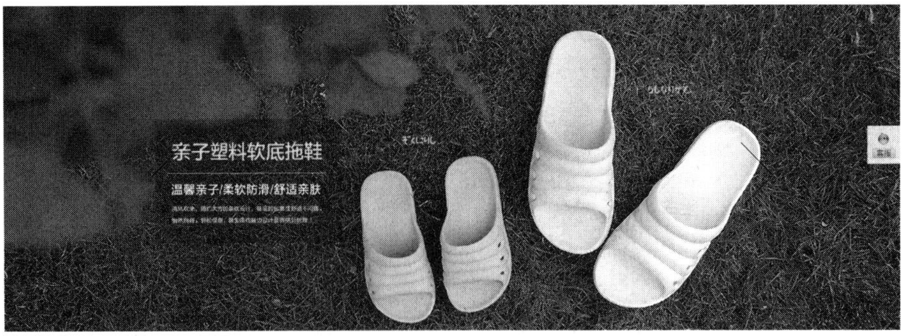

图 3-117　亲子拖鞋促销海报

2. 明确主、副标题及描述信息

文案的版式除了常见的对齐方式外，需要注意的还有层次结构。层次的混乱会大大影响对信息的获取，也就降低了整个海报视觉营销的价值。最为常见的文案版式层次可以分为主、副标题及描述信息三个层次。每个层次通过大小、字体、颜色等对比来区分，使得主标题一目了然，最吸人眼球，副标题则能一眼看清，而描述信息这类辅助信息则需要认真看才能看清。如图 3-118 所示，该海报的主标题采用了最大的字体，另外运用颜色的变化来强化视觉效果。而副标题则是促销活动内容，字体要小很多，但通过反差的背景色块，使得访问者也能一眼看清。而描述信息，该促销活动的日期等信息则起到一定点缀装饰作用，其内容需要认真仔细观看才能看清。

图 3-118　明确主、副标题及描述消息的海报文案版式

3. 主标题的应用

通常情况下，海报是以主标题的长度为一个文字排版的左右宽幅的，如果主标题过长，会导致视觉点被拉长，文字如果都以主标题为基准去排列会显得臃肿，不按主标题去排列，主标题和其他文字之间会有很明显的断档，所以一般情况下，当主标题超过 8 个字的时候我们可以选择性地分段。

主标题字数略少时可以单独以主标题的每一个字作为一个图层样式，通过大小变化、粗细变化、旋转、叠加、排列等方式灵活运用主标题，必要时可附带特效。

4. 行距

以黑枸杞的海报为例，如图 3-119 所示。每一行文字的间距接近于等距离，这样的行距比较保守。

图 3-119　黑枸杞海报

对这张海报的文案进行微调，拉开最后一行“立即抢购”和上面文字间的距离，这样整体文案部分的效果就提升了，如图 3-120 所示。

图 3-120　调整间距后的海报

任务四　移动端网店首页的制作

任务 4-1　移动端网店首页店招的制作

微课-移动端网店首页装修概述

任务描述

通过介绍移动端网店首页店招的设计与制作，进一步掌握移动端店标及店招的尺寸要求及设计要点。

任务实施

在 Photoshop 中打开文件“移动端模板.jpg”和“油头膏店招.psd”。先复制“背景”图层，并且关闭“背景”图层的“指示图层可见性”。选中“图层 1”，选择工具栏中的“魔棒工具”，单击移动端模板头部的灰色任何区域，如图 3-121 所示。将其复制一层，得到“图层 2”。

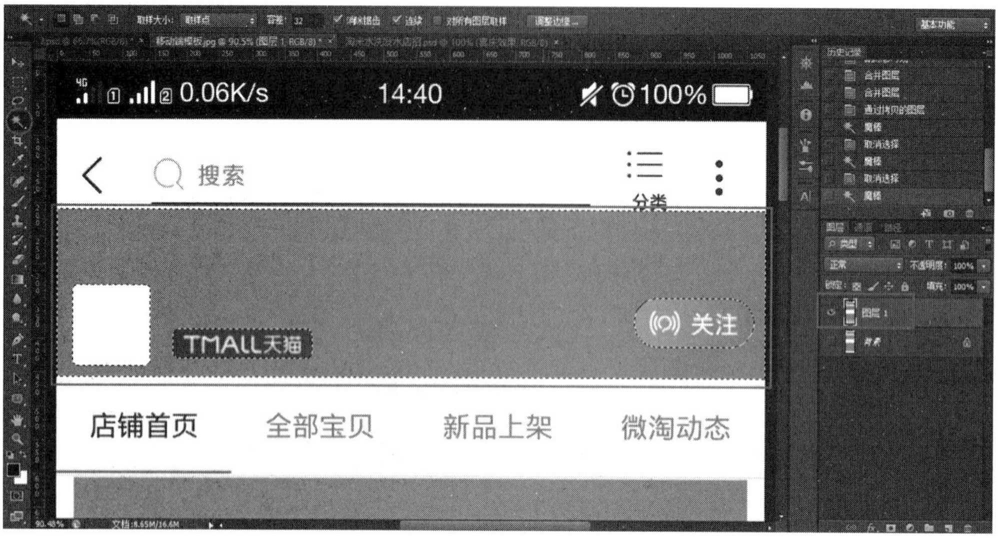

图 3-121　魔棒工具的使用

在移动端模板中新建一个名为“LOGO”的组。单击“油头膏店招”文件，找到关于 logo 的所有图层，将它们复制到“移动端模板”的 LOGO 组中，并对其进行大小的调整，最终的效果如图 3-122 所示。

图 3-122　logo 效果图

选中图层 2，把鼠标移动到图层 2 的“图层缩略图”上，按住 Ctrl 键，会发现光标手下方出现了一个小的虚线框，单击“图层缩略图”，如图 3-123 所示。选择工具栏中的“油漆桶”工具，把前景色设置成 R:255；G:255；B:255，填充至图层 2。效果如图 3-124 所示。

图 3-123　图层缩略图

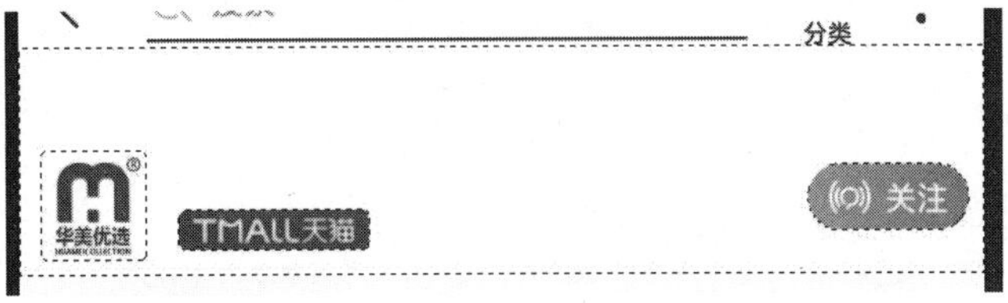

图 3-124　填充颜色

在模板中新建一个名为“店招”的组，把淘米水洗发水店招中除优惠券、logo 外的所有图层放入移动端模板的“店招”组中，并合并图层，效果如图 3-125 所示。

图 3-125　合并图层

图 3-125 中的“关注”图标效果有些杂乱，遮挡了文字。接着把刚合并的图层“创建剪贴蒙版”至图层 2 中，店招效果如图 3-126 所示。最后将“LOGO”组拖动到“店招”组中。

图 3-126　店招效果图

任务分析

店标是移动网店中的核心标识，是店铺的标志，建议尺寸为 80×80px。移动端和 PC 端在图标上面最大的区别，一个是尺寸上的，还有一个就是占比上的。店标的占比和所处位置，移动端就比 PC 端要明显很多，这也使得当顾客搜索店铺类目或进行店铺收藏的时候，好的店标设计容易让人印象深刻。

一般来说，移动端店标与 PC 端店标使用的是同一个，在移动端网店中通常放置在店招左侧位置，如图 3-127 所示。

移动端的店招与 PC 端的店招作用是一样的，一般一个平台上的尺寸是一致的，如手机淘宝网店，店招为 642×200px。这个店招一般和 PC 端不一样，没有更多空间放置例如优惠券、主推产品等其他元素，移动端的店招相对 PC 端而言更为简单。需要注意的是，要给店标预留位置，一般不希望店标遮挡住店招的重要信息。

图 3-127　无印良品移动端店铺首页效果图

任务 4-2　移动端网店首页主体内容的制作

微课-移动端网店设计要点

任务描述

通过介绍移动端网店首页促销海报、产品展示区域的设计与制作，进一步掌握移动端海报、移动端网店文字设计的要求及技巧。

任务实施

1. 制作海报

（1）选中图层 1，选择工具栏中的魔棒工具，单击图层一灰色海报区域的任何位置，周围会出现虚线框，复制一层，如图 3-128 所示。

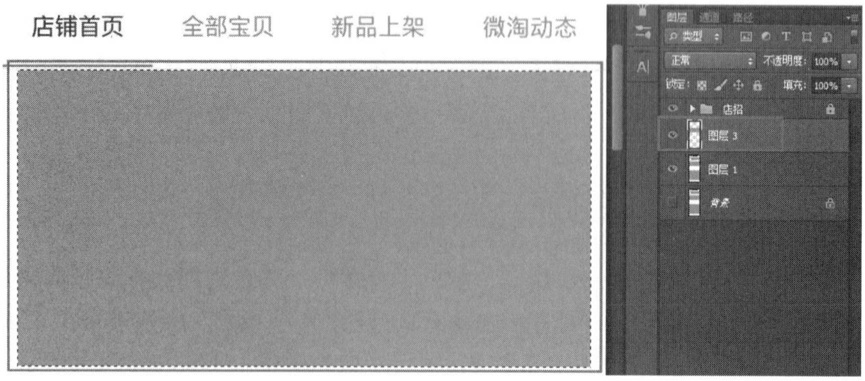

图 3-128　复制图层

（2）在 Photoshop 中打开素材文件夹下的“油头膏促销海报.psd”，把海报中的所有图层移动到“移动端模板”中，并调整至合适大小。将调整好的图层“创建剪贴蒙版”至“图层 3”，如图 3-129 所示。海报效果如图 3-130 所示。

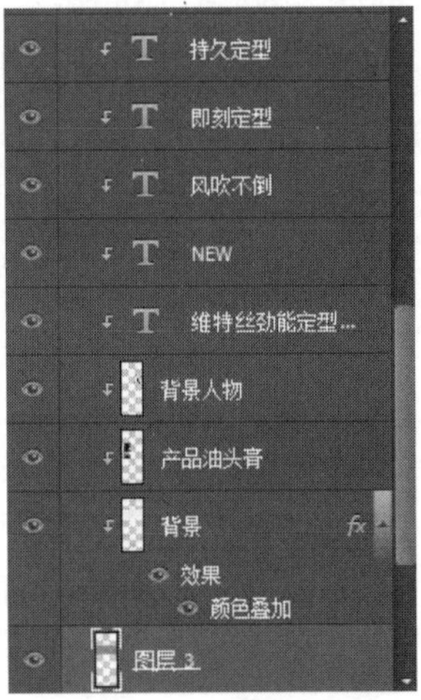

图 3-129　创建剪贴蒙版

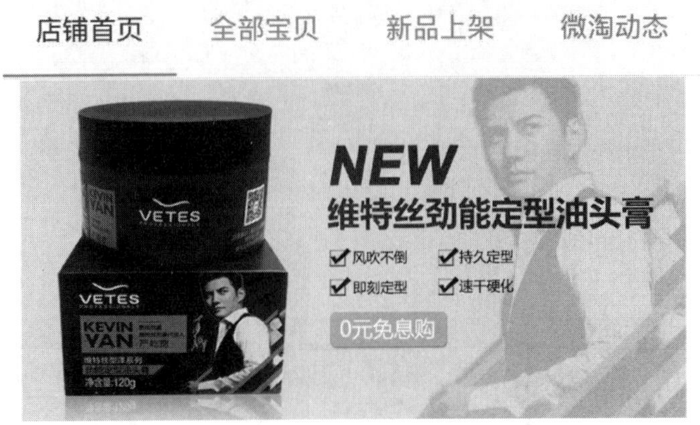

图 3-130　海报效果图

（3）在“移动端模板”中新建一个组，命名为“海报”，并把刚刚有关海报的所有图层放入“海报”组中。

2. 制作优惠券

在 Photoshop 中打开素材文件夹下的“优惠券.jpg”，并将其放入“移动端模板”中，取名为“优惠券”，调整至合适大小，效果如图 3-131 所示。

图 3-131　优惠券效果图

3. 制作产品展示

（1）选中图层 1，选择工具栏中的魔棒工具，单击图层 1 产品展示区域左上角的方形，周围会出现虚线框，复制一层，得到图层 4。在 Photoshop 中打开图片“保湿乳液产品主图.jpg”“面膜产品主图.jpg”“淘米水产品主图.jpg”以及“维特丝产品主图.jpg”四张图片。

（2）在“移动端模板”文件中新建一个组，命名为“产品主图”。将图片“保湿乳液产品主图.jpg”放入“移动端模板”的组“产品主图”中并调整至合适大小，创建剪贴蒙版至图层 4，效果如图 3-132 所示。同理，制作其余三幅产品主图，最终效果图如图 3-133 所示。

图 3-132　保湿乳液产品主图

图 3-133　产品主图效果图

移动端首页的最终效果如图 3-134 所示。

任务分析

1. 移动端促销海报

在移动端起到广告宣传作用的当属图像，在细分的图像模式中，目的还是为了吸引访问者的目光，增加流量，提升转化率，这也是好的主题促销海报的作用。

图 3-134　移动端首页效果图

这类图像被寄予很大希望，所占位置主要为焦点图位置，幅面也占了首屏中大面积的位置，从而来提高顾客的关注度。和 PC 端的焦点轮播图一样，有些移动端网店在这一位置也引入了轮播图，通过手指滑动可以切换多张广告图，如图 3-135 所示。

图 3-135　移动端促销海报

2. 移动端网店中的文字

文字展示是移动端网店的重要组成元素。这类文字主要有两类，一类就是以文本形式加以展现的，另一类是图文混合在一起的。无论是哪种，对于移动端而言，可视性是最为重要的因素，这一点远远大于 PC 端的要求。文字效果如图 3-136 所示。

图 3-136　移动端网店文字效果

3. 移动端的链接

网店不可能始终展示一个主页，必然由其他栏目页面和各商品的详情页构成，这一点和 PC 端是一样的，同样存在网店的首页。需要注意的是移动端屏幕尺寸的影响，特别是手机端，一般更习惯纵向滑动屏幕而不是横向滑动，这样导航的宽度往往有限，栏目的划分会大大少于 PC 端。对于链接而言，更倾向于扁平化，更少的单击次数。一般链接有直接到商品的详情页，不同类型产品通过分类、产品参数的链接做跳转。还有一类单击首页的系列也就是类目，跳转到类目页，让顾客再选择具体商品。

同步测试

一、单选

1. 在 Photoshop 中新建图形文件的快捷键是（　　）。

　A. Ctrl+N　　B. Alt+Ctrl+N

　C. Ctrl+O　　D. Alt+Ctrl+O

2. 在 Photoshop 中对放大后的图像查看不同的区域可使用的工具是（　　）。

　A. 参考线　　B. 网格工具　　C. 抓手工具　　D. 标尺工具

3. 在 Photoshop 中，若要撤销刚刚实施的一项操作，可以使用还原命令，其快捷键是（　　）。

　A. Ctrl+A　　B. Ctrl+C　　C. Ctrl+V　　D. Ctrl+Z

4. 在Photoshop中移动选区时限制移动方向为45°的倍数，则需要同时按住的键是(　　)。

A. Ctrl　　B. Shift　　C. Alt　　D. Enter

5. 在 Photoshop 中，关于使用“钢笔工具”的说法，不正确的是（　　）。

A. 与“铅笔工具”“线条工具”等相比，“钢笔工具”能绘制更精确的路径

B.“钢笔工具”可以帮助用户创建直线或曲线，并且调节直线的角度和长度、修改曲线的弧度

C. 用户可以通过调节线条上的点来调节直线和曲线；曲线不可以转换为直线，反之亦然

D. 用户使用“钢笔工具”绘图时，直接单击可以创建直线点，单击并拖动可以创建曲线点

二、判断题

(　　) 1. 色阶命令不仅能够调整图像的明暗变化，也可以调整图像的色彩。

(　　) 2. 在“钢笔工具”状态下按住 Ctrl 键，可以临时切换到“转换点工具”。

(　　) 3. 不能在位图模式下使用魔棒工具。

(　　) 4. 在颜色拾取器中，对颜色默认的描述方式是 CMYK。

(　　) 5. 在 Photoshop 中，取消选择区的快捷键是 Ctrl+D。

三、操作题

1. 使用多种抠图工具完成如图 3-137 所示的抠图操作。

图 3-137　商品抠图练习

2. 根据素材，完成类似于如图 3-138 所示的商品促销海报练习。

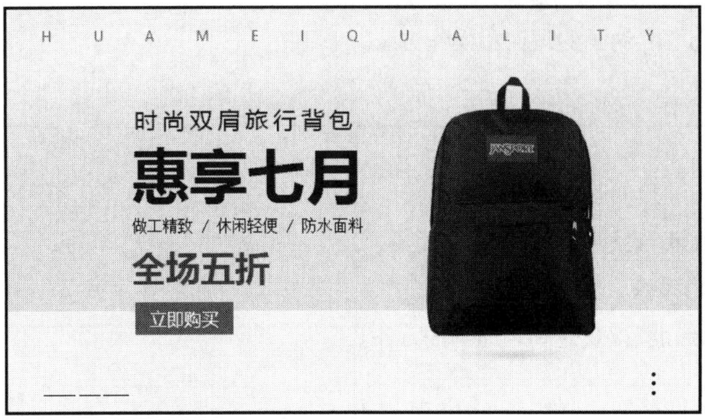

图 3-138　商品细节描述图

项目 4

电商网店的详情页设计与制作

能力目标

学习完本项目后，能够依据项目要求完成网店详情页主要构成模块的设计与制作，包括：

（1）能够熟练规划电子商务网店详情页的结构。

（2）能够熟练运用 Photoshop 设计并制作商品关联，体现主体风格。

（3）能够熟练运用 Photoshop 设计并制作商品细节特点，包含卖点、对比等。

（4）能够根据要求制作页面上以 GIF 为主的动效。

知识目标

（1）掌握 Photoshop 图层操作的相关方法。

（2）掌握 Photoshop 蒙版的理论和操作方法。

（3）掌握 Photoshop 常用滤镜的操作方法。

（4）掌握 Photoshop GIF 动画的理论和操作方法。

教学重点与难点

- 根据需求进行详情页版式设计。
- Photoshop 蒙版的操作。
- 逐帧动画、过渡帧动画以及时间轴动画的操作。

任务一　商品整体展示区的制作

任务导入

前面介绍了对网店首页进行设计与制作，接着是整个网店各详情页环节的设计与制作，将网店详情页划分为商品整体展示区、商品细节展示区、购物须知区等模块，这里分模块来进行制作。商品整体展示区位于详情页中最主要的位置，整体性展示商品和对商品进一步营销推广。通过这一任务制作来进一步熟悉 Photoshop 的相关操作和对图像素材的整合。

任务 1-1　详情页关联营销图的设计

微课-详情页关联营销图的制作

任务描述

通过放置在详情页首焦位置的关联营销图设计，来了解其与主页海报的不同之处。把握详情页整体风格一致性以及重点突出，从而掌握 Photoshop 中蒙版的应用。

微课-图层蒙版的创建及应用

任务实施

1. 创建商品整体展示区图像文档

整体展示区可以合在整个详情页图像文件内，这里为了方便则单独创建一个图像文件，后面可以将各模块进行合并。通过 Photoshop，执行“文件” | “新建”命令，新建一个图像文件。预设名称为“整体展示区”，宽度为 750px，高度为 1920px，分辨率为 72 像素/英寸，颜色模式为 RGB。这里考虑高度约为两屏。

2. 创建背景图层

新建一个图层，颜色为深红，如“#d42733”，然后增加图层样式的渐变叠加，增加背景效果。该渐变叠加的图层样式设置如图 4-1 所示，其中，渐变编辑器中，黑暗色部分占比为 1/3，另外，角度设置为 0，不透明度为 36%左右。

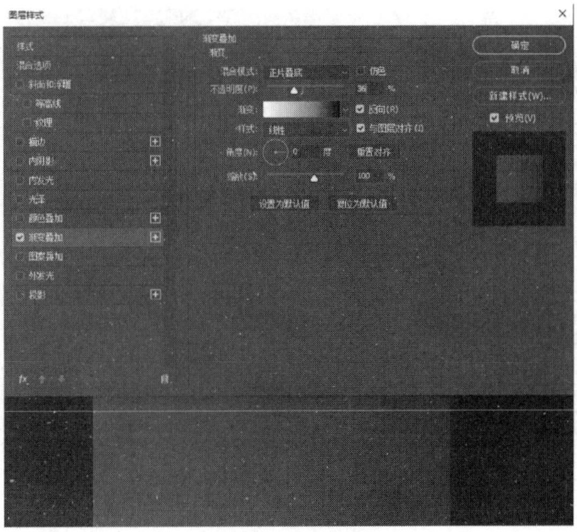

图 4-1　背景渐变叠加图层样式设置

3. 创建商品展示图

在顶部通过矩形工具创建一个矩形，以白色填充，然后通过直接选择工具框选后调整该矩形的宽和高，用于商品展示底框。然后将背景素材“2437.jpg”和商品图“1.jpg”分别粘贴进来。再依次选择图层，右键单击选择“创建剪贴蒙版”，将图放入白色矩形背景，大小可以通过“自由变换”来加以调整。完成后效果如图 4-2 所示。

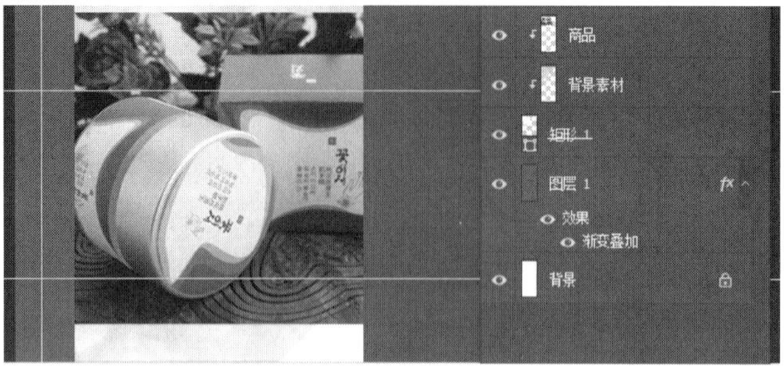

图 4-2　创建剪贴蒙版

4. 添加营销内容

通过添加文案内容来添加营销文字，注意文案版式的对齐。首先在左侧通过“微软雅黑、18 点”添加竖排版的“—华美优品”文字，接着在右侧通过“IMPCT、78 点”添加底纹“SUMMER”，不透明度为 46%。在该文案上方添加“微软雅黑、60 点”的“惠享七月”，文字颜色通过吸管得到商品中的红色，再添加图层样式的白色描边。在该文案每个字上方再分别添加“Arial、14 点”的拼音，通过复制粘贴得到同样的图层样式。在下方添加“微软雅黑、加粗、24 点”的“更多选择/更多优惠”。最后在商品图上方空白处添加“Arial、加粗、30 点”的“HUIMEIQUALITY”，每个字母间隔空格，然后设置商品展示底框内文字为黑色，其他为白色。

添加文案后，在图右侧空隙处增加一个圆角矩形按钮，通过圆角矩形工具创建，填充颜色为商品中的红色，图层样式为白色描边。再添加一个“买就送”的文本图层，设置为“微软雅黑、加粗、24 点”。

接着通过参考线使添加的文案左右、高低对齐，若不够则通过自由变换来调整，完成后如图 4-3 所示。

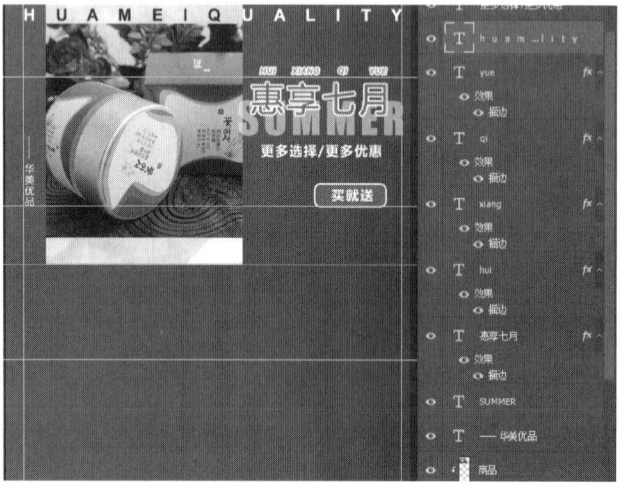

图 4-3　营销文案版式对齐

5. 创建图层组

为了更方便地分类整理图层，考虑通过创建图层组来进行。将所有文案图层选中后，单击“图层”面板下方的“创建新组”按钮，即可将所选图层合并在一个新的图层组内，然后可以单击修改该图层组名称。也可以选中商品展示的“商品”“背景素材”和“矩形 1”图层后，按快捷键 Ctrl+G 同样可以将该三个图层合并到新建组内，如图 4-4 所示。

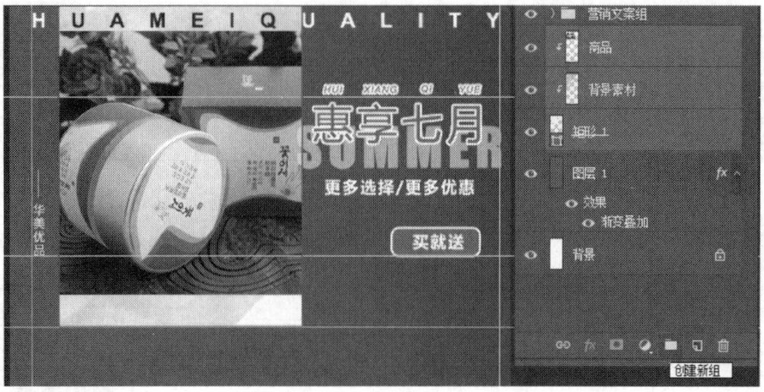

图 4-4 创建图层组

6. 创建关联商品展示区

通过矩形工具绘制一个横向贯穿的矩形，填充颜色为商品的红色。然后通过“路径选择工具”选择矩形后在上部中间通过“添加锚点工具”添加一个控点，然后上拉调整弧线，制作出扇形。在“图层”面板中单击“添加图层蒙版”，在对应“图层”面板中选中图层蒙版，然后根据参考线，创建渐变，使其下半部分颜色和原有背景颜色一致，如图 4-5 所示。

图 4-5 创建图层蒙版

绘制一个圆角矩形，填充白色、半径 20px，作为关联商品展示背景。接着两次复制图层形成三个圆角矩形后，依靠参考线排版，再分别栅格化图层后，裁剪圆角矩形，如图 4-6 所示。

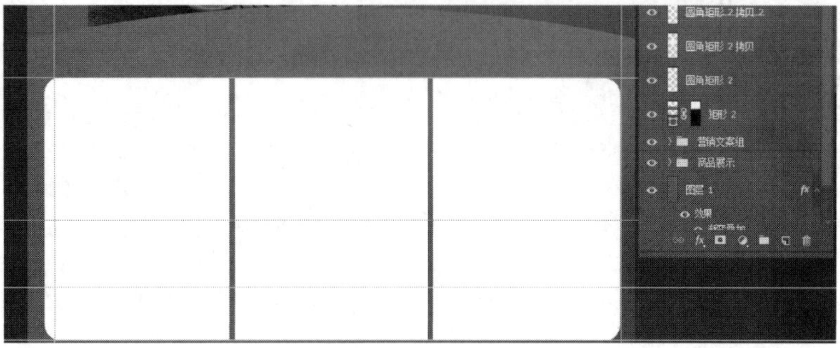

图 4-6 关联商品展示区背景

将对应的“防晒霜”“眉笔”和“洗面奶”素材图分别通过创建剪贴蒙版导入到各圆角矩形图层，注意底部高度通过参考线对齐。

在商品下部，添加文字图层“￥”“10”和“就送”，大小分别为24点、40点、18点，调整商品位置后，将三个图层通过右键“链接图层”，再通过快捷键Ctrl+G合并到组“10元送”。接着两次复制该组，对齐位置后，如图4-7所示。

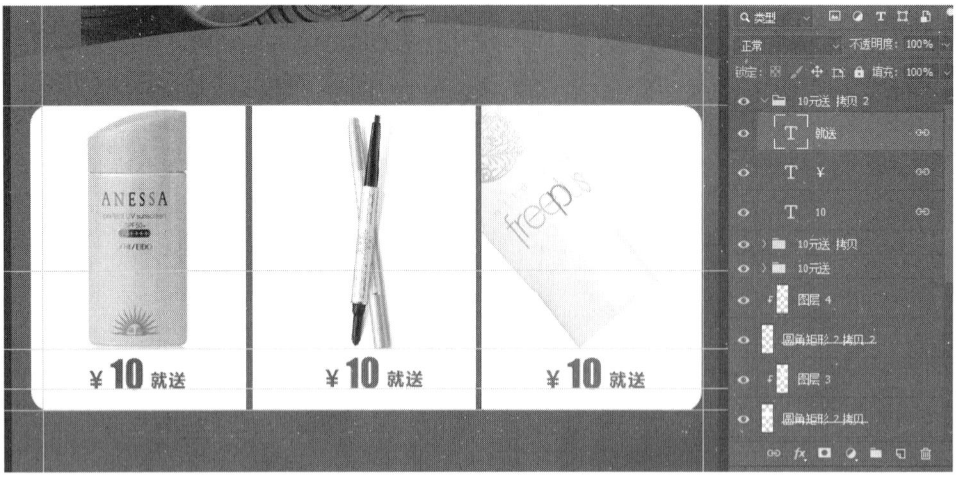

图4-7　关联商品展示区商品和文字

最后在扇形上部添加文字“爆款搭配”，以“微软雅黑、加粗、48点、白色”设置。然后将该部分的所有图层同样合并到一个组“关联商品展示区”中。

7. 创建优惠券

通过矩形工具绘制一个横向贯穿的矩形，填充颜色为整个背景图层的红色。然后添加图层样式的渐变叠加，作为优惠券部分的背景。接着输入文字“必抢神券”，设置为“微软雅黑、加粗、36点、白色”。接着通过输入分割线来调整每个优惠券的位置。在优惠券的位置内输入对应文字内容，然后将各图层链接好位置后合并在一个组“优惠券”中。复制该组，形成对应的优惠券内容，如图4-8所示。完成后，将优惠券所有图层合并至一个分组“优惠券组”。

图4-8　创建优惠券

8. 保存图像文件

如图 4-9 所示，完成当前任务。

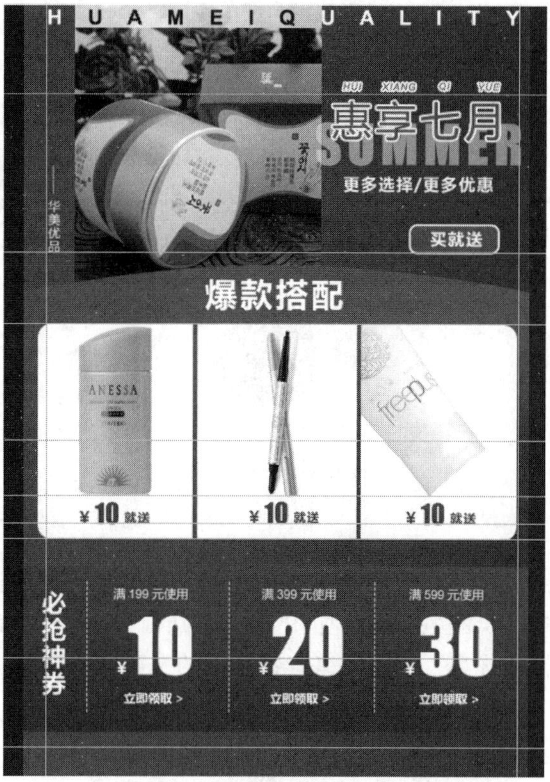

图 4-9　完成关联营销图设计

任务分析

1. 详情页关联营销图

国内电商现阶段的发展之下，产品种类已经极大丰富。品类的竞争已经成为过去，更多地依靠深挖触发式需求。电商网店中越来越多地引入场景内容，图文结合，去推动客户有感而动，激发潜在的需求。在页面内容布局和构建上，更关注将营销型的元素体现出来，因此在详情页中出现了关联图，也称为关联营销，一般以图文的形式展现出来。

关联营销图的位置，可以说是详情页中的黄金位，位于平台登记的该产品参数下方，该商品基础信息的上方，也就是详情页的首焦位置，是访问者必会关注的。在这一位置上放置关联营销图的目的就是，希望客户能够通过关联关注店铺中的其余商品，起到引流、提高转化率的作用。这类图其实也可以看作是海报的延续，更多是要突出文字和营销活动的内容，也会结合一些优惠券等其他营销内容。这类关联营销图常分为以下几种。

1）*活动的介绍*

这是最为常见的关联营销图。也就是在商品的详情页中，通过关联营销来介绍当前店铺的活动。当然这类营销活动可以是和当前商品相关的活动，那么在图中要清楚地展现相关的活动信息，也可以是店铺中其他商品在进行的活动，通过关联营销的链接跳转到对应的活动专区，如图 4-10 所示。

图 4-10　活动介绍

2）套餐、搭配的介绍

这类主要是介绍和商品相关的其他商品，通过关联来推动。搭配类，一般多用于服装类目，通过搭配效果来推动客户购买相关商品，如图 4-11 所示。其他套餐类，有时也不一定像传统套餐一样，几件组合有特殊优惠，而是关联营销店铺的爆款或者主推商品。

图 4-11　套餐、搭配的介绍

3）组合的介绍

这类常是多件同类型商品排列构成组合来展示，这种组合结构一般是两排产品的有序排列，内容也是简单商品的展示。也是用于展现店铺中的主推款商品，如图 4-12 所示。还有一类组合，则是不同专区的组合，像进一步的导航栏，这类常见于品类丰富的网店中。

图 4-12　同类型商品排列构成组合

4）商品的补充介绍

这类往往是在这一位置添加了对整个店铺的重要说明，包括资质企业形象的介绍。其中，视频越来越多地被引入到商品介绍中，很多直接展示品牌、具体商品的短视频介绍也一般放置在关联营销图的位置上，主要是为了第一时间方便用户观看，如图 4-13 所示。

图 4-13　视频的补充介绍

5）综合应用

除了单一的应用外，也有很多网店在做关联营销图时由多个模块来构成，每个模块中分别设置不同的关联营销内容，如图 4-14 所示，构成多类型的综合应用，使得整个关联营销图也越来越长。现今越来越多的电商企业呼吁对关联营销图要瘦身，言简扼要，重点突出。

图 4-14　综合应用

2. 图层分组整理

随着图像文件内容的增多，特别是对于详情页而言，整个文件的图层数也越来越多。这个时候对于图层整理，特别是分组整理就显得十分必要和重要。对图层整理也是一种设计，是对整个文件图层结构的一种思考，它不仅有利于清理自身的设计理念，还可以提高整个工作流程中协同修改的作用。对于图层的分组整理就像是生活中整理衣柜，不仅赏心悦目还能使下次再找东西时不会无从下手，大大提高效率。

新建组，除了通过选中图层后按快捷键 Ctrl+G 或者单击“图层”面板下方的“创建新组”按钮来完成外，也可以通过单击“图层”面板右上方的按钮来完成。在这里，可以修改组的名称，设置颜色、模式等，如图 4-15 所示。

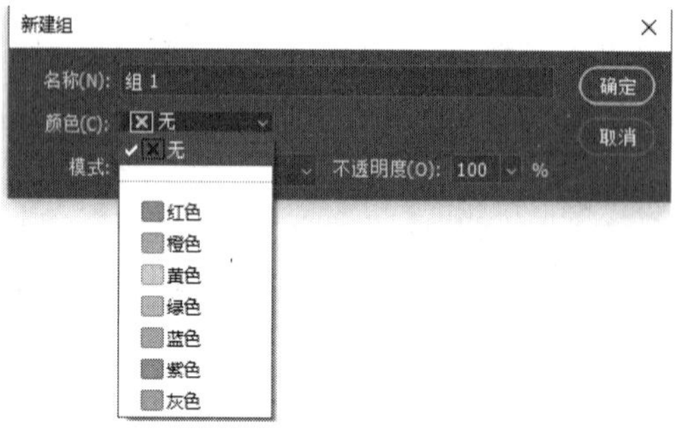

图 4-15　新建组

对于存在的组可以像图层一样复制，也可以选中该组后，修改组名。这里一般来说要给分组起一个有意义的命名，从而方便查找和管理。比较规范的命名方式有用前端开发中代码命名进行整理、按页面内容对图层进行整理等。除了命名外，还可以利用颜色进行分组整理，把不同的信息用颜色区分，用于快速区别相应内容，例如，红色用于重点图层组、蓝色用于区别次要图层组等。

思维拓展："图层"面板的筛选。

"图层"面板顶部提供了筛选功能，图层很多的时候，也可以利用图层的筛选功能来快速查找定位，如图 4-16 所示。"图层"面板支持以下拉菜单中所列的方式进行筛选。在筛选框右侧有 5 个快捷过滤按钮，用于快速显示某一类型图层，分别是：像素图层过滤器、调整图层过滤器、文字图层过滤器、形状图层过滤器和智能对象过滤器，以及打开或者关闭过滤功能的按钮。

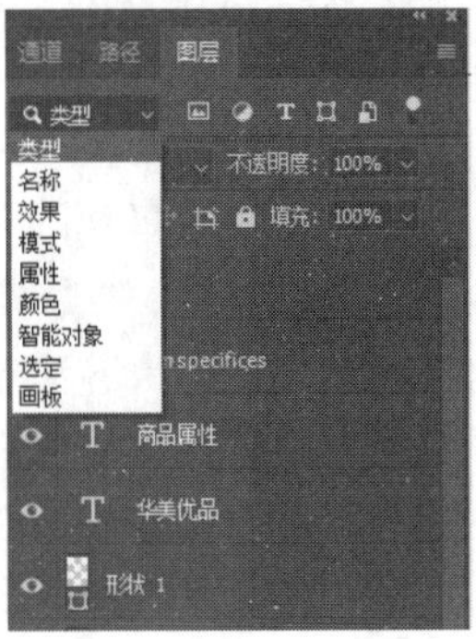

图 4-16 "图层"面板的筛选

3. 图层蒙版

蒙版和图层一样，在 Photoshop 中起到十分重要的作用。蒙版可以理解是浮在图层之上的一块玻璃挡板，它本身不包含图像数据，只是对图层的部分起到遮挡的作用，对图层进行操作时，被挡的数据是不会受到影响的。蒙版是将不同灰度色值转换为不同的透明度值，并作用到它所在的图层，让图层不同地方透明度发生相应的变化。纯黑色表示完全透明，纯白色表示完全不透明。灰色则根据灰色的深浅表示不同的不透明度。

任何图层，包括编组，都是可以建立图层蒙版的，只需要在"图层"面板下方工具栏中，单击"添加图层蒙版"即可。在背景层添加图层蒙版，那么这个背景层由原本的不可移动、不可应用不透明度等限制变为普通图层，图层名称也会由"背景"变为"图层 0"。当蒙版建立后，蒙版默认为白色，也就是被蒙版覆盖的区域完全显示。

对于蒙版的编辑可以通过鼠标单击图层蒙版选中，这时表示可操作蒙版图层，而不是普通图层。也可以按住 Alt 键单击图层蒙版后进入图层蒙版编辑视图。对于蒙版的操作一般可通过"画笔""橡皮擦"和"渐变工具"进行处理，使图层蒙版内显示相应的黑、白、灰三个颜色。图层蒙版常用于图像的合成操作，如图 4-17 所示。

图 4-17　图层蒙版的应用

蒙版可以作为选区，是一种特殊的选区，不是为了对选区进行操作而是要保护选区不被操作。

4. 剪贴蒙版

剪贴蒙版最直观的理解就是通过让处于下方图层的形状来限制上方图层的显示区域，达到一种遮罩的效果。剪贴蒙版可以使用某个图层的内容来遮盖其上方的图层。遮盖效果由底部图层或基底图层的内容决定。基底图层的非透明部分将在剪贴蒙版中显示它上方图层的内容，剪贴图层中的所有其他内容将被遮盖掉。

可以在剪贴蒙版中使用多个图层，但它们必须是连续的图层。蒙版中的基底图层名称将会出现下画线，上层图层的缩览图是缩进的。剪贴蒙版一般通过单击右键出现的“创建剪贴蒙版”命令或者按 Ctrl+Alt+G 快捷键来创建。剪贴蒙版也可以用于文字图层，如图 4-18 所示。

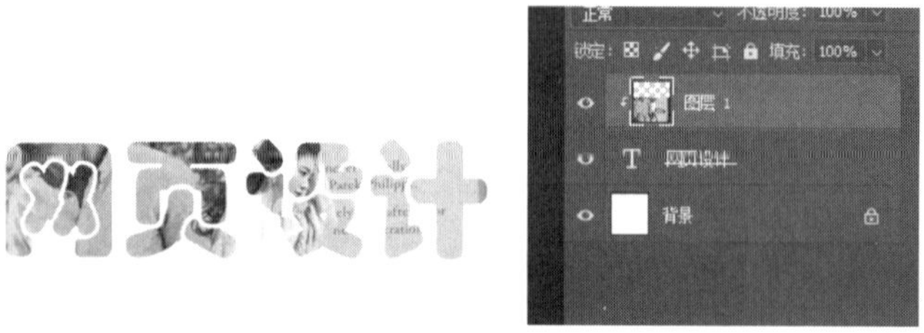

图 4-18 剪贴蒙版的应用

5. 参考线和网格定位

参考线和网格使图像或元素精确定位更为方便。参考线可以移动和移去，也可以被锁定，以防止它们意外移动。网格可方便对称布置图像元素。网格在默认情况下显示为线条，也可以显示为点。设置参考线和网格，可通过“编辑”菜单打开的“首选项”对话框中的“参考线、网格、切片和计数”来设置。

任务 1-2 基础信息展示图的设计

微课-商品基础信息图的制作

任务描述

继续通过前一任务中的图像文件来完成基础信息展示图的设计，虽然将其放置到商品整体展示区的大任务中，但这一部分和后面的细节图风格更为接近，这里为了第一个任务的完整性考虑将其放入整体展示区。这一部分将考虑分条和基础信息展示的布局结构。

任务实施

1. 编辑整体展示区图像文档

通过 Photoshop，继续打开名称为“整体展示区.psd”的图像文件。通过工具箱中的“抓手工具”将编辑区移动到完成的关联营销图下方。

2. 创建白色背景区域

通过“矩形工具”创建白色矩形覆盖关联营销图下方背景区域。

3. 创建分割条

选择“直线工具”，填充为背景红色“#d42733”，按住 Shift 键绘制一条直线。然后在直线上方增加文本图层“商品属性”，按“微软雅黑、加粗、30 点、#d42733”设置，在直线下方增加文本图层“ITEM SPECIFICES”，按“Arial、加粗、18 点、#d42733”设置。在直线另一端上方增加文本图层“华美优品”，按“微软雅黑、14 点、#d42733”设置。再在左侧文本左右添加“自定形状工具”中的箭头和“椭圆工具”中的圆。通过参考线调整各图层位置，如图 4-19 所示。

图 4-19　分割条的创建

完成分割条后，将各图层选中，然后“链接图层”，再通过按 Ctrl+G 组合键来创建分组“商品属性分割”。

4．导入商品图片

在素材中选择合适的商品图片通过“置入嵌入对象”到页面中，调整合适的大小。在移动图层时，若想避免背景白色矩形图层被移动，可以选中该图层后单击“图层”面板上方的“锁定全部”按钮，这样该图层就像背景图层一样不会被移动误操作。

5．创建基础信息文本

在素材中找到“产品介绍”文档，将文档内的产品介绍分段添加到页面中，每段可为独立的文字图层。然后各个图层之间可以通过参考线、移动工具的对齐方式以及“视图”|“显示”|“网格”命令来进行对齐操作，如图 4-20 所示。

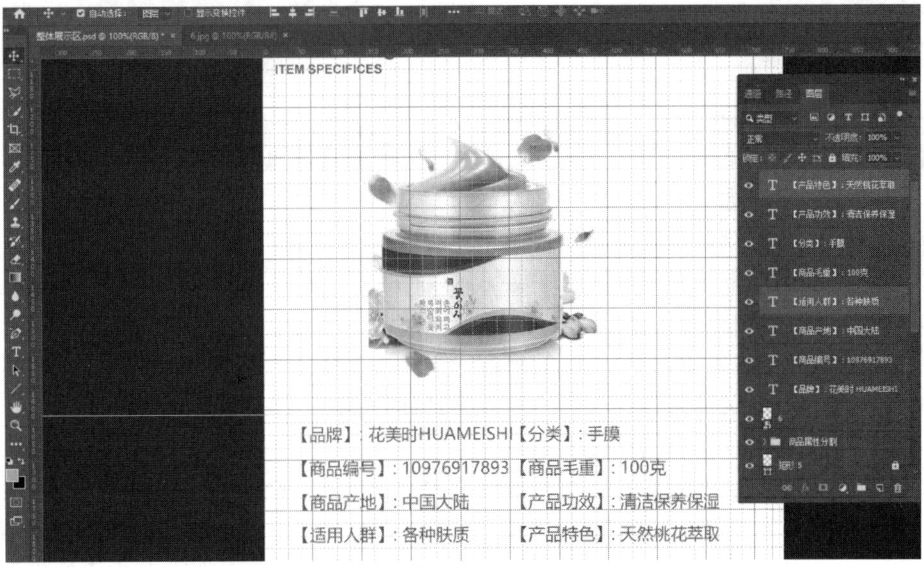

图 4-20　基础信息文字图层对齐

6. **创建修饰表格线条**

在基础信息文本下方创建修饰的蚂蚁线，可以通过“直线工具”完成，也可以通过“画笔工具”创建。首先在基础信息文字图层上方创建一个新图层，然后选中“画笔工具”，颜色和之前字体颜色一致，大小为 3px，硬度为 100%。然后打开“画笔设置”面板，在面板中设置间距为 300%。最后按住 Shift 键在“【品牌】”和“【分类】”下方画直线。然后通过复制图层后移动，在每行文字图层下方画直线。再创建一个新图层，在左侧依照参考线画一条垂直的直线与四条水平线交错，多出的线可用“橡皮擦工具”擦去，如图 4-21 所示。

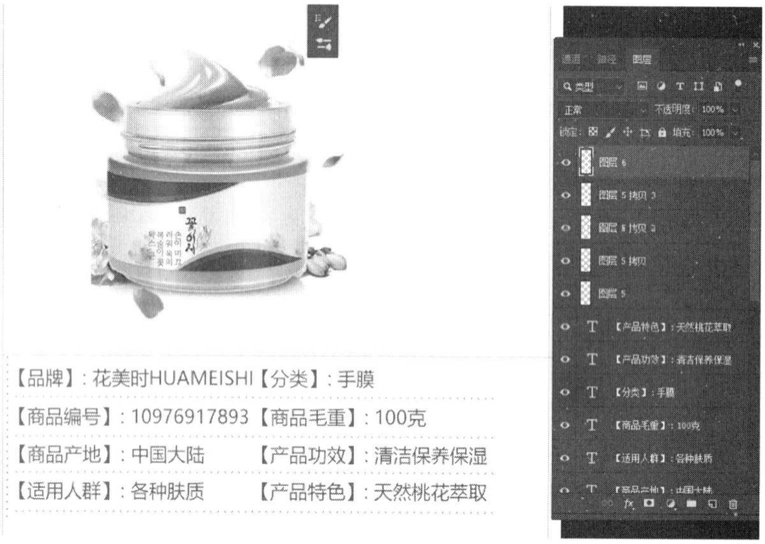

图 4-21　修饰表格线条

调整完成后，选中各线条图层然后右键单击选择“合并图层”命令。再选中该图层和各基础信息的文字图层合并分组为“商品基础信息”。

7. **保存图像文件**

任务分析

1. **商品基础信息展示**

商品基础信息展现了商品的基本情况，也是网页商品详情页的重要构成内容。通过这一信息内容，客户能够对该商品有一个基本的认知。这些信息点的来源一般为产品介绍或者是对产品特点的概括，特别是一些主观印象。

在展现这些商品基础信息时，由于这类信息规律明显，往往是要点关键词，后面是对这一要点简单的描述。通常采用表格化的布局来做展现，这种展现结构清晰，易于布局。有些类目的商品，在基础信息展示时为了更为形象化，特别是对基础信息里面的一些重要参数的说明，有时会进一步借助图例来告知客户，这些尺寸的具体位置。

思维拓展：商品基础信息的指数表示。

有些商品的基础信息中还会有一些商品特点的主观信息，就像前面茶叶例子里面的颜色、口感等，又如服装里面常见的厚薄、宽松等。这类主观信息，用文字来表示则不够具体。借助指数化表示，则形象化很多。这类指数表示的方法类似于满意度调查打分。常见的指数表示有表格式、滑竿式等，如图 4-22 所示。

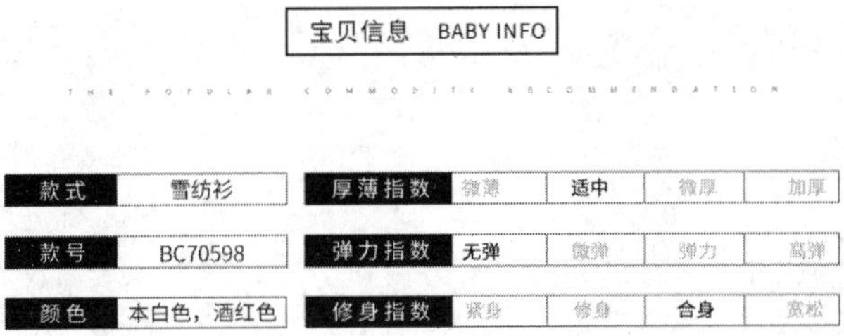

图 4-22　商品基础信息的指数表示

2. 置入嵌入对象和置入链接的智能对象

首先通过置入的都是智能对象，其次嵌入对象是指，置入的图片已经和图像文件融为一体，是图像文件的一部分。而置入链接的意思就是，只是引入了图片和图像文件的一种关联关系。图片并不与图像保存在一起，也就是链接了一个 10MB 的图片，而 PSD 文件本身并不大，则保存时的大小也不会加上这 10MB。

链接的好处是可以减少 PSD 图像文件的大小，使得打开 PSD 文件的速度较快。而嵌入的好处是，这个 PSD 图像文件包含所有的资源，发给别人交流时比较方便。

3. 智能对象

智能对象可以通过置入来完成，也可以通过图层的右键菜单选择“转换为智能对象”命令来完成。智能对象与普通图层在图标上的差异，如图 4-23 所示。

图 4-23　智能对象图层和普通图层

“转换为智能对象”可以是一个图层，也可以是多个图层或者是图层组。智能对象最为直观的就是可以无损任意缩放，可以先缩小再放大到之前大小，图片的清晰度是不变的。

确切地说，智能对象可以执行非破坏性变换。也就是进行缩放、旋转、斜切、扭曲、透视变换或使智能对象图层变形，而不会丢失原始图像数据或降低品质，因为变换不会影响原始数据。

还有就是可以对智能对象进行二次编辑，编辑完成后能够自动更新其所有的链接实例。另外，在处理矢量数据（如 Illustrator 中的矢量图片）时，若不使用智能对象，这些数据在 Photoshop 中将进行栅格化。

思维拓展：智能对象的二次编辑更新。

在图像文件中，通过矩形工具创建一个白色的矩形，以及文字图层“推荐商品”，两个图层调整位置后通过“链接图层”成为一个简单按钮。然后选择两个图层“转换为智能对象”。再进行复制图层，如图 4-24 所示。

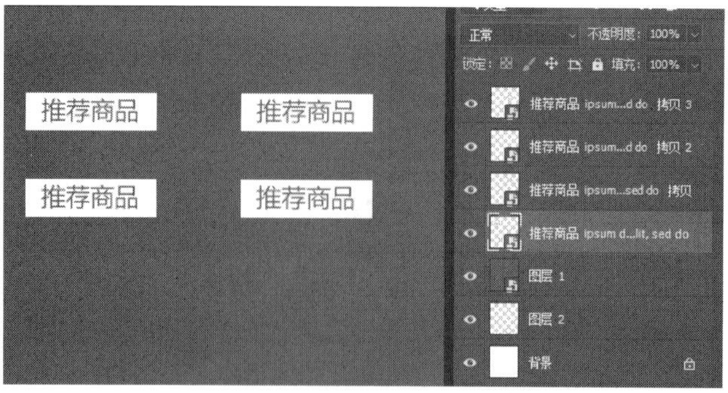

图 4-24 创建智能对象的按钮

然后单击其中一个智能对象，进入智能对象编辑图层，用“路径选择工具”选中矩形，在“属性”面板中修改矩形为四个角 18px 的圆角矩形，然后保存。切换回原图像文件可以看到，如图 4-25 所示的各智能对象已经同步更新。

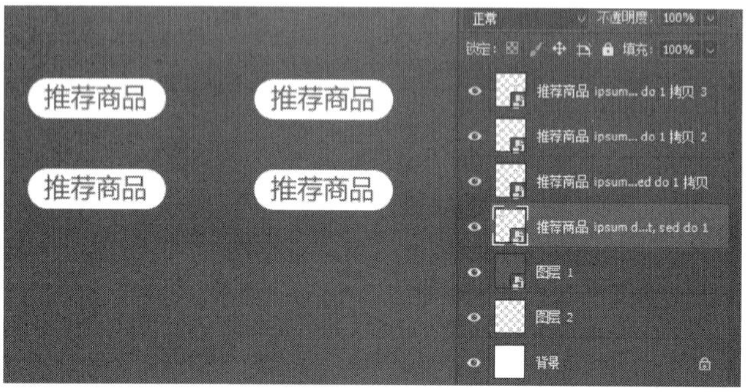

图 4-25 智能对象二次编辑后同步更新

4. 画笔工具

画笔工具和铅笔工具均可在图像上绘画，颜色为当前的前景色。画笔工具创建颜色的柔边，铅笔工具创建硬边。通过画笔工具栏可以对一组画笔选项进行预设，使画笔在绘画时产生不同效果。主直径用来表示笔刷的粗细，硬度控制画笔绘画时的边缘，当硬度趋向于 0%时，边缘会产生类似虚化的效果，如图 4-26 所示。

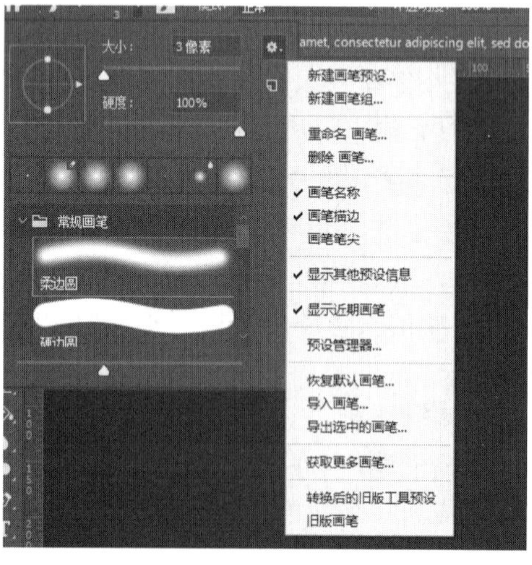

图 4-26 “画笔预设”选取器

另外，画笔工具提供了大量丰富的预设以及可以从网上下载的拓展画笔，如图 4-27 所示，后缀为.abr，通过画笔预设工具栏的“导入画笔”安装。

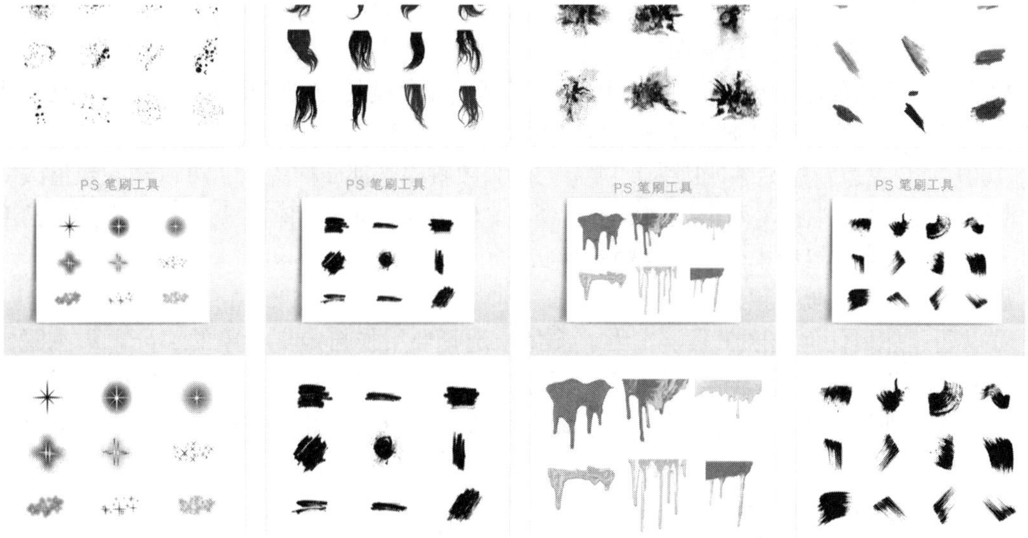

图 4-27　网络中笔刷工具资源

5. 画笔设置

除了直径和硬度的设定外，Photoshop 针对画笔笔刷提供了非常详细的设定，这使得画笔变得丰富多彩。“画笔设置”面板可以通过“窗口”命令打开，也可以通过 F5 快捷键调出，这是笔刷的详细设定调板，如图 4-28 所示。“画笔设置”左侧的“画笔笔尖形状”，单击不同的选项名称，在右侧就会显示其对应的调节项。最下方的一条波浪线是笔刷效果的预览，相当于在图像中画一笔的效果。更改了设置以后，这个预览图也会改变。

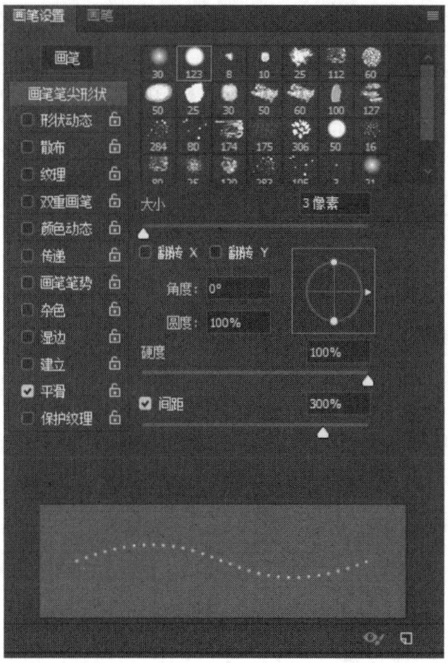

图 4-28　“画笔设置”面板

间距：是指选定了一种画笔后，画出的标记点之间的距离，它也是用相对于画笔直径的百分数来表示的。当选择铅笔工具，将画笔间距设置为100%、200%、300%（最大为999%）等整数时，很容易看出画笔间距的作用。如果使用毛笔或喷笔等工具，因为其边缘的虚化，会使两点间的间距看起来大于所设间距。

默认使用的笔刷都是一个正圆形，因此有了圆度和角度的控制，圆度是一个百分比，代表椭圆长短直径的比例。100%时是正圆，0%时椭圆外形最扁平。角度就是椭圆的倾斜角，当圆度为100%时角度就没意义了，因为正圆无论怎么倾斜样子都一样。除了可以输入数值改变以外，也可以在示意图中拉动两个控制点进行调整。使用翻转 *X* 与翻转 *Y* 后，虽然设定中角度和圆度未变，但在实际绘制中会改变笔刷的形状。

思维拓展：定义画笔预设。

可以通过使用任何选区工具，在当前图像中选择要用作自定义画笔的部分。彩色图像在被定义成画笔笔尖图像时会转换成灰度。画笔笔尖的大小最大可达2500×2500px，通过“编辑”命令菜单列表中的“定义画笔预设”命令完成，使用时可在当前“画笔预设”选取器的最后找到。

6. Photoshop中创建表格

可以在Photoshop中直接画出类似表格结构，最简单的就是用画笔工具，另外也可以通过矩形工具和直线工具配合完成，还可以借助选框工具和描边来完成。除了在Photoshop中直接画出外，还可以通过在Excel或者WPS中做好表格样式，然后选中表格进行复制后在Photoshop中的图像文件内粘贴，但是这种方法的表格结构和样式的修改需要在Excel或者WPS中完成。

任务二　商品细节展示区的制作

任务导入

本任务继续对详情页进行分模块制作。商品细节展示区可以说是详情页中最为重要的部分，介绍了产品的细节、特点、卖点，甚至还融入了场景化的展示。作为教材，则更多结合Photoshop的功能操作来说明，因而简化了营销要点的设计。

任务2-1　网店商品细节图的设计

微课-网店商品细节图的制作

任务描述

通过商品整体展示区的任务来继续完成网店商品细节图的设计，一是理解详情页整体风格一致性，另外也掌握商品细节图的内容和版式设计，进一步熟悉蒙版等Photoshop应用。

微课-商品图片倒影的制作

任务实施

1. 创建商品细节展示区图像文档

同样这里将商品细节展示区单独创建一个图像文件，后面可以将各模块部分进行合并。通过 Photoshop，执行“文件”｜“新建”命令，新建一个图像文件。预设名称为“细节特点展示区”，宽度为 750px，高度为 1920px，分辨率为 72 像素/英寸，颜色模式为 RGB。这里考虑高度大约为两屏左右。

2. 从整体展示区文件复制粘贴分隔条

打开前一个任务的整体展示区文件，找到“商品属性分割”图层组，然后右键复制图层组，会弹出“复制组”对话框，可以选择在当前文件或者其他打开的图像文件中复制，如图 4-29 所示。对于图层的复制也可以如此。切换到“细节特点展示区”图像文件，移动所复制的图层组到合适位置，然后打开组对文字内容进行编辑，修改内容为“商品特点”和“FEATURES”，修改组名为“商品特点分割”。

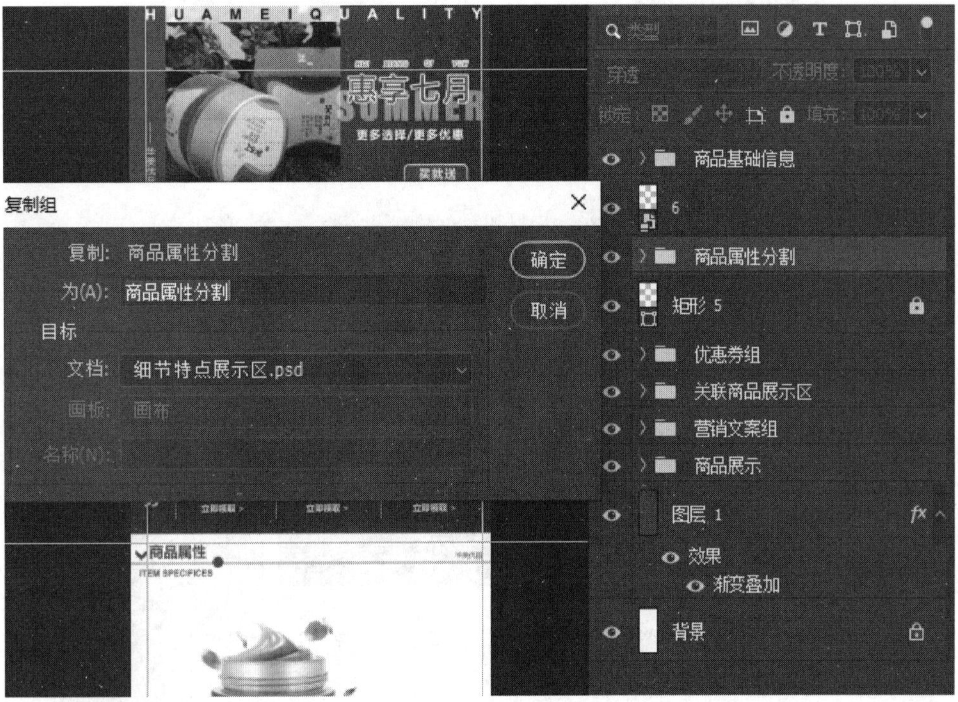

图 4-29　复制组到目标文档

3. 创建商品特点模块

首先创建一个白色圆角矩形，采用分割条颜色一致的红色进行描边，再输入文字图层“选择一款好护手霜十分重要”。然后再居中输入“微软雅黑、加粗、18 点、红色”文字图层“更天然、更滋养、更保护”，在一侧输入点划线的黑色文字，再复制图层，调整三个图层位置后链接图层。

再绘制一个白色圆角矩形，设置下方两角为直角，描边。选择合适素材图片创建剪贴蒙版，自由变换调整合适大小，效果如图 4-30 所示。在该圆角矩形下方贴在直角边绘制三个矩形，由同一个矩形复制可得，再修改左右两个矩形的左右两个底角为圆角，填充为渐变。文字图层分别创建功效 1 和功效 2 的分组，其中，数字 1 和 2 的不透明度为 39%。再选取素材内合适图片创建剪贴蒙版放置到中间的矩形中，整体效果如图 4-31 所示。

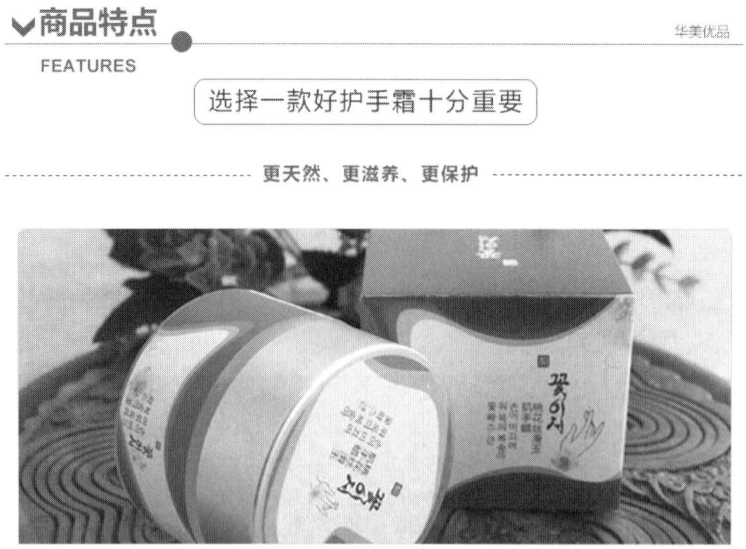

图 4-30　素材图片创建剪贴蒙版

图 4-31　功效说明部分效果图

4. 添加文字倒影效果

为了增加效果，经常给文字或者产品增加倒影，这里采用最为直接的倒影添加方法，复制图层垂直翻转。考虑给商品特点模块中的“更天然、更滋养、更保护”文字图层添加一个倒影。找到该文字图层后进行复制，由于原图层与左右的点划线图层链接，因此复制的文字图层也带链接，这里用右键单击打开后再次单击链接图层，取消链接。执行“编辑”｜“变换”｜“垂直翻转”命令，然后往下移到原文字图层下边缘。调整不透明度到 20%左右后，添加蒙版，然后选中蒙版，通过画笔、橡皮擦等工具调整倒影效果，如图 4-32 所示。到此完成商品特点模块制作，整理该图层组。

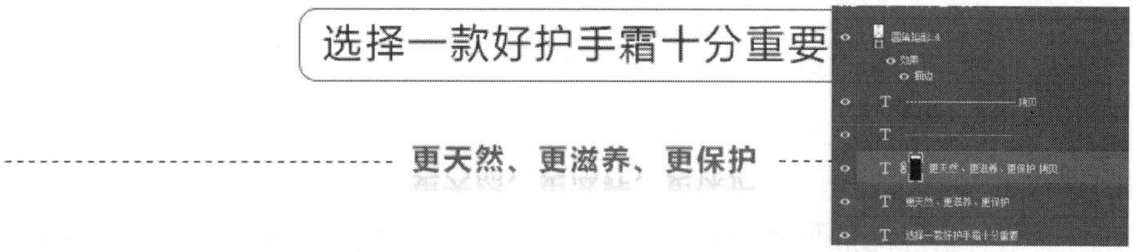

图 4-32　垂直翻转复制图层的倒影制作

5. 创建商品卖点模块

复制“商品特点分割”图层组为“商品卖点分割”，更改对应的中文和英文文字内容。借助参考线绘制一个圆角矩形，和上面“商品特点”中的圆角矩形等宽。左侧选择素材图片创建剪贴蒙版，右侧输入文字图层和形状图层圆点，然后将各图层合并成图层组“商品细节 1”，便于后期复制，如图 4-33 所示。

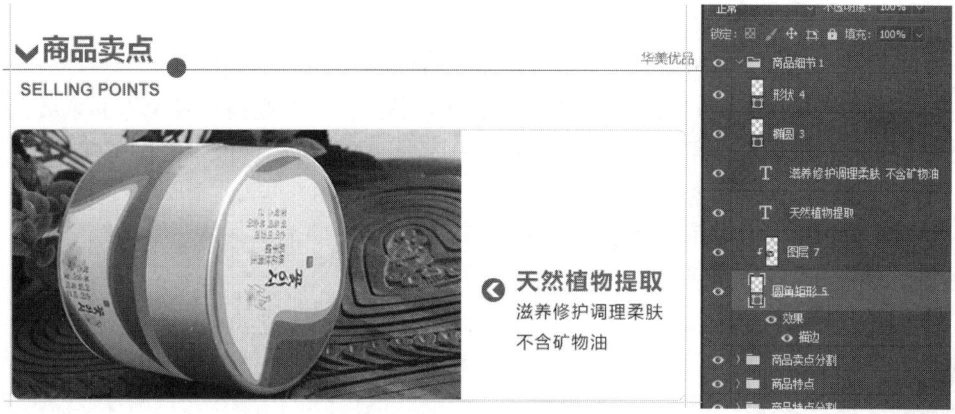

图 4-33　“商品细节 1”图层组

然后复制“商品细节 1”图层组为“商品细节 2”和“商品细节 3”，分别修改其文字内容，其中，“商品细节 2”的图标形状采用执行“编辑”|“变换”|“水平翻转”命令，对素材图进行版式排版后，如图 4-34 所示。

图 4-34　“商品细节 2”和“商品细节 3”图层组

6. 保存图像文件

任务分析

1. 商品细节图的作用

商品细节图，就是商品局部要点的特写，往往通过特写镜头来清晰展示商品的样式、材质、做工、配件、使用功能等。商品细节图能够起到对商品整体展示的很好的补充作用，使观众清楚细致地了解该商品的特点与优势，产生交互感，是商品详情页中的重要组成部分。

由于绝大多数的商品不是通过整体展示的图片就可以清楚地了解该商品的特点，那么细节图的作用就是很好的补充，满足顾客的需求，能够清晰细致地看到他们所关注的商品特点。当然，商家也会根据商品本身的卖点和优势，有选择地在细节图中进行展示。现阶段很多网店中商品细节图不像传统商品那样的细节，而是从各个方面去展现商品的特点，这是为了更好地展现该类商品的品质和价值。

2. 商品细节图的分类

网店商品细节图，常见放置三张以上各个部分的特点，进行直观的展现。另外也有为了进一步突出说明卖点和优势的，需要相应的文字说明，更为全面的则是从各个方面来展现该商品的品质，增加更多相应的内容。商品细节图的排版布局，除了考虑和文字之间的排版结构以外，还需要考虑和整体详情页风格的匹配度。

现阶段常见的主要类型有写实类的商品细节图，这类主要是以具体写实的细节图片展示和简单的文字说明为主，如图 4-35 所示。

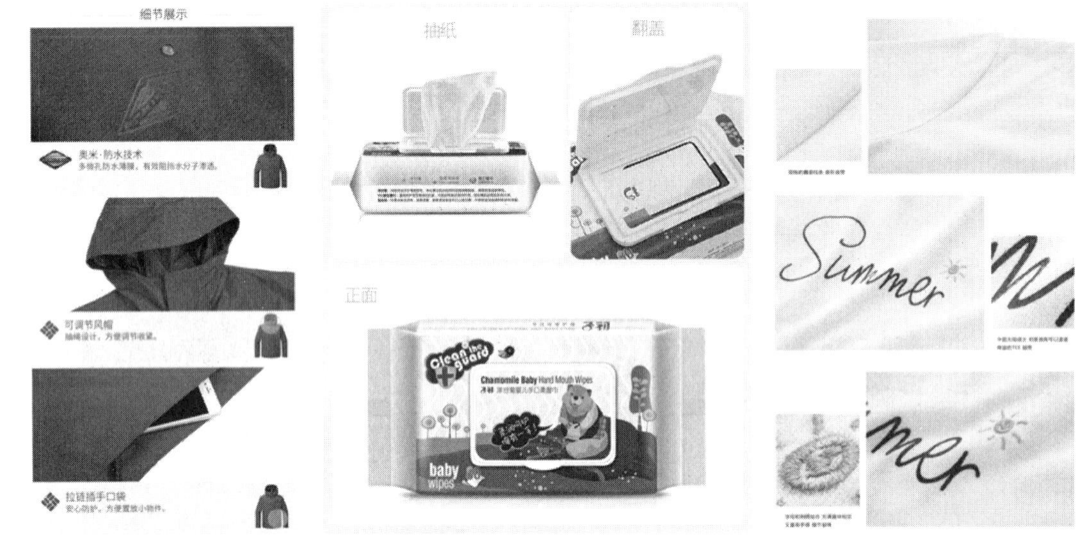

图 4-35　写实类商品细节图

大多数网店使用图文混排的商品细节图，也就是将商品细节图和商品的特点、卖点等概要性信息组合在一起进行版式设计，如图 4-36 所示。

图 4-36 图文混排类商品细节图

还有一种就是海报式的商品细节图，现阶段也有越来越多的网店采用这种类型，特别适合于移动端展示的竖版海报，使得每张海报更好地展现商品的某一个卖点或者功能，如图 4-37 所示。

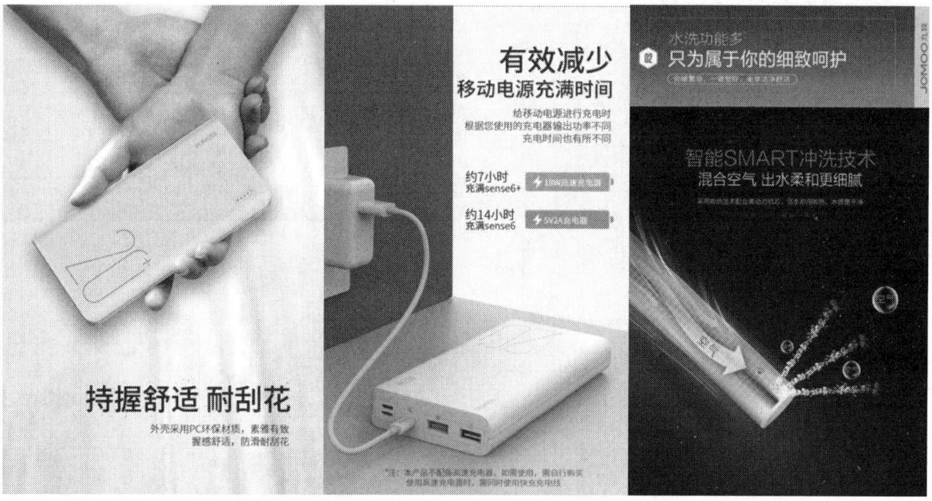

图 4-37 海报类商品细节图

3. 商品倒影的制作

在商品展示中，给商品加上倒影是一种常见效果，这样可以使商品显得更为自然，有质感，立体感也更为强烈。相对于常见的阴影，倒影具有一定色彩，效果也更为鲜明。特别是在商品的静物展示时使用。现阶段，商品倒影的生成主要依托于两种方法，一种是商品拍摄阶段自然生成的倒影，另一种则是通过后期制作人工合成的倒影。

自然倒影的生成，在普通背景纸或者布上往往生成的更多是阴影，若要产生倒影则往往需要表面光滑带较为明显反光材质的底板。在商品拍摄中，最为常见的一种辅助器材就是倒影板。倒影板，实质上是一种反光板，只是能够在板上映射出较明显的商品倒影。在一些饰品、手机、化妆品、酒水等带有反光或者透明特性的商品采集时，往往通过倒影板来添加效果。现阶段在网络贸易平台上较流行，被越来越多地用于各类商品的拍摄，不再局限于原有品类。

白色的倒影板运用得更为广泛，在实际运用中，更为流行在后期图像处理中将完整的倒影擦去大部分，只保留部分并带有若隐若现的效果，如图 4-38 所示。而黑色的倒影板基本只运用在黑色的场景中，对倒影一般会保留大部分，效果更自然。

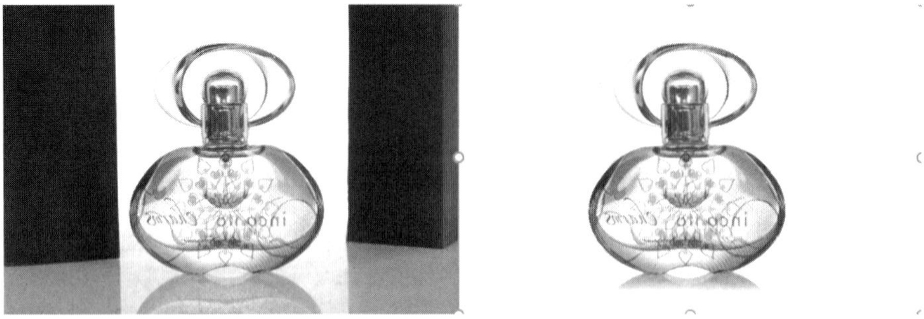

图 4-38　白色倒影板的处理

人工合成倒影，最为常见的办法就是复制图层后执行“编辑”|“变换”|“垂直翻转”命令，再通过图层的不透明度以及图层蒙版去调整，如图 4-39 所示。

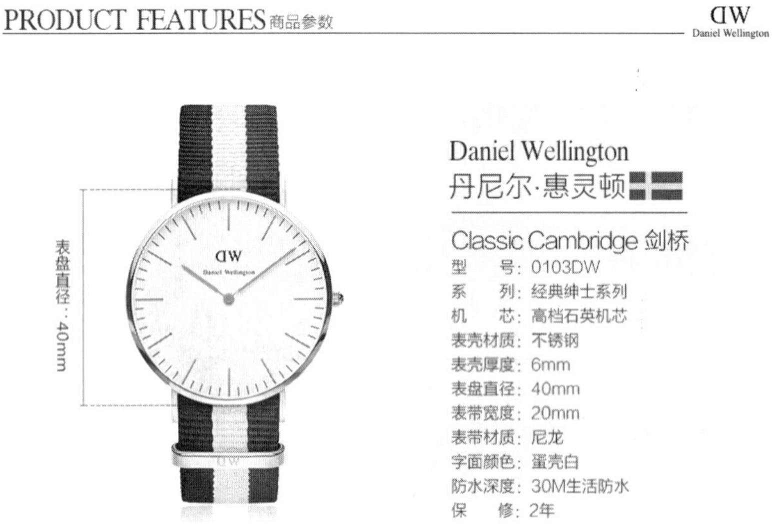

图 4-39　通过复制图层完成的倒影制作

有些底部不是齐整的产品，不适合使用“垂直翻转”时，可考虑采用“编辑”|“变换”|“斜切”等变形命令或者下移再配合图层蒙版的方式来调整倒影效果。

4. 商品阴影的制作

阴影的制作可以通过把商品抠图后添加图层样式的投影来完成，但这类阴影效果很多时候并不好，也缺乏层次变化。更多时候可以通过钢笔等工具绘制需求的形状后，填充颜色后再通过“滤镜”｜“模糊”｜“高斯模糊”命令来执行以及配合图层蒙版进行调整使其更自然。有时为了让一个阴影看起来更真实，往往需要通过多个图层来绘制。通过画笔工具选择低硬度圆点，也经常将其“自由变换”拉伸后用于阴影制作，如图 4-40 所示，甚至用灰白的圆点拉伸后制作商品的光泽反光效果。

图 4-40　画笔工具绘制的阴影

思维拓展：旁轴模糊制作阴影。

有些顺着光源变化发散的阴影或者切斜的阴影，可以通过绘制椭圆或者圆点后，使用模糊滤镜工具来完成，例如，旁轴模糊比较适合这类发散或者斜的阴影，如图 4-41 所示。

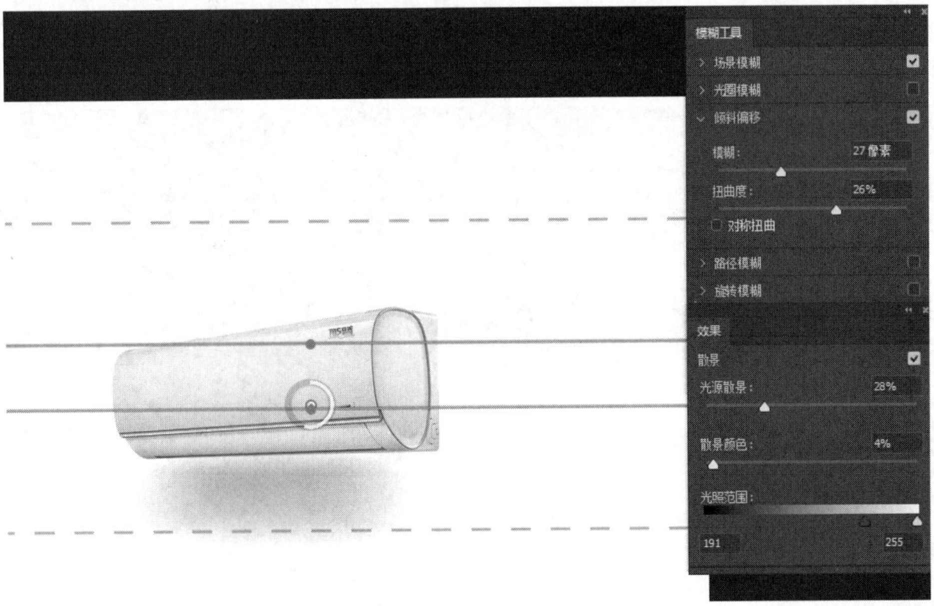

图 4-41　旁轴模糊制作阴影

5. 滤镜

滤镜主要是用来实现图像的各种特殊效果，可以直接使用，在 Photoshop 中具有单独的菜单命令，所有的滤镜都按分类放置在“滤镜”菜单中，使用时只需要从该菜单中执行这命令即可。除了自身携带的滤镜外，也可以安装第三方开发商提供的滤镜作为增效工具使用。通常是将这些滤镜复制到 Photoshop 安装文件中的 Plug-ins 文件夹下，此文件夹下存放的就是 Photoshop 的滤镜文件。安装后，这些增效工具滤镜会出现在“滤镜”菜单的底部。

通过应用于智能对象的智能滤镜，在使用滤镜时不会造成原图的破坏。智能滤镜作为图层效果存储在“图层”面板中，并且可以利用智能对象中包含的原始图像数据随时重新调整这些滤镜。

任务 2-2　网店展示中模特的优化处理

微课-毛发的抠图

任务描述

在网店详情页中经常会使用模特来展示商品或者进行修饰页面效果，而模特的使用就会涉及抠图，对其肤色、形体的优化处理。通过本任务可以掌握选取工具中的“选择并遮住”“调整图层”和“液化”等滤镜。

微课-商品模特展示的调色

任务实施

1. 打开素材图像进行抠图操作

通过 Photoshop，打开人物素材图像。人物需要抠图后使用到详情页中，人物抠图的最大问题主要在于头发边缘这类，不适合直接采用钢笔等工具。需要通过选取工具大致选取后，采用“选择并遮住”对边缘进行调整。本素材背景相对一致，因此采用“快速选取工具”进行选取，然后单击“选择并遮住”，进入界面，如图 4-42 所示。选择“调整边缘画笔工具”在人物边缘特别是头发边缘进行涂抹，注意画笔的大小选择和切换“+”“-”取样。输出可选“新建带有图层蒙版的图层”，这样便于后期不满意时再次进行调整修改。

图 4-42　“选择并遮住”界面

2. 调整图层处理人物的肤色

分析当前人物肤色略显偏黄，采用“色彩平衡”进行调整。这里采用“调整图层”，单击“图层”面板下方的“创建新的填充或调整图层”按钮，给当前图层添加一个带蒙版的“色彩平衡”调整图层。然后单击“图层缩略图”弹出“色彩平衡”调整属性，将肤色略为调白，然后可以选择调整图层的蒙版，用画笔工具将人物的头发、衣服等部位还原不做“色彩平衡”的调整，这样“色彩平衡”的范围就仅局限于人物的面部和身体肤色，如图 4-43 所示。

图 4-43　“色彩平衡”调整图层

3. 通过液化滤镜调整人物的形态

液化滤镜是一个常用于修饰人物形态的特效滤镜。选中带蒙版的人物图层，然后执行“滤镜”|“液化”命令进入液化滤镜的功能界面。在界面中一般通过“向前变形工具”和“重建工具”的配合来执行液化效果，进行压缩或是拉升、平展等。这里主要对人物面部进行液化，可以直接使用右侧面部的人脸识别液化进行细微调整，如图 4-44 所示，修改完成后单击“确定”按钮。

图 4-44　人物面部液化

4. 保存图像

保存文件为 PSD 格式后，完成当前任务。

任务分析

1. 选择并遮住

之前对于人物的头发、动物的毛发这类边缘抠图处理，往往需要采用“通道”的方式进行抠图，而有了“选择并遮住”功能后，则更为简单了。该功能在各个选区选取工具的属性工具栏上都能找到，可以非常方便地结合各个工具使用。“选择并遮住”功能的前身是“抽出滤镜”，之后改成了“调整边缘”，相当于之前的功能，现在的“选择并遮住”更为强大。之前的“调整边缘”只是辅助选区抠图，而“选择并遮住”可以独挡一面地进行单独抠图。

在“选择并遮住”左侧的工具栏中，第一个是“快速选择工具”，可以快速选择要保留或删除的内容。第二个是“调整边缘画笔工具”，它可以快速计算画笔涂抹区域的边缘，将边缘不需要的杂质和背景删除掉。要更改画笔大小，也是在英文输入状态下按左右方括号键。第三个是“画笔工具”，一般使用“快速选择工具”（或其他选择工具）先进行粗略选择，然后使用“调整边缘画笔工具”对其进行调整。再使用“画笔工具”来清理细节，同样可以通过添加模式和减去模式处理。其他还有“套索工具”“抓手工具”和“缩放工具”。

右侧属性栏主要进行选区调整。“视图模式”可选择不同的视图模式，按 F 键可以在各个模式之间循环切换，默认的是“红色”，指示“被蒙版区域”的“叠加模式”。边缘检测设置，“半径”用于确定发生边缘调整的选区边框的大小。“智能半径”，允许选区边缘出现宽度可变的调整区域。在用例中，如果选区是涉及头发和肩膀的人物肖像，此选项则会十分有用。全局调整设置中，“平滑”用于减少选区边框中的不规则区域以创建较平滑的轮廓。“羽化”用于模糊选区与周围的像素之间的过渡效果。“对比度”增大时，沿选区边框的柔和边缘的过渡会变得不连贯。“移动边缘”使用负值向内移动柔化边缘的边框，或使用正值向外移动这些边框。向内移动这些边框有助于从选区边缘移去不想要的背景颜色。最后输出设置，其中的“净化颜色”选项可以去除边缘杂色，具体效果要实际使用。“输出到”选项中有六种输出方法供选择，可以按实际需要选择，默认为“选区”。

思维拓展：通道工具抠图。

Photoshop 中的通道，就是允许用户单独观察图片的每个通道，进行独立的操作。通道最直观的用途，就是用来帮助选中图片中某个通道下对比度较大的部分。也就是通道常用于选区的含义，如图 4-45 所示。在实际操作中，往往通过改变色阶等方法来提升某个颜色通道中的白色区域或者黑色区域使其更加鲜明，方便选取。

图 4-45　复制发丝和背景反差最大的通道进行处理

在使用通道抠图进行人物处理时，一般可将发丝和身体部分分开处理，关注发丝和背景反差最多的通道和在复制的通道中提升白色和黑色的反差。

2. 调整图层

“调整图层”可将颜色和色调调整应用于图像，而不会永久更改像素值。“调整图层”的最大特点就是无损的概念，不会对原图产生直接影响，只是间接施加调整效果。“调整图层”所做的操作基本就是“图像”｜“调整”菜单命令里面的内容，之前在图像处理的内容中学过，这类调整是在原图像上直接调整，不可逆转。而“调整图层”则不是直接在原图像上处理，调整的效果可以再次修改或者逆转。另外的特点就是“调整图层”也是图层，可以施加各种图层操作。可以调整它们的不透明度和混合模式，并可以将它们编组以便将调整应用于特定图层。同样，也可以启用和禁用它们的可见性，以便应用或预览效果。另外，“调整图层”可以配合蒙版使用，使得调整具有选择性。

3. “液化”滤镜

“液化”滤镜可用于推、拉、旋转、反射、折叠和膨胀图像的任意区域。在面对一个折痕或波痕，或任何需要折叠一些的部位时，最为常见的就是“正向变形工具”，使画笔稍大于折痕或其他想要移动的东西，然后只需要轻轻地推动它。

“液化”对话框中有几个工具，它们可以在用户按住鼠标按键或拖动时扭曲画笔区域。扭曲集中在画笔区域的中心，且其效果随着用户按住鼠标按键或在某个区域中重复拖动而增强。“向前变形工具”，在拖动时向前推像素。按住 Shift 键单击变形工具、左推工具或镜像工具，可创建从以前单击的点沿直线拖动的效果。“重建工具”，可以还原之前的变形。“顺时针旋转扭曲工具”，在按住鼠标按键或拖动时可顺时针旋转像素。要反向旋转则在按住鼠标按键或拖动时按住 Alt 键。“褶皱工具”，在按住鼠标按键或拖动时使像素朝着画笔区域的中心移动。“膨胀工具”，在按住鼠标按键或拖动时使像素朝着离开画笔区域中心的方向移动。“左推工具”，垂直向上拖动该工具时，像素向左移动，如果向下拖动，则像素会向右移动。

“冻结蒙版工具”和“解冻蒙版”用于保护不想修改的区域或解冻冻结的区域以再次使它们可编辑。

现在“液化”滤镜具备高级人脸识别功能，可自动识别眼睛、鼻子、嘴唇和其他面部特征，可以直接通过控点对其进行调整，如图 4-46 所示。另外，右侧的“人脸识别液化”还能够通过数字精准地对人物面部各个部分进行更多操作。

图 4-46　通过控点控制人脸液化

思维拓展：智能滤镜。

在“滤镜”菜单中有“转换为智能滤镜”命令，这一操作需要将图层转换为智能对象。当当前图层已经是智能对象时，“滤镜”菜单中的应用滤镜都将自动转换为智能滤镜，如图 4-47 所示。

图 4-47　智能滤镜

智能滤镜相对于 Photoshop 常规滤镜在于可以编辑智能滤镜并在应用后更改其设置。也就是说，智能滤镜是非破坏性的、可逆的。要编辑智能滤镜，需要双击滤镜的名称进入该滤镜的编辑界面。新的操作会替换以前的设置，就像前一个设置从未发生过一样。

除了能够更改其设置外，Photoshop 中智能滤镜的另一个优点就是可以更改滤镜的混合模式和不透明度。

任务 2-3　网店购物须知的制作

微课-购物须知的制作

任务描述

本任务主要包含商品的使用方法和购物须知两个部分，从详情页的完整性角度出发来继续完成该部分的内容和板式，另外也通过购物须知的内容，了解常见网店详情页购物须知的分类。

微课-品牌介绍的制作

任务实施

1. 创建网店购物须知的图像文档

将网店购物须知区单独创建一个图像文件，后面可以将各模块部分进行合并。通过 Photoshop，执行“文件”｜“新建”命令，新建一个图像文件，预设名称为“商品购物须知”，宽度为 750px，高度为 1920px，分辨率为 72 像素/英寸，颜色模式为 RGB。这里考虑高度大约为两屏左右。

2. 从细节特点区文件复制粘贴分隔条

打开前一个任务的“细节特点展示区”文件，找到“商品卖点分割”图层组，然后右键复制图层组到“商品购物须知”图像文件，移动所复制的图层组到合适位置，然后打开组对文字内容进行编辑，修改内容为“使用方法”和“USAGE METHOD”，修改组名为“使用方法分割”。

3. 创建使用方法模块形状

为了保持一致性，使用方法模块的圆角矩形从“细节特点展示区”文件中复制，切换到“细节特点展示区”，找到“商品细节 1”中的“圆角矩形 5”将其复制粘贴到“商品购物须知”。然后通过“直接选择工具”选中该圆角矩形底部两个角的控点，进行拉伸，便于后期继续调整。

在“圆角矩形 5”中绘制类似圆角矩形 6，角半径为 10px，描边为商品的粉红色“#f08daa”。从素材选择涂抹手的图像复制粘贴后，创建剪贴蒙版进行大小位置的调整。然后在其下方绘制更小的圆角矩形 7 和文字“STEP1”，以及步骤文字，完成后组合成图层组“步骤 1”。在复制图层组“步骤 1”三次后，分别命名成“步骤 2”“步骤 3”和“步骤 4”，调整各自位置，再调整“圆角矩形 5”的大小，如图 4-48 所示。

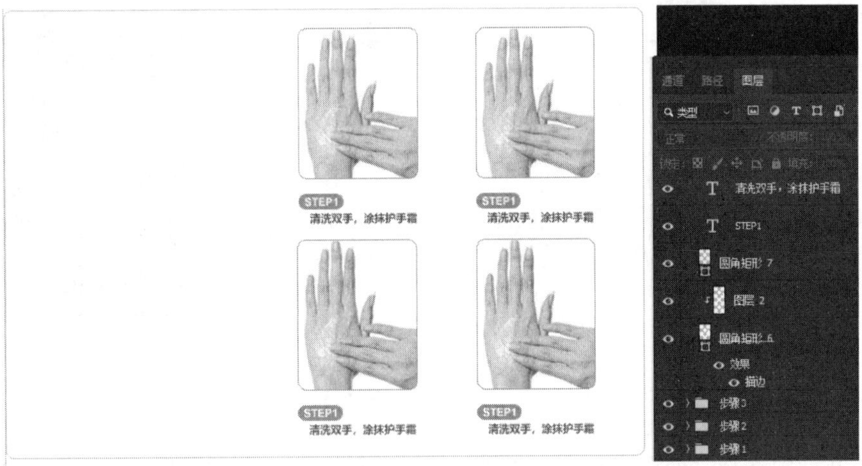

图 4-48　复制步骤

4. 编辑使用方法模块

首先对各步骤进行编辑，调整对应的涂抹手势，从素材图像中获取，再修改各 STEP 的步骤和对应的文字。为各手势素材创建剪贴蒙版，注意通过“自由变换”来调整合适的大小，将“步骤 1”复制而来的手势图层关闭可见性，如图 4-49 所示。

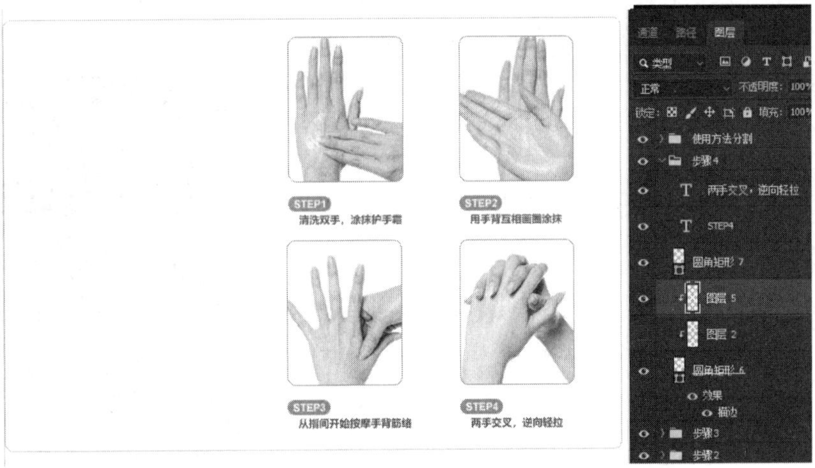

图 4-49　编辑步骤

然后将前一任务处理完成的人物素材选区复制到“圆角矩形 5”的上方，创建剪贴蒙版，再次添加“色彩平衡”调整图层，将肤色调白后，选择混合模式为“叠加”，同时在调整图层对应蒙版中将头发和衣服部分用黑色画笔涂抹使其不受“色彩平衡”影响，同时将“圆角矩形 5”的填充颜色设置为描边颜色“#cdcdcd”。设置完成后效果如图 4-50 所示。

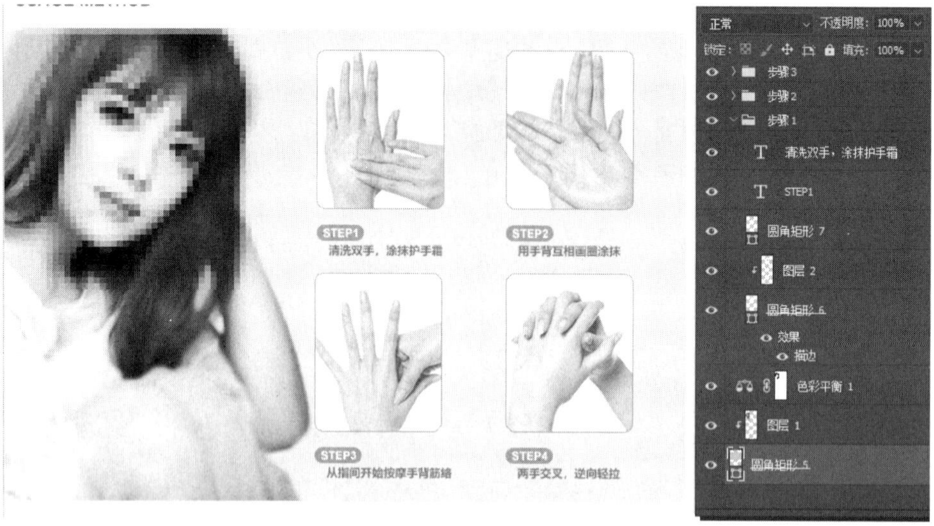

图 4-50　添加人物素材并调整

5. 复制粘贴分隔条

在当前文件中选择“使用方法分割”进行复制。移动所复制的图层组到合适位置，然后打开组对文字内容进行编辑，修改内容为“购物须知”和“SHOPPING TIPS”，修改组名为“购物须知分割”。

6. 创建购物须知模块

购物须知是详情页中的常见模块，主要是对物流、售后等情况的说明等。这里做三个简化说明，第一个为支付方式，图层组为“说明 1”，内含文字图层、箭头向上的圆形图标。然后复制图层为“说明 2”和“说明 3”，分别对应的是物流方式和售后服务，更改相应的文字图层内容。在两个说明图层组之间用竖立的蚂蚁线分割，调整后整体效果如图 4-51 所示。

图 4-51　完成三个简化说明部分

然后在下方输入文字图层“您的五分满意　是我们不懈的追求”，设置为“微软雅黑、加粗、24 点”。接着绘制一个红色矩形，在内部再绘制一个圆角矩形，同样填充颜色设置为“#cdcdcd”。在圆角矩形内部创建图层组“描述相符 1”，图层组内包含对应文字图层和 5 角星形状。然后复制图层组“描述相符 2”和“描述相符 3”，调整各自里面的文字图层内容，如图 4-52 所示。

图 4-52　五分满意部分

7. 裁剪多余空白区域

选择“裁剪工具”裁剪掉多余的空白区域，保存后完成当前任务。然后可以打开“整体展示区”“细节特点展示区”和“购物须知”合并成一个详情页模块。

任务分析

1. 购物须知类型

这一模块最早出现在交易型电子商务网站中，位置统一位于网站底部，统一解释了在网站购物时的情况。一般包含购物指南、配送方式、支付方式、售后服务、特色服务等。突出的重点，还是在购物保障上的内容。主要是解决消费者的疑问，增加其对网站信任度的内容。另外，网站上统一规划的购物须知模块，往往也是体现网站整体性的一个表现。

网店的购物须知更多为体现其网店的品质实力、快递信息、售后保障等内容，可以进一步使买家增加其信任度，成为网络营销的一部分。随之而来的就是这一模块的内容增加，表现形式更为丰富。这类购物须知的表现形式，基本可以分为这样几种：简洁扼要，以图标概括，文字说明为主的文字式购物须知；色彩丰富，注重排版美化的海报式购物须知；注重流程说明的流程图式购物须知，如图 4-53 所示。

2. 购物须知的要点

（1）突出售后保障。网店购物须知常包含很多内容，通过分析一般会考虑放入品牌、仓储、物流、服务等各类内容，其中售后是最为核心的，也是最受关注的。

（2）简洁明了，突出重点。一般消费者来关注这个模块时，大多是抱着明确目标而来的，就是想打消自己的疑问，其中最为明显的就是售后问题。这里常见的包括各种退换货的问题、物流的问题、产品质量的问题，除了用图表外，也有文字问答形式的表现。

图 4-53　购物须知类型

因此，好的购物须知设计并不需要十分复杂，借助一些的简单鲜明的图标、版面清晰的文字描述，将意思表达准确即可，如图 4-54 所示，访问者能够快速精准地找到自己想要的信息就是好的购物须知设计。

图 4-54　简洁的购物须知设计

思维拓展：品牌介绍。

现阶段越来越多的网店在导航栏中设置了单独的品牌介绍或者品牌故事的栏目页。当然也有一些在每个详情页的底部加上品牌介绍的栏目，如图 4-55 所示，从而向顾客展现其品牌的由来、内涵、风格和企业文化，同时也是实力和品质展现的重要构成部分。除了传统线下的品牌，在网店装修中通过品牌介绍栏目页来介绍自身的品牌外，许多新兴的网络创业者，也开始重视自身的品牌树立，努力去打造以淘品牌为例的一些网络品牌。

图 4-55　详情页中的品牌介绍

品牌介绍的内容，一般为大幅面图文混排结构的页面，布局相对简单。最为常见的就是分栏目来阐述，如品牌的由来、品牌的风格、设计师的灵感、理念、代表作品等。还有一类在通过各种效果的时间线来展示品牌的大事记或者发展的里程碑。在各个时间节点上往往用新闻事件图片或者产品图片来作为图文的说明。还有就是以报道式的事件或者人物来展现品牌故事，这类常见于一些有文化、技艺传承的商品品牌中，例如茶叶、传统食品、手工艺品、艺术品等类目。

任务三 网店中的 GIF 动态图像制作

任务导入

通过前面的任务，基本完成了网店详情页的内容制作。在实际网页浏览中，以及网站推广营销过程中，动态图像往往更能吸引访问者的注意。本任务将通过推广动画、海报动画等来学习网店结构中动态图像的不同创建方式。

任务 3-1 创建网店推广动态图像

微课-利用图层可见性的动画制作

任务描述

本任务的目标是制作用于在电子商务平台、各论坛上宣传推广自己网店的简易动态图像。这类图片动画的主要内容为简单的网店活动信息、企业介绍、商品展示等，通过图片切换的动画效果来获得客户关注。本任务以完成的多张商品海报图像的切换播放来实现动态图像。

任务实施

1. 创建动画图像文件

创建一个大小为520×280px、分辨率为72、背景为白色的文件，保存为“tg.psd”。在 Photoshop 中打开对应素材文件夹，分别将里面的图像文件复制粘贴到新的图像文件中，通过“自由变换”调整到合适大小，如图 4-56 所示。

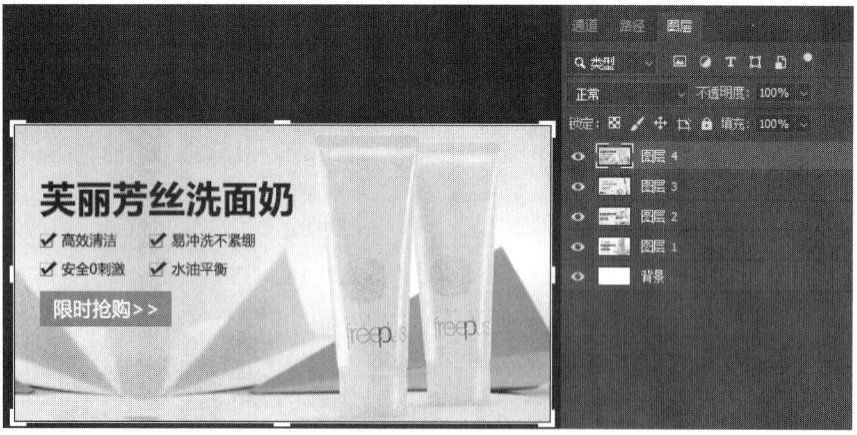

图 4-56 4 张海报图层

在“图层”面板中单击各图层名称前的眼睛，关闭图层 2、3、4 的可见性。然后添加一个空白图层 5。全选后形成选区，单击“编辑” | “描边”命令，在弹出的对话框中设置宽度为 5px，之前任务的前景红色，位置为内部，如图 4-57 所示。这样在推广海报图像最外层形成一个细线框，最后取消选区，完成整个推广海报静态图像的制作，保存页面。

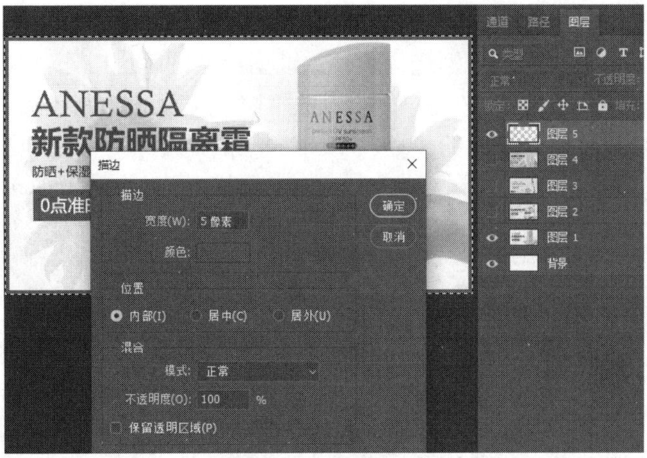

图 4-57　描边设置

2. 创建帧

单击“窗口”|“时间轴”命令调出面板，若是初始设置，则“时间轴”面板如图 4-58 所示，可在“时间轴”面板打开，选择创建视频时间轴还是创建帧动画。这里选择创建帧动画。在“帧动画”面板右下角选择复制所选帧，复制 3 次，产生 4 个帧，这是由于这里有 4 个图像图层。

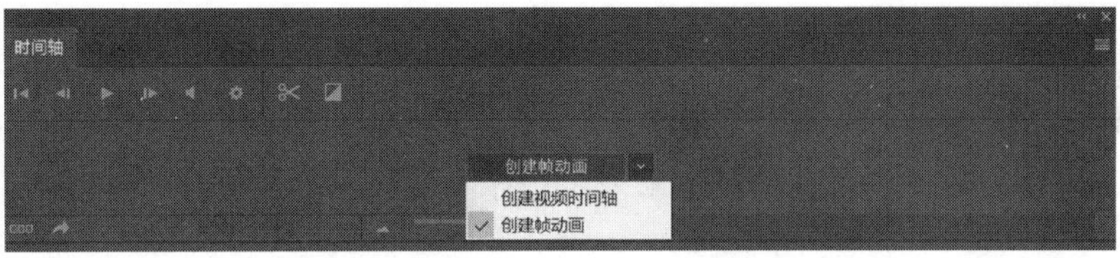

图 4-58　创建帧动画时间轴

在第 1 帧中保持当前设置，继续选择第 2 帧，这里关闭图层 1、图层 3、图层 4 的可见性，打开图层 2 前面的眼睛，保持图层 2 打开。继续选择第 3 帧，这里关闭图层 1、图层 2、图层 4 的可见性，打开图层 3 前面的眼睛，保持图层 3 打开。最后选择第 4 帧，关闭图层 1、图层 2、图层 3 的可见性，打开图层 4 前面的眼睛，保持图层 4 打开，如图 4-59 所示。

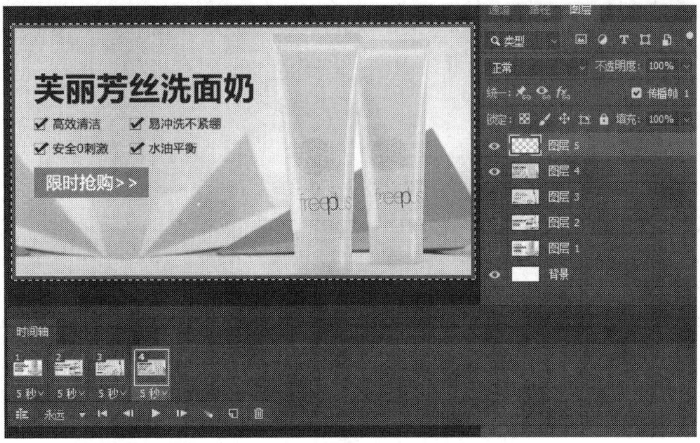

图 4-59　设置各帧的图层可见性

3. 设置帧状态

在“时间轴”面板中，通过分别选择各帧，改变该帧的延迟时间，如图 4-60 所示。各帧的延迟时间可以设置为不同数值。在选择帧延迟时间下方，可选择循环次数，将其设为“永远”，完成后可以通过“时间轴”面板上的“播放动画”按钮预览效果，然后再调整延迟等设置。

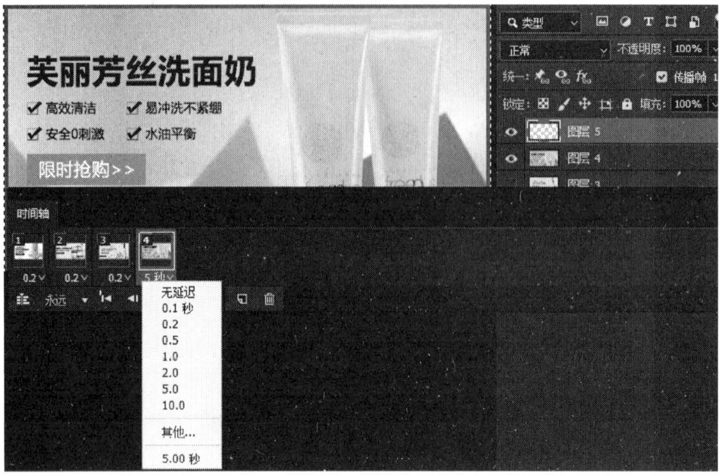

图 4-60　选择帧延迟时间

4. 导出动画

要将动画导出成可运动的动态 GIF 图片格式，需要通过“文件”|“导出”|“存储为 Web 和设备所用格式（旧版）”命令菜单执行，也可以用快捷键 Alt+Shift+Ctrl+S 导出，如图 4-61 所示。注意将优化的文件格式设置为 GIF，这样存储后才能成为动画文件。

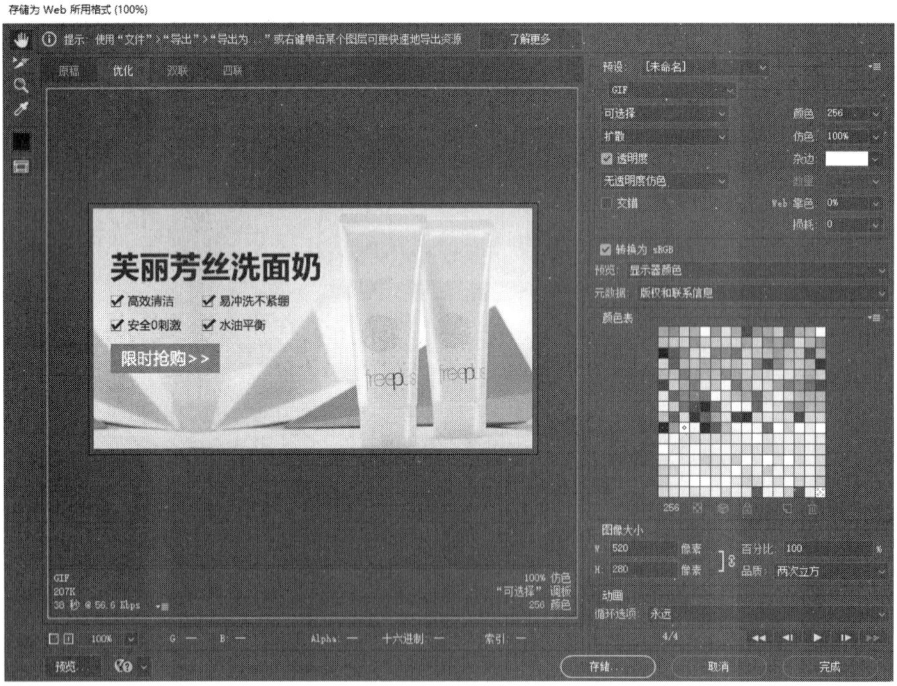

图 4-61　存储为 Web 和设备所用格式

单击“存储”按钮后，可选择保存的格式，这里选择“仅限图像”，选择保存的路径后完成制作。

任务分析

1. 动画

动画，采用多幅静止图像连续播放，利用视觉暂留形成连续影像。例如胶片电影，就是将一系列记录着单幅画面的胶卷，按照一定的速度依次投影到屏幕上。为了让观众感受到连续影像，动画可以以每秒 24 张画面的速度播放，也就是 1s 内在屏幕上投射 24 张静止画面，即 24 帧。帧（Frame），可以看作是动画中最小单位的单幅图像。动画播放速度的单位是 fps，其中的 f 就是帧，p 就是每（per），s 就是秒（second）。除了普通电影每秒 24 帧外，电视所用的 PAL 制式为每秒 25 帧，NTSC 制式为每秒 30 帧。在计算机显示器上播放，则每秒 15 帧以上就可以达到连续的影像效果。

2. 时间轴创建帧动画面板

通过“窗口”｜“时间轴”命令调出面板，以创建帧动画模式打开，可显示动画中的每个帧的缩览图。通过面板底部的帧工具依次可设置“转换为视频时间轴”“选择循环选项”“选择第一帧”“选择上一帧”“播放动画”“选择下一帧”“过渡动画帧”“复制所选帧”和“删除所选帧”。

“转换为视频时间轴”：将当前动画面板模式由帧动画模式转换为时间轴动画模式。时间轴动画模式可显示文档图层的帧持续时间和动画属性。

“选择循环选项”：设置动画导出时的播放次数。

“选择帧延迟时间”：设置每帧在播放过程中的持续时间。

“过渡动画帧”：能在两个现有帧之间添加一系列帧，使两个原始帧之间图层属性的位置、不透明度、效果均匀变化。

“复制所选帧”：可复制“时间轴”面板中选定的帧，添加在被复制帧之后。

3. 优化动画帧

完成动画后，若要运用于网页，则最好进行“优化动画”以便快速下载到 Web 浏览器。可以单击选取“时间轴”面板菜单中的“优化动画”选项，一般按其默认勾选。或在导出动画所用到的“存储为 Web 和设备所用格式”对话框的优化区进行优化处理，并可在 Web 浏览器中预览优化的图像，在预览优化效果的同时还会列出图像的文件类型、像素尺寸、文件大小、压缩规格和其他 HTML 信息。

4. 调用“时间轴”面板对应的图层属性

指的是当“时间轴”面板打开后，对应的“图层”面板的属性栏会增加相关的设置，统一图层属性和传播帧 1，如图 4-62 所示。

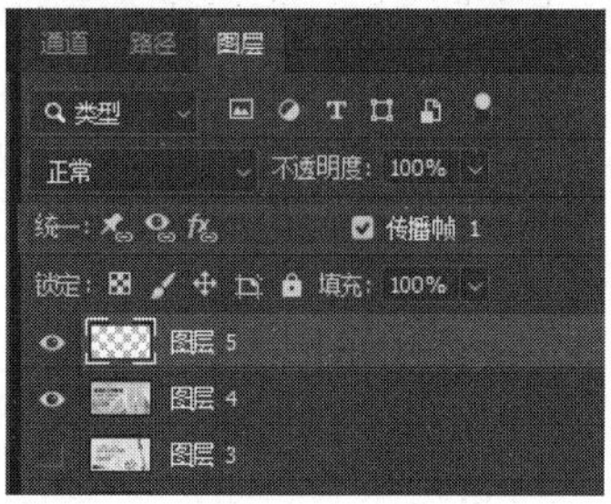

图 4-62　“时间轴”面板对应的图层属性

（1）统一图层属性。

在“动画”面板的帧动画模式中，更改一个帧的图层属性。然后在“图层”调板中，单击“统一图层位置”“统一图层可见性”或“统一图层样式”，可以将更改的属性应用于现用图层中的其他帧。当选择其中某一项时，将在同一图层的所有帧中更改该属性，当取消选择该按钮时，更改将仅应用于当前帧。

（2）传播帧 1。

当该选项被勾选时，即将第 1 帧的属性改变传播给所有帧。这样可以很方便地改变整个动画中某些物体的设定。即使原先每个帧都设定了不同的图层位置，“传播帧 1”也仍然有效。效果等同于所有帧中的坐标按照第一帧进行偏移。

5. 存储为 Web 所用格式

要使动画动起来，图像格式必须设置为 GIF。在选择 GIF 格式后，“存储为 Web 所用格式”对话框面板中有多种预设，可以仔细查看不同选项下的图片品质和图片大小。关于颜色的设置，除了色彩数外，边上还有“可感知”“可选择”“限制”等。“可选择”是默认选项，表示创建一个与“可感知”颜色表类似的颜色表，它支持的颜色范围更大且可以保留 Web 颜色。此颜色表通常会生成具有最大颜色完整性的图像。“透明度”表示这种格式的图片可以显示为完全不可见或完全可见，没有中间过渡。所以，如果当前图片里有透明渐变或柔软朦胧的阴影，那就放弃勾选。“仿色”是指模拟计算机的颜色显示系统中未提供的颜色的方法。较高的仿色百分比使图像中出现更多的颜色和更多的细节，但同时也会增大文件大小。“交错”指当完整图像文件正在下载时，在浏览器中显示图像的低分辨率版本。交错可使下载时间感觉更短，并使浏览者确信正在进行下载。但是，交错也会增加文件大小。

“存储为 Web 所用格式”的其他内容在后面切片的内容中会继续说明。

思维拓展：以图像序列打开。

不同图像之间的变换，除了采用手动逐帧制作动画，利用各帧图层的可见性外，如果不需要对这些图像进行编辑修改，还可以采用“图像序列”这种方式来合成动画，这也是一种比较便捷快速地合成动画的方式。

将素材中需要作成动画的图像文件命名改为连续的序列，然后在 Photoshop 中采用“文件”|“打开”命令，找到该文件夹路径，打开图片并勾选“图像序列”复选框，如图 4-63 所示。接着在弹出的“帧速率”对话框中，确定该动画速率。

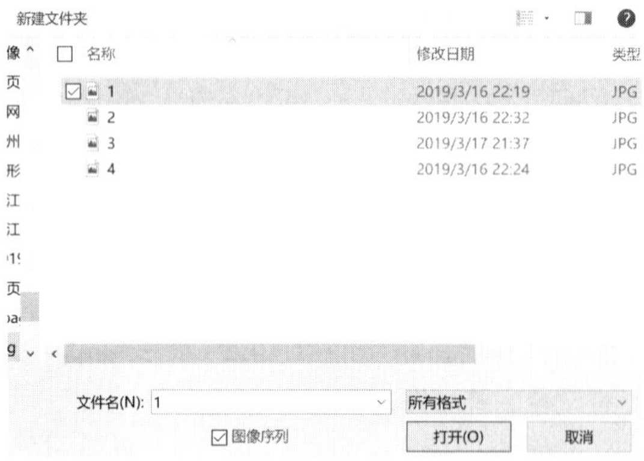

图 4-63　以图像序列打开

6. 文字图层的变化

在网店推广动画中将重点文字逐渐放大以及修改对应背景颜色来吸引客户注意是常见的操作。这些操作的实质也是修改图层的可见性。打开“洗面奶.psd”文件，这里对“限时抢购”进行动画设置。选择“限时抢购”文字图层、bg 图层分别进行复制。然后选择 bg 复制的图层，用油漆桶修改其颜色。选择最上面的“限时抢购”图层，自由变换，如图 4-64 所示，在“自由变换”属性栏中将图层大小水平和垂直缩放为原有的各“50%”。

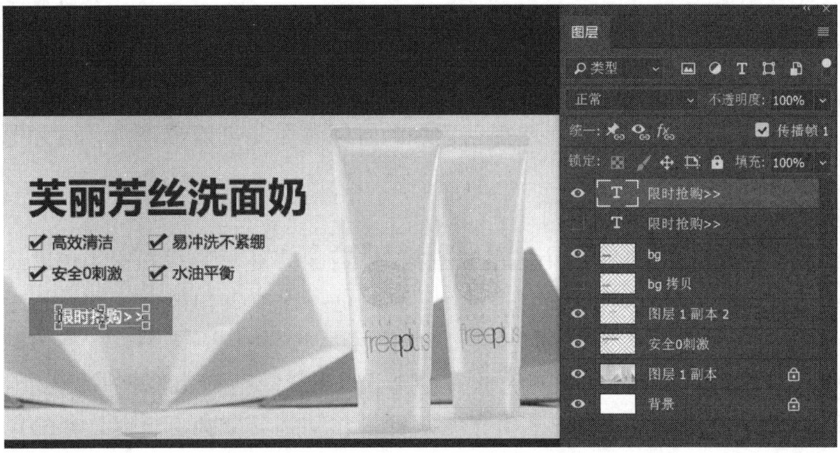

图 4-64　调整复制的图层大小和背景颜色

通过“时间轴”面板创建帧动画，复制所选帧。在第一帧中显示缩小的“限时抢购”文字图层和绿色背景图层，在第二帧中显示原样大小的文字图层和黄色背景图层。最后设置各帧的“帧延迟时间”和“选择循环选项”完成动画的制作，如图 4-65 所示。

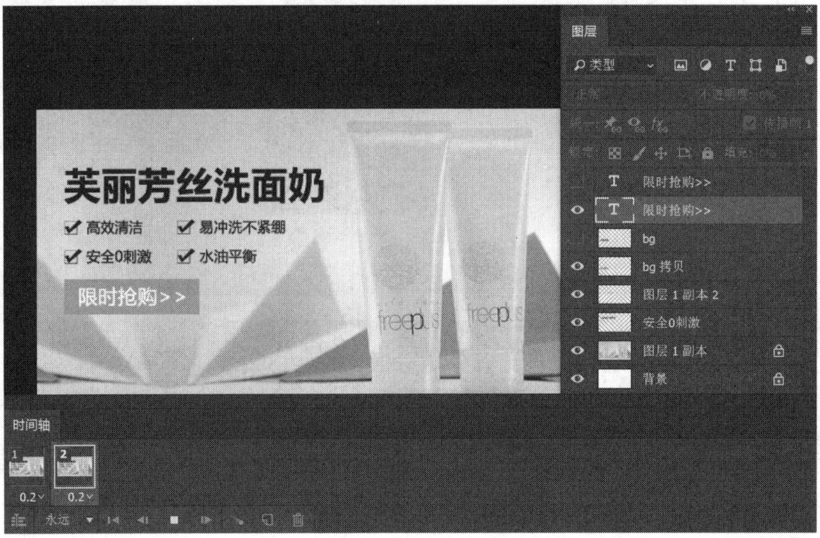

图 4-65　变换的文字效果

任务 3-2　创建促销海报动画

微课-过渡帧动画的制作

任务描述

本任务的目标是使电子商务网店中占显目位置的推广促销区域产生动画。在逐帧动画的基础上，通过设定过渡帧动画，来进一步了解动画的创建。

任务实施

1. 创建动画图像文件

微课-利用视频时间轴动画的制作

将之前的一款海报 PSD 的源图文件在 Photoshop 中打开，将其命名为“过渡帧.PSD”。单击“窗口”｜“时间轴”命令调出面板，在“时间轴”面板中打开，选择创建视频时间轴还是创建帧动画。这里选择创建帧动画，然后复制所选帧 1。

2. 分析关键帧动画状态

帧动画制作的关键在于创建各个关键帧的状态，前面关键帧的状态变化也就是动画内容则由 Photoshop 来生成。这里当前选择的是帧 2，也就是考虑帧 1 和帧 2 之间设计相应的状态变化。这里考虑第一个状态变化为背包的阴影，切换回帧 1，找到阴影图层，将该图层的不透明度调整到 9%，然后切换回帧 2，将该阴影图层的不透明度调整到 70%。另外找到 bj 图层组中的三个矩形形状，将其合并后，将这三个条状矩形框移动到三个圆点一侧。再在 wz 图层组中，选择“全场五折”，添加图层样式为颜色叠加，混合模式为“强光”，效果如图 4-66 所示，完成帧 2 的状态设置。

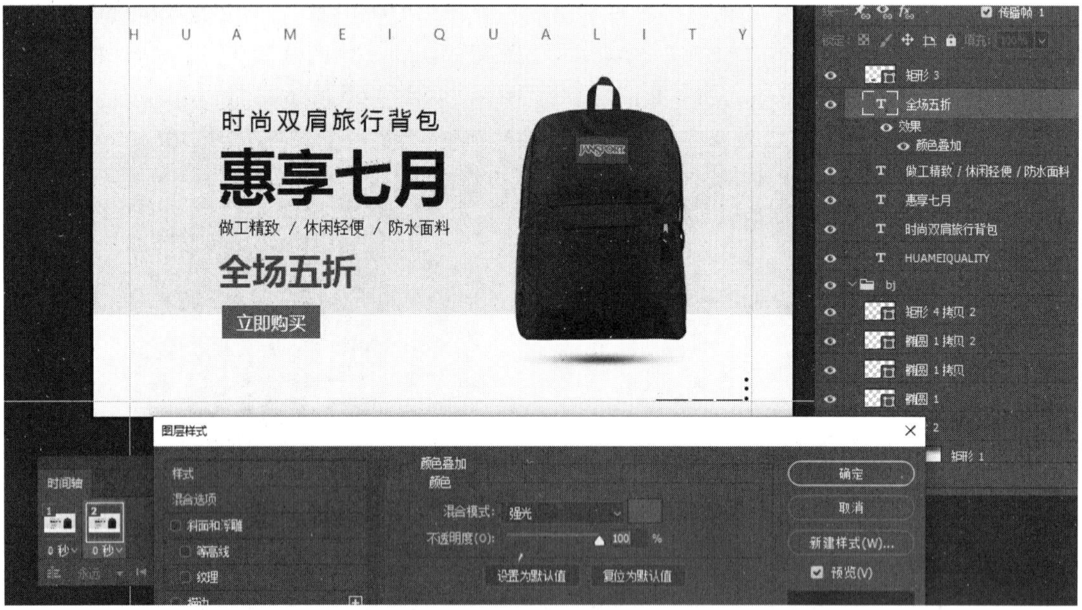

图 4-66 帧 2 的状态改变设置

3. 创建过渡帧

确认当前是帧 2 后，单击当前帧动画“时间轴”面板下方的“过渡动画帧”按钮，弹出对话框，如图 4-67 所示。在对话框中进行过渡帧动画设置，首先明确起始状态是帧 1，这里通过修改“过渡方式”完成，当前是“上一帧”，而当前“时间轴”面板中的上一帧就是帧 1，在需要时也可以单击“第一帧”。然后是“要添加的帧数”，这里修改为 8，也就是在当前帧 1 和帧 2 之间会插入 8 帧，这 8 帧由 Photoshop 生成来体现两个状态之间的自然过渡。所适用的图层为“所有图层”，参数全部勾选，因为当前两个帧的状态变化，包含“位置”“不透明度”和“效果”，也就是样式。最后单击“确定”按钮，生成过渡帧。

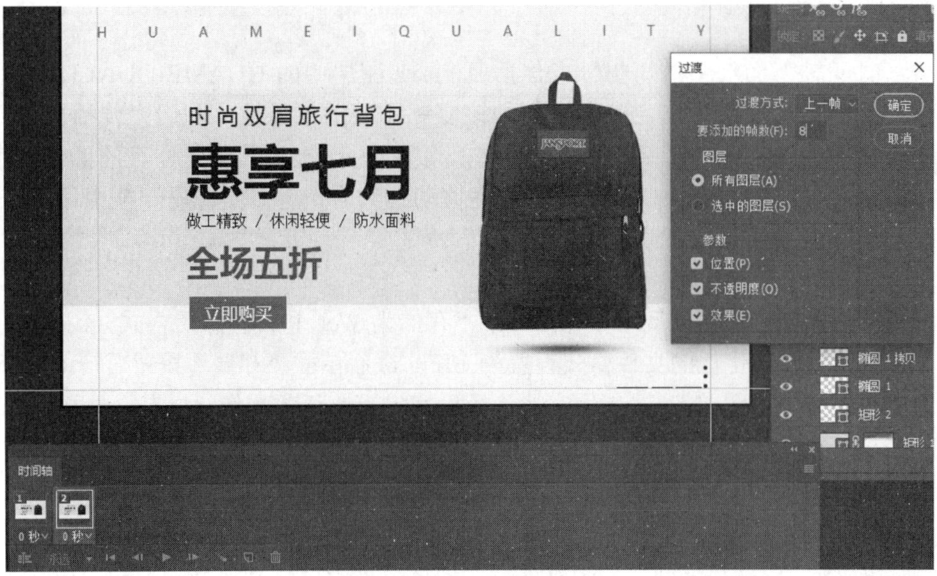

图 4-67　过渡帧设置

然后可以统一设置这 10 个帧的帧延迟时间为 0.2s，然后播放动画，检查动画效果。

4. 创建第二段动画

选中“时间轴”面板中的第 10 帧，然后复制所选帧来创建第 11 帧。在第 11 帧中，移动 bj 图层中的“椭圆”到与文字“时尚双肩旅行背包”齐平。修改阴影图层的“不透明度”为 9%，文字图层“全场五折”的“颜色叠加”样式为淡黄色，混合模式为“变亮”。

单击当前帧动画“时间轴”面板下方的“过渡动画帧”按钮，在弹出对话框中，“过渡方式”为“上一帧”，“要添加的帧数”修改为 6，其余不变，单击“确定”按钮，完成过渡帧的生成，在设置相应延迟时间后，可以播放动画，检查动画效果，如图 4-68 所示。若要达到过渡帧动画更为流畅的效果，可以通过时间轴动画来创建，在任务分析中有相关说明。

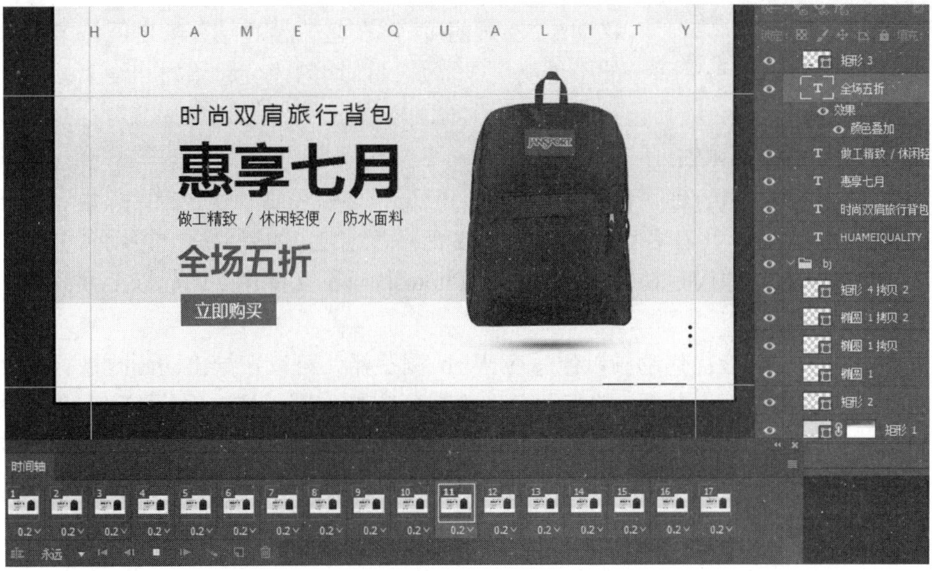

图 4-68　完成的过渡帧动画设置

5. 与逐帧动画结合

选中“时间轴”面板中的第 1 帧，然后复制 wz 图层中的 HUAMEIQUALITY 图层，用文字工具修改该图层文字为红色。然后关闭该复制图层的可见性，利用“传播帧 1”传播。接着在各个偶数帧中，分别把该红色文字图层的可见性打开，让其覆盖原有的黑色文字图层。然后播放动画，这样就可以让过渡帧动画与逐帧动画结合一起，在每隔一帧中显示红色的文字图层。

6. 导出动画

保存更改后，通过“文件” | “导出” | “存储为 Web 和设备所用格式（旧版）”命令菜单执行，在对话框中将优化的文件格式设置为 GIF。最后单击“存储”按钮后，可选择保存的格式，这里选择“仅限图像”，选择保存的路径后完成当前任务制作。

任务分析

1. 过渡动画帧

“过渡动画帧”可以减少创建动画效果，如渐现、渐隐或在物体移动帧等所需的时间。同时，如果手工制作逐帧动画也难以保证每帧的分配均匀和定位准确。创建过渡帧之后，还可以分别对它们进行编辑。

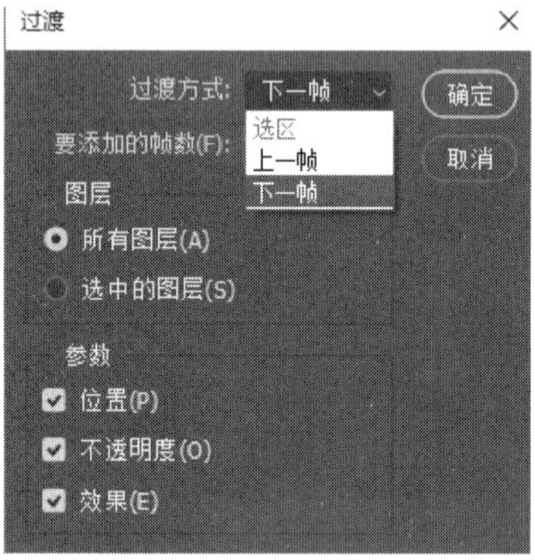

图 4-69 过渡动画帧的设定

只要设定好该动画的起始帧属性和结束帧属性，就可以在这两帧中产生对位置、不透明度或效果平均的过渡。如果是移动，则就是在起始帧中设定好起点的位置和在结束帧中设定好终点的位置。“过渡动画帧”的设定如图 4-69 所示。

除了前面任务中提过的过渡方式和要添加的帧数外，还需要关注指定在要添加的帧中改变的图层：“所有图层”，改变所选帧中的全部图层；“选中的图层”，只改变所选帧中当前选中的图层。还有指定要改变的属性：“位置”，在起始帧和结束帧之间均匀地改变图层内容在新帧中的位置，即位置移动；“不透明度”，在起始帧和结束帧之间均匀地改变新帧的不透明度；“效果”，均匀改变起始帧和结束帧之间的图层样式。

2. 过渡帧动画的局限性

过渡帧动画虽然大大方便了创建动画效果，但是和逐帧动画制作一样，都是事先创建整个动画所需要的所有图层，再在各个关键帧进行改变或者过渡。如果要往一段动画中加入新的图层内容，就非常复杂，原因是在帧动画模式下 Photoshop 不支持建立两套以上帧系统。

3. 优化动画帧

完成动画后，一般应优化动画以便适应 Web 浏览器。可以在导出动画时进行优化，可以将一种特殊仿色技术应用于动画，确保仿色图案在所有帧中都保持一致，并防止在播放过程中出现闪烁。也可以在“动画”面板菜单栏选取“优化动画”命令。该命令中的两个选项，一般均默认勾选：“外框”，是指将每一帧裁剪到相对于上一帧发生了变化的区域，使用该选项创建的动画文件比较小，但是可能与不支持该选项的 GIF 编辑器不兼容；“去除多余像素”，使帧中与前一帧保持相同的所有像素变为透明。

思维拓展：GIF 动画导出视频。

可将已有 GIF 动画导出成视频格式。可以通过“文件”｜“导出”｜“渲染视频”命令来完成操作。可通过“渲染视频”对话框选择当前 GIF 动画导出的文件夹、文件名序列、文档大小和品质。但是利用 Photoshop 执行渲染将瞬间消耗大量内存，并不建议使用 Photoshop 来执行。

4. 时间轴动画

时间轴动画现在是 Photoshop 中动画的主要编辑器，和前面的逐帧动画和过渡动画不一样，只要在动画运行时间中设定各图层的关键帧，在关键帧位置上改变图层的属性，就能自动生成动画，大大方便了动画制作。

“时间轴”面板和“图层”面板比较类似，也是按图层名称划分，如图 4-70 所示，用视频“时间轴”面板来展现之前的动画制作文件。各图层与“图层”面板一致。图层属性，即动画项目，可通过单击图层左方的箭头展开。不同性质的图层，其动画项目也不相同，常见的为普通图层、带蒙版的普通图层、文字图层等。除了公有的位置、不透明度、样式等图层属性外，文字图层多了一个“文字变形”动画项目，而带蒙版的多了与蒙版有关的动画项目。

图 4-70 视频“时间轴”面板

在时间轴动画中，可以通过移动图层蒙版的位置来创建动画。移动图层蒙版需要通过取消与图层间的链接来实施，再通过单击工具箱中的“移动工具”来移动蒙版，也可以通过键盘方向键移动。查看并对蒙版编辑可按住 Alt 键单击蒙版图标。

5. 创建视频时间轴动画

要创建基于时间轴的动画，常使用以下工作流程。

（1）创建一个动画静态文档。

指定文档的大小和背景内容。确保像素长宽比和大小适合于动画输出。颜色模式应为 RGB。

（2）打开“时间轴”面板指定时间。

在面板菜单中指定“设置时间轴帧速率”。

（3）在图层中添加动画内容。

添加用作动画内容的图层并制作动画内容。

（4）添加图层蒙版（可选操作）。

图层蒙版可用于显示图层内容的某一部分。可以对图层蒙版进行动画处理以随时间显示图层内容的不同部分。

（5）移动时间指示器。

将当前时间指示器移动到要设置第一个关键帧的时间或帧。

（6）对图层属性的关键帧处理。

单击图层名称旁边的三角形。向下的三角形将显示图层的属性。然后，单击秒表以设置要进行动画处理的图层属性的第一个关键帧。可以一次为多个图层属性设置关键帧。

（7）移动当前时间指示器并更改图层属性。

将当前时间指示器移动到图层属性发生改变的时间或帧。可执行下列一个或多个操作：更改图层位置以移动图层内容；更改图层不透明度已渐显或渐隐内容；更改图层蒙版位置以显示该图层的不同部分；打开或关闭图层蒙版。

（8）添加额外图层。

添加含有内容的额外图层，并根据需要编辑其图层属性。

（9）移动或裁切图层持续时间栏以指定图层在动画中出现的时间。

（10）播放动画检查。

（11）存储导出。

使用“存储为 Web 所用格式”命令将动画存储为动画 GIF，或者使用“渲染视频”命令将动画存储为图像序列或视频。也可以用 PSD 格式存储动画，此格式的动画可导入到 Adobe After Effects 中再做处理。

同步测试

一、单选

1．创建剪贴蒙版的快捷键是（　　）。

A．Alt+Ctrl+Shift　　B．Alt+Ctrl+G

C．Ctrl+G　　D．Alt+Ctrl+S

2．常见的图层类型中可以将图像自动对齐和分布的是（　　）。

A．调节图层　　B．填充图层　　C．链接图层　　D．背景图层

3．在 Photoshop 中，调节图层所具有的特性是（　　）。

A．调节图层除了具有调整色彩的功能之外，还可以通过调整不透明度、选择不同的图层混合模式以及修改图层蒙版来达到特殊的效果

B．调节图层与“调整”菜单命令中的所有选项一一对应

C．调节图层可用来对图像进行色彩编辑，会改变图像原始的色彩信息

D．调节图层不能执行“与前一图层编组”命令

4．在 Photoshop 中下面对于图层蒙版叙述正确的是（　　）。

A．通过图层蒙版只能隐藏全部图像

B．使用蒙版能够很好地混合两幅图像

C．使用蒙版能够避免颜色损失

D．使用蒙版可以减少文件大小

5．若要单独移动图层上的蒙版，下列操作正确的是（　　）。

A．首先选中该图层上的蒙版，然后直接选择移动工具移动

B．首先选中该图层上的蒙版，然后全选后用选择工具拖拉

C．首先要解除图层与蒙版之间的链接，再选择蒙版，然后用选择移动工具移动

D．首先要解除图层与蒙版之间的链接，然后直接用选择移动工具移动

二、判断题

（　　）1．在图层上建立的蒙版只能是白色的。

（　　）2．图层蒙版和图层矢量蒙版是不同类型的蒙版，它们之间是无法转换的。

（　　）3．图层上的蒙版相当于一个 8 位灰阶的 Alpha 通道。

（　　）4．GIF 文件的大小与优化设置中的色彩数量没有直接关系。

（　　）5．Photoshop 中所运用的滤镜全部是有损操作的。

三、操作题

1．完成类似于如图 4-71 所示带参数的商品信息图。

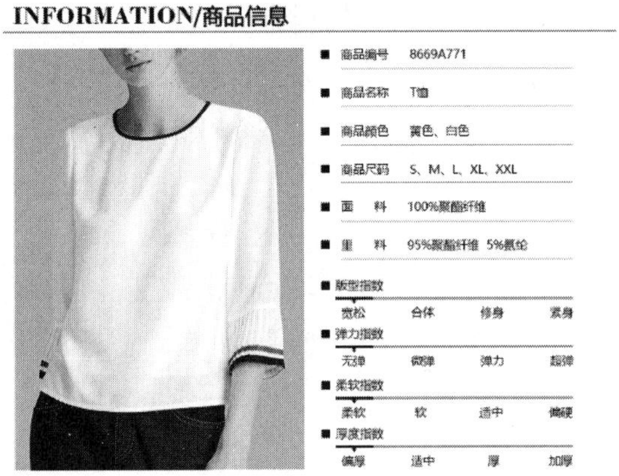

图 4-71　商品信息图

2．完成类似于如图 4-72 所示商品细节描述图。

图 4-72　商品细节描述图

3．创建视频时间轴动画，如图 4-73 所示，聚划算文字和箭头运动向下遇到日期后，数字 189 元自然变大。

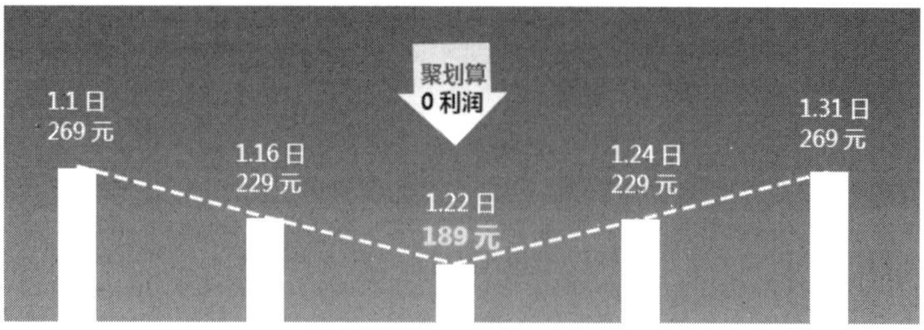

图 4-73　文字视频时间轴动画

项目 5

电商网站站点的设计及创建

能力目标

通过本项目的学习，读者能够依据网站的规划进行站点的总体设计、创建与管理，包括：①规划网站结构及文件设置；②创建本地站点及管理文件夹；③在管理站点中新建空白网页和文件夹。同时能够初步安装及使用网页制作软件 Dreamweaver。

知识目标

学习和掌握电商网站站点的规划，站点文件目录的分类，Dreamweaver 中站点的创建步骤，Dreamweaver 中站点的管理和 Dreamweaver 的基本操作。

教学重点与难点

- 根据需求进行网站结构的规划。
- Dreamweaver 的基本操作。
- Dreamweaver 的站点管理。

任务一　网站文件目录的创建

任务导入

创建网站和制作网页不同，网站具有整体性，有统一鲜明的主题。相应的主题和需求，决定了整个站点的构成。网站设计是否成功与建站前的规划有着极为重要的关系。通过网站规划确定了网站的主题、功能和整体结构后，才便于后续网站页面模板的设计与制作。

任务 1-1　电商形象展示网站结构的规划

任务描述

本项目中的网站类型是一个电商企业形象展示网站，除了产品展示外，也为用户提供了解企业等功能。为了使网站结构层次清晰、导航明晰，往往需要设置整体网站的导航栏，网站栏目的设计也就是该导航栏的栏目设计。安厨优选是一个电商企业形象展示网站，安厨控股有限公司是农业电商产业运营的开创者和引领者，致力于用模式和技术创新重构农业生产和流通方式，以提升农业产业组织化水平，优化农业产业结构和促进农业产业发展。其愿景是用技术和数据改变农业。

任务实施

（1）在实施网站栏目规划前，必须要和甲方也就是网站所有人进行沟通，通过沟通对于设计人员而言可以少走弯路，也能把设计者的想法传递给甲方，同时也能知道甲方的一些想法。这里在明确了甲方的大致需求和功能定位后，可以借助对相近类型企业的网站来分析其网站栏目结构特点。安厨优选不是纯 B2C 的电商交易类网站，而是带有企业形象展示但又有推荐其商品以及 App 的作用，因此在做类别分析时需要考虑这一点。这里首先通过类似主推 App 的沱沱工社的网站来进行分析，如图 5-1 所示，了解该网站的功能和各栏目设计，按表 5-1 填写。接着是通过更接近传统企业形象展示网站的獐子岛网站来进行分析，如图 5-2 所示，了解其网站的功能和各栏目设计，按表 5-2 填写。

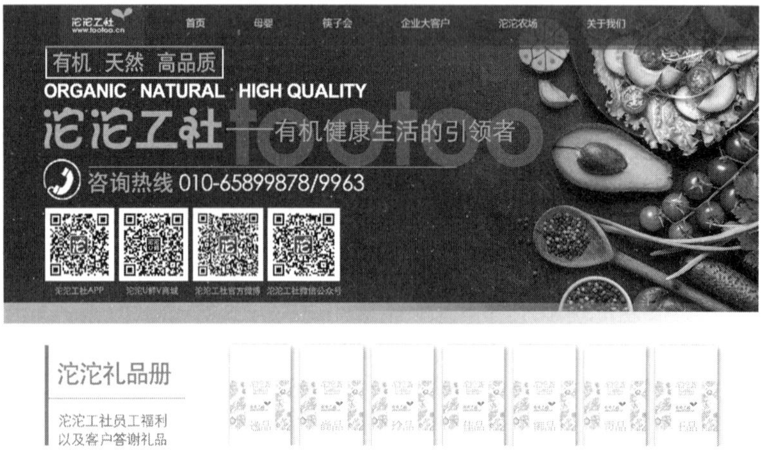

图 5-1　沱沱工社 PC 端网站首页

图 5-2　獐子岛网站首页

表 5-1　沱沱工社 PC 端网站功能结构

序　　号	网 站 栏 目	具 体 功 能
1	母婴	
2	筷子会	
3	企业大客户	
4	沱沱农场	
5	关于我们	
网站定位		

表 5-2　獐子岛网站功能结构

序　　号	网 站 栏 目	具 体 功 能
1	关于獐子岛	
2	獐子岛出品	
3	新闻动态	
4	投资者关系	
5	联系獐子岛	
网站定位		

（2）在做完相应的分析后，在和甲方探讨前需要有一个初步的方案，这里按照先期的类型分析和企业特点将网站分为 7 个栏目，见表 5-3，然后与甲方沟通进行补充说明。

表 5-3　安厨优选电子商务网站功能结构

序　　号	网 站 栏 目	具 体 功 能
1	安厨优选	
2	最新活动	
3	成功案例	

续表

序　号	网站栏目	具体功能
4	社会责任	
5	安厨研究院	
6	关于我们	
7	人才招聘	

（3）与甲方沟通后，对原有方案进行调整。调整后，需要把每个栏目的功能内容告之设计人员，设计人员根据这个规划好整个网站的结构，然后需要把结构图再给甲方确认。

安厨优选：与安厨的 App 关联，按类目推出安厨主打的农产品。按新鲜果蔬、海鲜水产、肉禽蛋品、粮油调味、干货特产、乳品速食和滋补保健等类目划分，全面系统地展示了安厨优选的出品。

最新活动：展示安厨优选的最新促销活动及安厨电商的详细信息。

成功案例：提供一系列的案例，如结合农村电商的上下行所做的示范村打造、农村电商培训、农产品开发项目，以及帮助当地政府建立（筹建）农业公共服务中心二十余个。

社会责任：企业实施的公益项目，以及对扶贫地区的产品打造。

安厨研究院：体现在农产品电商流通标准、农产品电商全产业链服务标准、县城农业产业运营模式创新以及农业大数据研发等技术开发上，体现企业的技术研发能力。

关于我们：介绍了企业的发展历程、文化愿景以及企业体系架构。

人才招聘：介绍了企业对人才的需求和相关联系信息。

任务分析

1. 网站规划的市场调研

网站规划是指在网站建设前确定好网站的主题和功能目标后，对网站目标定位，进行的内容规划和功能规划。其中直接的表现就是网站结构的规划，特别是对于网站前端部分而言，更为关注的是网站的栏目设计。

对于确定网站的主题和功能目标而言，就是明确该电商企业网站建立的目标是企业形象展示，还是用于与用户之间进行交互、社群营销改进服务；还是单纯要实现网络营销与在线交易为主。其次，是分析考虑企业自身的经营状况，包括企业主营产品的情况，消费市场的认知程度以及所处行业状况。目标明确后，就是市场分析，分析网络中企业现有的同类型公司的网站情况。若是比较大的网站，那么往往还需要调研面对市场人群的详细情况，进行目标客户分析。最后再进行可行性分析评估。

2. 网站栏目的要点

回到网站栏目规划，可以说它对于企业网站建设是否成功有着非常直接的关系，而现实中相对于网站页面及功能规划，网站栏目规划的重要性常被忽略。网站栏目的设置主要可以考虑以下几个方面。

（1）突出主题，点题明义。网站栏目的规划，其实也是对网站内容的高度提炼。将网站内容按一定的方法分类，并为它们设立专门的栏目。重点栏目个数在网站的总栏目里面占有一定的优势，并且要显示在网站的重点区域，这样才能使网站专业主题突出，加深用户的第一印象。

（2）考虑到用户体验，清晰导航。网站的内容越多，浏览者越容易迷失。网站栏目还应该为浏览者提供清晰直观的指引，帮助浏览者方便地到达网站的所有页面。好的栏目设计需要像是一本书的目录，能够条理清晰，引导用户访问网页。索引应该引导访问者快速、便捷地寻找到网站里需要寻找的东西。

（3）方便沟通，人性化设计。在设置栏目时，往往需要考虑如何和访问者更好地沟通，常见的方法是设立方便交流的栏目，如论坛。另外，还可以设立一个更新提示的栏目或在相关栏目链接处加放一个更新的标志（常见的是放一个“new”字或“新”字图标），这样做是为了照顾常来的访客，进入网站后先看一看最新内容，类似于前面项目中提到的按时间分类，如果没有更新的东西，就不必到处寻找。网站这样做可以让网站的规划设计更人性化。

在具体的网站栏目规划上，扁平化原则是经常被提到的。具有扁平化结构的网站更适于搜索引擎机器人爬行，从而能使网站在搜索引擎里有一个好的收录表现。理解网站结构的扁平化，一般来说取决于网站的物理结构和逻辑结构规划。一般来说，访问用户通过少于 4 次的单击数到达最终内容页面的网站结构是符合扁平化要求的。

在网站扁平化原则下，逻辑结构部署所起到的作用就是通过内容的关联性把物理结构目录级数高的页面内容提升到物理结构目录级数低的页面上来，具体的表现形式就是在目录级数低的页面上部署指向与其有内容关联性的目录级数高页面的超级链接。

任务 1-2　电商形象展示网站结构的制作

任务描述

为了便于与客户交流，除了表格外，采用结构图的样式将整个网站结构图呈现出来。可以通过相应的专业绘图软件来完成，也可以用 Word 来绘制，这样更具有通用性，也便于直接应用于 PPT 上。

任务实施

（1）打开一个 Word 文档，插入“组织结构图”。执行“插入”菜单列表中的 SmartArt|“组织结构图”命令，效果如图 5-3 所示。

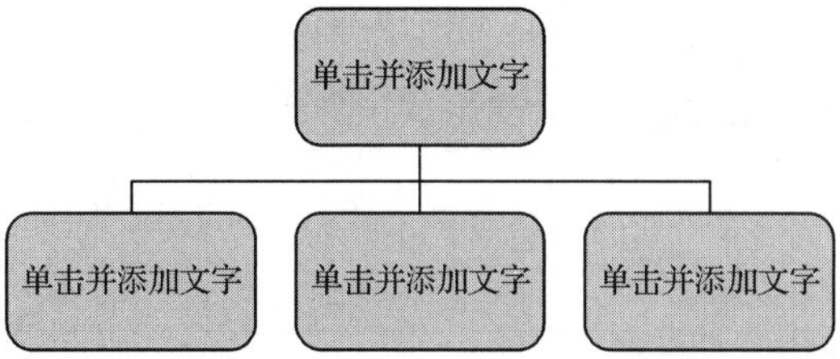

图 5-3 “组织结构图”效果

（2）选中组织结构图，出现“组织结构图”工具栏，如图 5-4 所示，利用工具栏上的“插入形状”下拉列表，选择可插入各文本框所属的形状（下属、同事、助手）。

（3）按 2 级栏目要求，在原有 3 个形状上，添加 4 个形状，分别对应添加 3 级栏目。再通过“组织结构图”工具栏中的“自动版式”调整各文本框所属的形状、位置和大小，类似如图 5-5 所示。

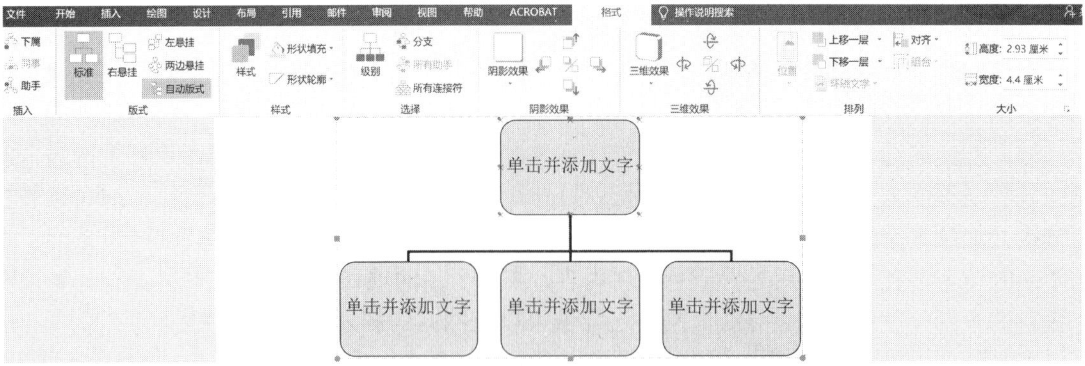

图 5-4 “组织结构图”工具栏

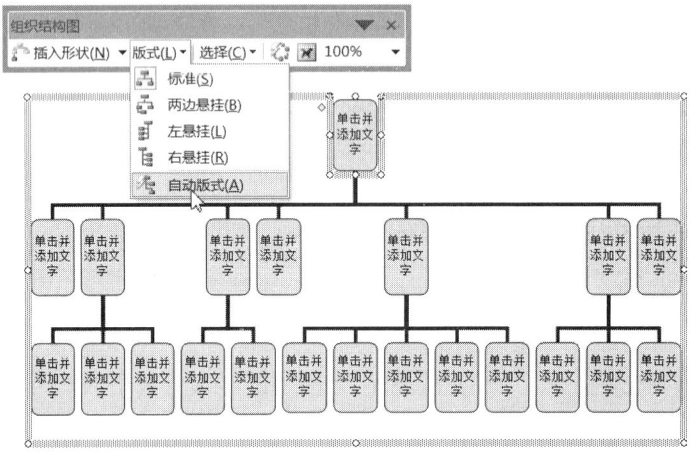

图 5-5 “组织结构图”形状

（4）添加栏目文字。单击各文本框，添加相应的栏目名称。

（5）自动套用格式。选中组织结构图，再单击工具栏上的“自动套用格式”按钮，弹出“组织结构图样式库”对话框，如图 5-6 所示。在左侧“选择图示样式”列表中选择“三维颜色”，单击“确定”按钮，套用图示样式，完成网站结构图的绘制，并保存文档。

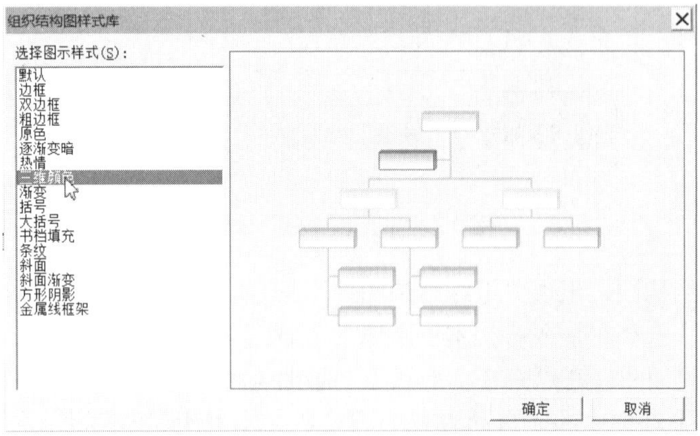

图 5-6 “组织结构图样式库”对话框

思考拓展：使用其他绘图软件绘制网站结构图。

任务分析

1. 网站结构图

网站结构图还可以包含网站的链接结构。网站的链接结构是指页面之间相互链接的结构。不同网页之间通常具有一定的逻辑关系，如先后关系、包含关系、并列关系等，多个网页按照它们之间的逻辑关系组织在一起就形成了各种链接结构。分析网站的链接结构的目的在于：用最少的链接，使得浏览最有效率。通常网站所用的链接结构有三种，最常用的是层次型结构，其次是线型结构和网络型结构。

1）线型结构

线型结构是将多个网页按照一定的先后顺序链接起来，形成线性关系，使得用户在没有完成上一个网页的访问之前就无法进入下一个网页。线型结构最常用于需要按步骤进行操作的栏目上，如用户注册、建立订单等。如图 5-7 所示的就是一个用户注册的例子，从这个图上可以看出，一个新用户要完成注册需要经历四个步骤，而且必须按顺序进行，否则就不能完成注册。

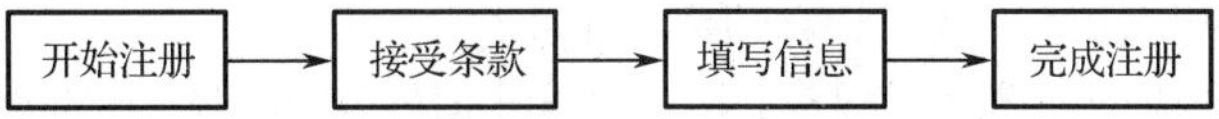

图 5-7　用户注册线型结构

2）层次型结构

相对于按先后顺序组织而成的线型结构，层次型结构是按照网页之间的包含关系组织而成的。该结构是首页链接指向 1 级页面，1 级页面链接指向 2 级页面，立体结构看起来就像一棵倒置的树。浏览这样的链接结构时，需要一级级进入，一级级退出。如图 5-8 所示的就是一个典型的层次型结构。

层次型结构的优点是简单直观，条理清晰，能将所有的内容划分得非常清晰而且便于理解，访问者能明确知道自己访问的当前页面所处位置。几乎所有的网站都采用这种结构来进行总体的栏目规划，即将所有的内容先分成若干个大栏目，然后再将每个大栏目细分为若干个小栏目，以此类推，直到不用再细分为止。但是过深过于复杂的层次型结构反而会带来很多不良的影响，最好的深度是三层。另外，建立一个良好的导航系统也可以弥补层次型结构这方面的缺点。

3）网络型结构

网络型结构是指多个网页之间都有超链接的一种结构，这些网页可以是层次型结构的任意网页，但是因为导航的需要或者内容上的相关性而链接在一起。如图 5-9 所示就是一个典型的网络型结构。

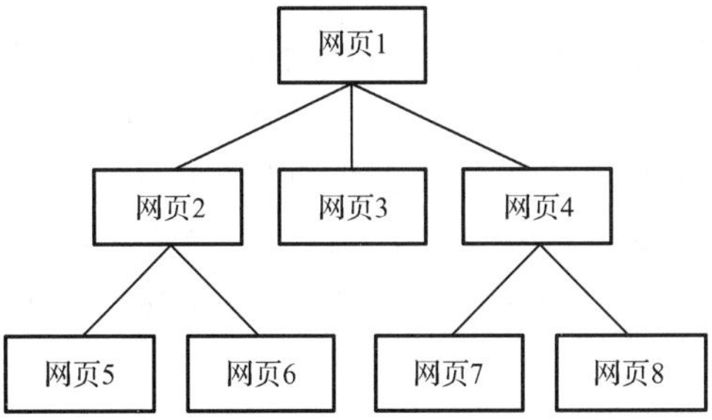

图 5-8　层次型结构

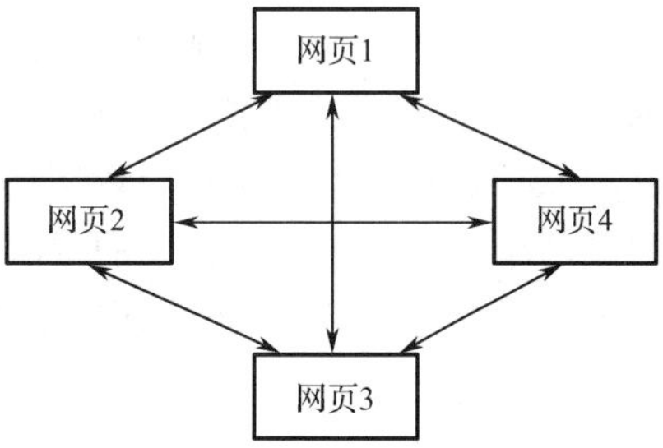

图 5-9　网络型结构

这种结构的优点是用户浏览方便，随时可以到达自己喜欢的页面。缺点是链接太多，容易使浏览者迷路，而且也带来一个庞大超链接数的问题。所以在网站中需要谨慎使用网络型结构。

在实际的网站设计中，经常混合使用这三种结构。通常首页和 1 级页面之间用网络型结构，1 级和 2 级页面之间用层次型结构，具有先后执行次序的网页之间用线型结构。如果站点内容庞大、分类明细，需要超过 3 级页面，那么建议在页面里显示导航栏，这样可以帮助浏览者明确自己所处的位置。读者在许多网站页面顶部可看到类似的表示“您现在的位置是：首页→信息学院→网站设计→设计相关”。

2. 网站文件目录结构设计

网站往往包含很多文件，企业网站也是如此。初学者常将所有的文件混杂放置在根目录下，则整个站点将显得杂乱无章。建立网站的目录结构就是为了“分门别类”地存放这些文件，便于整个网站的维护和管理。

网站的目录是指建立站点时创建的目录。网站目录结构直接体现于 URL。清晰简短的目录结构和规范的命名不仅有利于用户体验和网址传播，更是搜索引擎友好的体现。其设计要点如下。

（1）对于小型网站而言，一般只有一层子目录。

小型网站由于其规模小，数据内容有限，在通常情况下将网站下的文件按照其类型进行分门别类地放置。网站的网页文件包括首页及其 2 级页面一般放在站点的根目录下，然后创建常用的文件夹用于放置网站所使用到的各种类型的页面素材。具体目录结构如图 5-10 所示。

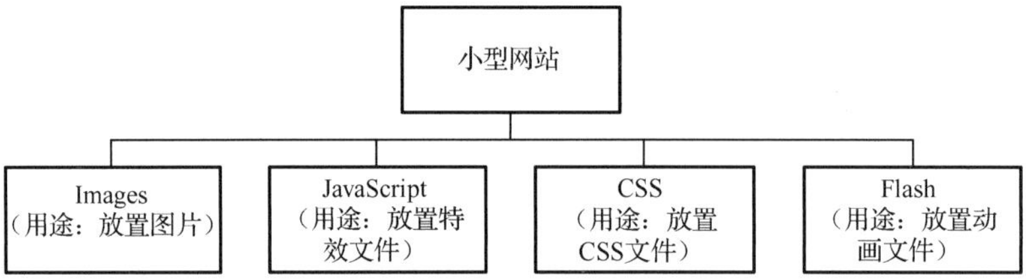

图 5-10　小型网站目录结构效果图

（2）对于中大型网站，往往需要两三层子目录。

中大型网站通常情况下由于其数据量比较庞大，网站文件繁多，可以参考以下几种方式来进行网站目录的设计。

按栏目内容建立子目录：可以根据网站的主栏目来依次创建子目录。例如，企业站点可以按“公司简介”“产品展示”“新闻动态”“加入我们”等建立相应目录。其他不属于主栏目的，类似“友情链接”等内容较多，需要经常更新的可以建立独立的子目录。而一些相关性强，不需要经常更新的栏目可以合并放在一个统一目录下。

在每个主目录下都建立独立的 Images 目录：通常情况下，每个站点根目录下都有一个 Images 目录，只是用来存放首页和一些次要栏目的图片。然后为每个主栏目建立一个独立的 Images 目录，这样后续对于栏目内容的更新、删除以及下载，都是很有效的方法。

目录的层次不要太深：目录的层次建议不超过 3 层。原因很简单，维护管理方便。

其他需要注意的还有：不要使用中文目录，使用中文目录可能对网址的正确显示造成困难；不要使用过长的目录，尽管服务器支持长文件名，但是太长的目录名不便于记忆；尽量使用意义明确的目录，给目录取名尽可能达到见名知义的效果。

根据前面的分析，对“安厨优选”网站进行网站文件目录结构设计，其网站具有一定规模，栏目众多，因此按照栏目的类别创建文件夹并进行文件的管理较为合适。具体网站的目录文件及其功能说明如表 5-4 所示。

表 5-4 网站目录文件及功能说明

文件夹名	功能
images	放置图片
css	放置 CSS 样式文件
js	放置 JavaScript 特效文件
video	放置动画视频文件
selection	放置“安厨优选”栏目下所使用的素材及网页文件
activity	放置“最新活动”栏目下所使用的素材及网页文件
case	放置“成功案例”栏目下所使用的素材及网页文件
affairs	放置“社会责任”栏目下所使用的素材及网页文件
research	放置“安厨研究院”栏目下所使用的素材及网页文件
about	放置“关于我们”栏目下所使用的素材及网页文件
join	放置“人才招聘”栏目下所使用的素材及网页文件

任务二 创建与管理网站的站点

微课-网站站点文件的创建与管理

任务导入

无论是创建网站还是制作网页，都应该先在本地计算机上通过 Dreamweaver 软件来创建站点。使用站点管理可以对网页文档、样式表文件、页面素材进行更好的管理，能够极大地提高网页制作的效率，特别是在后期维护时。

任务实施

（1）创建本地站点文件夹。

在本地磁盘中创建一个用来存放站点文件的文件夹，然后在该文件夹中再创建一个图像文件夹用来存放网站中的图像。本任务中运用上述任务创建的网站文件夹“anchu”。

（2）通过运行 Dreamweaver 软件，这里以 Dreamweaver CC 2018 为例，在起始对话框“新建”中选择 HTML，系统会打开一个未命名的空白文档窗口，整个工作界面如图 5-11 所示。

（3）创建网站站点，选择“站点”菜单列表中的“新建站点”命令，可以看到“站点设置对象”对话框，如图 5-12 所示。在对话框中主要设置“站点名称”，可在文本框中输入要创建的网站名称。该名称用于 Dreamweaver 中进行站点管理，所以不一定和网站文件夹等名称保持一致，也可使用默认设置。由于支持中文名称，这里为了便于记忆，设置为“安厨优选”。在“本地站点文件夹”中输入创建本地站点文件夹的路径，这个路径就是计算机中创建的网站文件夹“anchu”的路径，也是对话框中最为重要设置的内容。这里可以通过“浏览文件夹”图标找到“anchu”文件夹的路径，单击“选择文件夹”后单击“保存”按钮。

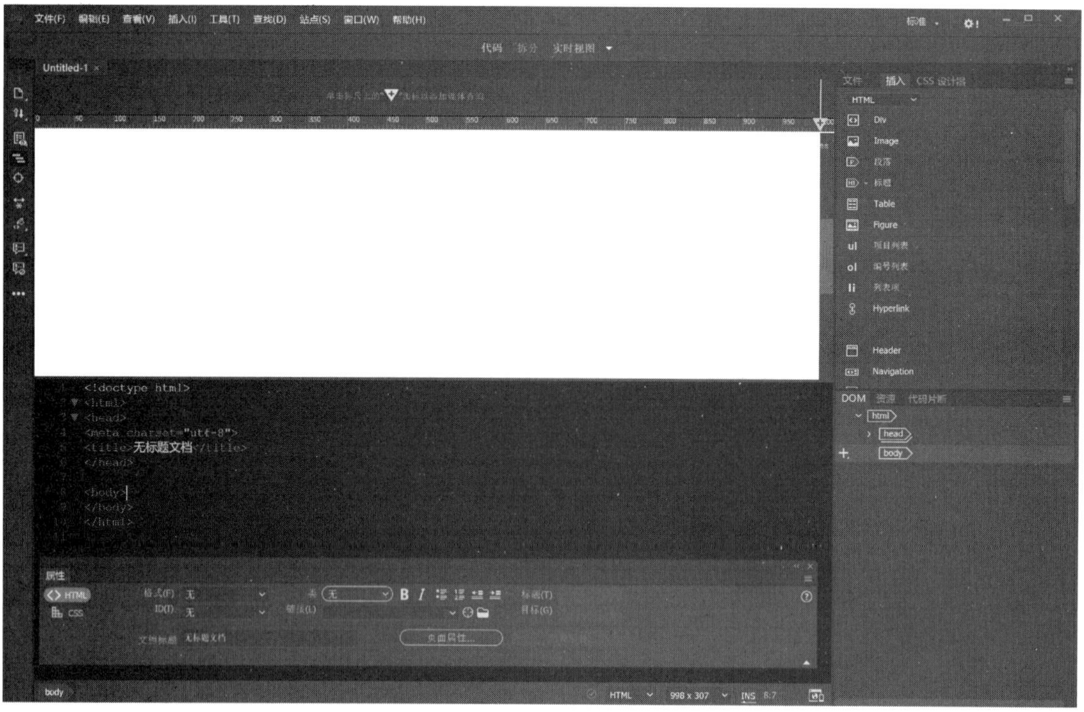

图 5-11 Dreamweaver 工作界面

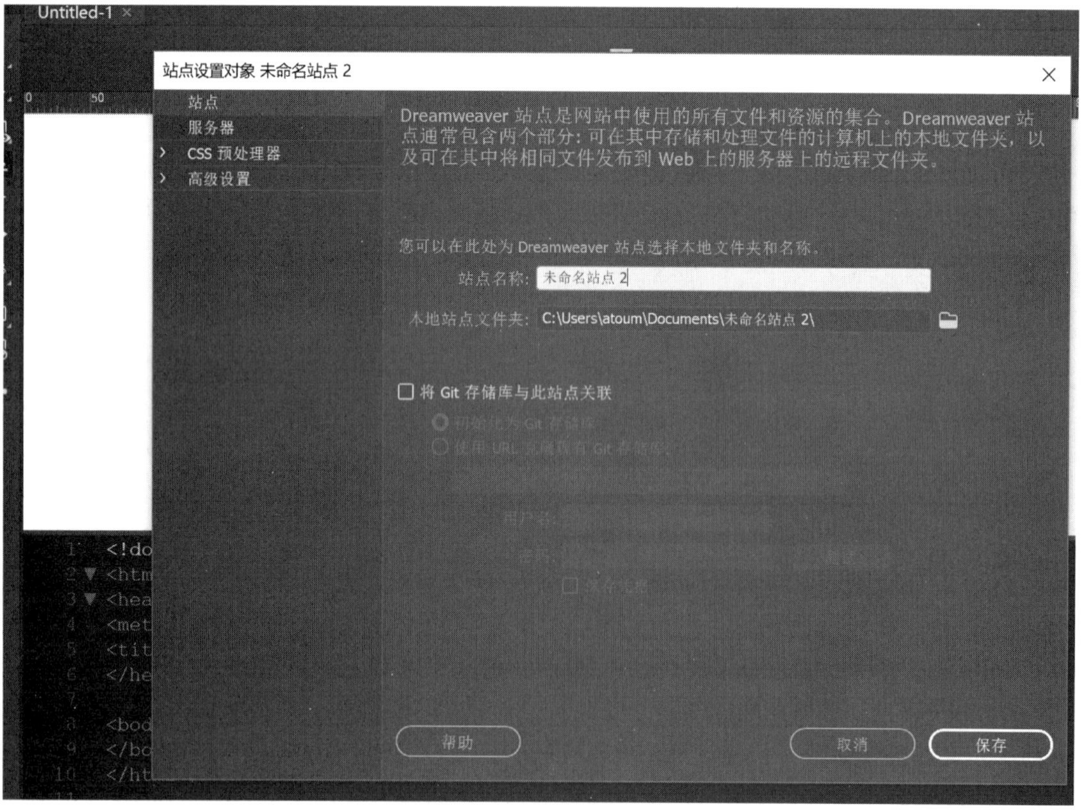

图 5-12 “站点设置对象”对话框

在单击“保存”按钮完成设置后，跳出对话框回到工作界面，可以到本地文件框，如图 5-13 所示。在本地文件框中，可以看到整个站点的结构情况。

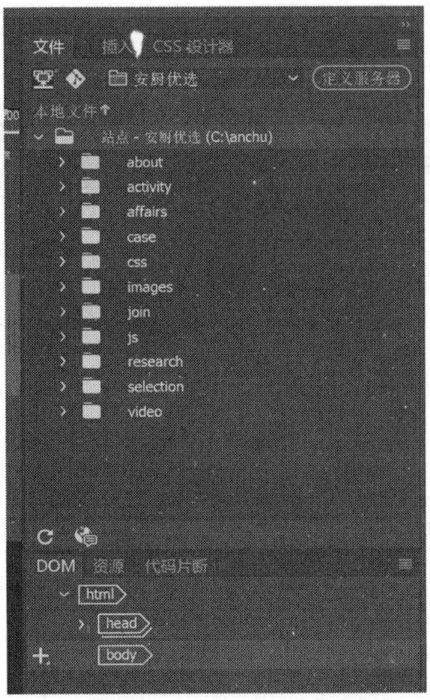

图 5-13 本地文件框

（4）站点的管理，站点创建完成后，可在显示有站点名称的对话框中下拉，看到“管理站点”进行单击，弹出“管理站点”对话框，如图 5-14 所示，可进行相应的管理操作，例如，对其设置进行修改等。

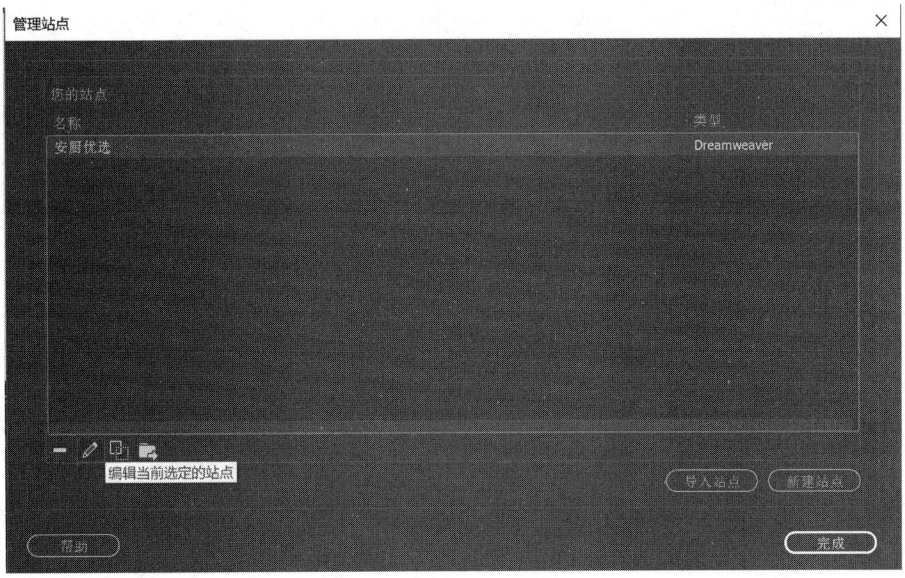

图 5-14 “管理站点”对话框

单击“完成”按钮后，可回到“文件”面板的本地文件框。可通过该面板右键单击创建“新建文件”网页和“新建文件夹”。对已建好的站点进行管理，也可以在“站点”菜单列表中选择“管理站点”进行单击，弹出“管理站点”对话框，回到“管理站点”对话框。通过“导出”按钮，可以将选中的站点相关设置信息以扩展名为.ste 的文件形式保存。当需要时，可以再通过“导入”按钮将该文件导入，导入后就不用再重新设置站点信息。

（5）保存网页文件，在“文件”菜单列表中选择“保存”命令，在弹出的对话框中选择文件的存放位置。完成网站站点创建后，网页文件会被默认保存在站点创建的本地根文件夹中，在“文件名”后的文本框中输入“index.html”，然后单击“保存”按钮，如图 5-15 所示。

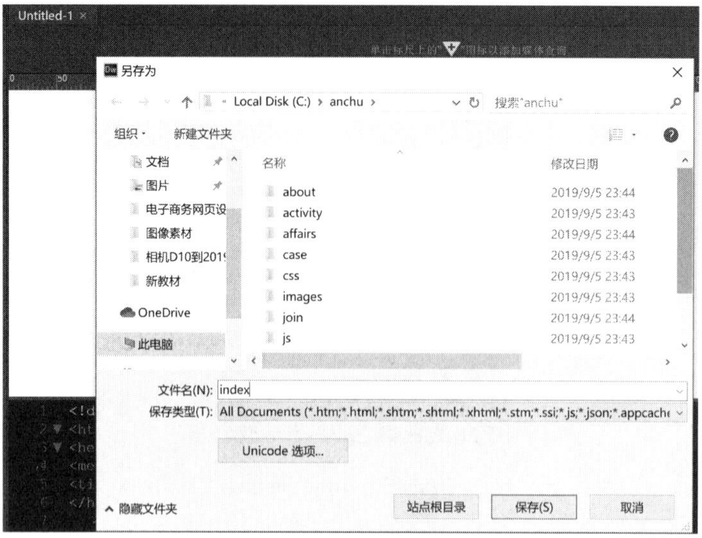

图 5-15　保存网页文件

任务分析

1. Dreamweaver 的认知

Dreamweaver 是一个可视化的网站开发工具，可以辅助人们快捷、方便地进行网页编辑。使用 Dreamweaver 来创建一个网站的流程如下。

（1）规划和设置站点。即确定将在哪里发布文件，网站访问者的情况以及站点目标。在组织好信息并确定结构后，就可以开始创建站点。

（2）组织和管理站点文件。创建站点后，在“文件”面板中，可以进行添加、删除和重命名文件及文件夹，以便根据需要更改组织结构。

（3）设计网页布局，选择使用的布局方法。可综合使用 CSS 定位样式或预先设计的 CSS 布局来创建布局。也可利用表格工具，通过绘制并重新安排页面结构来快速设计页面。如果希望同时在浏览器中显示多个元素，也可以使用框架来设计文档的布局。最后，可以基于 Dreamweaver 模板创建新的页面，然后在模板更改时自动更新这些页面的布局。

（4）向页面添加内容。完成布局后，则进行网页元素的添加，如文本、图像、鼠标经过图像、超链接等。最后，Dreamweaver 还提供测试页面确保能够兼容不同的 Web 浏览器。

（5）通过手动编码创建页面，是创建页面的另一种方法。同时对于一些具体网页内容，可能也需要通过手动编码进行微调。Dreamweaver 提供了易于使用的可视化编辑工具，但同时也提供了高级的编码环境来创建和编辑页面。

（6）测试和发布。测试页面是在整个开发周期中进行的一个持续的过程。在这一工作流程的最后，在服务器上发布该站点。许多开发人员还会安排定期的维护，以确保站点保持最新并且工作正常。

2. Dreamweaver 工作区域

Dreamweaver 与 Photoshop 一样，是浮动面板风格，可以拖动或调整它们的位置和组合，创建和编辑中的网页显示在“文档”窗口中。

Windows 风格的菜单栏可以执行和浮动面板一样的操作，各主要菜单的作用如下。

（1）文件：文件操作的标准菜单选项。

（2）编辑：文档编辑的标准菜单选项。此外，“编辑”菜单还提供对 Dreamweaver“首选参数”的设置。

（3）查看：允许用户查看文档的各种视图模式，并且可以显示和隐藏不同类型的页面元素和 Dreamweaver 工具及工具栏。

（4）插入：用于将各种对象插入用户的文档，也是“插入”面板的替代选项。

（5）修改：允许用户更改选定的页面元素或项的属性。通过此菜单，可以编辑标签属性、更改表格和表格元素，以及为库和模板执行不同操作。

（6）文本：设置文本的格式。

（7）命令：主要提供 Dreamweaver 所支持的各种命令。

（8）站点：提供用于管理站点及上传和下载文件的菜单项。

（9）窗口：可以打开或者关闭 Dreamweaver 中的所有面板、检查器以及对多窗口进行排版。

（10）帮助：提供对 Dreamweaver 联机文档的访问，主要是 Dreamweaver 的帮助系统。

3. “文件”面板

除了菜单命令，浮动面板是 Dreamweaver 的另一个主要的操作方法，有着不同的面板操作来实现与菜单命令的对应。而这些面板组可以通过选择“窗口”菜单中的面板名称，显示或隐藏面板组或面板。将这些面板叠加后便形成了面板组。各个面板组可以互相组合，也可以打开和关闭来充分利用有限的屏幕空间。这里主要介绍一些常用的面板。

“文件”面板是 Dreamweaver 最常用、最主要的面板之一，它集成了站点管理的各种工具。当定义了 Dreamweaver 站点后，本地站点中的文件将显示。“文件”面板中还包括一个按钮“定义服务器”，它可提示用户开始定义到远程服务器和测试服务器的连接。

当“定义服务器成功”后，在面板的工具栏上会增加新的功能，如图 5-16 所示。

连接/断开：用于连接到远程站点或断开与远程站点的连接。默认情况下，如果 Dreamweaver 已空闲 30min 以上，则将断开与远程站点的连接（仅限 FTP）。若要更改时间限制，可通过选择“编辑”菜单列表中的“首选参数”选项来更改。

获取文件：用于将选定的文件从远程站点复制到本地站点（如果该文件有本地副本，则将其覆盖）。如果已启用“启用存回和取出”，则本地副本为只读，文件仍将留在远程站点上，可供其他小组成员取出。如果已禁用“启用存回和取出”，则文件副本将具有读/写权限。

上传文件：将选定的文件从本地站点复制到远程站点。如果所上传的文件在远程站点上尚不存在，并且“启用存回和取出”已打开，则会以“取出”状态将该文件添加到远程站点。如果不以取出状态添加文件，则单击“存回文件”按钮。

刷新：用于刷新本地和远程目录列表。可以通过单击该按钮来手动刷新，以显示最新的目录列表来显示更改结果。

“扩展/折叠”按钮：展开或折叠“文件”面板。

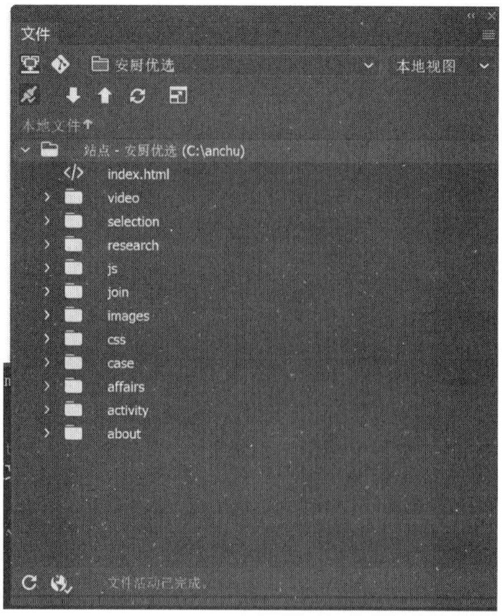

图 5-16　定义服务器后的“文件”面板

思维拓展：Dreamweaver 支持 Git 功能。

Dreamweaver CC 支持使用 Git（一个开源的分布式版本控制系统）管理源代码。使用 Dreamweaver 中的 Git 集成，可以先在任何位置单独处理代码，之后再将更改合并到 Git 中央存储库。Git 会持续跟踪文件中的各项修改，而且允许恢复到之前的版本。安装 Git 客户端后，可以在 Dreamweaver 的“编辑”菜单最后的“首选项”中进行配置，从而提升网页制作，特别是代码级制作的效能。

4. “插入”面板

“插入”面板，可以将各种类型的网页元素（例如图像、表格、Flash 等）插入文档中。同样，面板组中的操作也能通过菜单操作实现，正如前面所表述的“插入”面板的操作也能通过“插入”菜单来实现。

5. “文档”工具栏和“文档”窗口

“文档”工具栏默认打开，在“窗口”菜单的“工具栏”命令中，主要提供“文档”窗口视图的三种基本模式，即“设计”视图、“拆分”视图和“代码”视图。其中，“设计”视图可以下拉选择“实时视图”。“设计”视图可以展示页面在 Web 上的显示效果，但是页面呈现的效果并不会与浏览器中的效果完全相同。“实时视图”可展现页面在 Web 上的实时显示效果，并允许在“代码”视图中编辑项目。当选择“实时视图”时，还可在编辑窗口中添加媒体查询，方便页面在多平台上的使用，如图 5-17 所示。

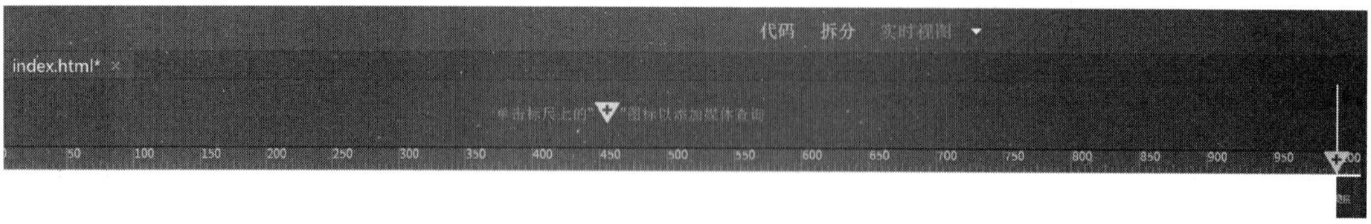

图 5-17　添加媒体查询

“文档”窗口，即文档编辑区，显示用户当前创建和编辑的网页文档。当在“文档”工具栏中选择“设计”视图时，即在文档中显示的网页近似浏览器中显示的排版效果。而选择“代码”视图时，在文档中显示网页的 HTML 源代码。在“拆分”视图中可以同屏显示网页的源代码和网页效果。对于设计者而言，这意味着不用在窗口之间来回切换即可边修改代码，边观察显示效果。

思维拓展：通过浏览器预览的实时预览在哪儿？

“实时预览”即在 Dreamweaver 中编码或设计网页时实时预览网页。此功能可让用户在多个浏览器上同时编码和预览网页。该功能在 Dreamweaver CC 中放置到底部状态栏的右侧，如图 5-18 所示。不同浏览器的选择或者设置主浏览器可以打开编辑列表，进入“首选项”对话框设置。而在设备上预览，通过手机扫描 QR 代码，则需要相应条件。确保在编辑的桌面端计算机和移动设备已连接到 Internet 并位于同一网络中。需要桌面端计算机的 Dreamweaver 是使用有效的 Adobe ID 登录的，另外，设备浏览器设置中启用了 JavaScript 和 Cookie。

图 5-18　实时预览

思维拓展：媒体查询。

媒体查询和 CSS 样式有关，通过媒体查询可以针对不同的媒体类型定义不同的样式。媒体查询中可用于检测的媒体特性有 width、height 和 color（等）。使用媒体查询可以在不改变页面内容的情况下，为特性的一些输出设备定制显示效果。

6. “属性”面板

“属性”面板是用于查看和更改所选取对象的各种属性的面板。对象不同，“属性”面板也会不同。也就是当选择的页面元素不同时，“属性”面板的显示，可设置的内容也会随之变化。默认的“属性”面板就是如图 5-19 所示的文本“属性”面板，可对应设置 HTML 中和文本相关的属性及基本页面属性。图中的向上三角形表示当前“属性”面板为完全展开；若三角形向下，则表示当前“属性”面板还有部分未展开。

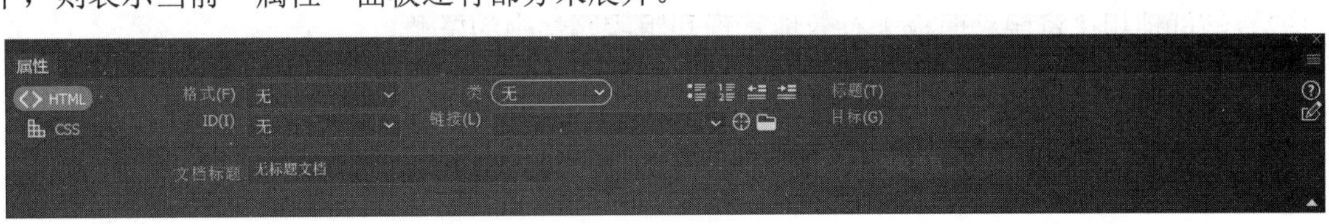

图 5-19　文本“属性”面板

除了这些外，“属性”面板还可以转换为图像、表格、框架集、框架、表单、层表格、层单元格等“属性”面板。在 Dreamweaver 中编辑网页时，“属性”面板是最常用，也是最主要的面板之一。

7. Dreamweaver 帮助系统

Dreamweaver 提供了操作方便、完善的帮助系统。可以通过“帮助”菜单打开，可以在各面板中单击“?”图标打开有关该面板的帮助。可以通过目录系统进行查询，也可以通过索引和关键字搜索来寻找所需的帮助内容。

同步测试

一、单选

1. 如果正在编辑的文件没有存盘，Dreamweaver 在文件名上加上（　　）符号提示用户。
   A. !　　B. ?　　C. #　　D. *
2. 在“页面属性”对话框中，不能设置（　　）。
   A. 网页的背景色　　B. 网页文本的颜色
   C. 网页文件的大小　　D. 网页的边界
3. 预览网页时默认可使用（　　）功能键。
   A. F2　　B. F8　　C. F10　　D. F12
4. 下列哪一种视图不属于“文件”面板中视图列表中的视图类型？（　　）
   A. 本地视图　　B. 测试服务器　　C. 远程服务器　　D. 大纲视图
5. 在 Dreamweaver 中，站点文件的定义后缀是（　　）。
   A. .ste　　B. .tts　　C. .css　　D. .sys

二、多选

1. 在管理站点中可以完成以下哪些操作？（　　）
   A. 删除当前选定的站点　　B. 编辑当前选定的站点
   C. 复制当前选定的站点　　D. 导出当前选定的站点
2. Dreamweaver 的站点是网站中使用的所有（　　）的集合。
   A. 文件　　B. 链接　　C. 服务器　　D. 资源
3. 在 Dreamweaver CS 6 以上版本时，“站点设置”选项卡中只有以下两项：（　　）。
   A. 图像文件夹　　B. 服务器名称
   C. 站点名称　　D. 本地站点文件夹

三、操作题

1. 做一份京东商城的网站栏目结构图，并分析其特点。
2. 尝试使用“资源”面板来有效地管理和组织网站中的资源。

项目 6

运用 HTML5 制作宣传微网页

能力目标

通过本项目的学习，学生能够依据 HTML5 语法规范来编写简单的电商宣传网页，包括：

（1）编写 HTML 页面形成网页。

（2）修改 HTML 网页代码。

（3）调试 HTML 网页显示效果。

知识目标

（1）掌握 HTML5 的基本语法规范。

（2）掌握 HTML5 常用标签及属性的用法。

（3）了解 HTML5 的新特点。

教学重点与难点

- 根据需求进行 HTML5 页面编辑。
- HTML5 的语义化特性。
- HTML5 页面结构。

任务一　HTML5 宣传文本单页的制作

任务导入

本任务通过制作一个简单的可用于移动端的招生宣传文本单页来掌握HTML5的基本结构和语法规范，从而初步理解网页设计制作以及 Dreamweaver 的应用。

任务 1-1　HTML 简单文本页面的制作

微课-HTML5 基础文本页面

任务描述

通过用文本页面手工编写一个基础 HTML5 页面，初步了解 HTML5 的基本结构以及语法，对页面制作有一个初步理解以及给网页增加能够在移动端页面显示的结构。

任务实施

1. 创建页面基本结构

执行“开始”|“程序”|“附件”|“记事本”命令，打开一个记事本。或者通过单击鼠标右键，在快捷菜单中选择“新建”|“文本文档”命令，来新建一个文本文档，然后通过鼠标双击打开。在文本工具窗口中输入以下 HTML 源代码。

```
<!doctype html>
<html>
<head>
<meta charset="utf-8">
<title>浙江某某职业技术学院招生宣传</title>
</head>
<body>
</body>
</html>
```

2. 输入网页文本内容

继续输入文本内容，在<body></body>之间输入以下源代码。

```
<body>
        <p>浙江某某职业技术学院</p>
        <p>学院代码:0053</p>
        <p>学校简介</p>
        <p>学院是浙江省人民政府与某某省部共建、以财经商贸类专业为主体的公办高职院校，前身是创办于 1979 年的浙江某某学校和创办于 1984 年的浙江省某某职工学院。学校坐落在风景秀丽、人文荟萃的杭州市下沙高教园区。</p>
        <p>办学特色</p>
        <p>学校传承“厚德崇商”的校训，弘扬“浙商文化”，坚持“德能并举、商学合一”的人才培养理念，成立“校、社、政、企”四方合作发展理事会，形成以系统为依托、以学院为主体、以政府为推手、合作企业深度参与的四方合作办学体制和“人才共育、过程共管、成果共享、责任共担”校企合作长效机制。</p>
```

```
        <p>实训基地</p>
        <p>校内建有设备先进，配套齐全的五大实训基地，116 个实验实训室。其中拥有中央财政和省财政重点支持的国家高职高专“计算机应用与软件技术实训基地”“生物与食品技术综合实训基地”“农产品质量安全检测基地”；省级示范性“外国语实训基地”“计算机应用与软件技术实训基地”“经济与管理实训基地”，以及食品（农产品）质量与安全综合实训基地、会计虚拟仿真实训中心、全国首家财税数据共享中心、电商淘宝城、正保创业学院等。</p>
        <p>办学成果</p>
        <p>招生章程</p>
        <p>联系方式</p>
    </body>
```

3. 保存为网页文件

单击“文件”菜单中的“另存为”命令，在弹出的对话框中选择存放位置，在文件名后的文本框中输入“default.html”，然后单击“保存”按钮，完成保存为网页文件的操作。

4. 打开网页

打开网页文件所在的文件夹，双击 default.html 文件，显示效果如图 6-1 所示。

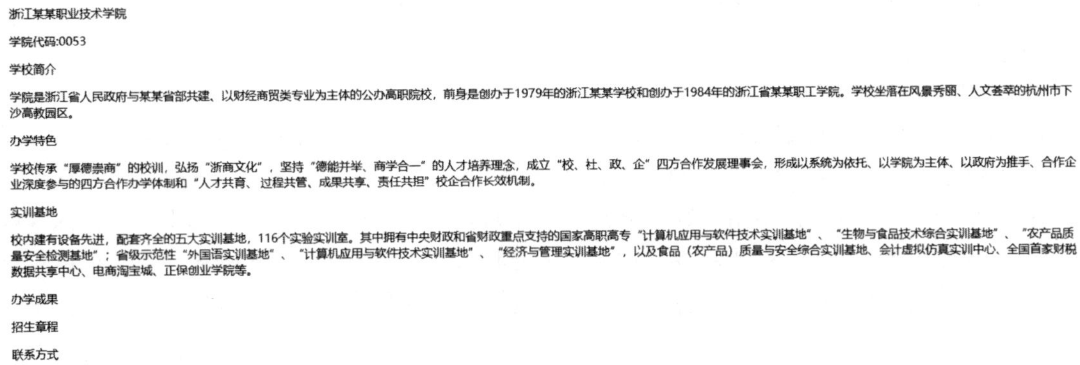

浙江某某职业技术学院

学院代码:0053

学校简介

学院是浙江省人民政府与某某省部共建、以财经商贸类专业为主体的公办高职院校，前身是创办于1979年的浙江某某学校和创办于1984年的浙江省某某职工学院。学校坐落在风景秀丽、人文荟萃的杭州市下沙高教园区。

办学特色

学校传承“厚德崇商”的校训，弘扬“浙商文化”，坚持“德能并举、商学合一”的人才培养理念，成立“校、社、政、企”四方合作发展理事会，形成以系统为依托、以学院为主体、以政府为推手、合作企业深度参与的四方合作办学体制和“人才共育、过程共管、成果共享、责任共担”校企合作长效机制。

实训基地

校内建有设备先进，配套齐全的五大实训基地，116个实验实训室。其中拥有中央财政和省财政重点支持的国家高职高专“计算机应用与软件技术实训基地”、“生物与食品技术综合实训基地”、“农产品质量安全检测基地”；省级示范性“外国语实训基地”、“计算机应用与软件技术实训基地”、“经济与管理实训基地”，以及食品（农产品）质量与安全综合实训基地、会计虚拟仿真实训中心、全国首家财税数据共享中心、电商淘宝城、正保创业学院等。

办学成果

招生章程

联系方式

图 6-1 招生宣传文本网页结构

5. 添加移动端设备的基本结构

现阶段移动端的使用越来越多，招生宣传单页主要在移动端应用中呈现给访问者。需要考虑采用移动设备的 HTML 基本结构，这里继续通过记事本编辑 index.html 文件。打开后，对原网页的头部文件<head>进行修改如下。

```
<html lang="zh-CN">
<head>
<meta charset="utf-8">
<meta name="viewport" content="width=device-width，initial-scale=1">
<title>浙江某某职业技术学院招生宣传</title>
</head>
<body>
…
</body>
</html>
```

6. 保存网页

任务分析

1. HTML

HTML（HyperText Markup Language，超文本标签语言）并不算是一种真正的程序语言，而是一种描述文档结构的语言。HTML 构成了网页文档的主体，已经成为 Internet 上描述网页内容和外观的标准，其他构成网页的语言或者脚本是建立在 HTML 之上的或是嵌入在 HTML 中使用的。

HTML 可以用纯文本编辑器（如 Windows 的记事本、写字板等）来编辑，也可以通过编辑器，如 Dreamweaver、Visual Studio Code、Notepad++等。通过创建 HTML 文件，将所需要表达的信息按某种规则写成 HTML 文件，通过浏览器来识别，并将这些 HTML 翻译成所见到的网页。HTML 文件一般以.htm 或.html 为扩展名。

HTML 当前最新的规范版本是 HTML5，它也代表了一系列 Web 相关技术的总称。HTML5 也是 HTML、XHTML 以及 HTML DOM 的新标准。可以说，HTML5 仍处于不断完善之中，但大部分浏览器已经具备了对 HTML5 的支持。对于之前 HTML4.01 版本，HTML5 保持了新功能与原有功能的平稳过渡。

2. HTML 的语法

HTML 是由标签、标签属性和内容注释构成的，用来描述网页上的各种元素。

（1）标签：用于标示描述功能的符号。通过相应的英文名称或者缩写字母嵌套在“<”与“>”里构成，例如<html>、<body>等。标签一般分为起始标签和结束标签，其中，起始标签由<标签名>组成，如<html>；结束标签由</标签名>组成，如</html>。由起始标签和结束标签构成的标签，被称为双标签。也有一些标签只有起始标签，没有结束标签，被称为单标签，这类标签并不常见，例如
、<hr>等。

（2）属性：用于进一步描述该标签。属性的位置在起始标签内。一个标签可以有多个属性项，各属性项次序不影响属性产生的效果，各属性之间须用空格分隔，空格数目也不影响属性的效果。带属性的起始标签的一般可表示为：<标签名称　属性名称=对应属性值……>。对应属性值可以用双引号包含，也可以不加。不用对每一个标签属性均设置值，每一个属性都有对应的默认属性值，若在标签属性中不设置新的值，则该属性值为默认值。

在 HTML 文档中，HTML 标签和属性的书写不区分大小写；HTML 标签可以嵌套但不能交叉；HTML 文档可以在一行上书写多个标签，也可以把一个标签包含的属性分为多行书写，但一个完整的单词不能分成两行写。

（3）内容注释：可对文档标签起注释的作用，可放在文档中的任何位置，用<!--……-->表示。在标签内的为注释内容，在浏览器预览时是不显示的。

3. HTML 的基本结构

HTML 文档以<html>标签开始，以</html>结束，其中可分为头部<head>和主体<body>两部分。所有 HTML 文档内容则分别嵌套入头部和主体部分的标签对之间。一个最基本的 HTML 网页代码如下。

```
<html>
    <head>
        <!--  网页头部内容 -->
```

```
    </head>
    <body>
        <!-- 网页主体内容 -->
    </body>
  <html>
```

头部标签<head>主要包括文档的一些基本说明信息，如文档标题、meta 信息等，若不需要头部信息，则可省略头部标签。另外，后面将会提到的 JavaScript 特效、CSS 样式一般也定义在头部标签中。头部标签中常用的标签是<title>和<meta>。

<title>标题标签只能在<head>标签对内出现。<title>标签所包含的内容通常可以在浏览器的标题栏中显示。

<meta>提供有关页面的元信息（meta-information），也是一个单标签，在一个页面的头部中可以有多个<meta>标签。<meta>标签的作用有：搜索引擎优化，定义页面使用的语言，自动刷新并指向新的页面，实现网页转换时的动态效果，控制页面缓冲，网页定级评价，控制网页显示的窗口等。常见属性如下。

（1）name 属性：常用于描述网页，如网页的关键词、叙述等。和 content 中的内容对应，便于搜索引擎抓取。主要就是对 keywords（关键字）和 description（网站内容描述）的设置。可以帮助主页被各大搜索引擎登录，提高网站的访问量。例如：

```
<meta name="keywords" content="电子商务，电子支付，科技，浙江">
<meta name="description" content="电子商务，电子支付，科技，浙江">
```

另外，name="viewport"可以设置移动端网页窗口的自适应。

（2）http-equiv 属性：相当于 HTTP 的文件头作用，可以向浏览器传回一些有用的信息，以帮助正确和精确地显示网页内容，也和 content 中的内容对应，content 中的内容其实就是各个参数的变量值。其中定义页面的使用语言，是<meta>标签最常见的功能，例如：

```
<meta http-equiv="Content-Type" content="text/html; charset=utf-8" >
```

还可以自动刷新并跳转指定页面，可以使页面自动在指定的时间内去访问指定的网页，例如：

```
<meta http-equiv="refresh"content="5;URL=http://www.sina.com">
```

指定使用浏览器，例如，优先使用 IE 最新版本和 Chrome：

```
<meta http-equiv="X-UA-Compatible" content="IE=edge，chrome=1">
```

主体标签<body>一般不省略，表示页面主体内容的开始和结束，在网页中看到的页面内容均包含在这对标签之间。<body>标签必须在<html>标签内，位于<head>头部标签之后，与<head>标签是并列关系。<body>有多种属性可以设置，这些属性的作用范围为整个页面，但在实际运用中，这些<body>对应的“页面属性”一般采用后面将会介绍的 CSS 样式来控制，而不建议使用对<body>的属性定义来实现。

4. 移动设备的 HTML 基本结构

现阶段借助移动设备来访问页面已经成为主流，页面设计不得不考虑对于移动设备的访问支持。最主要的问题就是分辨率尺寸，移动设备无法将普通网页全屏显示在移动设备上，虽然通过屏幕放大缩小也可访问传统的网页，但这样用户体验不佳，而且也会存在实际使用问题。

可在<head>之中添加 viewport 元数据标签：

```
<meta name="viewport" content="width=device-width， initial-scale=1">
```

在移动设备浏览器上，通过为 viewport 设置 meta 属性为 user-scalable=no 可以禁用其缩放（zooming）功能。这样禁用缩放功能后，用户只能滚动屏幕，让网站看上去更像原生应用的感觉。需要注意的是，这种方式并不推荐所有网站使用。

```
<meta name="viewport"content="width=device-width，initial-scale=1.0，
maximum-scale=1.0，minimum-scale=1.0，user-scalable=no"/>
initial-scale：初始的缩放比例。
minimum-scale：允许用户缩放到的最小比例。
maximum-scale：允许用户缩放到的最大比例。
user-scalable：用户是否可以手动缩放。
```

思维拓展：XML 与 XHTML。

XML（Extensible Markup Language，可扩展标签语言）与 IITML ·样，都是 SGML（Standard Generalized Markup Language，标准通用标签语言）。XML 是 Internet 环境中跨平台的，依赖于内容的技术，是主要用于处理结构化文档信息的工具。XML 和 HTML 是两种不同用途的标签语言。HTML 的重点是数据显示，XML 的重点是组织和描述信息。XML 包含一系列相关技术。

XHTML（Extensible HyperText Markup Language，可扩展超文本标签语言）的表现方式与 HTML 类似，不过语法上更加严格。从继承关系上讲，XHTML 基于 XML。XHTML1.0 是 W3C 的推荐标准。

XHTML 可以说是当前 HTML 的继承者。HTML 语法比较松散，这样对网页编写者来说比较方便；但对于机器来说，语言的语法越松散，处理起来就越困难；对于传统的计算机来说，还有能力兼容松散语法；但对于许多其他新设备，比如现在运用越来越广泛的手机，难度就比较大。所有的网页浏览器在正确解析 HTML 的同时，也兼容 XHTML。

5. 段落标签

当需要换段落另起一段时可以使用段落标签<p>，段落的结束使用标签</p>，一般可以将</p>省略，因为下一个<p>的开始就意味着上一个<p>的结束。

6. 换行标签

换行标签
是一个单标签，与段落标签的显示效果都是另起一行，换段则新起的一行与原行之间有一空行。另外，由于不属于同一段落，对齐方式可以不同。而通过换行标签
则是紧贴原行下方另起一行，仍属于同一段落。可以通过以下 HTML 代码感受它们的不同。

```
<html>
<head>
<title>换段换行标签示例</title>
</head>
<body>
这里显示的是换段效果<p>现在是另起一段</p>
这里显示的是换行效果<br>现在是另起一行
</body>
</html>
```

任务 1-2 HTML5 文本页面的制作

微课-Dreamweaver 的基本使用

任务描述

在通过前面任务完成的 HTML 简单文本页面的基础上，通过 Dreamweaver 来丰富页面内容，添加 HTML5 新增的结构，从而进一步掌握 HTML5 的特性及语法，掌握相应的文本标签运用。

微课-HTML5 的应用案例

任务实施

1. 创建站点

创建一个文件夹“web”作为本项目后续操作管理的文件夹，然后把 default.html 页面保存到该文件夹中，另外再建一个文件夹“images”用于保存图像文件。然后通过 Dreamweaver 创建站点进行关联。

2. 另存网页

通过 Dreamweaver 打开 default.html 页面，然后选择“文件”|“另存为”命令，将页面另存为 index.html 到文件夹中。

3. 增加 HTML5 结构化标签

在 HTML5 里一个普通的网页可以将结构分为头部、导航、文章内容、边栏以及底部等模块，这样能够更好地理解整个页面结构布局。将 index.html 页面切换到代码视图，对该网页进行修改如下。

```
<body>
    <header>
     <p>浙江某某职业技术学院</p>
     <p>学院代码:0053</p>
    <nav></nav>
    </header>
    <article>
     <section>
    <p>学校简介</p>
    <p>学院是浙江省人民政府与某某省部共建、以财经商贸类专业为主体的公办高职院校，前身是创办于 1979 年的浙江某某学校和创办于 1984 年的浙江省某某职工学院。学校坐落在风景秀丽、人文荟萃的杭州市下沙高教园区。</p></section>
    <section>
    <p>办学特色</p>
    <p>学校传承“厚德崇商”的校训，弘扬“浙商文化”，坚持“德能并举、商学合一”的人才培养理念，成立“校、社、政、企”四方合作发展理事会，形成以系统为依托、以学院为主体、以政府为推手、合作企业深度参与的四方合作办学体制和“人才共育、 过程共管、成果共享、责任共担”校企合作长效机制。</p></section>
    </article>
    <article>
     <section>
    <p>实训基地</p>
    <p>校内建有设备先进，配套齐全的五大实训基地，116 个实验实训室。其中拥有中央财政和省财政重点支持的国家高职高专“计算机应用与软件技术实训基地”、“生物与食品技术综合实训基地”、“农产品质
```

```
量安全检测基地”；省级示范性“外国语实训基地”、“计算机应用与软件技术实训基地”、“经济与管理实训基地”，以及食品（农产品）质量与安全综合实训基地、会计虚拟仿真实训中心、全国首家财税数据共享中心、电商淘宝城、正保创业学院等。</p></section>
        </article>
        <article>
          <section>
        <p>办学成果</p></section>
          <section>
        <p>招生章程</p></section>
          <section>
        <p>联系方式</p></section>
        </article>
        <footer>Copyright &copy; 2020 高考招生指南 浙江某某</footer>
    </body>
```

4. 在网页中使用标题、段落和分割水平线

一般页面布局都有标题、章和节等结构，HTML 也提供了相应的标题标签，为了加强分割还可以添加水平线进行内容结构之间的分割。这里选取主体内容中的“学校简介”“办学特色”“实训基地”等章节内容进行修改如下。

```
    …
    <section>
        <h3>学校简介</h3>
        <hr>
        <p>学院是浙江省人民政府与某某省部共建、以财经商贸类专业为主体的公办高职院校，前身是创办于 1979 年的浙江某某学校和创办于 1984 年的浙江省某某职工学院。学校坐落在风景秀丽、人文荟萃的杭州市下沙高教园区。</p></section>
        <section>
        <h3>办学特色</h3>
        <hr>
        <p>学校传承“厚德崇商”的校训，弘扬“浙商文化”，坚持“德能并举、商学合一”的人才培养理念，成立“校、社、政、企”四方合作发展理事会，形成以系统为依托、以学院为主体、以政府为推手、合作企业深度参与的四方合作办学体制和“人才共育、 过程共管、成果共享、责任共担”校企合作长效机制。</p></section>
        </article>
        <article>
         <section>
        <h3>实训基地</h3>
        <hr>
        <p>校内建有设备先进，配套齐全的五大实训基地，116 个实验实训室。其中拥有中央财政和省财政重点支持的国家高职高专“计算机应用与软件技术实训基地”、“生物与食品技术综合实训基地”、“农产品质量安全检测基地”；省级示范性“外国语实训基地”、“计算机应用与软件技术实训基地”、“经济与管理实训基地”，以及食品（农产品）质量与安全综合实训基地、会计虚拟仿真实训中心、全国首家财税数据共享中心、电商淘宝城、正保创业学院等。</p></section>
        </article>
        <article>
          <section>
        <h3>办学成果</h3>
        <hr></section>
    …
```

5. 在网页中添加列表

在网页中大部分信息可以通过列表形式显示，如咨询列表、排行信息、分类列表等，通过列表结构能够更为有效地对信息进行管理和定义。这里在“实训基地”部分，可以添加对具体 5 个基地的列表化说明。对于这一部分的修改可为：

```
…
<article>
      <section>
    <h3>实训基地</h3>
    <hr>
    <p>校内建有设备先进，配套齐全的五大实训基地，116 个实验实训室。其中拥有中央财政和省财政重点支持的国家高职高专“计算机应用与软件技术实训基地”、“生物与食品技术综合实训基地”、“农产品质量安全检测基地”；省级示范性“外国语实训基地”、“计算机应用与软件技术实训基地”、“经济与管理实训基地”，以及食品（农产品）质量与安全综合实训基地、会计虚拟仿真实训中心、全国首家财税数据共享中心、电商淘宝城、正保创业学院等。</p></section>
    <section>
      <ul>
        <li>工商管理实训中心</li>
         <li>经济与管理实训基地</li>
         <li>淘宝城电子商务综合实训中心</li>
         <li>三维交互实训中心</li>
         <li>生物与食品技术综合实训基地</li>
         <li>外国语实训基地同声传译实训中心</li>
      </ul>
    </section>
    </article>
…
```

6. 保存后查看网页源代码

保存后，通过浏览器打开的网页进行预览，也可以通过浏览器选项可以查看该网页的源文件，如图 6-2 所示。

```
<!doctype html>
<html>
<head>
<meta charset="utf-8">
<meta name="viewport" content="width=device-width,initial-scale=1">
<title>浙江某某职业技术学院招生宣传</title>
</head>

<body>
    <header>
     <h2>浙江某某职业技术学院</h2>
     <p>学院代码:0053</p>
     <nav></nav>
    </header>
    <article>
     <section>
     <h3>学校简介</h3>
     <hr>
     <p>学院是浙江省人民政府与某某省部共建、以财经商贸类专业为主体的公办高职院校，前身是创办于1979年的浙江某某学校和创办于1984年的浙江省某某职工学院。学校坐落在风景秀丽、人文荟萃的杭州市下沙高教园区。</p></section>
     <section>
     <h3>办学特色</h3>
     <hr>
     <p>学校传承“厚德崇商”的校训，弘扬“浙商文化”，坚持“德能并举、商学合一”的人才培养理念，成立“校、社、政、企”四方合作发展理事会，形成以系统为依托、以学院为主体、以政府为推手、合作企业深度参与的四方合作办学体制和“人才共育、 过程共管、成果共
    </article>
    <article>
     <section>
     <h3>实训基地</h3>
     <hr>
     <p>校内建有设备先进，配套齐全的五大实训基地,116个实验实训室。其中拥有中央财政和省财政重点支持的国家高职高专“计算机应用与软件技术实训基地”、“生物与食品技术综合实训基地”、“农产品质量安全检测基地”；省级示范性“外国语实训基地”、“计算机应用与
     <section>
      <ul>
        <li>工商管理实训中心</li>
        <li>经济与管理实训基地</li>
        <li>淘宝城电子商务综合实训中心</li>
        <li>三维交互实训中心</li>
        <li>生物与食品技术综合实训基地</li>
        <li>外国语实训基地同声传译实训中心</li>
      </ul>
      </section>
    </article>
    <article>
      <section>
    <h3>办学成果</h3></section>
      <section>
    <h3>招生章程</h3></section>
      <section>
    <h3>联系方式</h3></section>
    </article>
    <footer>Copyright &copy; 2020 高考招生指南 浙江某某</footer>
```

图 6-2　index.html 网页源文件

任务分析

1. HTML5 的新语法

HTML5 的主要语法基本沿用之前的 HTML 语法，从而体现平稳过渡，但整体更简单，更具人性化，主要体现在以下一些方面。

（1）文档声明：用于告知浏览器的解析器用什么文档标准解析这个文档（标准模式）。若声明错误或未声明会导致文档以兼容模式/混杂模式呈现。在之前的 HTML4.01 版本中，每个网页的文档规定了三种不同的<!DOCTYPE>声明，分别是 Strict、Transitional 和 Frameset。其中常见的 Transitional 的声明，表示允许使用表现性、废弃的元素（如 font），但不允许使用框架集（如 frameset），具体声明内容如下。

```
<!DOCTYPE HTMLPUBLIC "-//W3C//DTD HTML 4.01Transitional//EN"
"http://www.w3.org/TR/html4/loose.dtd">
```

而 HTML5 只有一种<!DOCTYPE>声明，表示其是 HTML5 标准：

```
<!DOCTYPE html>
```

（2）字符集：如需正确地显示 HTML 页面，浏览器必须知道使用何种字符集。之前的版本中，默认的标准字符集写法为：

```
<meta http-equiv="Content-Type" content="text/html; charset=utf-8" >
```

而 HTML5 中简化为：

```
<meta charset="utf-8">
```

UTF-8 来源于 Unicode 联盟开发的 Unicode 标准。目标是用标准的 Unicode 转换格式（UTF）来取代现有的字符集。UTF-8 中的字符可以是 1～4B 长。UTF-8 可以表示 Unicode 标准中的任意字符。UTF-8 向后兼容 ASCII，是网页和电子邮件的首选编码。

（3）标签省略：有些结构标签可以完全省略，如<html>、<head>、<body>、<colgroup>、<tbody>等。有些双标签也可以省略结束符，如<li>、<dt>、<dd>、<p>、<option>、<colgroup>、<tbody>、<tr>、<td>、<th>等。例如在 HTML5 中，段落标签可以如此使用：<p>段落。

（4）属性值省略引号：当属性值不包括空字符串、“<”“>”“=”、单引号、双引号等字符时，属性两边的引号可以省略。若属性有空格还是必须有单引号或者双引号。

（5）布尔值：HTML5 中增加布尔值，有属性为 true，没有属性为 false。对于布尔类型的属性，如 readonly、disabled，checked、selected，当它们不写值的时候，就默认是 true。也就是只要写了这个属性，属性立马生效。例如之前 HTML 版本中，<input type="checkbox" checked="checked">表示这个复选框被选中。在 HTML5 中则写为<input type="checkbox" checked>。

可以说，HTML5 中做了很多人性简化，但是对于标签大小写还是建议小写，引号建议使用双引号，可以省略的标签在发送 HTML5 邮件时可以把<html><body>之类的省略掉，但是通常情况不建议省略，这样做可使整个 HTML 文档更加规范化。

2. HTML 块级元素与内联元素

大多数 HTML 元素被定义为块级元素或内联元素。

块级元素：显示在一块内，会自动换行，元素会从上到下垂直排列，各自占一行，如<p>、

<h1>、<div>等标签元素。

内联元素：元素在一行内水平排列，高度由元素的内容决定，height 属性不起作用，如<span>、<a>等标签元素。

一般来说，常通过<div>和<span>将 HTML 元素组合起来。

<div>标签是块级元素，它是可用于组合其他 HTML 元素的容器。浏览器通常会在<div>标签前后放置一个换行符。<div>标签没有特定的含义，可以把文档分割为独立的、不同的部分。它可以用作严格的组织工具，并且不使用任何格式与其关联。如果与 CSS 一同使用，<div>标签可用于对大的内容块设置样式属性。其语法形式如下。

```
<div>…任何网页元素（标签）</div>
```

<div>标签的另一个常见的用途是文档布局。它取代了使用表格定义布局的老方法。使用<table>标签进行文档布局不是表格的正确用法。<table>标签的作用是显示表格化的数据。

<span>标签是内联元素，可用作文本的容器，用来组合文档中的行内元素。同样，<span>标签也没有特定的含义。<span>标签在行内定义一个区域，也就是一行内可以被<span>划分成好几个区域。当与 CSS 一同使用时，<span>标签可用于为部分文本设置样式属性。其语法形式如下。

```
<span>要修改样式的文字</span>
```

3. HTML5 新增的结构标签

随着网页标准化的推行，很多网页在布局时都采用了 DIV+CSS 的布局方式。而当搜索引擎去抓取页面内容的时候，它只能猜测页面中的某个 DIV 内的内容是文章内容容器，或者是导航模块的容器等。在页面中只有 DIV 来定义时，可以说整个 HTML 文档结构定义不清晰，语义化是不明确的。在 HTML5 中，为了使文档的结构更加清晰明确，专门添加了页眉、页脚、导航、文章内容等跟结构相关的结构元素标签。这些结构标签可以用于页面布局，如图 6-3 所示。

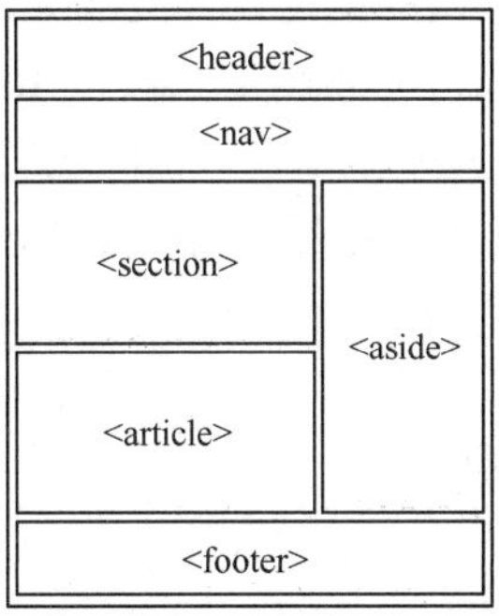

图 6-3　HTML5 新结构标签布局

1）<header>标签

<header>标签定义文档的页眉，通常是一些引导和导航信息。它不局限于写在网页头部，也可以写在网页内容里面。<header>标签至少包含（但不局限于）一个标题标签（<h1>～<h6>），还可以包括其他标签，如表格、列表、表单、<nav>标签等。

2）<nav>标签

nav 标签代表页面的一个部分，是一个可以作为页面导航的链接组，其中的导航元素链接到其他页面或者当前页面的其他部分，使 HTML 代码在语义化方面更加精确，同时对于屏幕阅读器等设备的支持也更好。

3）<section>标签

<section>标签定义文档中的节。<section>元素是对页面文档结构进行划分的最基本的也是最主要的结构元素，主要用来对网站或应用程序中的页面上的内容进行层次结构上的划分，如章节、页眉、页脚或文档中的其他部分。<section>一般用于成节的内容，会在文档流中开始一个新的节，用来表现普通的文档内容或应用区块，通常由内容及其标题组成。但<section>元素标签并非一个普通的容器元素，它表示一段专题性的内容，一般会带有标题。当需要描述一件

具体的事物的时候，通常鼓励使用<article>来代替<section>；当一个容器需要被直接定义样式或通过脚本定义行为时，推荐使用<div>元素而非<section>。

4）<article>标签

<article>标签代表文档、页面或应用程序中独立的、完整的、可以独自被外部引用的内容，也就是“正文”的部分。它可以是一篇博客或报刊中的文章、一篇论坛帖子、一段用户评论或独立的插件，或其他任何独立的内容。除了内容部分，一个<article>标签通常有它自己的标题，有时还有自己的脚注。在一个<section>或<article>元素内，应该只有一个标题，如果有两个标题，则第二个标题会被隐式放入一个新的<section>元素内。

5）<aside>标签

通常用来描述与文档主体内容不相关的内容，被视为页面里面一个单独的部分。它包含的内容与页面的主要内容是分开的，可以被删除，而不会影响到网页的内容、章节或是页面所要传达的信息。例如广告、成组的链接、侧边栏等。

6）<footer>标签

<footer>标签定义<section>或<document>的页脚。在典型情况下，该元素会包含创作者的姓名、文档的创作日期以及/或者联系信息。它和<header>标签的使用基本一样，可以在一个页面中多次使用，如果在一个区段的后面加入<footer>，那么它就相当于该区段的页脚了。

思维拓展：HTML5 的革新意义。

（1）语义网（Semantics）：提供了丰富的语义化标签。

（2）离线&存储（Offline & Storage）：HTML5 App Cache，Local Storage，Indexed DB 和 File API 使 Web 应用程序更加迅速，并提供了离线使用的能力。

（3）设备访问（Device Access）：增强了设备感知能力，使得 Web 应用在桌面计算机、PAD、智能手机上均能使用。

（4）通信（Connectivity）：增强了通信能力，意味着增强了程序的交互实时性和网络游戏的顺畅性。

（5）呈现（CSS3）：CSS3 可以很高效地实现页面特效，并不会影响页面的语义和性能。

（6）性能和集成（Performance & Integration）：Web Worker 让浏览器可以多线程处理后台任务而不阻塞用户界面渲染。同时，性能检测工具方便评估程序性能。

（7）绘画图形和特效（3D，Graphics & Effects）：Canvas、SVG 和 WebGL 等功能使得图形渲染更高效，页面效果更加炫酷。

（8）多媒体（Multimedia）：增加 Web 中音频、视频等多媒体播放能力，减少对插件的依赖。

4. 标题标签

HTML 提供了 6 个级别的标题，*n* 值越小，标题字号就越大。<h1>定义最大的标题，<h6>定义最小的标题。在这些标签中嵌套的文字元素显示黑体字体且自动插入一个空行。

5. 水平线标签

在屏幕上显示一条水平线段，可从视觉上将页面分割成不同部分。

6. 无序列表标签

无序列表<ul>标签用来将“标签内容”以列表的方式显示，列表项目无先后顺序之分，也就是没有编号。列表内的数据项以<li>标签来列举，<ul>标签中的<li>标签项目数据默认会加上一个圆点符号。无序列表是一个项目的列表，此列项使用实心圆进行标签。列表项内部可以使用段落、换行符、图片、链接以及其他列表等。其语法形式如下。

```
<ul>
    <li>无序列表项 1</li>
    <li>无序列表项 2</li>
          ……
</ul>
```

思维拓展：有序列表标签。

有序列表也是一列项目的列表，列表项目使用有序的标签进行标签。有序列表始于<ol>标签。每个列表项同样始于<li>标签。定制有序列表中的序号通过属性 type 的属性值 A,a,I,i,1 等来决定。有序列表标签的起始值，可以通过设置<ol>的属性 start 的属性值来完成，属性值为数值，如下。

```
<ol start=3>
<li type="a">主页采用“回字型”布局</li>
<li type="a">二级页面采用“左拐角”布局</li>
</ol>
```

7. 嵌套列表

当一个列表内容里还有细分的列表时，就需要嵌套一个列表进去。同样，在<li>标签里放<ul>标签或<ol>标签进行层次嵌套。

思维拓展：自定义列表标签。

自定义列表不仅是一列项目，而是项目及其注释的组合。自定义列表以<dl>标签开始。每个自定义列表项以<dt>开始。每个自定义列表项的定义以<dd>开始。例如：

```
<dl>
<dt>好物上新</dt>
<dd>最新款上架商品 </dd>
<dt>超值特惠</dt>
<dd>本期主打活动产品</dd>
<dt>智能好物</dt>
<dd>由第三方生产的周边产品</dd>
</dl>
```

在实际运用中，常使用无序列表来实现导航和新闻列表的设置，使用有序列表实现条文款项的表示，使用定义列表来制作图文混排的排版模式。

8. HTML 的特殊符号

HTML 中经常会用到一些特殊符号，如箭头、雪花、心形等，这些符号就不用 CSS 样式或者图片来写了，直接用 HTML 特殊符号可以实现。另外，还有一些例如空格、<、>等在 HTML 中具有特殊作用的标号，若要能够在网页中正确显示也需要使用特殊符号，常见特殊符号如图 6-4 所示。

思维拓展：文本格式化标签。

HTML 可以定义一些文本修饰效果，供格式化输出，如粗体和斜体字。常见标签如下。

HTML原代码	显示结果	描述
<	<	小于号或显示标记
>	>	大于号或显示标记
&	&	可用于显示其他特殊字符
"	″	引号
®	®	已注册
©	©	版权
™	™	商标
		半个空白位
		一个空白位
		不断行的空白

图 6-4　常见 HTML 特殊符号

<b>：定义粗体文本。
<big>：定义大号字。
<em>：定义着重文字。
<i>：定义斜体字。
<small>：定义小号字。
<strong>：定义加重语气。
<sub>：定义下标字。
<sup>：定义上标字。
<ins>：定义插入字。
<del>：定义删除字。

思维拓展：定义预格式文本标签。

可定义预格式化的文本，被包围在标签中的文本通常会保留空格和换行符，而文本也会呈现为等宽字体。<pre>标签常用来表示计算机的源代码。例如：

```
<pre>
for i=1 to 10
     print i
next i
</pre>
```

任务二　HTML5 宣传图文单页的制作

任务导入

本任务继续通过编写 HTML5 文档来制作学院招生的简单页面，通过添加图片、制作表格来优化页面效果，同时进一步熟悉常用的 HTML5 标签以及使用 Dreamweaver 编写网页，理解超链接的应用。

任务 2-1　HTML5 宣传图文页面的制作

微课-通过 HTML5 制作图文网页

任务描述

给前一任务网页中增加图像文件和表格，将之前基础文本页转变为图文结合的页面呈现。从而进一步掌握 HTML5 标签的应用。

任务实施

1. 管理站点网页

找到前一任务创建的文件夹 Web，将本任务中需要使用的图像复制粘贴到该文件的 Images 文件夹中。然后通过 Dreamweaver 管理站点，切换到该任务的本地站点，打开 index.html。

2. 分析网站顶部

为了增加效果，考虑在原文字内容前面先插入头部图像，以及将原有的浙江某某职业技术学院和学院代码 0053 也用相应图像代替。而<nav>导航标签则继续空着保留，将原有的<header>标签部分改写为如下内容。

```
<header>
<div><img src="images/zs_head.jpg" width="750" height="695" alt=""></div>
<div><img src="images/zs_logo.jpg" width="750" height="146" alt=""></div>
<nav></nav>
</header>
```

3. 分析页面主体

首先对原页面中包含“学院简介”和“办学特色”这两部分的<article>标签内容进行优化。这两部分都是分为题目、分割线和具体内容，考虑在对应的<section>标签内插入一个三行一列的表格，分别放置标题对应的图片、分割线和文案内容。这里文案部分由于 HTML 中需要采用 ；来代表空格进行占位，中文的空两格和标题图标的对齐不方便设置，这里直接采用<pre>标签的预设格式化控制，在代码中调整好相应的距离。这部分的代码修改后如下。

```
<article>
 <section>
<table width="750" border="0" cellpadding="0" cellspacing="0">
    <tr>
      <td><img src="images/zs_01.jpg" width="676" height="136" alt=""></td></tr>
    <tr><td><hr></td></tr>
    <tr><td>
    <big>
      <pre>
        学院是浙江省人民政府与某某省部共建、以财经商贸类专业为主体的公办高
    职院校，前身是创办于 1979 年的浙江某某学校和创办于 1984 年的浙江省某某职
    工学院。学校坐落在风景秀丽、人文荟萃的杭州市下沙高教园区。</pre></big>
      </td>
    </tr>
 </table>
```

```
</section>
<section>
<table width="750" border="0" cellpadding="0" cellspacing="0">
        <tr>
          <td><img src="images/zs_02.jpg" width="750" height="128" alt=""></td></tr>
        <tr><td><hr></td></tr>
        <tr><td>
        <big>
          <pre>
              学校传承“厚德崇商”的校训，弘扬“浙商文化”，坚持“德能并举、商学
        合一”的人才培养理念，成立“校、社、政、企”四方合作发展理事会，形成以
        系统为依托、以学院为主体、以政府为推手、合作企业深度参与的四方合作办学
        体制和“人才共育、 过程共管、成果共享、责任共担”校企合作长效机制。</pre></big>
          </td>
        </tr>
</table>
</section>
</article>
```

保存后，通过按 F12 键进行浏览器预览，效果如图 6-5 所示。

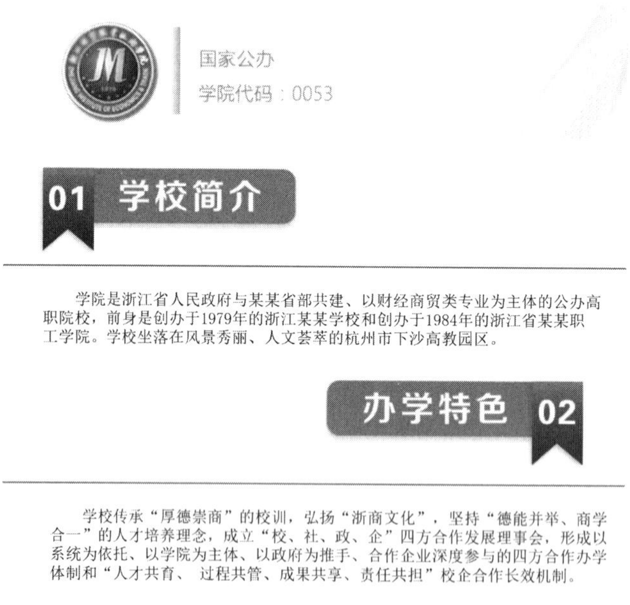

图 6-5 “学校简介”和“办学特色”部分预览效果

接着对实训基地的<article>进行处理，这里只是简单地将文字、分割线和列表内容放置到一个三行一列 750px 宽的表格当中。

```
<article>
        <section>
      <table width="750" border="0" cellpadding="0" cellspacing="0" >
        <tr><td><h3>实训基地</h3></td>
        </tr>
```

```
    <tr><td><hr></td>
    </tr>
     <tr><td><p>校内建有设备先进，配套齐全的五大实训基地，116 个实验实训室。其中拥有中央财政和省财政重点支持的国家高职高专"计算机应用与软件技术实训基地"、"生物与食品技术综合实训基地"、"农产品质量安全检测基地"；省级示范性"外国语实训基地"、"计算机应用与软件技术实训基地"、"经济与管理实训基地"，以及食品（农产品）质量与安全综合实训基地、会计虚拟仿真实训中心、全国首家财税数据共享中心、电商淘宝城、正保创业学院等。
    </p></td>
    </tr>
  </table>
  </section>
  <section>
    <ul>
      <li>工商管理实训中心</li>
      <li>经济与管理实训基地</li>
      <li>淘宝城电子商务综合实训中心</li>
      <li>三维交互实训中心</li>
      <li>生物与食品技术综合实训基地</li>
      <li>外国语实训基地同声传译实训中心</li>
    </ul>
  </section>
  </article>
```

后面的办学成果则用一张图片素材 zs_03.jpg 直接替代。招生简章部分同样建一个三行一列 750px 宽的表格，第一行插入标题图片素材 zs_04.jpg，第二行插入分割线，第三行为具体内容。由于具体内容为图片组合，为了更好地布局，在第三行的单元格内插入一个三行四列的表格。第一行的四个单元格进行合并，插入用于交互的图片素材 zsjz05.jpg；第二行的四个单元格中分别插入图片素材 zsjz01.jpg、zsjz02.jpg、zsjz03.jpg 和 zsjz04.jpg，再将整个表格的背景颜色设置为#f8f8f8，与这些图片素材的背景颜色相近；第三行的四个单元格中分别输入对应文字"招生简章""招生计划""专业介绍"和"常见问答"，且将四个单元格均设为水平居中。最后联系方式插入一个两行一列表格，第一行用图片素材 zs_05.jpg 代替联系方式，第二行插入二维码图片素材 zs_051.jpg，再将该单元格设置水平居中对齐。这部分的代码修改如下，预览效果如图 6-6 所示。

```
<article>
    <section>
  <table width="750" border="0" cellpadding="0" cellspacing="0" >
    <tr>
      <td>
     <img src="images/zs_03.jpg" width="750" height="448" alt=""></td>
    </tr>
  </table>
  </section>
    <section>
```

```
    <table width="750" border="0" cellpadding="0" cellspacing="0" >
      <tr>
        <td>
        <img src="images/zs_04.jpg" width="750" height="119" alt=""></td>
      </tr>
      <tr>
        <td><hr></td>
      </tr>
      <tr><td><table width="200" border="0" cellpadding="0" cellspacing="0" bgcolor="#f8f8f8">
   <tr>
     <td colspan="4"><img src="images/zsjz05.jpg" width="750" height="80" alt=""></td>
     </tr>
   <tr>
     <td><img src="images/zsjz01.jpg" width="172" height="200" alt=""></td>
     <td><img src="images/zsjz02.jpg" width="166" height="200" alt=""></td>
     <td><img src="images/zsjz03.jpg" width="170" height="200" alt=""></td>
     <td><img src="images/zsjz04.jpg" width="160" height="200" alt=""></td>
   </tr>
   <tr>
     <td align="center"><h3>招生简章</h3></td>
     <td align="center"><h3>招生计划</h3></td>
     <td align="center"><h3>专业介绍</h3></td>
     <td align="center"><h3>常见问答</h3></td>
   </tr>
</table>
</td>
      </tr>
    </table>
    </section>
      <section>
        <table width="750" border="0" cellpadding="0" cellspacing="0" >
      <tr>
        <td>
        <img src="images/zs_05.jpg" width="750" height="156" alt=""></td>
      </tr>
      <tr>
          <td align="center"><img src="images/zs_051.jpg" width="400" height="432" alt=""></td>
      </tr>
    </table>
      </section>
    </article>
```

4. 分析网站底部

页面底部为版权信息等，这里不做修改。

5. 保存更新网页

图 6-6　办学成果、招生简章和联系方式部分预览效果

任务分析

1. 网页常用图像格式

网页中使用的图像格式需要能够被每一个操作平台所接受，现阶段最为常用的图像格式是 GIF、JPEG 和 PNG。

（1）GIF 格式的特点就是容量小、压缩率高、支持透明背景，再加上 GIF 在各种平台上都可使用，所以很适合在互联网上使用。但 GIF 只能处理 256 色，所以 GIF 格式适合 logo、商标、栏目的标题或其他不超过 256 色的图像。

（2）JPEG 格式通常用来保存超过 256 色的图像格式，一般照片素材都使用该类格式。JPEG 的压缩过程会造成一些图像数据的损失，所造成的“损失”是剔除一些视觉上不容易察觉的部分。

（3）PNG 格式是指“可移植网络图形”，它提供了将图像文件以最小的方式压缩却又不造成图像失真的技术。PNG 格式不仅具备了 GIF 图像格式的大部分优点，而且还支持 48 位的色彩，更快的交错显示，跨平台的图像亮度控制，更多层的透明度设置，结合了 GIF 和 JPEG 图片的优势，是 GIF 格式很好的替代品。

2. 图像标签语法

图像标签<img>的作用为在页面上插入并显示图像。它也是一个单标签，在 HTML 文件中没有终止标签，需要说明的是：XHTML 严格要求单标签在闭合中必须加斜杠，也就是<img/>，但是在新的 HTML5 规范中则是不需要加斜杠的，而在兼容时需加斜杠。

其语法形式如下：

```
<img src="url">
```

在该语法中，src 的参数用来设置图像文件所在的路径，这一路径可以是绝对路径，也可以是相对路径。

1）绝对路径

绝对路径是指文件在硬盘上真正存在的路径。例如，zs_logo.jpg 这个图片是存放在计算机硬盘的“D:\网页\项目六素材\web”目录下，那么 zs_logo.jpg 这个图片的绝对路径就是“D:\网页\项目二\ep \zs_logo.jpg”。对应使用绝对路径指定图片来源就是：

```
<img src=" D:\网页\项目六素材\web \zs_logo.jpg " >
```

2）相对路径

相对路径，就是相对于自己的目标文件位置。假如在 index.htm 文件里需要使用 zs_logo.jpg 图片，由于 zs_logo.jpg 图片相对于 index.htm 来说是在同一个目录的，对应使用相对路径指定图片来源，就可以使用语句<img src=" zs_logo.jpg ">。

如果 index.html 文件所在目录为“D:\网页\项目六素材\web”，而 zs_logo.jpg 图片所在目录为“D:\网页\项目六素材\web \images”，那么 zs_logo.jpg 图片相对于 index.htm 文件来说，是在其所在目录的 images 子目录里，则要使用语句<img src=" images/ zs_logo.jpg.jpg ">。

在网页编程时，很少会使用绝对路径，这是因为采用绝对路径来指定图片路径，在自己的计算机上浏览可能会一切正常，但是上传到 Web 服务器上浏览就很有可能不会显示图片了。因为上传到 Web 服务器上时，可能整个网站并没有放在 Web 服务器的 E 盘，有可能是 D 盘或 H 盘。即使放在 Web 服务器的 E 盘里，Web 服务器的 E 盘里也不一定会和本地计算机上的路径相同，因此在浏览网页时不能正常显示图片。而使用相对路径时，只要文件的相对位置没有变，那么无论上传到 Web 服务器的哪个位置，在浏览器里都能正确地显示图片。

另外，在相对路径里常使用“../”来表示上一级目录。如果有多个上一级目录，可以使用多个“../”。

3. 设置图像属性

1）图像的幅面大小

在网页中直接添加图片时，图片的大小和原图是相同的。而在实际应用时，可以通过 width 属性和 height 属性分别设置图片的宽度和高度。其语法形式如下。

```
<img src="图像文件的地址"width=图像的宽度 height=图像的高度>
```

除了使用绝对像素值来定义图像的幅面大小以外，还可以使用百分比作为 width 属性和

height 属性值，例如，下面的代码将图片缩放到原始尺寸的 60%。

```
<img src="images/zs_logo.jpg" width="60%" height="60%">
```

在学习 CSS 样式定义后，更多的还是使用样式表为其定义图片的 width 属性和 height 属性。

2）图像的备用说明

也是添加图像后默认添加的属性，用于处理添加的图像不存在的情况，或者一些用户为了提高浏览速度而关闭了图片下载时显示，如图 6-7 所示。左侧为正常显示图片，右侧为不能正常显示时，显示 alt 属性赋值的文字内容。alt 的作用很重要，它的内容会显示在浏览器中，被搜索引擎作为图片的描述关键字计入网页权重。其语法形式如下。

```
<img src="图像文件的地址"  alt="图片的备用说明">
```

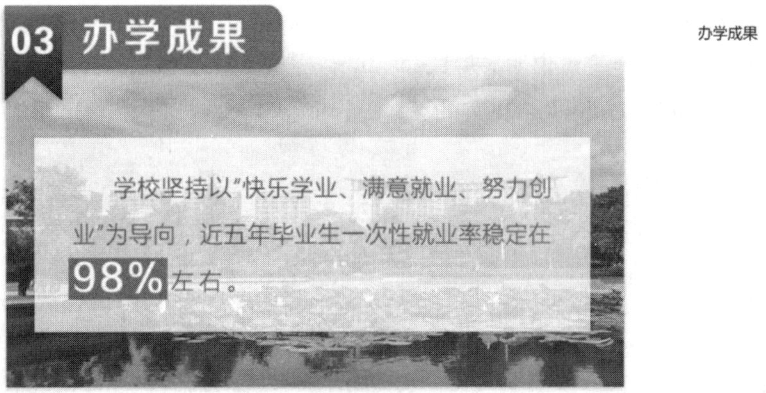

图 6-7　alt 属性的显示效果对比

3）图片的说明

title 属性是对图片的文字说明，如果把鼠标放在图片上稍做停留，title 属性的值就会以浮动的形式显示出来。另外就是在浏览器尚未完全读入图像时，在图像位置处也会显示该文字说明，效果如图 6-8 所示。其语法形式如下。

```
<img src="图像文件的地址"  title="图片的说明">
```

图 6-8　title 属性的显示效果

4. 表格标签

表格的作用是组织信息，也可以作为页面布局的方式。HTML 表格就像是电子表格，由行和列构成，每个表格单元格处于行和列的交汇处。整体表格由<table>标签来定义，以<table>标签开始，</table>标签结束。表格中的行元素由<tr>标签来定义，每一行都以<tr>标签开始，</tr>标签结束。表格中的单元格以<td>标签来定义，每个单元格都以<td>标签开始，</td>标签结束。表格单元格可包含文本、图片和其他的 HTML 元素。这三个标签是逐层包含的关系，语法形式可如下表示。

```
<table>
    <tr>
        <td>单元格内的文字</td>
        …
    </tr>
    <tr>
        <td>单元格内的文字</td>
        …
    </tr>
    …
</table>
```

另外，可以通过<th>…</th>标签对来定义表头单元格，该标签和<td>的区别在于表头单元格内的内容以黑体显示且居中对齐。<caption>…</caption>标签可以用于定义整个表格的标题文字，对表格的目的做一个简单说明。并且<caption>标签必须紧接着<table>的开始标签后被定义，一个<table>中仅能包含一对<caption>标签。其语法形式如下。

```
<table>
    <caption>这是我的表格说明</caption>
    <tr>…</tr>
    …
</table>
```

1）表格中的空单元格

在大多数浏览器中，没有内容的空单元格的边框不会显示，为了避免这种情况，可以在空单元格中添加一个空格占位符“ ”，就可以将边框显示出来。

2）单元格边框

在创建表格中如果不定义边框属性，表格将不显示边框。如果要显示边框，需要对表格边框属性 border 定义属性值。例如：

```
<table  border="1">…</table>
```

表格属性值的单位为 px，该例表示整个表格边框显示且宽度为 1px。

3）颜色和背景属性

边框颜色属性 bordercolor，可以定义整个表格边框的颜色或者单元格边框的颜色，当表格边框被显示时有效。当单元格定义了和整个表格不同的颜色时，单元格部分以单元格颜色为基准。

背景颜色属性 bgcolor，可以定义整个表格的背景颜色或者单元格的背景颜色，当单元格定义了和整个表格不同的颜色时，单元格部分以单元格颜色为基准。

背景图片属性 background，可以定义整个表格的背景图片或者单元格的背景图片，当单元格定义了和整个表格不同的背景图片时，单元格部分以单元格背景图片为基准。

以上这几类属性现常用 CSS 定义，而不在表格中以属性定义。

4）表格间距和填充属性

表格间距属性 cellspacing，设置表格中单元格之间的空白量，即各个单元格之间的距离，以 px 为单位。

表格填充属性 cellpadding，设置表格中单元格的内部空白量，即单元格内填充的元素与单元格边框间的距离，以 px 为单位。

一般定义值为 0 后才表示没有间距和填充的值存在。

5）表格对齐属性

align 设置水平对齐方向，对应的属性值分别为 left（左对齐）、center（居中对齐）和 right（右对齐）。

valign 设置垂直对齐方向，对应的属性值分别为 top（顶端对齐）、middle（居中对齐）、bottom（底部对齐）和 baseline（基线对齐）。

5. 跨多行、多列的单元格

在实际表格运用过程中，大多数表格都需要进行单元格的行列合并，即所跨行或跨列。跨多列的单元格，用属性 colspan 设置，如下，效果如图 6-9 所示。

```
<table border="1">
  <tr><th colspan=3>栏目结构</th></tr>
  <tr><td>1 标题</td><td>2 标题</td><td>3 标题</td></tr>
  <tr><td>A</td><td>B</td><td>C</td></tr>
</table>
```

跨多行的单元格，用属性 rowspan 设置，如下，效果如图 6-10 所示。

```
<table border="1">
  <tr><th rowspan=3>栏目结构</th><td>1 标题</td><td>A</td></tr>
  <tr><td>2 标题</td><td>B</td></tr>
  <tr><td>3 标题</td><td>C</td></tr>
</table>
```

<table><tr><th colspan="3">栏目结构</th></tr><tr><td>1标题</td><td>2标题</td><td>3标题</td></tr><tr><td>A</td><td>B</td><td>C</td></tr></table>

图 6-9　跨多列表格

<table><tr><th rowspan="3">栏目结构</th><td>1标题</td><td>A</td></tr><tr><td>2标题</td><td>B</td></tr><tr><td>3标题</td><td>C</td></tr></table>

图 6-10　跨多行表格

6. 嵌套表格的作用

在网页中使用表格布局时，经常需要运用嵌套表格。因为嵌套表格可以使页面布局更为合理，方便页面布局，填充网页元素。利用表格中单元格的跨行跨列合并拆分并不能满足很多常见的页面布局需求，例如，第一行需要 4 个单元格，而第二行需要布局与第一行相错的 3 个单元格，使用单一个表格的拆分合并就无法实现，而通过嵌套表格可很方便地解决，如图 6-11 所示。

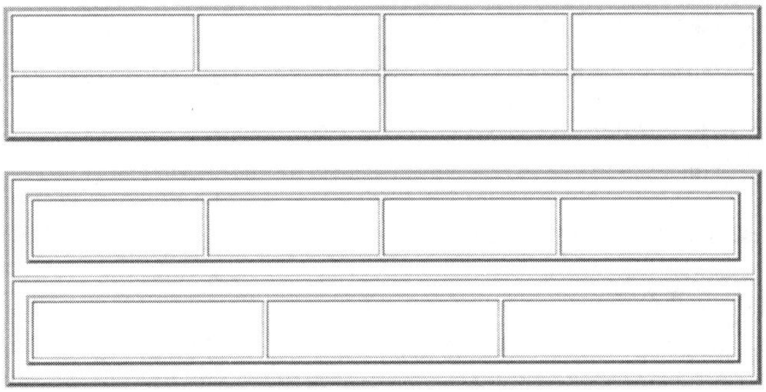

图 6-11　单元格拆分和嵌套表格

嵌套表格的宽度一般使用百分比的相对值来表示，这时的百分比是指相对于被嵌套单元格的宽度，而不是指占浏览器屏幕大小的宽度，这样方便定位和判断需要修改表格到合适的大小。

思维拓展：表格表头、主体和页脚标签。

在对未知长度的表格内容进行打印时，为了在每页的头尾都打印出表格表头和页脚标签内容（此功能需浏览器支持），需要在<table>元素的标签内容中配置<thead>、<tfoot>、<tbody>标签。这些标签可以对表格中的行进行分组。可以使表格分成几组，组内有一个标题行，一些带有数据的行，以及位于底部的一个总计行。这种划分使浏览器有能力支持独立于表格标题和页脚的表格正文滚动。

1）表格表头

<thead>标签用来显示表格的表头，为<table>的子元素，该标签内容中可包含<tr>标签以及子标签。其用法为：<thead>…</thead>。

2）表格页脚

<tfoot>标签用来显示表格的页脚，为<table>的子元素，该标签内容中可包含<tr>标签以及子标签。其用法为：<tfoot>…</tfoot>。

3）表格主体

<tbody>标签用来指定表格主体（表格的数据），为<table>的子元素，该标签内容中可包含<tr>标签以及子标签。其用法为：<tbody>…</tbody>。

任务 2-2　HTML5 网页超级链接的制作

微课-通过 HTML5 制作网页超级链接

任务描述

通过对前面任务完成的图文页面添加超链接到 HTML 咨询网页来承载超链接的内容，再通过链接到带有音频或者视频内容的页面来继续完善 HTML5 的内容。另外，通过咨询网页的制作了解 Web 前端中 HTML5 表单页面的制作。

微课-通过 HTML5 制作表单网页

任务实施

1. 管理站点网页

找到前一任务创建的文件夹 web，将本任务中需要使用的图像复制粘贴到 images 文件夹中，然后新建 music、move 和 zx 文件夹，分别将所用资源放入。然后通过 Dreamweaver 管理站点，切换到该任务的本地站点，打开 index.html。

2. 创建图像超链接

继续对页面进行编写，找到招生章程这一部分，有一个图片为详细咨询，文件名为 zsjz05.jpg。为该图像文件添加超级链接<a>标签，链接到新建的 zx.html，同时通过新建窗口打开被链接文档。目标页面 zx.html 位于相当于当前网页的 zs 文件夹内。

```
<a href=“zs/zx.html" target="_blank"><img src="images/zsjz05.jpg" width="750" height="80" alt=""></a>
```

3. 制作详细咨询页面结构

在 Dreamweaver 中通过“文件”|“新建”命令新建 HTML 文档，标题为“详细咨询”，文档类型为 HTML5，然后保存到 zs 文件中，命名为“zx.html”。在主体结构中插入：

```
<header><h3>招生详细咨询</h3></header>
<article></article>
```

4. 添加表单标签

页面中所有表单控件都需要添加在表单标签内才有效，在<article>标签对内添加对应的表单标签<form>，由于这里不设置后台服务器提交，则 action 属性先设为空，代码修改如下。

```
<article><form name="form_text" action="" method="post"></form></article>
```

5. 添加放置表单控件的表格

在表单标签中插入一个九行两列的表格，表格宽度 750px，边距为 0，表格间距和填充属性为 0。

6. 在单元格中设置文案和表单控件

在第一行第一列单元格中输入“用户名：”，为了保持各行文字格式一致，采用<pre>预制格式化标签。同时该单元格水平右对齐。在第二列中输入文本字段表单控件，整体修改代码如下。

```
<tr>
    <td align="right"><pre>用户名 ：</pre></td>
    <td><input type="text" name="username" size="20"></td>
</tr>
```

在第二行第一列单元格中输入“生源城市：”，同样设置<pre>标签和单元格水平右对齐。在第二列中输入下拉菜单表单控件，整体修改代码如下。

```
<tr>
    <td align="right"><pre>生源城市：</pre></td>
    <td><select name="city"><option value="hz" selected="selected">杭州</option><option value="nb">宁波
</option><option value="wz">温州</option><option value="sx">绍兴</option><option value="hh">湖州
</option><option value="jx">嘉兴</option><option value="jh">金华</option><option value="tz">台州
</option><option value="ls">丽水</option><option value="qz">衢州</option><option value="other">其他
</option></select></td>
</tr>
```

在第三行第一列单元格中输入“年龄：”，同样设置<pre>标签和单元格水平右对齐。在第二列中输入数值输入表单控件，整体修改代码如下。

```
<tr>
        <td align="right"><pre>年      龄：</pre></td>
        <td><input type="number" name="age" min="10" max="60" ></td>
    </tr>
```

在第四行第一列单元格中输入“电话：”，同样设置<pre>标签和单元格水平右对齐。在第二列中输入电话表单控件，通过正则表达式控制输入的号码符合手机号码要求，也就是 11 位 0～9 的数字。整体修改代码如下。

```
<tr>
        <td align="right"><pre>电      话：</pre></td>
        <td><input type="tel" name="tel" pattern="[0-9]{11}"></td>
    </tr>
```

需要说明的是，在桌面计算机系统的浏览器预览下，电话表单控件这类HTML5新增表单控件和普通的文本字段控件效果是没有区别的，而在移动端，特别是在智能手机上，两者是有差别的，如图6-12所示，左边为选中普通文本字段控件时，手机键盘显示情况，右边为选中电话表单控件时，手机键盘显示情况。

图6-12　text表单控件和tel表单控件在手机端显示效果对比

在第五行第一列单元格中输入“邮箱：”，同样设置<pre>标签和单元格水平右对齐。在第二列中输入email表单控件。整体修改代码如下。

```
<tr>
    <td align="right"><pre>邮　　箱：</pre></td>
    <td><input type="email" name="email"></td>
</tr>
```

在第六行第一列单元格中输入“意向大类：”，同样设置<pre>标签和单元格水平右对齐。在第二列中输入复选框表单控件。整体修改代码如下。

```
<tr>
    <td align="right"><pre>意向大类：</pre></td>
    <td><input type="checkbox" name="major" value="ds" checked="checked">信息技术<input type="checkbox" name="major" value="yy">应用工程<input type="checkbox" name="major" value="gs"/>工商管理<input type="checkbox" name="major" value="gm">国际贸易<input type="checkbox" name="major" value="kj">财务会计<input type="checkbox" name="major" value="rw">人文旅游</td>
</tr>
```

在第七行第一列单元格中输入“咨询：”，同样设置<pre>标签和单元格水平右对齐。在第二列中输入文本域表单控件。整体修改代码如下。

```
<tr>
    <td align="right"><pre>咨询：</pre></td>
    <td><textarea name="word" rows="5" cols="50"></textarea></td>
</tr>
```

在第八行第一列单元格中输入“提交时间:”，同样设置<pre>标签和单元格水平右对齐。在第二列中输入日期表单控件。整体修改代码如下。

```
<tr>
    <td align="right"><pre>提交时间:</pre></td>
    <td><input type="date" name="date"></td>
</tr>
```

在第九行第二列中分别输入提交按钮表单控件和重置按钮表单控件，两个控件之间用 间隔。整体修改代码如下。

```
<tr>
        <td> </td>
        <td><input type="submit" name="submit" value="提交咨询">   <input type="reset"
name="reset" value="重置问题"></td>
    </tr>
```

7. 添加背景图片

为了丰富页面效果，给咨询页面添加背景图。这里选择直接在<article>标签后面添加样式来控制背景，通过后续CSS样式的内容学习后，可以通过CSS样式表来进行相应背景设置。这里所选背景图片的高度为695px，如果直接放置会有部分表单控件内容覆盖在背景图像上形成干扰，因此这里设置整体结构高度为780px，让bg.jpg图片显示在结构的左下方且不重复铺开。修改相应代码如下。

```
<article style=" background:url(../images/bg.jpg) no-repeat left bottom; height:780px;" >
    …
</article>
```

全部保存后，可尝试单击超链接跳转到zx.html网页，预览效果如图6-13所示。

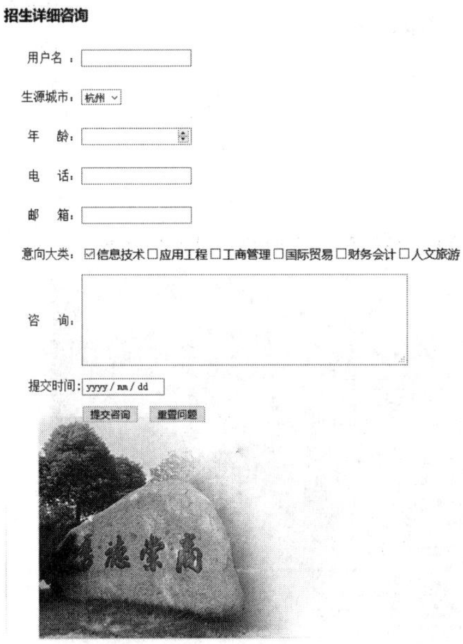

图6-13　超链接跳转到的详细咨询页面

8. 创建文字超链接

继续切换回 index.html 页面，进行编写，找到“<h3>专业介绍</h3>”这一部分，添加文字超链接同时包含提示信息：<a href="zs/pub.html" target="_blank" title="招生宣传片"><h3>专业介绍</h3></a>。

保存后，预览效果如图 6-14 所示。

图 6-14　超链接的提示信息效果

9. 创建多媒体宣传片页面

在 Dreamweaver 中通过“文件”|“新建”命令新建 HTML 文档，标题为“招生宣传片”，文档类型为 HTML5，然后保存到 zs 文件中，命名为“pub.html”。在主体结构中插入：

```
<video width="480" height="320" controls="controls">
<source src="../move/jmpub.ogg" type="video/ogg">
<source src="../move/jmpub.mp4" type="video/mp4">
```

你的浏览器不支持该视频元素。

```
</video>
```

保存后，预览效果如图 6-15 所示。

图 6-15　插入视频多媒体页面效果

10. 保存

任务分析

1. 超链接

超链接，简称为链接，就是从一个网页跳转到另一个网页的途径，是网站中使用比较频繁的 HTML 元素。超链接的标签是<a>，<a>标签的作用为定义锚（anchor）。主要通过设置 href 属性，创建指向另外一个文档的超链接。基本语法如下。

```
<a href="URL">…</a>
```

另外还可以通过设置 name 属性，创建一个文档内部的书签即链接，即跳转到同一页面中的另外一个地方。name 属性规定锚的名称，这个锚在浏览页面中是不会被访问者看到的，基本语法如下。

```
<a href="#name">…</a>
在被跳转的地方设置锚名
<a name="name">…</a>
```

在实际页面制作中，超级链接的常用类型有以下几种。

（1）内部链接，用于链接网站内部的文档，href 的路径一般使用相对路径。例如：

```
<a href="html/index.html"><h3>详细目录</h3></a>
```

（2）外部链接，用于链接网站外部的文档，一般指远端网上的文档，需要注意输入完整的 URL 路径。例如：

```
<a href="http://www.163.com"><h3>网易</h3></a>
```

（3）邮件 E-mail 链接，能自动调用邮件客户端来执行发邮件命令，新邮件的收件人为 E-mail 链接中设置的邮箱。例如：

```
<a href=mailto:abc@163.com>联系我们</a>
```

2. 设置超链接的窗口打开方式

默认情况下，超链接打开新页面的方式是在原页面打开，也就是原页面会被替代。在创建网页的过程中，有时并不希望超链接的目标页面将原来的页面覆盖掉。这时可以通过设置<a>标签的 target 属性来指定超链接打开目标页面的方式。

其语法形式如下。

```
<a href="链接地址" target=目标页面的打开方式>链接内容</a>
```

常见参数有：_self，自我覆盖，与默认设置相同；_blank，创建新窗口打开超链接的页面；_top，在浏览器的整个窗口打开，将会忽略所有的框架结构；_parent，在上一级窗口打开，在分帧的框架页面中使用。

3. 定义超链接的提示信息

有时超链接的文字不足以描述所要链接的内容，使用属性 title 可以很方便地指明该链接的信息，当鼠标指针指向该链接时，才会出现一个提示框显示该链接的说明，这样不会影响页面排版的整洁。其语法形式如下。

```
<a href="链接地址" title="提示信息">链接文字</a>
```

4. 表单标签

HTML 表单用于搜集不同类型的用户输入。表单标签<form>定义 HTML 表单。在 HTML 中，<form></form>标签用来创建一个表单，即定义表单的开始位置和结束位置。在<form>标签中，可以设置表单的基本属性，包括表单的名称、处理程序、传送方法等。

1）表单名称

name 属性用于给表单命名，表单是要提交到后台的，而一个网页中可能会有多个表单，该名字用于区分。这不是一个必需的属性，但为了防止表单信息在提交到后台处理程序时出现混乱，一般要设置一个与表单功能符合的名称。

2）处理程序

action 属性对应的就是表单的处理程序，定义的是表单要提交的地址，也就是表单中收集到的资料将要传递的程序地址。这一地址可以是绝对地址，也可以是相对地址，还可以是一些其他的地址形式，如发送 E-mail 等。如果不填则相当于将数据提交到本页面。

3）传送方法

method 属性用来定义处理程序从表单中获得信息的方式，可取值为 get 或 post。它决定了表单中已收集的数据是用什么方法发送到服务器的。默认值是 get，在提交时表单数据会附加在 URL 之后，由用户直接发送至服务器，也就是在页面地址栏中是可见的。这种方法速度比 post 快，但数据长度不能太长。另外，常用于表单提交是被动的情况下，如搜索引擎查询，并且没有敏感信息。post 这种方法表单数据是与 URL 分开发送的，用户端的计算机会通知服务器来读取数据，所以数据长度没有限制，但速度比 get 慢。post 的安全性要更高，因为在页面地址栏中被提交的数据是不可见的。

4）目标显示方式

target 属性用来指定目标窗口的打开方式。表单的目标窗口中往往用来显示表单的返回信息。对应的参数值和超链接里面的 target 属性是一样的。

5）自动完成功能

autocomplete 属性规定表单是否应该启用自动完成功能。自动完成允许浏览器预测对字段的输入。当用户在字段开始输入时，浏览器基于之前输入过的值，会显示出在字段中填写的选项。autocomplete="on"是默认值，规定启用自动完成功能；autocomplete="off"规定禁用自动完成功能。

5. 使用<input>标签创建表单控件

<input>标签可以定义大多数类型的表单控件，控件的类型取决于 type 的属性值，不同的值对应不同的表单控件，默认值为 text 文本字段。

1）文本字段

在网页中最常见的是文本字段的表单控件，如用于输入用户名。<input>标签的 type 属性值设置为 text，就可以创建一个文本框。其语法形式如下。

```
<input type="text" name="控件名称" size=控件长度  maxlength=最多字符数
value="文本字段的默认取值" autocomplete="off" placeholder="字段设定值">
```

在该语法中包含很多属性，默认属性为 name 和 size，也就是定义该本文框的名称，用于和页面中其他表单控件加以区别，需要唯一取名。size 定义文本框在页面中显示的长度，以字符作为单位，默认值为20。maxlength用于定义在文本框中最多可以输入的字数。value用于定义文本框中显示的默认值。placeholder用于定义输入字段预期的提示信息，该提示会在输入字段为空时显示，但在字段获得焦点时会消失，这一点是和value值不一样的。autocomplete定义是否启用自动完成功能。

2）单选按钮

单选按钮表示互相排斥的选择，在页面中以圆框表示。<input>标签的type属性值设置为radio，就可以创建一个单选按钮。其语法形式如下。

```
<input type="radio" value="单选按钮的取值" name="单选按钮的名称"
checked="checked">
```

radio控件中必须要设置value的值，用来设置用户选中该项后，传送到处理程序中的值。而对于一个选择中的所有单选按钮来说，往往要设定同样一个name，表示属于同一个组别。checked属性表示这一单选按钮默认被选中，在一个单选框中只能有一个单选按钮控件设置为checked。

3）复选框

复选框允许在一组选项中选择多个选项，用户可以选择任意多个适用的选项，在页面中以方框表示。<input>标签的type属性值设置为checkbox，就可以创建一个复选框。其语法形式如下。

```
<input type="checkbox" value="复选框的取值" name="复选框的名称"
checked="checked">
```

同样一组复选框采用统一的name表示属于同一组别，而checked因为复选框支持多选，所以一组选择中可以有多个复选框默认被选中。

4）普通按钮

将<input>标签的type属性值设置为button，就会创建一个普通按钮。普通按钮一般情况下要配合脚本来进行表单处理。其语法形式如下。

```
<input type="button" value="按钮的取值" name="按钮的名称" onclick="处理程序">
```

value的值就是显示在按钮上面的文字，onclick参数是设置当鼠标按下按键时所进行的处理。

5）提交按钮

提交按钮是一种特殊的按钮，不需要设置onclick参数，在单击该类按钮时可以实现表单内容的提交，按表单标签<form>定义的处理程序来执行。一个表单标签中，只能有一个提交按钮。其语法形式如下。

```
<input type="submit" name="按钮的名称" value="按钮的取值" >
```

6）重置按钮

重置按钮用来清除用户在页面中输入的信息，使得表单标签<form>所包含的所有表单控件恢复到初始状态。其语法形式如下。

```
<input type="reset" name="reset" value="重置">
```

7）数字字段

将<input>标签的type属性值设置为number，就会创建一个可输入数字字段的文本框。其语法形式如下。

```
<input type="number" name="控件名称" min=可输入最小数值 max=可输入最大数值 step=步进 value="字段的默认取值">
```

根据设置提供选择数字的功能，其中，min 为最小值，max 为最大值，value 为默认值，step 为单击箭头时数字的变化量。

8）电话字段

将<input>标签的 type 属性值设置为 tel，就会创建一个可输入电话数字的文本框。其语法形式如下。

```
<input type="tel" name="控件名称" pattern="[0-9]{11}">
```

pattern 为正侧表达式，验证输入的是否是电话号码的格式，手机号码要求是 11 位，必须是数字。

9）邮箱字段

将<input>标签的 type 属性值设置为 email，就会创建一个可输入电子邮件的文本框。其语法形式如下。

```
<input type="email" name="控件名称">
```

提交表单的时候验证输入值是否满足 E-mail 的格式。

10）日期字段

将<input>标签的 type 属性值设置为 date，就会创建一个可选择输入文本框，预览时可打开日历选择日期来选择年月日。其语法形式如下。

```
<input type="date" name="控件名称">
```

6. 使用<select>标签创建表单控件

输入类型的控件一般以<input>标签开始，说明该控件需要用户的输入，而菜单类则以<select>标签开始，表示用户需要选择。可按是否支持多选分为下拉菜单和列表项。

1）下拉菜单

下拉菜单在正常状态下只显示一个选项，单击按钮打开菜单后才会看到全部选项，这样可以节省页面空间，特别是在选项较多的情况下。其语法形式如下。

```
<select name="下拉菜单的名称">
    <option value="选项值" selected="selected">选项显示内容</option>
    <option value="选项值" >选项显示内容</option>
    …
</select>
```

选项值是提交表单时的值，而选项显示内容才是真正在页面中显示的选项。selected 表示该选项在默认情况下是选中的，一个下拉菜单中只能有一项默认被选中。

2）列表项

列表项的设置方法与下拉菜单类似，不同的是列表项在页面中可以显示出多条选项信息，一旦超出这个设定的数量，在列表项右侧会出现滚动条，拖动滚动条能看到所有的选项信息。另外就是列表项支持选择多个选项。其语法形式如下。

```
<select name="列表项名称" size="显示列表项数" multiple="multiple">
        <option value="选项值" selected="selected">选项显示内容</option>
        <option value="选项值" >选项显示内容</option>
        …
</select>
```

size 定义在列表项页面中显示的选项信息条数，超过这个值则需要滚动条。multiple 属性定义支持多选。

7. 创建文本域

除了以上两大类表单控件外，还有一种特殊定义的文本样式，称为文字域或文本域，它与文字字段的区别在于可以添加多行文字，从而输入更多的文本内容。其语法形式如下。

```
<textarea name="文本域名称" value="文本域默认值" rows=行数 cols=列数>
</textarea>
```

rows 是定义文本域的行数，也就是高度值，当文本内容超出这一范围时会出现滚动条。cols 定义文本域的列数，也就是其宽度。

思维拓展：其他<input>标签的表单控件类型。

1）密码域

<input>标签的 type 属性值设置为 password，就会创建一个密码文本框。它在网页中的显示效果和文本字段相同，只是当用户输入文字时，这些内容只会显示“*”。其语法形式如下。

```
<input type="password" name="控件名称" size=控件长度 maxlength=最多字符数
value="文字字段的默认取值" placeholder="">
```

2）图像域

常用在创建特殊效果的按钮中，因此也可被称为图像提交按钮。引用的图像地址可以是绝对地址，也可以是相对地址。其语法形式如下。

```
<input type="image" src="图像地址" name="图像域名称" >
```

3）文件域

文件域使用户可以浏览选择其计算机上的某个文件，如 Word 文档、压缩文件或者图像文件等，并将该文件作为表单数据上传。其语法形式如下。

```
<input type="file" name="文件域的名称">
```

思维拓展：HTML5 新增的输入类型。

在 HTML5 中，新增以下<input>标签的输入类型，也就是 type 的属性可以设置为这些类型。但需要注意这些输入类型与浏览器的支持度有很大关系，若遇到不支持的该种类型则会被视为 type="text"。而 IE9 及早期版本基本不支持这些类型。

1）color

<input type="color"> 用于包含颜色的输入字段。单击时弹出颜色选择器，可以选择任意颜色。

2）number

<input type="number"> 用于包含数字值的输入字段。通过属性可以对输入的数字做出限制，也可以手动输入超出范围的数字，但不能提交。

3）email

<input type="email">用于包含电子邮件地址的输入字段。自带检测功能，提交时会检测是否包含@符，并且@符前后是否有字符。某些智能手机会识别 E-mail 类型，并在键盘上增加“.com”以匹配电子邮件输入。

4）url

<input type="url">用于包含 URL 地址的输入字段。

根据浏览器支持，在提交时能够自动验证 url 字段。输入的网址必须以 http://开头，并且后面必须有字符，否则不能提交。某些智能手机识别 URL 类型，并向键盘添加“.com”以匹配 URL 输入。

5）search

<input type="search">用于搜索字段，搜索字段的表现类似常规文本字段。

6）tel

<input type="tel">用于包含电话号码的输入字段。Chrome、Firefox 或 IE 均不支持。

7）range

<input type="range">用于包含一定范围内的值的输入字段。在支持的浏览器中输入字段能够显示为滑块控件。

8）date

<input type="date">用于包含日期的输入字段。可以手动选择年月日，若浏览器支持则可选择打开日历选择框。另外，<input type="month">与<input type="week">类似。

9）time

<input type="time">允许用户选择时间，但无时区。若浏览器支持，可选择打开时间选择器。

10）datetime

<input type="datetime">允许用户选择日期和时间，有时区。若浏览器支持，可选择打开日期选择器。除了 IE 外，Firfox 和 Chrome 浏览器也都不支持该类型。

11）datetime-local

<input type="datetime-local">允许用户选择日期和时间，无时区。若浏览器支持，可选择打开日期选择器。除了 IE 外，Firefox 浏览器也不支持该类型。

在这些新输入类型中也增加了一些相应的属性：disabled，输入被禁用，选框变灰，禁用的元素不会提交；autofocus，页面加载时 input 自动获取焦点；required，必须填写项，即该输入字段不能为空，为空不提交；autocomplete，可选值为 on/off，表示基于之前用户输入的内容浏览器自动填写/不允许自动填写；readonly，该字段只读，不能修改。

8. 背景设置

HTML 中的背景设置可以增加页面效果，有两类属性设置：颜色或者图像。可以将其用作<body>标签以及其他网页元素标签如<table>标签中的属性来设置。也能在后面通过 CSS 定义来设置。背景颜色属性将背景设置为某种颜色。属性值可以是十六进制数、RGB 值或颜色名。背景属性将背景设置为图像。属性值为图像的 URL。如果图像尺寸小于浏览器窗口，那么图像将在整个浏览器窗口进行复制。使用背景图像时，需要注意的是背景图像是否与页面中的其他图像搭配良好，背景图像是否与页面中的文字颜色搭配良好。具体设置在后面 CSS 定义中详细说明。

9. HTML5 视频

HTML5 提供了在 Web 上展示视频的标准。之前大多数页面视频是通过插件（如 Flash）来显示的。然而，并非所有浏览器都拥有同样的插件。而 HTML5 规定了一种通过<video>标签来包含视频的标准方法。其语法可如：

```
<video width="480" height="320" controls="controls">
  <source src="movie.ogg" type="video/ogg">
  <source src="movie.mp4" type="video/mp4">
```

你的浏览器不支持该视频元素。

```
</video>
```

controls 属性供添加播放、暂停和音量控件。<video>标签允许包含多个<source>标签，让每个<source>标签可以链接不同的视频源文件，浏览器将使用第一个可识别的格式。若浏览器不能识别，则显示<video>与</video>之间插入的内容。

思维拓展：HTML5 音频。

HTML5 提供了在 Web 上播放音频的标准。之前大多数页面音频是通过插件（如 Flash）来显示的。然而，并非所有浏览器都拥有同样的插件。而 HTML5 规定了一种通过<audio>标签来包含音频的标准方法。其语法可如：

```
<audio controls="controls">
  <source src="sing.ogg" type="audio/ogg">
  <source src="sing.mp3" type="audio/mpeg">
```

你的浏览器不支持该音频元素。

```
</audio>
```

controls 属性供添加播放、暂停和音量控件。<audio>标签允许包含多个<source>标签，让每个<source>标签可以链接不同的视频源文件，浏览器将使用第一个可识别的格式。若浏览器不能识别，则显示< audio >与</audio >之间插入的内容。

同步测试

一、单选

1．下列哪个不是 HTML5 新增结构标签？（　　）

A．<header>　　B．<nav>　　C．<foot>　　D．<article>

2．超级链接是下列哪种关系？（　　）

A．一对多　　B．一对一　　C．多对多　　D．多对一

3．在 HTML 标记中，用于定义一个单元格的是（　　）。

A．<td>…</td>　　B．<table>…</table>

C．<tr>…</tr>　　D．<caption>…</caption>

4．HTML5 中不再支持下面哪个元素？（　　）

A．
　　B．<font>　　C．<menu>　　D．<h3>

5．下列关于 HTML 的说法正确的是（　　）。

A．HTML 是网页的核心，是一种超文本标记的程序设计语言

B．通过网页浏览器阅读 HTML 文件时，Web 服务器负责解释插入到 HTML 文本中的各种标记

C．HTML 是网页的核心，是一种超文本标记的语言，它是页面描述语言

D．编制 HTML 文件时不需要加入任何标记

二、判断题

（　　）1．HTML 提供的常用列表结构只有无序列表和有序列表两种。

（　　）2．网页中比较常用的图片扩展名一般有三种，即 jpg、gif 和 png。其中可以设置背景图像为透明的是 gif 和 jpg。

（　　）3．一般来说，对外链接都是使用“绝对 URL”链接表示法（也只能用这种方法），而对内部链接就使用“相对 URL”表示法。当然，对内链接也可以使用绝对链接表示法，不过这样会不好维护，并不建议采用。

（　　）4．在 HTML5 中，required 属性用于规定输入字段是必填的。

（　　）5．HTML5 不能用于移动应用程序。

三、操作题

1．采用列表元素来制作一个热门书籍排行榜。

2．通过 HTML 创建一个个人基本信息的表单页面，效果如图 6-16 所示。

图 6-16　个人基本信息表单效果图

项目 7

电商网站静态页面布局和创建

能力目标

通过本项目的学习，读者能够依据网站的主体效果图进行静态页面的设计创建、页面布局和制作，包括：

（1）通过 Photoshop 软件完成页面效果图的切片及导出。

（2）通过 Dreamweaver 软件完成页面的具体制作。

（3）根据效果图选择合适的 CSS3 样式来设置网页格式和布局。

知识目标

学习和掌握 Photoshop 的切片工具和切片选择工具，切片的理念和规则，Web 标准化概念，CSS3 语法规则，CSS3 选择器的使用，HTML5+CSS3 网页布局的理念，Dreamweaver 的相应操作。

教学重点与难点

- Photoshop 的切片操作。
- CSS3 的样式设置。
- CSS3 的选择器选择和优先级关系。
- CSS3 的样式继承。
- HTML5+CSS3 的网页布局。

任务一　网页效果图的切片处理及导出

任务导入

通过前面的内容学习，明确了网站的结构和需求就可以使用 Photoshop 制作网站的页面效果图，当然作为规范的商业网站，还需要先完成网站原型设计，在本教材内先不涉及。Photoshop 完成效果图并和甲方构图修改完成定稿后就可以开始实施网页的制作。而从 Photoshop 的效果图到使用 Dreamweaver 制作网页之间的过渡主要就是通过网页效果图的切片处理及导出，这也是对 Photoshop 使用的最后一个模块讲解。

微课-首页切片的技巧

任务 1-1　网页效果图的切片处理

任务描述

本任务是承接前面介绍的安厨农产品电商形象展示网站的首页，通过已有的该页面效果图进行初步的切片处理。通过任务实施，能够掌握 Photoshop 的切片工具的使用。

任务实施

1. 启动 Photoshop 软件

打开对应网页效果图“安厨首页”，如图 7-1 所示。

图 7-1　安厨首页效果图

2. 设置标尺和参考线

为了方便定位和精准切片，需要设置标尺和参考线。首先将标尺和参考线的单位进行常规设置。执行“编辑”｜“首选项”｜“单位与标尺”命令，在弹出的对话框中分别设置“单位与标尺”“参考线、网格、切边和计数”。在本任务中将“单位与标尺”中的“标尺”单位设置为“像素”。在“参考线、网格、切边和计数”中主要可设置“参考线”的样式，符合个人的视觉效果，一般为默认项。

通过执行“视图”｜“标尺”命令，在工作区边缘显示标尺，便于参考线定位。接下来通过工具箱中的“移动工具”从标尺中进行参考线的拖放，具体效果如图 7-2 所示。

图 7-2　设置标尺和参考线

3. 使用切片工具

工具箱中的“切片工具”可以通过单击“裁剪工具”右下角的小三角形从工具列表中来选中。对工作区中的图像进行切片操作，切片的顺序始终遵循从上到下和从左到右的原则。

放大图像局部后，通过“切片工具”对首页头部的企业 logo 和导航栏进行切片操作。沿图片边界参考线辅助后进行框选，完成第一个切片，如图 7-3 所示。

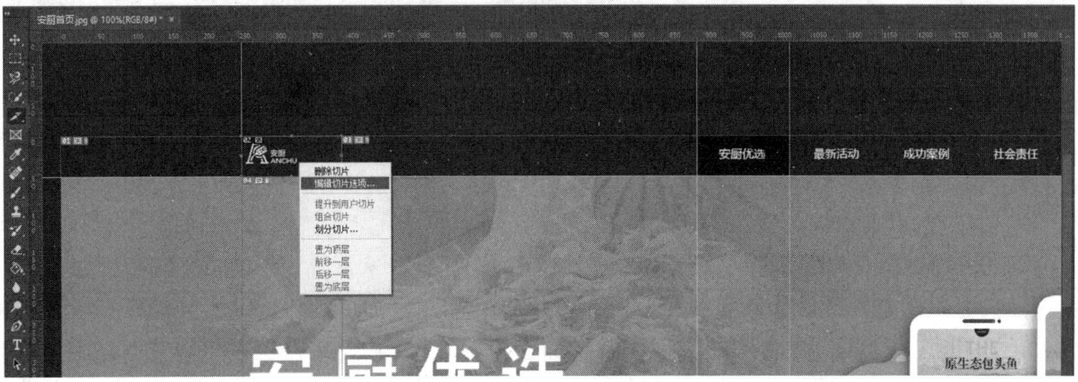

图 7-3　安厨优选 logo 的切片

4. 编辑切片工具选项

为了更好地对切片命名、修改其尺寸，可以右键单击切片，在弹出的快捷菜单中选择“编辑切片选项”命令，弹出该切片的“切片选项”对话框。在对话框中，将名称改为“anchu_logo”，alt 改为“安厨 logo”后，如图 7-4 所示，单击“确定”按钮。

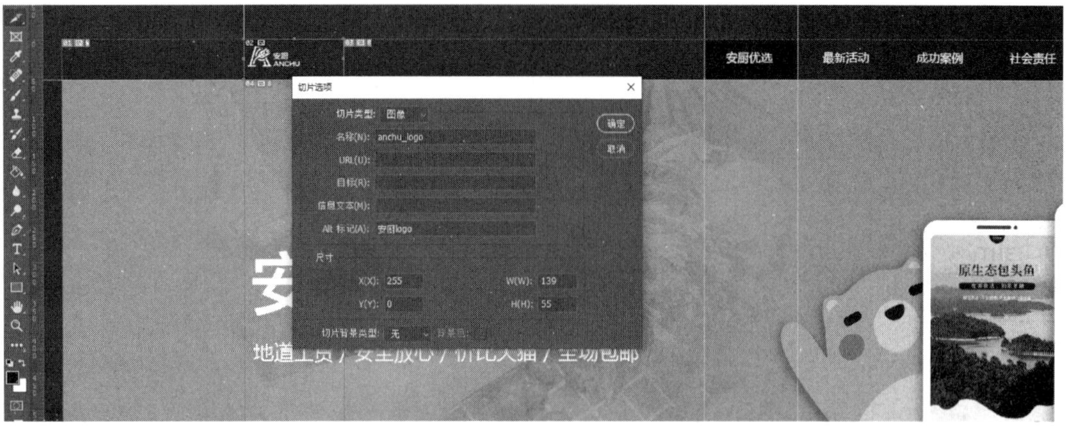

图 7-4 “切片选项”对话框

5. 继续导航切片

导航条部分考虑通过切片切成每个栏目为单一的图片，这样方便进行替换和后期样式调整。需要考虑的是每个切片的尺寸最好相近，可以通过“切片选项”对话框来调整其大小，同时命名。这里需要注意的是，由于导航各切片和前面的 logo 切片位于同一行，则可设置高度相同。分别按如图 7-5 所示大小完成对导航模块 anchu_nav1 到 anchu_nav7 的切片。

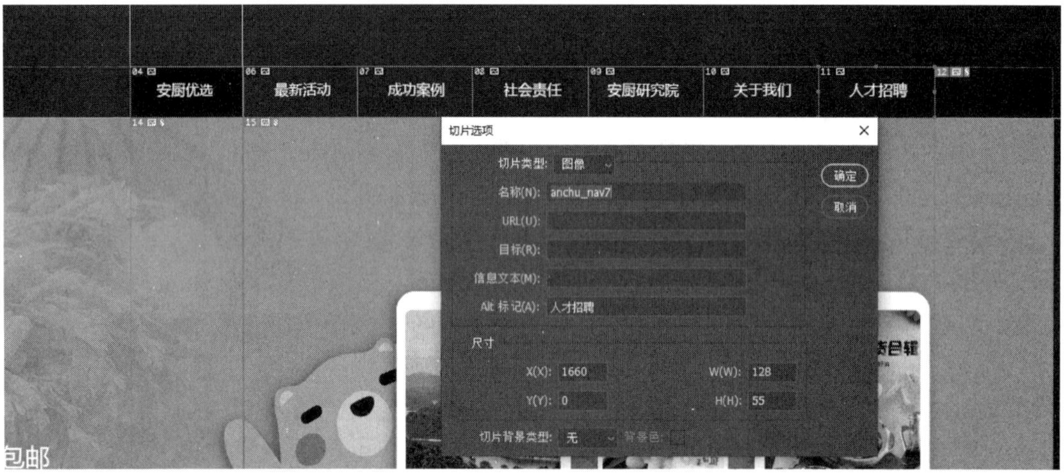

图 7-5 导航部分切片

6. 完成头部部分的切片

导航切片完成后，借助参考线完成整个海报图的切片，命名为“anchu_banner”，如图 7-6 所示。这时通过观测可以看到，图中存在两种颜色的切片，一种是用户主动进行切片的蓝色“用户切片”，另一种是“用户切片”完成后自动成为灰色的“自动切片”，用于和用户切片拼成完整的图像。

图 7-6　页面头部区域的切片

任务分析

1. 切片的作用

切片的作用在于依据网页布局及参考线将大图切割成小图，从而加快网页图片的下载速度，降低网页的整体大小。

2. 基于参考线的切片

如果需要切片的图片布局比较简洁，也可以采用基于参考线的切片来完成图片的切割。在操作的时候首先可通过参考线在图像上定位，然后在选项栏上单击“基于参考线的切片”按钮，如图 7-7 所示，可以方便快捷地完成图片的切片。

图 7-7　添加“基于参考线的切片”

在实际应用中有些大型高保真图片为了方便加载，往往进行切片，这类切片往往可以简单利用参考线进行切片，如图 7-8 所示，在网店详情页中可采用。

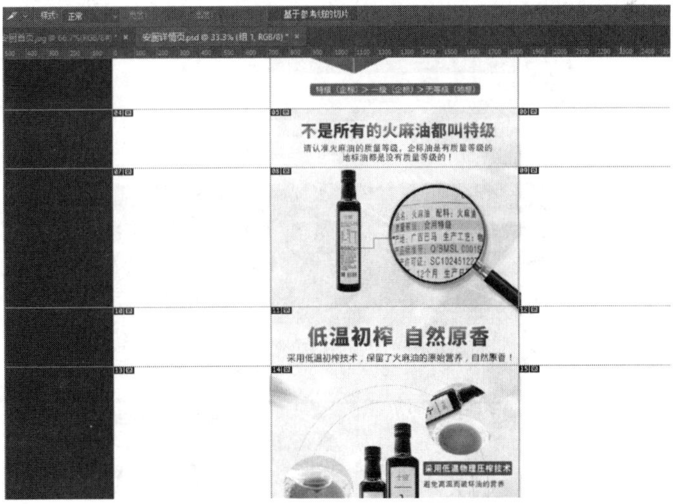

图 7-8　基于参考线的切片

3. 切片的类型

用户切片是指使用切片工具拖动出来的那个区域形成的切片，通常用蓝色图标显示;而自动切片指的是基于切片动作的基础系统自动生成的切片，通常用灰色图标显示。

思维拓展：网页效果图是否要合并图层?

有些人在切片之前喜欢合并图层，其实没有必要，合不合并图层对最终生成的网页没有多大影响，反而会妨碍以后的编辑修改。

思维拓展：是否可以固定切片大小?

在导航部分切片时，各导航模块的切片大小一般是一致的，也是为了后期更好地进行样式布局。为了方便切片，可以在切片选项栏上打开样式进行设置，如图 7-9 所示。

图 7-9　固定切片大小

任务 1-2　切片选择工具及切片的导出

任务描述

本次任务是承接前面介绍的安厨农产品电商形象展示网站的首页效果图切片，继续完成切片并且导出。通过任务实施掌握 Photoshop 的切片选择工具及切片的导出。

任务实施

（1）启动 Photoshop 软件，打开已经完成头部切片的网页效果图“安厨首页”。

微课-切片选择工具及切片的导出

（2）放大网页效果图主体部分，进行分析。标题“安厨优选”为宋体，不是特殊字体，因此无须进行单独切片，下面对应的文本内容同样无须切片。这里只对分割图标进行切片为“anchu-t”，如图 7-10 所示。

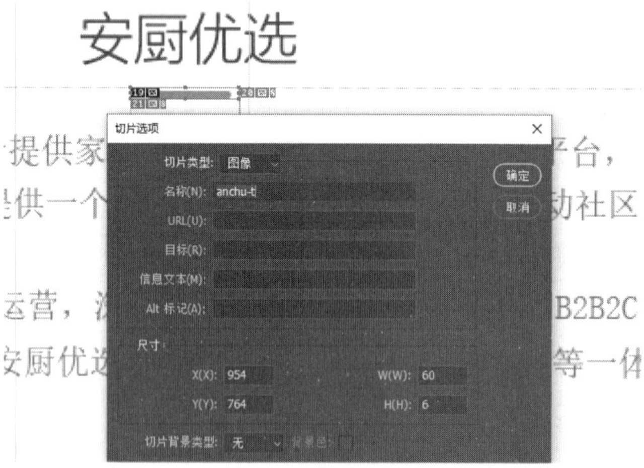

图 7-10　分割图标切片

（3）使用“切片选择工具”。接着分析主体部分的“平台优势”，该文字同样不是特殊字体，无须切片，但考虑对文字左右的图标分别进行切片。这里考虑需要左右对称，可以通过选择“切片选择工具”，然后将多个切片选中在选项栏中进行调整，如图 7-11 所示。

图 7-11　切片选择工具

（4）使用“切片工具”和“切片选择工具”，完成主体部分中图标的切片，如图 7-12 所示，同样文字可以不切，分别命名为“anchu_a1”“anchu_a2”和“anchu_a3”。

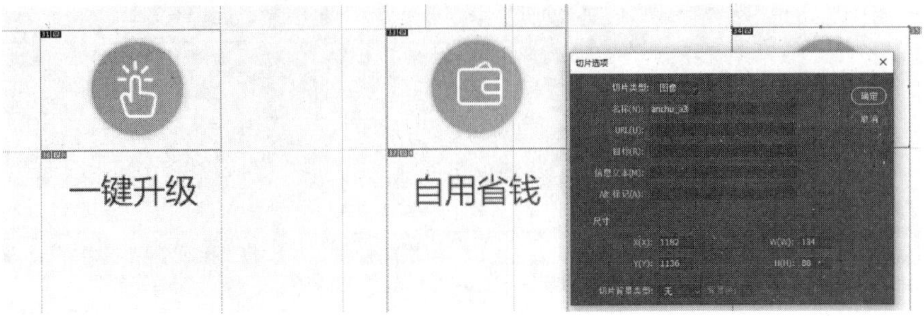

图 7-12　图标的切片

（5）主体部分剩下的“商品优势”和“平台优势”一样处理，文字左右的图标在“平台优势”处已经切片，就无须再切，网页布局中一起调用即可。下面的图标这里则将文字和图标一起切片，分别命名为“anchu_b1”“anchu_b2”“anchu_b3”和“anchu_b4”，如图 7-13 所示。

图 7-13　包含文字的图标切片

（6）对网页效果图的底部进行分析，这里“客服电话”和“邮箱账号”也不是特殊字体可不做切片，只对右侧的二维码分别进行切片，命名为“anchu_code1”和“anchu_code2”，如图 7-14 所示。最底部的版权信息也保留纯文字，不做切片。这样就完成了整个页面效果图的切片工作，可通过“切片选择工具”进行检查。

图 7-14　底部的切片

（7）切片的导出。

完成后的切片可以图片形式导出，也可以包含在网页中的形式导出，但是都不是直接通过“文件”|“导出”|“导出为”菜单命令导出，而是选择“文件”|“导出”|“存储为 Web 所用格式（旧版）”命令，如图 7-15 所示。

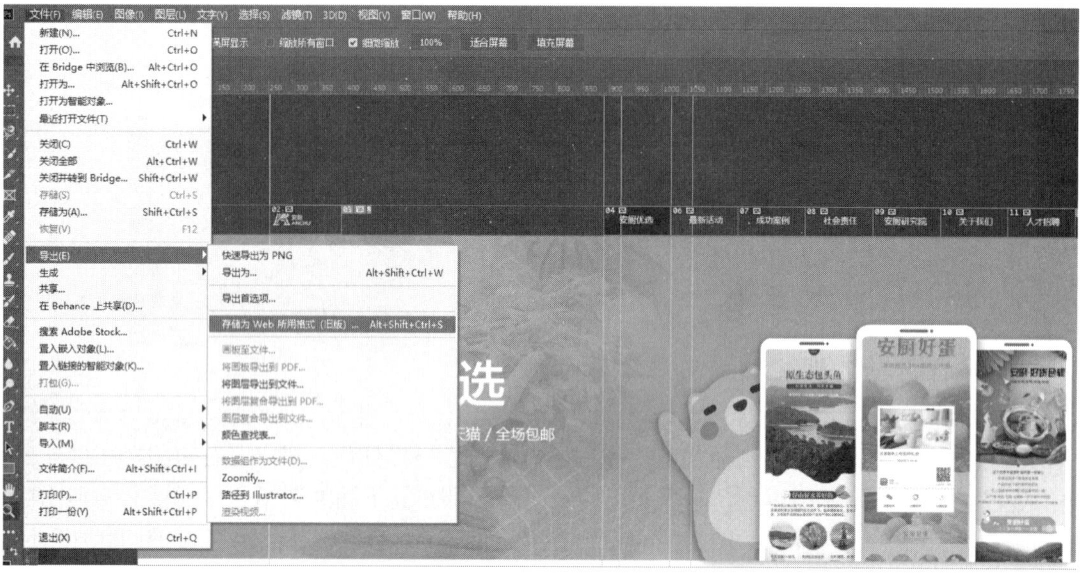

图 7-15　通过“存储为 Web 所用格式（旧版）”导出切片

在打开该命令后会弹出“存储为 Web 所用格式（旧版）”对话框，在对话框中设置进行切片导出操作，如图 7-16 所示。可以看到导出的切片文件默认是 gif 格式。若要导出为其他格式，例如 jpeg，则需要通过左侧的“缩放工具”和“切片选择工具”将所有用户切片选中，也可以框选住所有切片后在右侧预设中选择“jpeg 高”，再进一步提高品质，如图 7-17 所示。

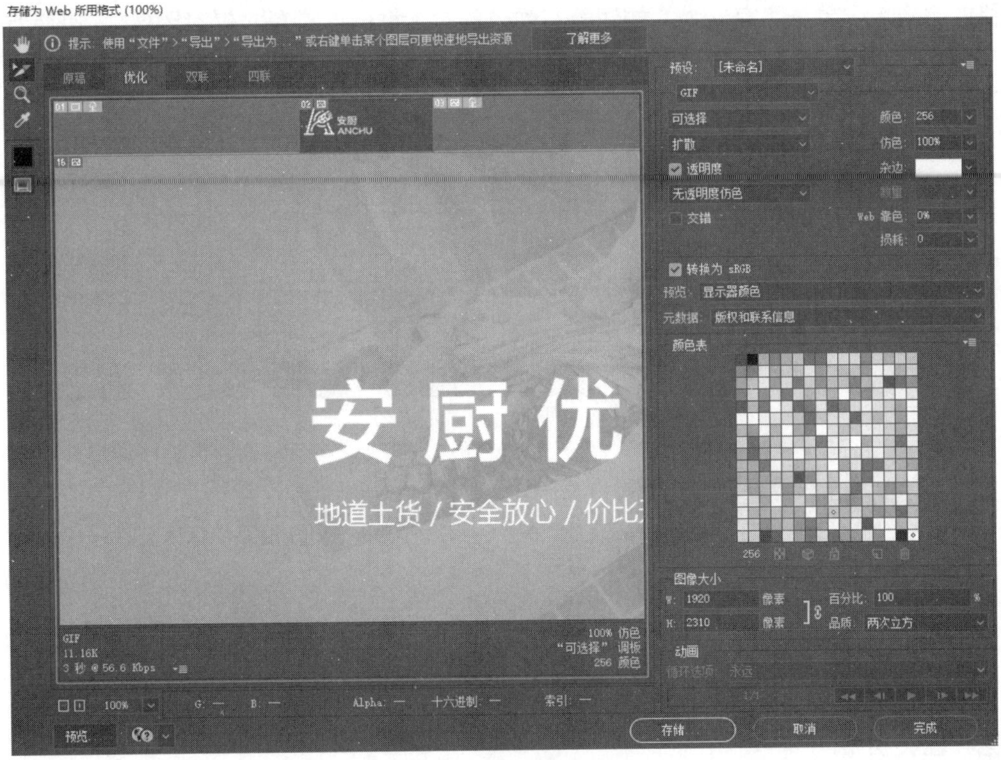

图 7-16　“存储为 Web 所用格式（旧版）”对话框

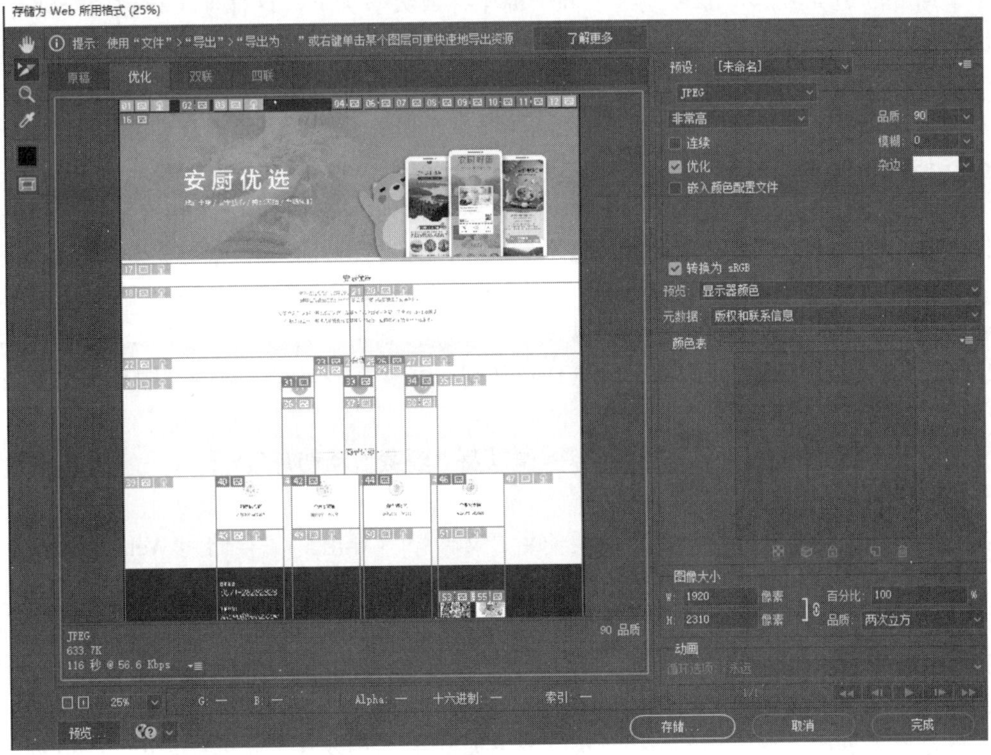

图 7-17　修改切片导出格式

修改完成后，单击“存储为”按钮，在弹出的对话框中，设置“仅限图像”，切片为“所有用户切片”进行保存。找到对应的保存位置，可以看到所有用户切片保存在一个 images 文件夹中，如图 7-18 所示。

图 7-18　完成用户切片的导出

任务分析

1. 切片时的注意事项

各个切片的边界应尽可能多地处于同一横坐标或纵坐标上，这样便于调整每个切片的边界，也便于在 Dreamweaver 中编辑。在切片时，背景相同，重复出现的区域裁切成统一大小，只使用其中一张区域的图片即可。在 Dreamweaver 后期处理时，颜色单一的区域，可直接使用表格或者背景颜色来设置，因此在切片的过程中，这部分切片的“切片类型”可设为“无图像”。

2. 切片选择工具的使用

切片选择工具主要用于选择切片并可对切片进行排列、提升、划分等相应操作。在切片选择工具选项栏最前面的四个是调整切片的堆叠顺序，有“置为顶层”“前移一层”“后移一层”和“置为底层”。可在有多层切片时，进行指定和调整。需要注意的是，无法排列自动切片的堆叠顺序。“提升”，可以把“自动切片或图层切片提升到用户切片”。“划分”，常用于模特或者商品高保真大图进行垂直或者水平均分切片使用，如图 7-19 所示，将商品图片水平划分成 4 个用户切片。

后续为多个切片同时选择时进行对齐操作以及“隐藏自动切片”。

3. 切片的导出

若要将图片按切片分散导出，则需要使用“文件”|“导出”|“存储为 Web 所用格式（旧版）”命令。为何里面有（旧版），这是由于“存储为 Web 所用格式”曾经是为 ImageReady 开发的，现在由于代码架构太老所以停止对此功能更新。而新版 Photoshop 更新了导出功能，而新的导出功能无法兼容“存储为 Web 所用格式”，所以目前把这个功能标为旧版，直到开发出新版才会移除“储存为 Web 格式（旧版）”。通过“导出为”命令可以测试，对于同一张图像以 jpeg 高品质 60%“导出为”相较采用“存储为 Web 所用格式”而言具有更小的文件大小，也就是优化得更好。“导出为”可以将图层、图层组、画板或 Photoshop 文档导出为图像，如

果需要微调设置，例如，可以调整导出比例大小，可以使用“导出为”选项。每个选择的图层、图层组或画板都会被导出为单独的图像资源。但对于切片导出用于网页制作而言，现阶段还是常用“存储为 Web 所用格式”。

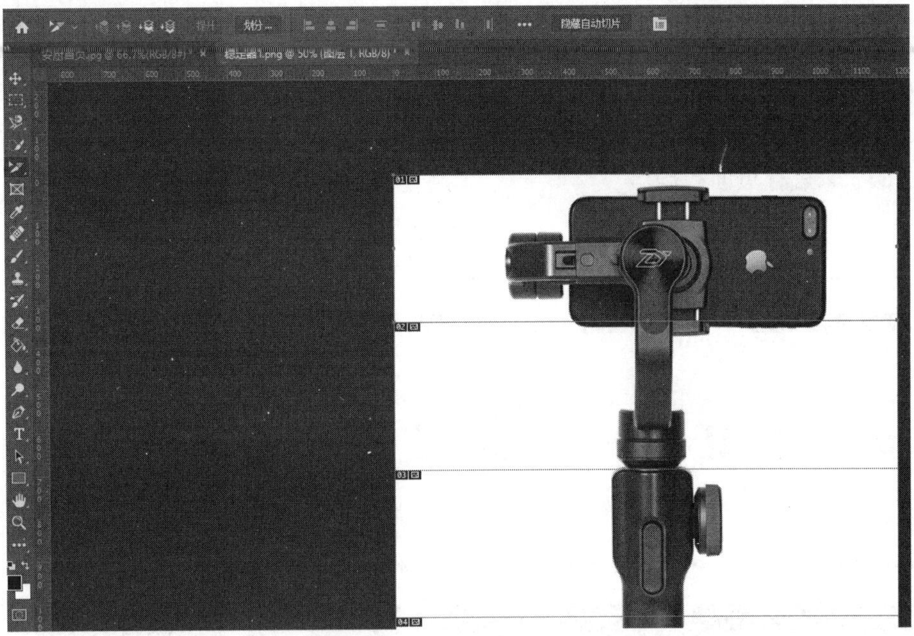

图 7-19　划分用户切片

在“存储为 Web 所用格式”对话框中，可以通过“抓手工具”“缩放工具”“切片选择工具”等来选择切片，右侧主要是对不同图片格式的优化设置。单击“存储”按钮后，在“将优化结果存储为”对话框中，可以选择“仅限图像”“仅限 HTML”和“HTML 和图像”，切片可以为“所有切片”“所有用户切片”和“选中的切片”，如图 7-20 所示。选中的切片指的是在切片处理的时候处于选中状态的切片，通常情况下会选择“所有用户切片”选项。

图 7-20　“将优化结果存储为”对话框

思维拓展：切片导出为HTML后，是否可以在Dreamweaver中直接使用？

将前面的安厨优选首页的切片保存为“HTML 和图像”后，找到目标文件夹中存在一个images文件，里面有所有切片图像。其中，用户切片按之前命名的名称命名，而自动切片则按保存的文件名依次命名，如图7-21所示。另一个HTML文件以“安厨首页”命名，可用浏览器直接打开，如图7-22所示。从浏览器窗口中看页面显示没有问题，但实际该页面是由各图片文件切片拼成，可以通过Dreamweaver打开，在拆分视图中可以看到整个页面的布局混乱，只是简单的拼接，如图7-23所示。作为实际的网页使用，只需要采用用户切片然后通过HTML5+CSS3来进行页面布局。

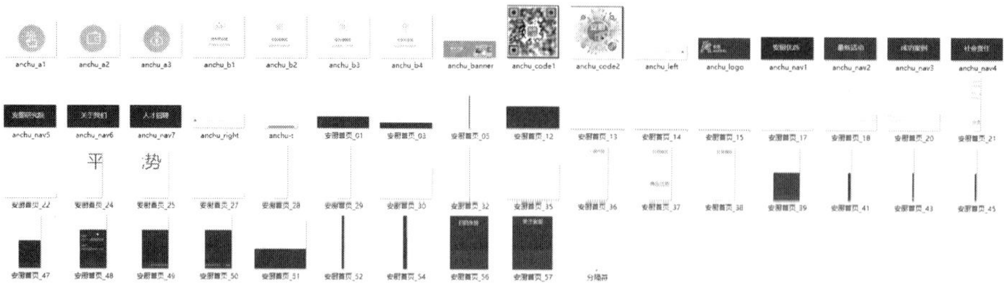

图7-21　所有切片图像文件夹

图7-22　安厨首页切片保存网页

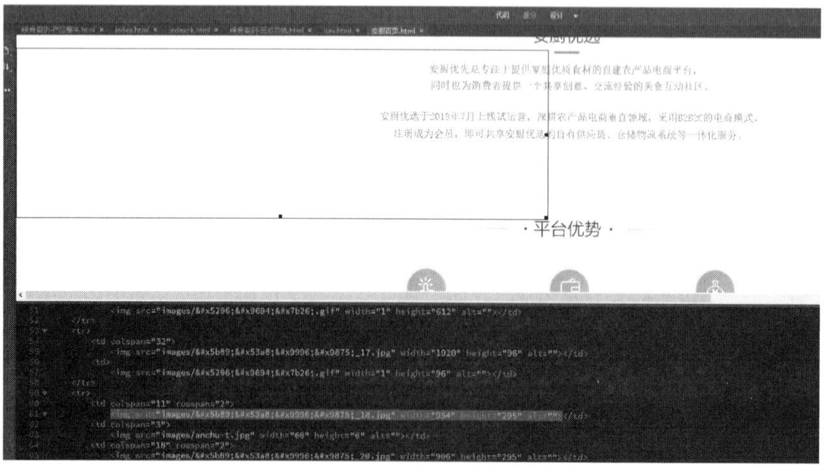

图7-23　安厨首页切片网页在Dreamweaver中打开

任务二 网页导航的文本样式设置

任务导入

CSS 全称为“层叠样式表（Cascading Style Sheets）”，它能够用于定义 HTML 内容在浏览器内的显示样式，如文字大小、颜色、字体加粗等。通过引入 CSS 来设置网页效果，能够更有效地进行网页设计与制作。通过当前任务对安厨优选首页的导航采用文本样式设置来初步认识 CSS 控制。

任务 2-1 网页导航的文本超链接样式

微课-超级链接的多样性运用

任务描述

本次任务是承接前面介绍的安厨农产品电商形象展示网站的首页，现在要给首页头部完成一个文字版本的导航栏。通过任务实施来掌握 CSS 样式表的引用和基础文本超链接样式的设置。

任务实施

1. 关联本地站点文件夹

本任务中运用之前任务创建的网站文件夹 anchu，将存放之前用户切片的 images 文件夹放置到该文件夹内。然后打开 Dreamweaver 以文件夹 anchu 创建相应的站点作为本地站点文件夹。

2. 新建文件

在 Dreamweaver 中通过“文件”|“新建”命令新建 HTML 文档，标题为“文本导航栏”，文档类型为 HTML5，然后保存为“nav.html”。

3. 在代码视图中输入网页主体内容

切换到代码视图，在网页的主体部分中输入两个结构，第一个<div>中放置网站 logo 图片，第二个 HTML5 的导航标签<nav>中分别放入导航栏各栏目对应的文字，各文字放置在超链接<a>标签对中，超链接设置为空链接，<body>标签间的源代码如下。

```
<body>
<div><img src="images/anchu_logo.jpg" alt="安厨 logo"></div>
<nav><a href="#">安厨优选</a><a href="#">最新活动</a><a href="#">成功案例</a><a href="#">社会责任</a><a href="#">安厨研究院</a><a href="#">关于我们</a><a href="#">人才招聘</a>
</nav>
</body>
```

4. 插入 CSS 样式表

在当前页面的头部插入 CSS 样式表，在标题标签后输入<style>标签对。首先对文本导航栏的超链接效果做出样式处理。改变字体大小，让超链接的下画线和文本颜色改变，另外给文本增加与切片导航栏一致的背景颜色。<head>标签间的源代码如下。

```
<head>
<meta charset="utf-8">
```

```
<title>文本导航栏</title>
<style>
      a{
            font-size: 20px;
            text-decoration: none;
            background-color: #113035;
            color: #FFFFFF;
      }
</style>
</head>
```

5. 预览编辑样式效果

通过 F12 快捷键或者切换到“实时视图”预览效果，如图 7-24 所示。

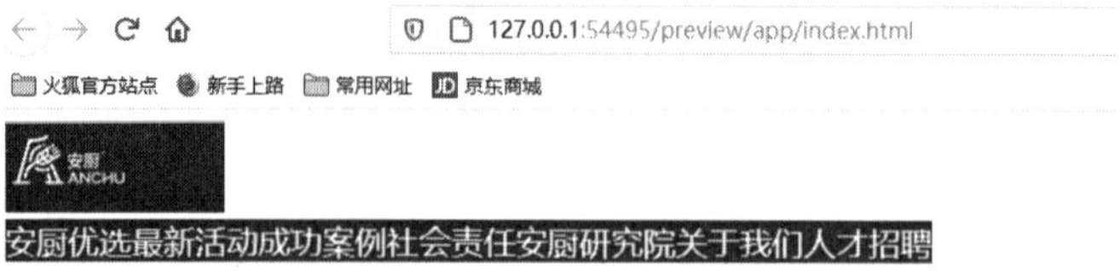

图 7-24　浏览器预览文本样式效果

6. 编辑超链接样式

通过浏览页面可以看到各栏目之间文字没有分开，另外切换回代码视图，在<a>标签样式内增加一行 margin-right: 10px;，再在后面加上注释“/*外边距右侧空隙*/”加以说明。然后继续对超链接鼠标位于链接上方状态的样式进行设置，这里与<a>标签样式一致的可以不用重复设置。想让鼠标移到链接上方时，文字变大且背景颜色变得明亮一些，源代码如下。

```
/*鼠标位于链接上方状态，a:active 可直接继承 a:hover 样式*/
      a:hover{
            background-color: #1bcac3;
            font-weight: bold;
            font-size: 22px;
      }
```

继续按 F12 键进行预览，效果如图 7-25 所示。

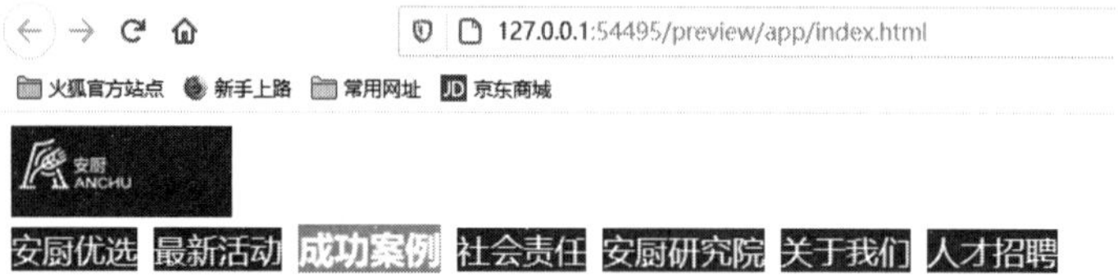

图 7-25　a:hover 时超链接样式效果

7. 保存页面退出

任务分析

1. CSS 的简介

CSS 主要用来定义如何显示 HTML 元素，可以静态地修饰网页，能够对网页中元素位置的排版进行格式控制，还可以配合各种脚本语言动态地对网页各元素进行格式化。

采用 CSS 的原因是 HTML 标签原本被设计为用于定义文档内容。通过标签来表达语义化，例如，这是标题、这是图片、这是表格等。而后来在浏览器支持下，HTML 标签的属性越来越复杂地被添加到 HTML 规范中，这样网页文档内容结构与文档表现则难以分离，为网页的有效读取和更新带来了更多困难。

为了解决这个问题，万维网联盟（W3C）开始了 HTML 标准化，也就是 Web 标准化的工作，在 HTML4.0 之外创造出样式（Style），所有的主流浏览器均支持 CSS。CSS 是网页设计领域的一个突破，能够极大地提升网页设计的效率。CSS 最大的特点就是样式代码和标签代码分离。

CSS3 是 CSS 技术的最新升级版本，主要包括盒子模型、列表模块、超链接方式、语言模块、背景和边框、文字特效、多栏布局等模块。

2. 插入 CSS 的方法

当读到一个样式表时，浏览器会根据它来格式化 HTML 文档。插入样式表的方法有以下三种。

1）内部样式表

也就是把样式表内嵌到当前网页内部，使用<style>标签插入到文档头部<head>标签之间，当前任务的样式表就是采用内部样式法。这类样式表的作用范围主要就是当前页面。

2）外部样式表

就是将 CSS 样式代码写到一个独立的文本文件中，该类文件的扩展名为.css，在网页文件的<head>部分通过<link>标签引用该文件到网页中使用，格式如下。

```
<head>
<link rel="stylesheet" href="css/common.css">
</head>
```

浏览器会从相对于当前页面的 CSS 文件夹下读取到 common.css 样式文件，并根据它里面的样式定义来格式化文档。外部样式表可以在任何文本编辑器中进行编辑。文件不能包含任何的 HTML 标签。

3）内联样式

内联样式的使用场景和标签属性使用相类似，但是这样会使页面的表现和内容混杂在一起，也就损失了样式表的优势。因此，一般慎用这种方法，例如，当该样式仅需要在一个元素标签上应用一次时，格式如下。

```
<a href="#" style="color: red;">安厨优选</a>
```

思维拓展：当同一个 HTML 标签被不止一个样式定义时，哪个样式具有优先级？

这里介绍了多种样式表的方法，那么如果涉及重叠定义时，那就需要明确各个方法的优先级。内联样式拥有最高的优先权，其次是内部样式表，最后是外部样式表。可以说对于某个元素而言，样式定义离它越近，则优先级越高。

思维拓展：在外部样式表中，使用@import 方法与 link 方法有何不同？

使用@import 方法，也被称为导入外部样式表，同样用在<head>标签之间。其语法如下。

```
@import url);
 <head>
```

```
<style type="text/css">
@import url(""); /* CSS 文件路径地址*/
</style>
</head>
```

另外的区别还有 link 除了加载 CSS 外，还可以定义 RSS 等其他事务，而@import 只能加载 CSS。link 引用 CSS 时，在页面载入时同时加载，而@import 需要页面网页完全载入以后加载，此外，@import 是在 CSS2.1 中提出的，低版本的浏览器不支持。link 支持使用 JS 控制 DOM 去改变样式，而@import 不支持。

3. CSS 的语法

CSS 规则由两个主要的部分构成：选择器，以及一条或多条声明。声明被大括号{ }包括。每条声明由一个属性和一个值组成，格式为“属性名:值;”。属性是希望设置的样式属性，属性会有对应的值，属性和值被冒号分开，值用“；”结束，这里所有符号都是在英文输入状态下输入。多条样式效果可分行书写，也可都写于一行。另外，CSS 的注释格式为“/*注释*/”。

由于大多数规则都存在多条声明，采用分行的多重声明以及空格的使用能使样式表更易读且被编辑，是否包含空格不会影响 CSS 在浏览器中的工作效果。同样，CSS 对大小写不敏感，不过存在一个例外，如果涉及与 HTML 文档一起，class 类和 id 名称对大小写是敏感的。

4. 标签选择器

CSS 选择器用于指定样式设置对应的目标，CSS 选择器有多种样式，可针对同种标签进行统一设置，也可针对指定标签进行设置。最常见的是标签选择器。也就是 HTML 的标签就是最基本的选择器。选择器名称使用标签名，对相同类型的标签进行统一设置。例如：

```
html {color:black;}
h1 {color:blue;}
h2 {color:red;}
```

5. CSS 的颜色

CSS 颜色使用了光源三原色的 RGB 颜色值的十六进制表示法进行定义。这个和 HTML 的颜色值的表示一样，以#符号开头写作 RRGGBB，其中的 RR（红色）、GG（绿色）、BB（蓝色）十六进制整数规定了颜色的成分。所有值必须介于 0 与 FF 之间。例如，#0000FF 值显示为蓝色，也就是蓝色成分被设置为最高值（FF），而其他成分被设置为 0。除了十六进制外也支持直接用英文，比如白色可直接定义为 white。

思维拓展：RGBA 的颜色定义。

RGBA 颜色值是 RGB 颜色值的扩展，带有一个 alpha 通道，也就是用来规定了对象的不透明度。RGBA 颜色值是这样规定的：rgba(red, green, blue, alpha)。alpha 参数是介于 0.0（完全透明）与 1.0（完全不透明）的数字，例如，background-color:rgba(255,0,0,0.3);。

需要注意 RGBA 颜色值需要浏览器较新的版本支持，如在 IE9+、Firefox 3+、Chrome、Safari 以及 Opera 10+以上。后面还有很多的 CSS3 样式的定义也是和浏览器支持有关的。

6. 基本的文字文本样式

1）font-size

font-size 属性可设置字体的尺寸。常见的取值，采用 px 为单位指定文字大小的固定值，如 14px。以 em 为单位，相对于父标签的字体大小进行调节，如 1em 等于父标签的字体尺寸，1.5em 等于父标签字体的 1.5 倍。与之类似的还可以用百分比%为单位，150%作用等同于 1.5em。

以 rem 为单位，相对于<html>标签的字体大小进行调节，如设置<html>的字体大小为 10px，那么 1.6rem 等同于 16px。若没有设定<html>的字体大小，则默认值取决于浏览器。虽然浏览器中的常见出厂设置默认值为 16px，这可以由用户在浏览器设置中更改。在某些浏览器中，用户可以将大小设置为以 px 为单位的任意数字，而某些浏览器只有一些替代方案，口头描述。如果大家都用固定的默认值 16px，那么使用 rem 几乎没有意义。此外，就是在样式表中也可以设置默认字体大小。

其他还有一些参数值：xx-small | x-small | small | medium | large | x-large | xx-large |smaller | larger。

思维拓展：为什么在页面设计中更多需要用相对值而不用固定值？

这也是现阶段页面越来越多地被不同媒体尺寸使用的结构。对于设计者的需求是，当用户浏览网页时，根据屏幕的尺寸，来向用户展示更适合用户的文字、图片、按钮大小。在 CSS3 之前，采用 em 去定义而不是固定值 px，CSS3 提出了 rem 的概念后，使得样式设计更为灵活。例如，有以下这页代码：

```
<!doctype html>
<html>
<head>
<meta charset="utf-8">
<title>font-size</title>
        <style>
                body{
                        font-size: 14px;
                }
                .t{
                        font-size: 20px;
                }
                p{
                        font-size: 2em;
                }
        </style>
</head>
<body>
        <p>我是第一段文字的显示</p>
        <div class="t">
          <p>我是第二段文字的显示</p>
        </div>
</body>
</html>
```

在页面显示中，第一段文字的显示尺寸是 28px，而第二段文字的显示尺寸是 40px。而把<p>标签定义的字体样式大小改为 2rem，则这两段文字的显示尺寸将会一样。

2）font-weight

font-weight 属性设置文本的粗细。取值可以是数值 100～900，也可以是粗度关键词，normal 为默认值，即正常的标准字体，相当于数字值 400；bold 为粗体字符，相当于数字值 700；还有相对更粗的 bolder 和相对更细的 lighter。

3）text-decoration

text-decoration 属性规定添加到文本的修饰。该属性的默认值是 none，大多用于去掉超链接中的下画线。其他样式为 underline 定义文本下的一条线，overline 定义文本上的一条线，line-through 定义穿过文本的一条线，blink 定义闪烁的文本，但受到浏览器的限制，IE、Chrome 或 Safari 不支持 blink 属性值。

7. 超链接样式

超链接样式的特殊性在于能够根据它们所处的状态来设置它们的样式。超链接的四种状态分别是：a:link——普通的、未被访问的超链接，a:visited——用户已访问的超链接，a:hover——鼠标指针位于超链接的上方，a:active——超链接被单击的时刻。超链接的样式具有继承的特性，当为超链接的不同状态设置样式时，需要按照以下次序规则：a:hover 的定义必须位于 a:link 和 a:visited 之后，a:active 必须位于 a:hover 之后。若只有<a>标签一个定义，则各状态均继承<a>的定义。若有 a:hover 定义而没有 a:active 定义，则 a:active 继承 a:hover 的定义。

这也就是在前面任务中 a:hover 定义中没有 text-decoration: none 的原因；但是在页面效果中依旧去掉了超链接文本的下画线，则是由于在 a:hover 定义之前的<a>标签定义存在 text-decoration: none;，后续的 a:hover 若继承这一声明则无须重新定义，而新定义声明则是<a>标签定义中没有的或者与其原有不同的。

任务 2-2　网页导航的文本结构和背景样式

任务描述

本任务是承接前面的文字版本的导航栏，继续改变文字导航栏的宽度和高度，以及展现 logo 图片和相关背景图像。通过任务实施来掌握 CSS 样式表关于元素结构类型、图片和背景样式的设置。

任务实施

（1）用 Dreamweaver 打开 anchu 文件夹中 nav.html 页面，切换到代码视图。

（2）网页中大多数标签都会占用一定的空间，即标签拥有宽度和高度属性，有了宽度和高度就可以考虑标签在页面中的占位。而当前页面中的文本的宽度只和文字内容相关，并不能直接给其设置宽度和高度的样式，需要对其类型结构进行改变。在<style>之间已有的样式定义后添加如下代码。

```
nav a{
        /*作用对象为<nav>标签内的<a>*/
        display:inline-block;
        /*定义为行内块元素*/
        width: 128px;
        height: 60px;
        text-align: center;
    }
```

这样这些文字构成导航栏各栏目的范围就能按定义 128px 宽和 60px 高来扩大，超越原有文字的幅面，背景颜色会铺满这个区块，如图 7-26 所示。

图 7-26　文字导航栏目可定义宽和高

（3）由于原有文字的大小是 20px，小于现在定义的 60px 高度，使得文字显示在上方。为了能使文字显示不仅水平方向通过 text-align 居中，在高度上也能居中，则在 nav a 的样式声明里添加一行声明：line-height: 60px;，则保存预览效果如图 7-27 所示。

图 7-27　设置文本行高样式

（4）接着把安厨 logo 所在范围也扩大，找到所对应的 HTML 代码，在<div>标签内部添加一个类名，类名自定义为“logo”，对应代码修改为：<div class="logo"><img src="images/anchu_logo.jpg" alt="安厨 logo"></div>。这里需要注意的是 div class 之间需要保留空格。

（5）在<style>之间已有的样式定义后添加该类选择器的样式声明，代码如下。

```
.logo{
    height: 55px;
    width: 960px;
    background-color: #113035;
    text-align: center;
    margin-bottom: 5px;
    /*外边距底部空隙*/
}
```

（6）对于 logo 这块不想用背景颜色而是背景图像，在其对应的样式声明中修改为：

```
.logo{
        height:250px;
        width: 960px;
    /*  background-color: #113035;*/
        background-image: url("images/anchu_banner.jpg");
        text-align: center;
        margin-bottom: 5px;
        /*外边距底部空隙*/
    }
```

（7）通过预览发现由于背景图像尺寸大于所定义显示尺寸则只能显示部分，为了全面显示需在背景图像样式声明下方增加一条声明：background-size: contain。保存预览效果如图 7-28 所示。

图 7-28　背景图像大小样式设置

（8）由于背景图像默认是平铺的，则右侧会显示重复部分，为了不重复显示，可在背景图像样式声明下方增加一条声明：background-repeat: no-repeat;。另外想让不平铺的背景图像在中间显示，可继续增加一条声明：background-position: center;。效果如图 7-29 所示。

图 7-29　背景图像平铺和位置样式设置

（9）完成任务，保存页面退出。

任务分析

1. 标签的宽度和高度设置

在网页中大多数标签都会占用一定的空间，也就是标签拥有宽度（width）和高度（height）样式属性，通过对宽度和高度的设置可影响页面的排版，其语法如下。

```
width:宽度数值 px/% | auto ;
height:  高度数值 px/% | auto ;
```

使用 px 为单位则为固定长度，也可以通过%设置为相对长度，这里的%的相对参照是父标签，即若父标签为“width:600px;”，则当前标签设置为“width:50%;”，则实际宽度为 300px。若父标签为<body>，则当前标签设置为“width:50%;”是指浏览器窗口的 50%，可随浏览器窗口大小变化。

宽度和高度属性也可设置为 auto，等同于不设置具体属性值。此时宽度将默认设置为允许的最大值，即等同于父标签的宽度；高度将随标签的内容自动扩展。通过如下代码案例来进一步了解。

```
<!doctype html>
<html>
<head>
```

```
<meta charset="utf-8">
<title>宽度设置</title>
<style>
    .wh{
        width: 960px;
        height: 450px;
        background-color: #D56E6F;
    }
    .wh1{
        width: 400px;
        height: 200px;
        background-color: aqua;
    }
    .wh2{
        width: 50%;
        height: 50%;
        background-color: #4033E1;
    }
    .wh3{
        width: auto;
        height:auto;
        background-color: #E9ED43;
    }
    .wh4{
        width: 50%;
        min-width: 300px;
        max-width: 600px;
        height: 150px;
        background-color: #7E7575;
    }
</style>
</head>
<body>
<div class="wh">
    <div class="wh1">宽度 400px,</div>
    <div class="wh2">宽度 50%</div>
    <div class="wh3">宽度 auto</div>
</div>
<div class="wh4">
    宽度 50%，最小宽度 300px，最大宽度 600px.
</div>
</body>
</html>
```

这里需要说明的是，若将 wh3 的类选择器里面的声明中的 height:auto;改为 height:150px;，则在预览页面中可以到其溢出父标签<div class="wh">的范围，如图 7-30 所示。

图 7-30　宽度设置案例

2. 标签的显示类型样式设置

HTML 元素一般分为块元素和内联元素（也就是行内元素）两种类型。在当前任务中提到内联元素标签<a>是无法设置具体宽度和高度的，只能由其本身文本大小来决定。若要设置其宽度和高度，就需要通过 display 这一样式属性来修改设置。

1）块元素

之前在 HTML 所掌握的<div>、<p>、<ul>、<ol>、<li>、<h1>、<h2>等以及 HTML5 所创建的结构标签全都是块元素，最为典型的就是<div>以及 HTML5 的结构标签<header>、<nav>、<section>、<footer>这类，如图 7-31 所示为网页中典型块元素的显示。块元素的典型特点是：可以有效设置宽度和高度；独占一行，在默认情况下，宽度自动填满父元素宽度；是一个容器，里面可以为块元素或者行内元素。另外需要注意的是，文字内不能使用块级元素，例如，在<p>里面不能嵌套<div>，这样会产生多余的<p>。

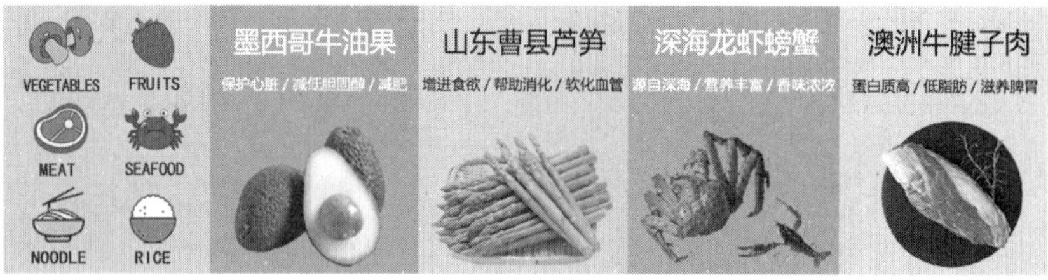

图 7-31　网页中典型块元素的显示

2）行内元素

之前在 HTML 中所掌握的<a>、<strong>、<del>、<span>、
等都是行内元素，典型的<span>常用于文本显示中，如图 7-32 所示红框内就是行内元素的显示效果。行内元素的典型特点是：宽和高直接设置无效，宽高由内容撑开（也就是默认宽度就是内容的宽度）；不能独占一行，相邻行内元素在一行上；行内元素内一般只能放其他行内元素；margin 和 padding 横向设置有效，纵向设置不产生边距效果。另外需要注意的是，超链接里面不能再嵌套超链接，特殊情况下超链接里面可以放块级元素，一般将这样的<a>转换为块级元素。

图 7-32　行内元素的显示效果

3）行内块元素

虽然前面提到 HTML 元素一般分为块元素和内联元素，其中还有第三种：行内块元素，同时具有前两种的一些特性。<img>、<td>、<input>等元素被看作行内块元素同时具有行内元素和块级元素的特点，一般将其认为是特殊的行内元素。其典型特点是：默认宽度就是内容的宽度，但又像块元素一样可以设置宽度、高度、margin 和 padding 都有效；一行可以显示多个和相邻行内块元素在一行时，左右之间有空白空隙。

而这些块元素、行内元素、行内块元素都可以通过 display 这一样式属性来进行互换。display:block；是将对象指定为块元素；display:inline；是将对象指定为行内元素；display:inline-block；是将对象指定为行内块元素；display:none；则是将对象隐藏不显示。

除了上述标签类型外，还有 list-item 指定对象为列表元素，针对表格的 table 类型，最新的弹性盒子 flex、inline-flex 类型，读者可自行拓展查阅资料学习。

3. 类选择器

该选择器以“.”开头，后面添加自定义的类名称。注意定义类名称时不能使用数字开头。类选择器是 CSS 最常用的选择器之一，常用的 HTML 元素都能通过设置添加“class="类名称"”属性来加以指定。一个类选择器可以被多个网页 HTML 元素所指定，同时一个网页还允许同时使用多个类选择符的样式，如下面的代码中“class="aa bb cc"”代表该标签同时使用.aa{}、.bb{}和.cc{}的样式设置。class 中的多个选择符名称使用空格隔开。需要说明的是，由于类选择器被广泛使用，因此类名称尽可能不要使用无意义的命名，如 aa 这种，特别是在存在大量类名的应用中。

```
<div class="aa bb cc">我被多个样式所指定</div>
```

思维拓展：多个类存在重复定义时，最后产生效果的状态如何？

```
<!doctype html>
<html>
<head>
<meta charset="utf-8">
<title>多个类</title>
<style>
.aa{
        font-size: 20px;
        color: aqua;
        text-align: center;
    }
.bb{
        color: red;
        font-size: 30px;
    }
</style>
</head>
<body>
    <div class="aa bb">我被多个类指定</div>
</body>
</html>
```

对这一页面进行测试，去了解存在重复定义时，最后起效果的是哪个。可以尝试更换<div class="bb aa">我被多个类指定</div>继续进行测试，然后对类定义时，.aa{}和.bb{}顺序也互换进行测试。

4. 包含选择器

包含选择符，也称为后代选择器，通过标签层次结构选择目标，常见于多个标签选择器的结合或者标签选择器与类选择器的结合等。例如，只对 h2 中的 span 应用样式，可以这样写“h2 span { }”，注意两个名称间要用空格隔开。具体可分析如下案例代码。

```
<!doctype html>
<html>
<head>
<meta charset="utf-8">
<title>包含选择器</title>
<style>
	h2  span{
		font-style: italic;
		color: burlywood;
	}
	h2  .aa{
		font-family:"华文行楷", "宋体";
		color:red;
	}
</style>
</head>
<body>
 <h2>
	<span>第一个句子</span>
	<span class="aa">第二个句子</span>
	第三个句子
 </h2>
<p>
	<span class="aa">第四个句子</span>
</p>
</body>
</html>
```

5. 基本的文字文本样式

1）font-family

font-family 规定元素的字体系列。font-family 可以把多个字体名称作为一个“回退”系统来保存。如果浏览器不支持第一个字体，则会尝试下一个。使用逗号分隔每个值，使用某种指定的字体系列完全取决于用户机器上该字体系列是否可用，并不提供下载，因此推荐使用一个通用字体系列名作为最后的选择。

2）font-style

font-style 属性定义字体的风格。该属性设置使用斜体、倾斜或正常字体，如 font-style:italic; 定义浏览器会显示一个斜体的字体样式。

3）line-height

line-height 属性设置行高，也就是行间的距离。需要注意的是不能使用负值定义。

4）text-align

text-align 属性规定元素中的文本的水平对齐方式。

5）font

在一个声明中设置所有字体属性。可以按顺序设置如下属性：font-style、font-variant、font-weight、font-size/line-height、font-family，可以不设置其中的某些值，如 font:italic bold 16px/40px arial，sans-serif;，未设置的属性会使用其默认值，但是不允许调换这些属性的顺序。

6. 背景样式设置

1）background-color

background-color 设置背景颜色，与设置文字的颜色相同，可使用十六进制色、RGBA 色、RGB 色等各种合法的颜色值。transparent 为默认值，透明即不设置颜色。

2）background-image

background-image: url（图片路径）；设置背景图像，在 url( )括号内填入图像文件的绝对或相对路径，其中，相对路径以当前代码所属的页面文件为参考查找图像文件的相对路径。注意：样式文件在文件夹 css 中，图像文件在文件夹 images 中，css 文件夹和 images 文件夹为并列关系，则路径要写为“url(../images/test.jpg)”。

3）background-repeat

background-repeat 设置页面上对背景图像进行平铺，也就是重复。属性值 repeat 为默认值，就是指背景图像在水平垂直方向上都平铺，就是通常的做法。repeat-x 和 repeat-y 分别指背景图像只在水平或垂直方向上重复，no-repeat 则不允许图像在任何方向上平铺，只单一显示。

4）background-position

background-position 设置背景图像起始的位置。默认地，背景图像从一个元素的左上角开始，也就是 background-position:top left;。常用的方位关键词有 top、bottom、left、right、center。如果均是方位关键词，则前后顺序互换无关，也就是 top left 与 left top 一致。若只指定设置一个，另一个省略，则省略的值默认居中。也可以使用方位数值，即以 px、%为单位的数值。背景图像以标签的左上角为原点坐标，按数值向水平方向和垂直方向偏移，数值参数可以取负值，方位关键词和方位数值甚至可混合使用。

5）background-size

background-size 设置背景图像的大小尺寸缩放。缩放数值：需要填入图片宽、高两个参数。以 px 为单位时，将图片缩放到指定大小。以%为单位时，以标签的宽高值为参考按比例缩放，如参数为“50% 50%”即缩放到标签宽高的一半。参数可只填写一个，这时作为宽度缩放值，高度将按原图比例自动缩放。另外也可以设置关键词，auto 为默认值，指背景图像的真实大小。cover 将背景图像等比缩放到完全覆盖容器，背景图像有可能超出容器。contain 将背景图像等比缩放到宽度或高度与容器的宽度或高度相等，背景图像始终被包含在容器内。

6）background-attachment

background-attachment 设置背景图像的关联，也就是背景图像是否固定或者随着页面的其余部分滚动。设置关键词 scroll 为默认值，背景图像会随着页面其余部分的滚动而移动。fixed 相对固定，当页面的其余部分滚动时，背景图像不会移动。

7）background

与 font 属性类似，将背景所有声明综合写在一起。background 可设置图片路径位置/大小、平铺、位置关联、颜色的属性。除了“位置/大小”需要按格式编写外，其余属性参数的顺序可调整。所有参数都可选填，不填写时将自动被设置为默认值。

任务三　电商网页布局样式设置

任务导入

CSS 不仅能够用于定义 HTML 元素在浏览器内的显示效果，更为重要的是可以用于对元素结构在网页中进行布局，能够实现网页元素内容结构和表现的分离。通过当前任务以安厨农产品电商形象展示网站首页效果图的样式来完成页面的布局制作，来掌握电商网页布局样式设置。

任务 3-1　电商网页头部结构布局样式设置

微课-浮动样式

任务描述

本任务是承接安厨农产品电商形象展示网站首页的头部部分，根据效果图来完成页面布局。通过任务实施来掌握网页元素内容结构和表现的分离，以及网页布局的方式。

任务实施

微课-水平居中的 header 结构

1. 新建网页文件和样式文件

本任务通过 Dreamweaver 继续打开之前关联的本地站点文件夹 anchu，通过“文件”|“新建”命令新建 HTML 文档，标题为“头部结构”，文档类型为 HTML5，然后保存为“header.html”。

然后在 anchu 文件夹中新建文件夹“CSS”，通过 Dreamweaver“文件”|“新建”命令新建 CSS 文档，然后保存为“comm.css”存到 CSS 文件夹中。

2. 通过外部链接引入 CSS 文件

通过 Dreamweaver 打开 header.html 文件，切换到代码视图，在<head>标签内，输入代码来引入关联 comm.css 样式文件。

```
<link rel="stylesheet" href="css/comm.css">
```

3. 创建页面头部内容结构

分析效果图和 HTML5 的结构划分，可以考虑将网页分为头部、主体和底部三部分结构。这里先完成头部结构，整个头部由<header>结构标签完成，包含两个部分区块<section>，第一部分区块内有安厨优选的 logo 和导航栏模块，这里导航栏各栏目部分考虑使用用户切片的图片，第二个区块内放置海报。在<body>标签内部输入以下代码。

```
<header>
    <section class="nav">
```

```
        <div class="logo"><img src="images/anchu_logo.jpg" alt="安厨 logo"></div>
        <nav>
            <ul>
            <li><img src="images/anchu_nav1.jpg" alt="安厨优选"></li>
            <li><img src="images/anchu_nav2.jpg" alt="最新活动"></li>
            <li><img src="images/anchu_nav3.jpg" alt="成功案例"></li>
            <li><img src="images/anchu_nav4.jpg" alt="社会责任"></li>
            <li><img src="images/anchu_nav5.jpg" alt="安厨研究院"></li>
            <li><img src="images/anchu_nav6.jpg" alt="关于我们"></li>
            <li><img src="images/anchu_nav7.jpg" alt="人才招聘"></li>
        </ul>
        </nav>
        </section>
    <section class="banner">
        <img src="images/anchu_banner.jpg" alt="">
    </section>
</header>
```

这里给第一个部分<section>定义类“nav”，放置安厨优选 logo 图像的<div>定义类“logo”，第二个部分<section>用于放置海报图像，定义类“banner”。

4. 定义通用样式设定

单击代码源代码按钮右侧已关联的 comm.css，进入外部链接的样式文件页面，在页面中分别输入/*通用样式设定*/和/*页面各部分样式设定*/，用于分类进行样式定义。

在/*通用样式设定*/后面输入：

```
* {
    margin: 0;
    padding: 0;
}
ul li {
    display: inline-block;
      list-style: none;
}
```

*作为通配符，设置各个元素结构的内外边距都清零。导航各栏目图片放置在列表结构中，列表结构是块元素，各个结构会上下放置，而效果图内是同行水平放置，则将其设定为内联块元素，同时取消列表项标识。

5. 定义 header 结构样式

希望网页内容部分的宽度为 1400px，同时整个页面水平居中。这里在/*页面各部分样式设定*/后面先输入：

```
header{
    width: 1400px;
    margin:0 auto;
}
```

<header>是块元素结构可以直接定义宽度，同时通过定义外部边距的值，特别是定义左右外部边距 auto 来实现该结构水平居中。

6. 定义海报的样式

通过效果图可以看到海报图像和上部导航栏宽度一致，在/*页面各部分样式设定*/后面先输入：

```
.banner img{
        width: 1400px;
}
```

通过包含选择器的使用指定 banner 类中的图片结构的宽度为 1400px，保存全部后预览如图 7-33 所示。

图 7-33　水平居中的 header 结构

7. 定义 nav 类结构样式

上半部分的<section>，也就是 nav 类，包含安厨优选 logo 和导航栏<nav>，在一行内显示。先定义该类的样式，在/*页面各部分样式设定*/后面先输入：

```
.nav{
        height: 55px;
        background-color:#123136;
}
```

这样只能看见 logo 图像而导航<nav>结构无法显示出来。

8. 通过左右浮动来定义 logo 图片和 nav 导航栏目

要使效果图一样，让两个结构左右分列于一行，则可采用浮动布局。首先对 logo 图片采用左浮动布局，在/*页面各部分样式设定*/后面先输入：

```
.nav .logo{
        float: left;
        margin-left: 70px;
}
```

接着对<nav>结构采用右浮动布局，而各<li>结构也采用左浮动来统一布局，在/*页面各部分样式设定*/后面先输入：

```
.nav nav{
        float:right;
      margin-right: 65px;
```

```
    }
    .nav li{
            float: left;
    }
```

这里的 margin-left 和 margin-right 用于设置和左右边距的空隙。完成样式设置后可以保存全部后预览，如图 7-34 所示。

图 7-34　通过左右浮动布局定义 logo 图像和 nav 导航

这里通过预览会发现图片和导航栏结构之间有白色空隙，这是由于<img>是行内块元素所产生的。这个不仅是海报图片会有这样，导航栏各栏目的图片也会这样。因此，在/*通用样式设定*/后面输入：

```
    img{
            display: block;
    }
```

这样所有的<img>结构会转换为块元素显示，也就不会存在空隙，保存全部后预览如图 7-35 所示。

图 7-35　完成头部结构布局样式设置

9. 保存退出

任务分析

1. Web 标准化

介绍 CSS 样式布局离不开 Web 标准化的说明，虽然 CSS 本身在网页元素表现方面具有优势，但是正是 Web 标准化的产生才使 CSS 的应用得到普遍的认可。一般都把 Web 标准化和 DIV+CSS 以及各浏览器测试无错相提并论，实质的 Web 标准化可以说并不是具体某一个标准，而是一系列标准的集合。其核心思想就是结构、表现、行为分离。

具体而言，整个 Web 网页主要由三部分组成：结构（Structure）、表现（Presentation）和行为（Behavior）。对应的标准三方面：①结构，用于结构化的 Web 标准化技术主要有 HTML、XHTML、XML；②表现，主要指 CSS；③行为，表现行为的标准技术主要有 DOM 和 JavaScript。DOM 是一种让浏览器和 Web 内容结构沟通的接口，JavaScript 主要是用来操作 DOM 的。例如，如下一段代码：

```
<ul>
  <li><a href="#">安厨优选</a></li>
        <li> <a href="#">最新活动</a></li>
        <li><a href="#">成功案例</a></li>
        <li> <a href="#">社会责任</a></li>
        <li><a href="#">安厨研究院</a></li>
        <li><a href="#">关于我们</a></li>
        <li><a href="#">人才招聘</a></li>
  </ul>
```

从文档结构的角度来理解，它就是一组彼此关联，没有先后和主次之分的列表，可以理解为列表，也可以理解为目录。但在 CSS 的作用下，它可以变成菜单、导航条等各种形式，如果 CSS 和 JavaScript 相结合起来，还可以变成滑动门等各种效果。

在当前网页设计课程中主要介绍的就是结构和表现的分离，也就是耦合度越低越好。样式文件都放到外部 CSS 文件中，除了特殊情况一般不使用内部样式表。而对于结构而言，若页面中有大量 class 和 id 存在，那么分离得也不够彻底，这些 class 和 id 实际是为了样式指定而存在的，并不是结构本身的。

2. 网页布局的方式

通过 CSS 样式来实现网页布局，本质就是 CSS 的定位机制，允许 CSS 来对指定网页元素进行定位。定位的基本思想很简单，就是允许 CSS 定义元素框相对于其正常位置应该出现的位置，或者相对于父元素、另一个元素甚至浏览器窗口本身的位置。对于块元素而言，这些元素显示为一块内容，即“块框”，而行内元素，它们的内容显示在行中，即“行内框”。

CSS 有三种基本的定位机制：普通流、浮动和定位。

1）普通流（标准流/文档流）

普通流，也被称为标准流或者文档流，也是最为常见最为普通的定位机制。除非专门指定，否则所有框都是在普通流中定位，这种定位就是元素标签按照规定好的方式进行排序。每个块元素在页面中独占一行，块元素之间按从上向下的顺序进行排列，而行内元素按顺序从左到右，遇到父元素边缘自动换行。

2）浮动

浮动就是框结构可以浮起来，脱离原有的位置，也就是脱标，是浮动最为显著的特性。浮动的框可以向左或向右移动，直到它的外边缘碰到包含框或另一个浮动框的边框为止。由于浮动框不在文档的普通流中，所以文档的普通流中的块框表现得就像浮动框不存在一样。

在网页布局中存在浮动机制，很多网页布局效果普通流没有很好的办法去完成，可以通过浮动完成布局，浮动可以通过脱标来改变默认的排列方式。例如，电商网页排版中，如图 7-36 所示的效果，通过浮动可以让排版更为方便。另外，如当前任务中导航区块中 logo 图像和导航栏栏目的左右对齐，通过浮动也能很好得到解决。

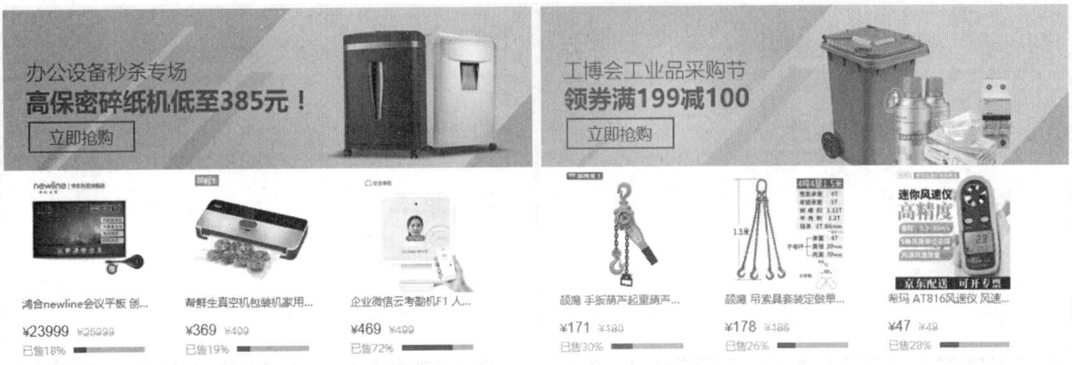

图 7-36　块元素浮动排版

3）定位

除了普通流和浮动，在实际页面布局中还存在一些情况需要通过定位，特别是绝对定位去实习，这一部分内容在后面解释。

在网页布局中，普通流和浮动是配合使用最多的，一般而言，多个块级元素纵向排列用普通流，多个块级元素横向排列用浮动。而在具体布局中，浮动元素经常搭配标准流的父元素一起。特别是为了约束浮动元素位置，会采用普通流父元素排列上下，之后内部子元素浮动排列左右位置。这样浮动元素就不以浏览器对齐而是以父元素对齐，例如以下代码。

```
<html>
<head>
<meta charset="utf-8">
<title>浮动元素搭配标准流父盒子</title>
    <style>
        .box {
            width: 1200px;
            height: 460px;
            background-color:aqua;
            margin: 0 auto;
        }
        .left {
            float: left;
            width: 300px;
            height: 460px;
            background-color: purple;
        }
        .right {
          float:left;
/*这里使用左右浮动都可以，由于两侧宽度相等于父盒子*/            width: 900px;
            height: 460px;
            background-color: skyblue;
```

```
        }
    </style>
</head>
<body>
    <div class="box">
        <div class="left">左侧</div>
        <div class="right">右侧</div>
    </div>
<body>
</body>
</html>
```

3. 浮动

若要使多个标签水平排列，且可控制宽高，使用块元素和内联元素都不能产生这样的效果，而使用内联块元素虽然能够水平排列，但内联块元素之间会有空隙，很难精确控制。因此还是需要采用浮动布局，这就需要使用到CSS的浮动属性float。

float属性定义元素在哪个方向浮动。在CSS中，任何元素都可以浮动。浮动元素会生成一个块级框，而不论它本身是何种元素。值为none设置对象不浮动，值为left设置对象浮在左边，值为right设置对象浮在右边。

关于浮动的相关特性，需要注意的是，浮动元素会脱离标准流（脱标），不再保留原先的位置，例如，如下代码。

```
...
<style>
        /* 设置了浮动（float）的元素会：
        (1) 脱离标准流的控制（浮）移动到指定位置（动）。
        (2) 浮动的盒子不再保留原先的位置。
          文字不遮挡*/
        .box1 {
            float: left;
            width: 200px;
            height: 200px;
            background-color:chocolate;
        }
        .box2 {
            width: 300px;
            height: 300px;
            background-color:burlywood;
        }
    </style>
</head>
<body>
    <div class="box1">浮动的盒子</div>
    <div class="box2">标准流的盒子</div>
</body>
</html>
```

若 box1 没有浮动，两个<div>块元素上下排列。box1 浮动脱标后，则效果如图 7-37 所示，由于 box2 大于 box1，则不能完全覆盖，另外文字是不会覆盖的，这一点还可以通过修改 box1 大小和 box2 来验证。

图 7-37　浮动后脱标

多个浮动元素会在一行内显示并且顶部对齐，相互间不会有空隙，浮动会直到边缘触及包含块或另一个浮动框的边缘，这样如果包含框太窄，无法容纳水平排列的多个浮动元素，那么其他浮动块向下移动，直到有足够的空间。如果浮动元素的高度不同，那么当它们向下移动时可能被其他浮动元素“卡住”，例如，如下代码。

```
…
<style>
        /*浮动会直到边缘触及包含块或另一个浮动框的边缘*/
    .fa{
        width: 1200px;
        background-color: aqua;
      }
        .box1,.box3,.box4 {
            float: left;
            width: 350px;
            height: 200px;
            background-color:burlywood
        }
        .box2 {
            float: left;
            width: 350px;
            height: 300px;
            background-color:chocolate;
        }
    </style>
</head>
<body>
    <div class="fa">
    <div class="box1">浮动的盒子 1</div>
    <div class="box2">浮动的盒子 2</div>
```

```
        <div class="box3">浮动的盒子 3</div>
<div class="box4">浮动的盒子 4</div>
    </div>
</body>
</html>
```

4 个浮动的盒子放置在标准流块元素 fa 中，box1 脱离文档流并且向左移动，直到它的左边缘碰到包含框 fa 的左边缘。另外，box2、box3 框向左浮动直到碰到前一个浮动框。box4 框浮动时由于包含框 fa 宽度不够，则要向下移动，直到有足够的空间，本来也应该左浮碰到包含框 fa 的左边缘，但是由于 box2 的高度突出，则被卡住在 box2 的右边缘，效果如图 7-38 所示。

图 7-38　多个元素浮动特性

前面提到任何元素都可以浮动，浮动后都具有行内块元素相似的特性。也就是说，行内元素浮动后也能设置宽高。块级元素没有设置宽度默认和父元素一致，添加浮动后大小由内容来决定，也具有行内块元素特性，例如，如下代码。

```
…
<style>
        /* 行内元素浮动后也能设置宽高。 */
       span,
        .b {
            float: left;
            width: 200px;
            height: 200px;
            background-color:aqua;
        }
        /* 块级元素没有设置宽度时默认和父元素一致，添加浮动后大小由内容来决定 */
       .a  {
            float: left;
            background-color: aliceblue;
        }
    </style>
</head>
<body>
    <span>1</span>
```

```
        <span>2</span>
        <div class="b">div</div>
        <div class="a">pppppp</div>
    </body>
    </html>
```

在样例中写了 4 个结构，两个行内元素通过定义浮动后具有行内块元素相似的特性，能够完成宽度定义。而“a”类所指定的<div>在样式中没有定义宽高，而父元素也没有定义，则添加浮动后大小由内容来决定，预览效果如图 7-39 所示。

图 7-39　浮动具有行内块元素特性

思维拓展：选择器分组。

通过分组，创作者可以将某些类型的样式“压缩”在一起，这样就可以得到更简洁的样式表。span,.b { float: left;}将 span 和.b 选择器放在规则左边，然后用逗号分隔，就定义了一个规则。其右边的样式{ float: left;}将应用到这两个选择器所引用的元素。逗号告诉浏览器，规则中包含两个不同的选择器。可以将任意多个选择器分组在一起，对此没有任何限制。左侧的选择器可以不同类型选择器组合而成。

任务 3-2　电商网页主体结构布局样式设置

微课-利用无序列表制作网站导航条

任务描述

本次任务是承接安厨农产品电商形象展示网站首页的主体部分，根据效果图来完成页面布局。通过任务实施来掌握网页元素内容结构和表现的分离，盒子模型以及内边距、外边距、边框等样式设定。

微课-盒子模型原理

任务实施

1. 创建网站主页

本任务通过 Dreamweaver 继续打开之前关联的本地站点文件夹 anchu，打开 header.html，将<title>内文字改为“安厨网静态展示首页”，后将其另存为 index.html。

2. 创建主体结构

在<header>结构后添加<div id="center"></div>作为主体结构。然后通过效果图对主体部分进行分析，整个主体部分可以分为三块，第一块为“安厨优选”，第二块为“平台优势”，第三块为“商品优势”。第一块除了分隔图标外，均为文字内容，也方便后期替换。第二块和第三块部分结构类似，可考虑用同一个类指定，从而提高效率。处理第一块“安厨优选”部分，考虑采用<article>结构，可参考如下代码。

```
<article class="select">
<section class="headline">安厨优选</section>
<div class="tp"><img src="images/anchu-t.gif" alt=""></div>
<section class="introduction">安厨优先是专注于提供家庭优质食材的自建农产品电商平台，<br>同时也为消费者提供一个共享创意、交流经验的美食互动社区。</section>
<section class="introduction">安厨优选于 2018 年 7 月上线试运营，深耕农产品电商垂直领域，采用 B2B2C的电商模式。<br>注册成为会员，即可共享安厨优选的自有供应链、仓储物流系统等一体化服务。</section>
</article>
```

从结构上可以看出由上到下 4 个层次，分别是安厨优选、分隔图片和两段水平居中的文字。

第二块和第三块都采用类似的结构，采用<article>结构。内容上再分为分标题文字，左右是图标，然后就是水平排列的图片，图片和导航一样采用列表结构，可参考如下代码。

```
<article class="advantage">
    <img src="images/anchu_left.gif" alt=""><span class="headline">平台优势</span><img src="images/anchu_right.gif" alt="">
        <ul>
            <li><img src="images/anchu_a1.gif" alt=""><div class="box">一键升级</div></li>
            <li><img src="images/anchu_a2.gif" alt=""><div class="box">自用省钱</div></li>
            <li><img src="images/anchu_a3.gif" alt=""><div class="box">分享赚钱</div></li>
        </ul>
</article>
<article class="advantage">
    <img src="images/anchu_left.gif" alt=""><span class="headline">商品优势</span><img src="images/anchu_right.gif" alt="">
    <ul>
            <li><img src="images/anchu_b1.gif" alt=""></li>
            <li><img src="images/anchu_b2.gif" alt=""></li>
            <li><img src="images/anchu_b3.gif" alt=""></li>
           <li><img src="images/anchu_b4.gif" alt=""></li>
        </ul>
</article>
```

3. 设定主体结构样式

切换到 comm.css 样式文件中，在之前头部结构所有的声明后面，添加对于 id 选择器 center 的样式设定，保持和头部结构一致，如下。

```
#center{
    width: 1400px;
    margin:0 auto;
}
```

4. 对“安厨优选”部分的样式设定

首先是“安厨优选”的文字所在的块元素“headline”，文字水平居中，对应控制其文字大小、高度和行高以及与周边结构的距离，对应类的样式声明如下。

```
.headline{
```

```
        text-align:center;
        font-size: 2rem;
        height: 50px;
    line-height: 50px;
        padding-top: 40px;}
```

在其下方的分隔图标也只要保持水平居中即可，图片也放在“tp”对应的<div>中，方便设置水平居中，给 img 加上“tp”的包含选择器，代码如下。

```
    .tp img{
        margin:0 auto;
    }
```

然后是两段水平居中的文字，主要注意每段文字之间的空隙，代码如下。

```
    .select .introduction{
        text-align: center;
        font-size: 1.2rem;
        color: #7e7e7e;
        line-height: 30px;
        margin-bottom: 30px;
    }
```

5. 对“平台优势”和“商品优势”部分的样式设定

这两部分整体结构类似，均采用“advantage”这一类来指定。设定其背景颜色，让文字水平居中以及两个部分的间隔。在这两部分，图片本身均占位，无须设定额外的高度、宽度，考虑将图片由内联块元素转换成内联元素来水平排列，而不采用浮动布局，代码如下。

```
    .advantage{
        background-color: #f9f9f9;
        text-align: center;
        padding-bottom: 100px;
    }
    .advantage img{
        display: inline;
    vertical-align:middle;
    /*垂直方向居中对齐*/
    }
```

通过实时预览对照效果图后，可以看到主要是“advantage”中的水平排列图片的间隔需要更多一些，另外就是第一个“advantage”中水平图片文件下方的文字需要样式设定，可增加如下代码。

```
    .advantage li{
        margin: 15px;
    }
    .advantage .box{
        font-size: 1.4rem;
        margin:20px 50px;
    }
```

对每个列表项中的图片增加四周的边距，对于“advantage”里面“box”类对应的文字设定大小和间隔样式。

6. 保存全部

预览效果如图 7-40 所示。

图 7-40　主体部分结构样式设置

任务分析

1. id 选择器

id 选择器可以为标有特定 id 的 HTML 元素指定特定的样式。该选择器以“#自定义名称”命名，用于设置添加了“id="名称"”属性的标签。由于 id 属性主要用于 JavaScript 编程代码，程序中不允许出现 id 重名的标签，所以 id 选择符只对单一标签进行设置，作用范围比不上类选择符。在实际布局使用中，利用 id 选择器的唯一特性，经常和其他网页元素组成派生选择器来使用。

思维拓展：CSS3 里面的派生选择器。

派生选择器：也叫上下文选择器，可以根据上下文关系来定义样式。无须特别为元素设置 id 或者 class，使代码更简单。在 CSS3 中，派生选择器又可以细分为后代选择器，也就是前面介绍的包含选择器，可以选择某个元素的所指定后代。

子元素选择器：不希望选择任意的后代元素，而是希望缩小范围，只选择某个元素的子元素，请使用子元素选择器。

相邻兄弟选择器：可选择紧接在另一个元素后的元素，且两者有相同的父元素。

子选择器的写法为：使用大于号（子结合符），子结合符两边可以有空白符。例如，前面任务中的“advantage”类指定的区块，现增加一个子选择器样式：

```
.advantage>img{
        border: solid 1px #123136;
}
```

按这个规则会把“advantage”类里面的子元素<img>标签设置边框样式，而嵌套在<ul>标签内的<img>标签相当于孙元素，则不会产生边框样式，效果如图 7-41 所示。

图 7-41　子元素选择器设定<img>边框样式

相邻兄弟选择器的写法为：使用加号（+），即相邻兄弟结合符，相邻兄弟结合符旁边可以有空白符。例如，前面任务中的“introduction”类指定的区块，现增加一个相邻兄弟选择器样式：

```
.introduction+.introduction{
        color: blueviolet;
}
```

两个“introduction”类均有共同的父元素“advantage”类，按相邻兄弟选择器的用法，会选择相邻兄弟中除了第一个元素以外的兄弟，那么对于这个例子就是选择了第二个“introduction”里面的内容来设置样式，更改文本颜色，效果如图 7-42 所示。

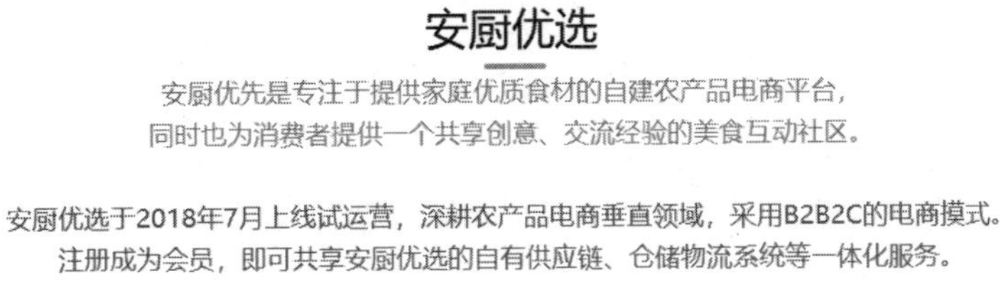

图 7-42　相邻兄弟选择器设定“introduction”类样式

2. 盒子模型

盒子模型是 CSS 布局中非常重要的概念。所有网页中的元素可以被看作一个盒子，它在页面中的位置可以看作盒子所占据的位置。这个盒子由 4 部分组成，最外面是外边距（margin）；第二部分是边框（border）；第三部分是内边距，也被称为填充（padding），也就是内容区域与边框之间的空白；第四部分就是存放东西的内容区域元素（content），如图 7-43 所示。一个盒子的实际高度（或宽度）其实是由 content、padding、border 以及 margin 这 4 部分组成的。在 CSS 样式表中，content 的宽度和高度可以由 width 和 height 的值来控制，其余 border、padding 和 margin，它们的 4 条边的值也都可以在 CSS 中设置。只要使用好这些属性，就能使用 CSS+DIV

对各元素进行布局排版。

因此，网页布局的核心内容也被认为就是通过 CSS 样式摆放盒子模型。

（1）准备网页相关元素。

（2）利用样式定义盒子样式，放置到相应位置（标准流、浮动或者定位）。

（3）往盒子中放置元素内容。

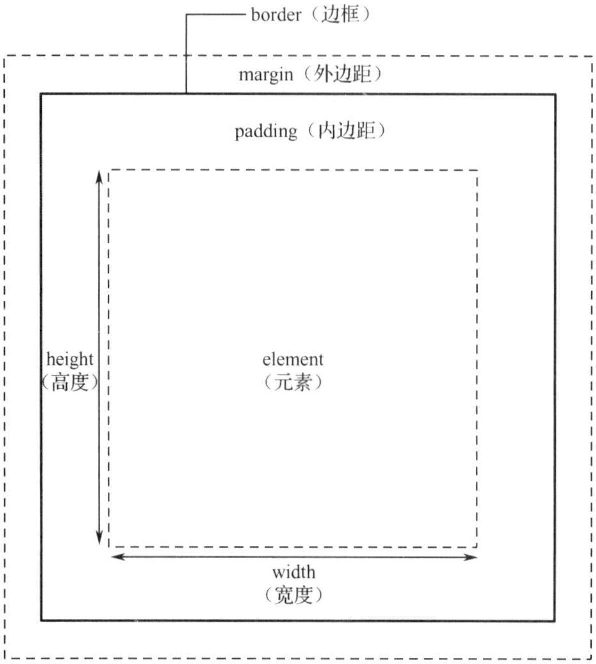

图 7-43　标准盒子模型

思维拓展：标准盒子模型和怪异盒子模型。

另外还存在着一种怪异盒子模型，也被称为 IE 盒子模型。怪异盒子模型的组成结构则只划分为两个部分，分别为：①width/height（元素的内容宽或高）：内容区（content）、填充（padding）以及边框（border）的总和；②外边距（margin）：盒子外边缘以外的空间。

标准盒子模型与怪异盒子模型最大的差异就是，在指定元素 padding 或者 border 属性之后并不会改变元素原有宽高的值，而如果给标准盒子模型的元素添加 padding 或者 border 属性之后，该元素最终的宽高值会发生变化，盒子会变大。

怪异盒子主要表现在 IE 内核浏览器中，当前大部分浏览器支持的是 W3C 的标准盒子模型，不过其他浏览器也保留了对 IE 盒子模型的支持，需要在 CSS 中添加触发怪异盒子的条件。在样式表中可以通过以下设定实现两种盒子的互换操作，当然若是默认的标准盒子模型则可以不写。

```
{
border-sizing: border-box/* 表示怪异盒子模型 */
border-sizing: content-box/* 表示标准盒子模型 */
}
```

3. 内边距（填充）

元素的内边距，也称为填充，是指边框和内容区之间。设置该区域就是 padding 属性。

padding 接受长度值，可以是绝对值，也可以是相对值或百分比值，但不允许使用负值。可以分别通过 padding-top、padding-right、padding-bottom 和 padding-left 设置长度值，也可以通过 padding 统一设置。通过 padding 统一设置标准有四个值，例如：

```
{
  padding:10px 5px 15px 10%;
}
```

依次标识上边距 10px、右边距 5px、下边距 15px 和左边距 10%。也可以只设置三个值，例如：

```
{
  padding:10px 5px 15px;
}
```

依次标识上边距 10px、右边距和左边距 5px、下边距 15px。也可以只设置两个值，例如：

```
{
  padding:10px 5px;
}
```

依次标识上边距和下边距 10px、右边距和左边距 5px。当然也可以只设置一个值，表示四个边距均是这个值，例如：

```
{
  padding:10px;
}
```

4. 外边距

外边距指的是围绕在元素边框的空白区域。设置外边距会在元素外创建额外的“空白”。设置外边距就是使用 margin 属性，这个属性接受任何长度单位、百分数值、auto 甚至负值。和内边距一样，外边距可以分别通过 margin-top、margin-right、margin-bottom 和 margin-left 设置长度值，也可以通过 margin 统一设置。统一设置时，四个值、三个值、两个值以及一个值的顺序含义和 padding 是一致的。

外边距的典型应用就是设置块级元素盒子水平居中，该元素设置了宽度，然后该元素的左右外边距设为 auto，例如：margin: 0 auto;。

思维拓展：外边距的合并。

外边距有个比较特殊的情况，就是存在外边距的合并。外边距合并指的是，当两个垂直外边距相遇时，它们将形成一个外边距。合并后的外边距的高度等于两个发生合并的外边距的高度中的较大者。外边距的合并是一个相当简单的概念。但是在网页布局时，会造成许多混淆。外边距的合并主要有以下几种情况。

（1）当一个元素出现在另一个元素上面时，第一个元素的下外边距与第二个元素的上外边距会发生合并。

（2）当一个元素包含在另一个元素中时，也就是嵌套时，若没有内边距或边框把两者的外边距分隔开，那么它们的上边距或下外边距也会发生合并。

（3）外边距甚至会自身合并，若有一个空元素，它有外边距，但是没有边框或内边距。在这种情况下，上外边距与下外边距就碰到了一起，它们会发生合并。

解决外边距的合并最为直接的方法，就是不让它们接触碰到一起，除了通过边框或者内边距外，采用浮动、定位等方式布局元素也可以让其不接触。另外，还可以为父元素添加 overflow:hidden;。

5. 边框

前面提到过，元素外边距内就是元素的边框 border。元素的边框就是围绕元素内容和内边距的一条或多条线。默认边框样式可以设置 3 个方面：宽度、样式，以及颜色。

CSS3 新增了设置圆角边框 border-radius。border-radius 四个角的半径，可以取 px、%等长度单位的圆角半径值。以%为单位时，圆角分别以标签的宽度和长度为参考，换算出圆角的水平半径和垂直半径，圆角可能会呈现出椭圆效果。半径值可填写 1～4 个参数。若有 4 个参数，分别按上左、上右、下右、下左的顺序指定 4 个角的半径。若有 3 个参数，分别按上左、上右和下左、下右的顺序指定 4 个角的半径。若有 2 个参数，分别按上左和下右、上右和下左的顺序指定 4 个角的半径。若只有 1 个参数，则相当于统一指定 4 个角的半径。

新增了通过 box-shadow 向边框添加阴影。可以依次设置：

水平阴影的位置，该属性必需，允许负值。

依次设置水平阴影的位置，该属性必需，允许负值。

模糊距离，值越大，模糊面积越大，阴影就越大越淡，可选。

阴影的尺寸，取正值时，阴影扩大；取负值时，阴影收缩。默认为 0，此时阴影与元素同样大，可选。

阴影的颜色，可选。

inset，默认阴影在边框外，设置 inset 后，阴影在边框内（即使是透明边框），背景之上内容之下。

结合样例，部分代码如下。

```
...
<style>
div
{
width:300px;
height:200px;
border-radius: 35%;
background-color:#42AAC9;
box-shadow: 15px 15px 20px #999999;
}
</style>
</head>
<body>
<div></div>
</body>
...
```

该代码结合了圆角边框和边框阴影效果，预览效果如图 7-44 所示。

图 7-44 圆角边框和边框阴影效果

任务 3-3 电商网页底部结构布局样式设置

任务描述

本任务是承接安厨农产品电商形象展示网站首页的底部部分，根据效果图来完成页面布局。通过任务实施来掌握网页元素内容结构和表现的分离，浮动的清除以及选择器的优先级等。

任务实施

微课-浮动的清除

1. 创建网站主页

本任务通过 Dreamweaver 继续打开之前关联的本地站点文件夹 anchu，打开 index.html，切换到代码视图。

2. 创建底部结构

在之前主体结构后面添加 HTML5 用于底部结构的标签<footer>。然后分析，效果图底部结构，可以分为两块，一块为左侧服务信息和右侧二维码，另一部块为版权信息。先完成第一块，这里考虑设置两个<div>结构左右浮动完成。服务信息如下。

```
<div class="cservice">
  <div class="service">客服电话:<br><span>0571-28282828</span></div>
  <div class="service">邮箱账号:<br><span>ANCHU@HANZ.COM</span></div>
</div>
```

二维码如下。

```
<div class="code">
      <ul>
            <li><img src="images/anchu_code1.jpg" alt="">关注安厨</li>
            <li><img src="images/anchu_code2.jpg" alt="">扫码体验</li>
      </ul>
</div>
```

然后第二块为版权信息，如下。

```
<section  class="copyright">&copy;2019  杭州安厨电子商务有限公司 版权所有浙  ICP  备 
```

```
13026319 号-1  |  经营证照</section>
```

3. 设置<footer>样式

<footer>结构和主体结构要保持一致，宽度一样为 1400px，然后水平对齐，再加上背景颜色，代码如下。

```
footer{
        width: 1400px;
       /*是否要设置高度*/
        /*height: 240px;*/
        margin:0 auto;
        background-color: #292929;
}
```

4. 设置服务信息的样式

先设置服务信息块的样式，让“cservice”类指定块元素左浮动，另外设置内边距左侧和顶部的空隙，如下。

```
.cservice{
        float: left;
        padding-left: 100px;
        padding-top: 20px;
}
```

再设置两段服务信息文字的样式，公共部分字体为白色，内边距下部空隙 20px，而具体的电话和邮箱需要放大字体加以着重显示，如下。

```
.service{
        color: white;
        padding-bottom: 20px;
}
.service span{
        font-size: 1.6rem;
}
```

5. 设置二维码图片的样式

二维码图片所在块元素进行右浮动，以及设置内边距上部和右侧的空隙，另外，让文字、图片在块元素中居中显示，文字为白色，如下。

```
.code{
        float: right;
        padding-top: 30px;
        padding-right: 100px;
        text-align: center;
        color: white;
}
```

预览效果后会发现，由于服务信息和二维码块元素浮动后，原有的底部<footer>结构样式没有高度，而只能看见由版权信息所在标准流块元素所占高度，如图 7-45 所示。

图 7-45 块元素浮动后父元素高度丢失

这里回到<footer>结构样式中，将之前注释掉的高度设置去掉注释，即 height: 240px；让其设定高度样式。

6. 设置版权信息的样式

该版权信息主要为文本信息的样式设置，主要为文本居中对齐、字体颜色、背景颜色以及高度设置，如下。

```
.copyright{
        text-align: center;
        color:white;
        background-color: #363636;
        height: 40px;
        line-height: 40px;
}
```

7. 清除浮动样式的影响

底部信息设置完成后预览，如图 7-46 所示，会发现由于前面块元素的浮动产生了脱标，而版权信息为标准流，则会上提产生影响。要解决浮动元素的布局影响，一般考虑采用清除浮动。

图 7-46 浮动元素对后续标准流元素的影响

清除浮动的方法有很多，这里采用一种相对简单地增加空<div>的方式。切换到页面结构代码视图中，在“code”类的结构后面、“copyright”类的结构前面加上一个空<div>结构，定义为“clear”类，如下。

```
<div class="clear"></div>
        <!-- 这个新增的盒子要求必须是块级元素，不能是行内元素 -->
</div>
```

然后切换到样式定义表中，定义“clear”类的样式，如下。

```
.clear{
                clear: both;
        }
```

设置完成后保存预览，效果如图 7-47 所示，还存在一个问题就是<footer>结构的高度设置问题。

图 7-47 “clear”类清除浮动

这里看出设置浮动元素的标准流父元素高度并不是很好的解决问题方式，有了清除浮动样式后，可以不需要设置高度，找到<footer>的样式设定，将高度再次注释掉，/*height: 240px;*/。

8. 保存

完成首页的布局设置，预览效果如图 7-48 所示。

图 7-48 安厨优选首页布局设置

任务分析

1. 清除

这里的清除，指的是清除浮动元素造成的影响。那么为什么需要清除？和清除浮动元素相关的就是浮动元素有一个标准流的父元素，该父元素的高度是否要给出？实践中，在网页布局时这一高度很难去进行定义，例如，在电商网页的首页中，需要展现大量的商品模块，如图 7-49 所示，这一高度很难很好地确定，确定后也不便于后期修改。另外，在很多信息页面中，如图 7-50 所示，去控制信息内容高度，也是不便的。这类页面除了每个信息内容高度不等外，其他结构类似。

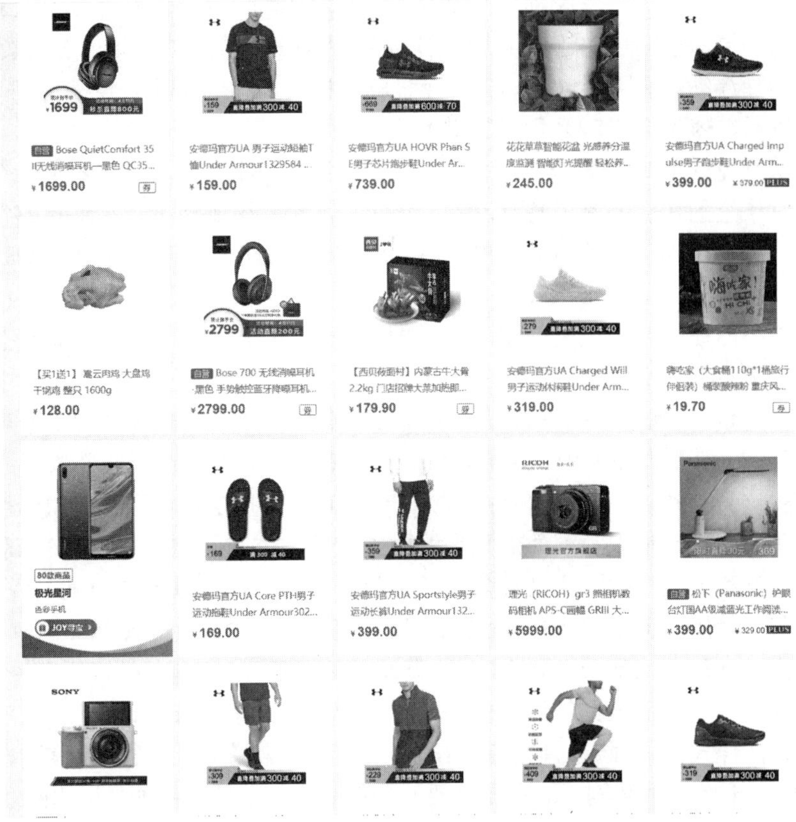

图 7-49　电商网站商品模块长度难以确定

图 7-50　信息页面内容高度不便设定

因此，浮动元素有一个标准流的父元素，该父元素的高度不应该给出。理想状态就是子元素高度多少则父元素高度多少。实际上，子元素不浮动，为标准流文档的话则父元素高度可以不设置。但子元素浮动后，产生脱标，高度变 0，因为浮动元素不占标准流位置，这样就会影响后面标准流的布局。所以清除的本质就是清除浮动元素造成的影响。如果父元素有高度设置，则不需要设置清除浮动。清除浮动之后，父元素就会根据浮动的子元素自动检测高度。这样父元素有了高度以后，就不会影响之后的标准流。

清除的方法常见的就是隔离法，也就是额外标签法。在浮动元素末尾添加一个空的块级元素标签。然后对该空的块级元素设置浮动清除 clear 属性，该属性可让浮动标签恢复为占用网页面积的状态，可停止浮动标签对后续的影响。该 clear 属性可取值范围为 none|both|left|right，none 表示不清除浮动状态，both 表示清除浮动状态；left 表示清除左浮动的状态；right 表示清除右浮动的状态。而在实践中主要使用 both，即 clear: both;。这种方法比较简单也容易理解，但是也存在增加了没有含义的空标签、结构化差的缺点。

还有就是父元素 overflow 法，在浮动的父元素标准流块元素样式中添加一个声明 overflow: hidden; auto 也可以。但在本任务中，该方法不能直接使用，在<footer>指定样式中添加 overflow: hidden;能够解决该父元素的高度，但是由于“copyright”类指定块元素也是属于<footer>之中，因此直接没法解决该块元素因为前面的元素浮动脱标而占位的问题。另外，父元素 overflow 法还有明细的缺点，和溢出相关，会处理盒子溢出部分，因为 overflow 本身就是溢出属性。

本任务中若要使用父元素 overflow 法，可以在底部结构中，给“service”和“code”增加一个父元素结构<section class="clear">，对该类设置父元素 overflow 法。

除了这个方法外，现在还比较流行的是给标准流的父元素添加:after 伪元素法，也是隔离法的升级。该方法样式代码固定，通过新增加一个伪元素来增加一个行内元素本质还是 clear。但这样 div 结构中不增加空结构，缺点是需要兼顾低版本浏览器。例如，运用刚才给“service”和“code”增加的父元素结构<section class="clear">，设置:after 伪元素法，代码如下。

```
.clear:after {
        content: "";
        display: block;
        height: 0;
        clear: both;
        visibility: hidden;
    }
.clear {
        /* IE6、7 专有清除 */
        *zoom:1;
    }
```

另外还有双伪元素法，进一步升级加了:before，也是给父元素添加类。类似代码如下。

```
.clear:before,.clear:after {
        content: "";
        display: table;
    }
    .clear:after {
        clear: both;
    }
```

```
        .clear {
            *zoom: 1;
        }
```

伪元素法现阶段被很多大型电商企业所采用，现阶段更流行。

思维拓展：伪元素。

CSS 伪元素用于向某些选择器设置特殊效果，增加额外的效果。常见的伪元素使用方法如下。

“:after”伪元素可以在元素的内容之后插入新内容。默认地，这个伪元素是行内元素，不过可以使用属性 display 改变这一点。

“:before”伪元素可以在元素的内容前面插入新内容。默认地，这个伪元素是行内元素，不过可以使用属性 display 改变这一点。

“:first-line”伪元素用于向文本的首行设置特殊样式。这个伪元素用于设置元素中的第一行文本的样式，而不论该行出现多少单词。“:first-line”伪元素只能与块级元素关联。可以应用到首字母的属性是有限的。

“:first-letter”伪元素用于向文本的首字母设置特殊样式。这个伪元素用于指定一个元素第一个字母的样式。所有前导标点符号应当与第一个字母一同应用该样式。某些语言有一些要处理为单个字符的字母组合，如果是这样，用户代理可能会把首字母同时应用到这个字母组合。

思维拓展：伪类。

CSS 伪类用于向某些选择器设置特殊效果，增加额外的效果。之前介绍过的超链接样式效果的“a:link”“a:visited”“a:hover”和“a:active”就是伪类的一种，称为锚伪类，也就是“:link”“:visited”“:hover”和“:active”。其他常见的伪类还有：“:first-child”伪类用来选择元素的第一个子元素；“:lang”伪类可以为不同的语言定义特殊的规则；“:focus”伪类在元素获得焦点时向元素添加特殊的样式，但 IE 浏览器不支持。

伪类和伪元素的区别是：伪类本质上是为了弥补常规 CSS 选择器的不足，以便获取到更多信息；伪元素本质上是创建了一个有内容的虚拟容器；特别注意，也是为了更好地区分，在 CSS3 中伪类和伪元素的语法不同，CSS3 规范中要求使用双冒号（::）表示伪元素，以此来区分伪类和伪元素，除了一些低于 IE8 版本的浏览器外，大部分浏览器都支持伪元素的双冒号(::)表示方法；另外可以同时使用多个伪类，而只能同时使用一个伪元素。

2. 选择器的优先级

在之前的任务中可以发现，CSS 允许多个 CSS 选择器对同一个元素设置样式，那么最后该元素所呈现的效果则就和选择器的优先级有关。CSS 一般采用权重来考虑优先级，这里考虑 4 个权重，用“0,0,0,0,”表示，从左到右权重依次降低，最高一级为内联样式，第二级是 id 选择器，第三级是类、伪类、属性选择器，第四级是标签选择器和伪元素。最终权重值根据不同的优先级加权运算。

例如：

*{} 通配符 权重：0,0,0,0

ui li{} 权重：0,0,0,2

img{} 权重：0,0,0,1

.banner img{} 权重：0,0,1,1

#content{} 权重：0,1,0,0

body #content{} 权重：0,1,0,1

若权重数量都一致，则后定义的被采用。另外需要注意的是继承的权重最低。如果该元素没有被直接选中，不管父元素权重多高，该子元素继承得到的权重都是 0。复合选择器时需要计算权重叠加，如图 7-51 所示。

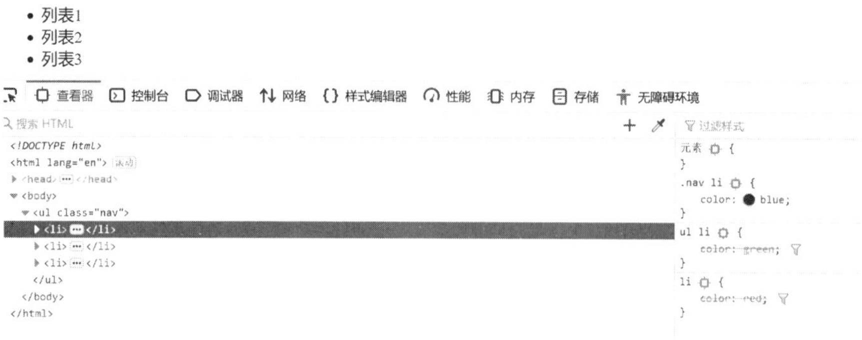

图 7-51　选择器的优先级选择

思维拓展：完成类似电商页面中常见的左侧跨行浮动布局，如图 7-52 所示。

图 7-52　左侧跨行浮动布局

可以提供参考的页面结构和样式代码如下。

```
<style>
    .box{
     width: 1400px;
     height: 700px;
     background-color:#f0efef;
    margin: 0 auto;
}
 .left {
                float: left;
                width: 280px;
                height: 700px;
```

```
            background-color:#4FDF93;
                margin-left: 0px;
        }
        div {
            float: left;
            width: 280px;
            height: 350px;
            background-color:#3CD1CE;
        }
    </style>
</head>
<body>
    <section class="box">
          <div class="left">左侧类目列表</div>
            <div>1</div>
            <div>2</div>
            <div>3</div>
            <div>4</div>
            <div>5</div>
            <div>6</div>
              <div>7</div>
              <div>8</div>
    </section>
</body>
</html>
```

任务四　电商网页定位布局设置

任务导入

CSS 能够灵活地控制网页元素结构在页面内进行布局，也方便将页面结构模块化。通过当前任务以安厨优选首页结构为基础完成安厨商品展示页的布局制作，来进一步掌握 CSS 在网页布局中的应用，特别是定位布局设置。

任务 4-1　根据主页样式制作商品展示页

微课-绝对定位的应用

任务描述

本次任务是以前面任务完成的首页布局来生成商品展示页面。通过任务实施来进一步掌握网页元素内容结构和表现的分离以及初步了解网页定位布局的方式。

任务实施

1. 创建商品展示页

本任务通过 Dreamweaver 继续打开之前关联的本地站点文件夹 anchu，打开 index.html，将<title>内改为“安厨网商品展示页”，后将其另存为 products.html。

2. 导入商品展示页所需图片

将商品展示页所需的图片保持至图片文件夹 images 中，如图 7-53 所示。

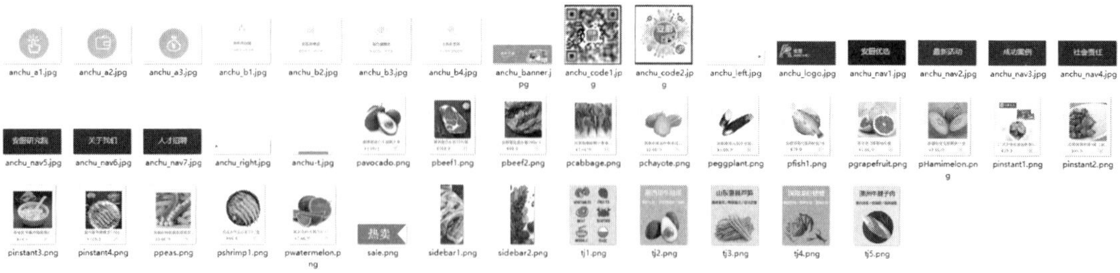

图 7-53　商品展示页所需图片

3. 删除原有页面中的主体部分结构

切换到用 Dreamweaver 打开的 products.html 代码视图，将原有主页结构<div id="center"></div>中的结构删除，用来创建新的商品展示页的主体结构。

4. 创建推荐商品栏

该栏目分为两部分，一个是标题栏“今日推荐”有下画分隔线，另一个是 1 行 5 列的推荐商品结构。这里考虑创建一个<section>结构，在里面再放置两个块元素，一个用于放置标题，一个用于放置 1 行 5 列布局的推荐商品图片，考虑采用浮动。具体代码可参考如下。

```
<section class="tj">
  <h2>今日推荐</h2>
  <!--也可考虑采用 ul li 的方式布局-->
     <div class="jrtj">
     <div><img src="images/tj1.png" alt=""></div>
     <div><img src="images/tj2.png" alt=""></div>
     <div><img src="images/tj3.png" alt=""></div>
     <div><img src="images/tj4.png" alt=""></div>
     <div><img src="images/tj5.png" alt=""></div>
  </div>
</section>
```

5. 设置推荐商品栏样式

单击 comm.css 进入样式文件，在原有样式声明最下面创建注释/* products 部分*/用来标识这里开始主要是商品展示页的样式内容。先设置整个“tj”类的位置，由于原有<div id="center"></div>结构是标准流，“tj”类可设置为浮动，同时对标题栏“今日推荐”设置样式如下。

```
.tj{
    width: 1400px;
    float: left;
}
.tj h2{
    height: 30px;
    border-bottom: 2px solid #5ecf47;
```

```
        padding-bottom: 8px;
        margin-top: 15px;
        margin-bottom: 15px;
        font-size: 1.5rem;
    }
```

接着设置 1 行 5 列布局的推荐商品图片，这部分结构除了现在用<div>结构外，也可以采用类似前面任务中的 ul li 的方式结构。这里先让“jrtj”类浮动，接着让“jrtj”里面子元素<div>都左浮动，这里用了子选择器，具体代码如下。

```
    .jrtj {
        float: left;
        width: 1400px;
    }
    .jrtj>div {
        float: left;
        width: 280px;
        height: 350px;
    }
```

6. 增加清除

这里用了浮动，而之前#center 和这里“tj”类均没有设置固定高度，会使<footer>结构产生影响，如图 7-54 所示，因此需要设置清除浮动，这里采用增加<div class="clear"></div>结构的方式。

图 7-54 浮动结构影响<footer>

在<div id="center"></div>中的<section class="tj"></section>后面增加一个空的结构<div class="clear"></div>，这里“clear”类的样式调用在前一任务中已经声明，这里就无须再次声明，保存预览效果如图 7-55 所示。

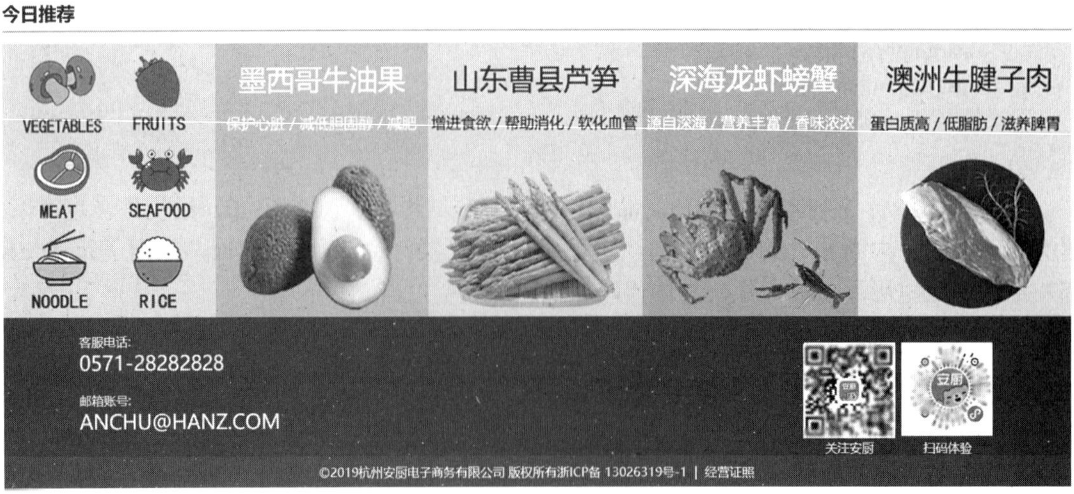

图 7-55　清除浮动效果

7. 增加左侧跨行的商品展示结构

在“今日推荐”模块下面增加左侧跨行效果的商品展示结构，和前一任务拓展中的类似，也就是左侧跨行右侧两行每行 4 列商品的结构。先设一个块元素为<section class="product"></section>，将商品展示结构放置在这一<section>中，以便后面重复添加。和“今日推荐”类似，也是分为两块，一块是标题栏，另一块就是商品展示结构。与“今日推荐”标题栏不一样，这里考虑在标题右侧加上一组右浮动排列的导航，因此考虑将整个标题栏放在一个块元素结构<div class="topbox"></div>中，具体代码如下。

```
<div class="topbox">
  <h2>生鲜速食</h2>
  <div class="tab_list">
    <ul>
      <li><a href="#">热门  |</a></li>
      <li><a href="#">肉禽  |</a></li>
      <li><a href="#">海鲜  |</a></li>
      <li><a href="#">速食  |</a></li>
      <li><a href="#">粮油  |</a></li>
    </ul>
  </div>
</div>
```

然后将整个左侧跨行的商品展示结构放在一个块元素结构<div class="prodbox"></div>中，内部再分为<div class="left"></div>和<div class="right"></div>。然后放置对应的图像文件等，具体代码如下。

```
<div class="prodbox">
    <div class="left"><img src="images/sidebar1.png"></div>
    <div class="right">
        <div><img src="images/pbeef1.png" alt=""></div>
        <div><img src="images/pbeef2.png" alt=""></div>
        <div><img src="images/pfish1.png" alt=""></div>
```

```
            <div><img src="images/pshrimp1.png" alt=""></div>
            <div><img src="images/pinstant1.png" alt=""></div>
            <div><img src="images/pinstant2.png" alt=""></div>
            <div><img src="images/pinstant3.png" alt=""></div>
            <div><img src="images/pinstant4.png" alt=""></div>
        </div>
    </div>
```

8. 设置标题栏部分样式

样式的设置先对<section class="product">进行，这里和前面的“tj”类一样，可以合并到“tj”类的样式声明中，改成.tj,.product{}。标题栏的结构样式和下画线，则合并到“.tj h2”的声明中，改成.tj h2,.topbox{}。这里左边“生鲜速食”四个字和之前不同，需要进行左浮动，同时对大小再次申明，样式设置如下。

```
.topbox h2{
    float: left;
    font-size: 1.5rem;
}
```

然后对于右侧的文字导航，结构中是放置在<div class="tab_list"> </div>中对“tab_list”右浮动，里面具体文字导航采用 ul li 的方式布局，可以左浮动，整体样式设置如下。

```
.tab_list {
    float: right;
}
.tab_list ul li {
    float: left;
}
.tab_list ul li a {
    margin: 0 10px;
}
```

其中，对于无序列表标签的样式定义在前面任务导航栏中已经设置在 comm.css 中，这里无须再次声明。这里还需要声明的是文字导航的超链接效果。在 comm.css 中找到最上面的/*通用样式设定*/，在之前的<img>标签样式声明后面添加对于超链接<a>标签的样式设置。

```
a:link,a:visited{
    text-decoration: none;
    color: #666;
    font-size: 1.2rem;
}
a:hover {
    color: #f74e41;
}
```

而文字导航里面“热门”两个字希望直接显示成红色，则给该文字对应的<a>标签增加一个类，结构代码修改如下。

```
<li ><a href="#" class="style_color">热门  |</a></li>
```

然后切换回样式文件中，加上该类的样式设置。

```
.style_color:link,.style_color:visited{
        color: red;
}
```

9. 设置左侧跨行的商品展示部分样式

商品展示部分都在<div class="prodbox">结构中，这一部分和标题栏整体结构一样采用标准流布局，样式设置如下。

```
.prodbox{
        width: 1400px;
        height: 700px;
        background-color:#f0efef;
      margin: 0 auto;
}
```

内部的“left”和“right”两个类指定的块元素结构分别进行左右浮动，右侧结构中具体的 8 个商品通过左浮动布局成两行，样式设置如下。其中由于元素宽度和图像元素宽度一致，则高度可以不做设置。

```
.left {
      float: left;
      width: 280px;
}
.right {
      float: left;
      width: 1120px;
}
.right>div {
      float: left;
      width: 280px;
}
```

完成整个<section class="product">布局样式设置后，保存全部，预览效果如图 7-56 所示。

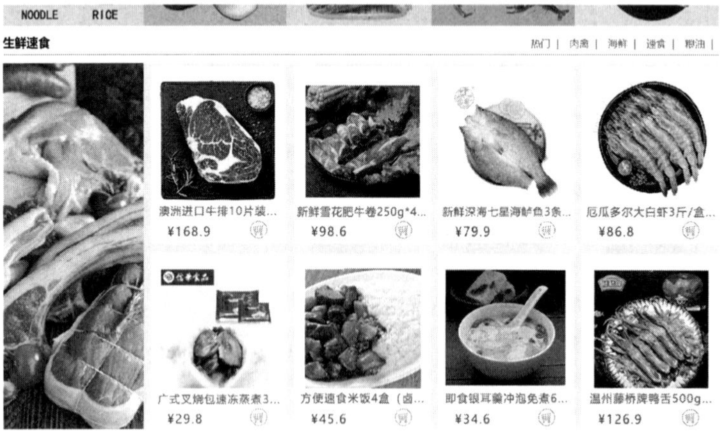

图 7-56　左侧跨行的商品展示结构布局

10. 再增加一个左侧跨行的商品展示结构

完成<section class="product">布局样式后，切换回网页代码视图，在“生鲜速食”结构下方再增加一个类似的左侧跨行的商品展示结构“瓜果蔬菜”，具体代码如下。

```
<section class="product">
  <div class="topbox">
    <h2>瓜果蔬菜</h2>
      <div class="tab_list">
        <ul>
          <li> <a href="#" class="style_color">热门  |</a></li>
          <li><a href="#">水果  |</a></li>
          <li><a href="#">蔬菜  |</a></li>
          <li><a href="#">礼盒  |</a></li>
          <li><a href="#">沙拉  |</a></li>
        </ul>
      </div>
</div>
    <div class="prodbox">
        <div class="left"><img src="images/sidebar2.png"></div>
        <div class="right">
            <div><img src="images/pwatermelon.png"></div>
            <div><img src="images/pgrapefruit.png"></div>
            <div><img src="images/pHamimelon.png"></div>
            <div><img src="images/pavocado.png"></div>
            <div><img src="images/ppeas.png"></div>
            <div><img src="images/pcabbage.png"></div>
            <div><img src="images/peggplant.png"></div>
            <div><img src="images/pchayote.png"></div>
        </div>
    </div>
</section>
```

由于样式设置与上一个类似，无须再次设置，保存后预览效果如图 7-57 所示。

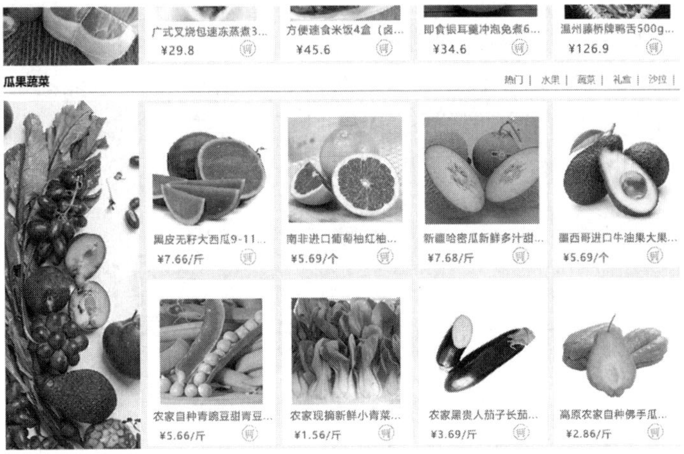

图 7-57 新增的“瓜果蔬菜”结构布局

11. 增加热卖标签

在具体某个商品图片上增加热卖标签，从分析可知该标签图像 sale.png 需要重叠压在具体某个商品图片上。这里考虑采用定位布局的方法加以解决。切换到页面代码视图中，在“生鲜速食”结构模块的 8 件商品中选取 2 个，在其<div>内增加热卖标签结构，为了和<div>里面放置图像文件区分，这里采用了<em>标签，具体修改代码如下。

```
<div class="right">
        <div><em><img src="images/sale.png" alt=""></em><img src="images/pbeef1.png" alt=""></div>
        <div><img src="images/pbeef2.png" alt=""></div>
        <div><img src="images/pfish1.png" alt=""></div>
        <div><img src="images/pshrimp1.png" alt=""></div>
        <div><img src="images/pinstant1.png" alt=""></div>
        <div><em><img src="images/sale.png" alt=""></em><img src="images/pinstant2.png" alt=""></div>
        <div><img src="images/pinstant3.png" alt=""></div>
        <div><img src="images/pinstant4.png" alt=""></div>
    </div>
```

切换到样式表，在最后面添加对于<em>标签的绝对定位设置，然后从顶部和左侧进行精准位移。为了提高该样式声明的优先级，增加类的限定，具体样式设置如下。

```
.right em{
    position: absolute;
    top:10px;
    left:14px;
}
```

保存全部后进行预览，会发现问题，热卖标签并没有出现在 pbeef1.png 和 pinstant2.png 图片上，而是报道网页的最上面，如图 7-58 所示。

图 7-58　热卖标签的定位偏移

这是因为热卖标签在样式声明中为绝对定位后，其对于顶部和左侧精准位移是相当于其祖先元素来说的，而祖先元素没有定位设置，则以浏览器为准定位。这里就是祖先元素没有定位而造成的。找到<em>标签的合适的祖先元素“right”类里面放置每一个商品元素的块<div>，也就是在样式表中.right>div {}声明内增加一个定位，这里采用相对定位，该样式声明修改为：

```
.right>div {
    position: relative;
   float: left;
   width: 280px;
}
```

保存全部后预览效果，如图 7-59 所示。

图 7-59　热卖标签的绝对定位布局

12. 保存后退出

任务分析

1. 定位机制

前面任务中提到 CSS 控制页面布局有三种基本的定位机制：普通流（标准流）、浮动和定位。前面已经介绍过了普通流（标准流）和浮动。这里具体介绍定位机制，这种方式允许标签脱离原本网页的空间排版，悬浮于所有网页内容的上方，放置的位置不受任何限制，这就是定位机制的最大特色。

定位机制的产生是由于在网页布局的应用场景中，存在一些普通流（标准流）和浮动难以处理的情况。常见的主要是一种，网页中某个元素可以在盒子也就是框模型中任意移动，并且压住其他盒子，就像任务实施中的热卖标签。另一种则是某个元素在页面中具有固定位置，不随页面的滚动而变化。例如，如图 7-60 所示框选的元素，另外还有常见固定在浏览器下端边框的弹出信息框等。

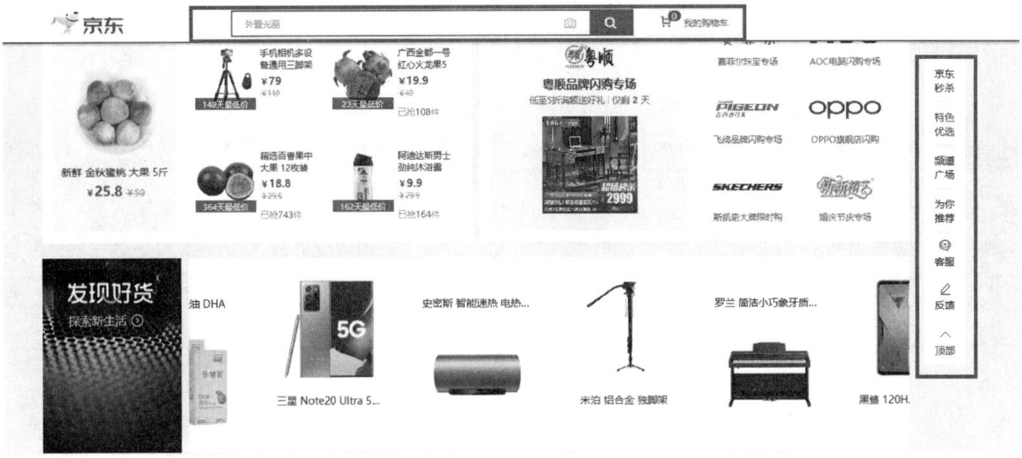

图 7-60　不随页面滚动而固定的元素

定位的实施主要依靠定位模式和边偏移，定位模式决定该元素的定位方式，边偏移决定了该元素的最终位置。定位模式通过 position 来设置，而边偏移就是定位的盒子移动到最终位置，有 top、bottom、left 和 right 4 个属性。

2. 定位模式

position 有 4 种不同类型的定位模式可以选择。

static：无定位效果，相当于标签的默认状态，也就是各个元素框结构本身的状态。也就是静态定位是按照普通流（标准流）特性摆放，没有边偏移。

relative：相对定位，元素框可以偏移某个距离。而元素仍保持其未定位前的形状，它原本所占的空间仍保留。由于没有脱离，相对定位实际上被看作普通流（标准流）的一部分，因为元素的位置相对于它在普通流（标准流）中的位置。

absolute：绝对定位，与相对定位相对，元素框可以从文档流中脱离，不再占位并相对于其定位过的包含块定位。包含块可能是文档中的另一个元素或者是祖元素块。元素定位后生成一个块级框，而无论原有元素是否是块级元素。

fixed：固定定位，元素框的表现类似于绝对定位，不过其包含块是视窗本身。

3. 相对定位

相对定位是一个非常容易掌握的概念。如果对一个元素进行相对定位，它将出现在它所在的位置上。然后，可以通过设置边偏移来让其相对于它本身原有位置的起点移动。因此，在使用相对定位时，无论是否进行移动，元素仍然占据原来的空间，而通过相对移动，元素可以覆盖其他框。具体代码可参考以下代码，其预览效果如图 7-61 所示。

```
...
<style>
        .box1 {
            position: relative;
            top: 100px;
            left: 100px;
            width: 400px;
            height: 300px;
            background-color: red;
        }
        .box2 {
            width: 400px;
            height: 300px;
            background-color:aqua;
        }
    </style>
</head>
<body>
    <div class="box1"></div>
    <div class="box2"></div>
</body>
</html>
```

图 7-61　相对定位

4. 绝对定位

前面介绍过，绝对定位最大的特点，就是绝对定位使元素的位置与文档流无关，因此不占据空间，类似浮动的脱标，脱离了标准流。标准流中其他元素的布局就像绝对定位的元素不存在一样。另外，绝对定位是元素在移动位置的时候，是相当于它的祖先元素来说的。在绝对定位操作中，祖先元素的定位选择，一般采用相对定位是最为关键的。若没有祖先元素或者祖先元素没有定位，则以浏览器为基准定位，可参考代码如下。

```
...
<style>
        .father {
            width: 400px;
            height: 300px;
            background-color: skyblue;
        }
        .son {
            position: absolute;
            top: 100px;
            left: 100px;
            width: 200px;
            height: 200px;
            background-color: red;
        }
    </style>
</head>
<body>
    <div class="father">
            <div class="son"></div>
    </div>
</body>
</html>
```

这时该子类元素的定位就是相当于浏览器左顶点的顶部偏移 100px 和左侧偏移 100px。因此在灵活运用绝对定位时，往往需要找好父元素乃至祖先元素的定位。常见操作是子元素绝对定位，不会占有位置，可以放在父元素框盒里面任何一个地方，不会影响其他的兄弟盒子。而父元素通过加定位限制子元素只在父元素框盒内显示。父盒子布局时，需要占有位置，因此父亲采用相对定位。

思维拓展：CSS 中 nth 伪类选择器选取第几个元素？

在将热卖标签贴在图片上的任务中，是通过对指定图片所在<div>块添加类元素来指定的，除了这类方法外，也可以通过 CSS 中的 nth 伪类选择器选取第几个元素来设置。伪类:nth-child()表示选择某个元素的一个或多个特定的子元素。其他类似的还有 first-child 表示选择某个元素的第一个子元素，last-child 表示选择某个元素的最后一个子元素。

任务 4-2　制作商品展示页的交互导航

任务描述

本次任务是以商品展示页面为基础来完成侧边栏导航和下拉式导航。通过任务实施来进一步掌握网页元素内容结构和表现的分离以及定位布局的应用。

任务实施

微课-侧边栏导航样式应用　　微课-下拉菜单应用

1. 创建商品展示页面的侧边栏

电商网站的侧边栏往往放在网页首焦图的一侧，这里在不替换海报图的情况下，考虑用绝对定位来压在海报图片上。继续通过 Dreamweaver 打开 products.html，切换到代码视图。找到<section class="banner"></section>，在图片前插入侧边栏的结构，这里创建一个“listnav”类的导航<nav>，具体代码如下。

```
<nav class="listnav">
        <ul>
            <li><a href="#">安厨好拼</a></li>
            <li><a href="#">新鲜果蔬</a></li>
            <li><a href="#">肉禽蛋品</a></li>
            <li><a href="#">海鲜水产</a></li>
            <li><a href="#">粮油调味</a></li>
            <li><a href="#">干货特产</a></li>
            <li><a href="#">乳品速食</a></li>
            <li><a href="#">滋补保健</a></li>
            <li><a href="#">休闲零食</a></li>
            <li><a href="#">茶饮酒水</a></li>
            <li><a href="#">礼品专区</a></li>
            <li><a href="#">安厨周边</a></li>
        </ul>
</nav>
```

2. 创建商品展示页面的侧边栏导航样式

单击 comm.css 进入样式文件，在原有样式声明最下面创建注释/*用于 banner 上的侧边栏导航*/用来标识这里开始主要是侧边栏导航的样式内容。由于侧边栏考虑通过绝对定位在图片上，其父元素“banner”类应该采用相对定位，这里不用在样式表中为已经存在的“banner”

类添加新的声明，而是在/*用于 banner 上的侧边栏导航*/后进行新的声明。

```
.banner{
    position: relative;
    left: 0px;
    top: 0px;
}
```

这前对于“banner”的原有声明不冲突的内容将会继承，而冲突的将以新的声明为更新。接着设置侧边栏的声明，先考虑绝对定位和大小。

```
.listnav{
    position: absolute;
    left: 50px;
  width: 138px;
    height: 438px;
}
```

全部保存后，预览如图 7-62 所示。

图 7-62　侧边栏导航的创建

3. 美化侧边栏导航的样式

单一的侧边栏导航文字效果不佳，可以考虑给整个侧边栏导航创建一个背景，由于绝对定位后该元素为块级，也能定义其框的样式，继续在.listnav{}中添加“background-color:rgba(20,173,171,.5);border-radius: 0px 35px 0px 35px;”，这里考虑测试背景带不透明度，边框在右上角和左下角为圆角边框。

导航栏中各导航为超链接文本，对该超链接样式进行美化设置，将各超链接转换为块元素，设置高度和边距等，另外，考虑鼠标移到导航栏各栏目上的效果。

```
.listnav a {
    display: block;
    width: 100px;
    height: 35px;
    font-size: 1.2rem;
    font-weight: 500;
    color:#fff;
```

```
        text-decoration: none;
        line-height: 35px;
        padding-left: 38px;
}
.listnav a:hover{
                background-color:#d45451;
                }
```

全部保存后，预览如图 7-63 所示。

图 7-63　侧边栏导航的样式

4. 创建水平导航下拉菜单的结构

在实际页面中除了侧边栏导航外，本身的水平导航栏往往具有二级类目需要通过下拉菜单来加以实习。这里以“安厨优选”这一导航栏目为例来创建相应的下拉菜单。

从样式文件切换回源代码中，找“安厨优选”所在的<li>标签。修改该标签为：

```
<li><img src="images/anchu_nav1.jpg" alt="安厨优选">
<div class="dropdown-content">
                <a href="#">安厨好拼</a>
                <a href="#">名优特选</a>
                <a href="#">扶贫专团</a>
            </div></li>
```

也就是在<li>标签内部创建一个“dropdown-content”类的<div>结构，在结构中运用超链接文本完成一个小的下拉菜单内容。这里<li>标签就是该下拉菜单的父元素。

5. 设置水平导航下拉菜单的样式

单击 comm.css 进入样式文件，在原有样式声明最下面创建注释/*用于下拉菜单*/用来标识这里开始是下拉菜单的样式内容。由于下拉菜单一般位于对应的导航栏目下方，因此考虑将父元素<li>设为相对定位，下拉菜单为绝对定位。而下拉菜单默认状态为不显示，则采用 display: none;来设置，具体样式设置如下。

```
.nav li {
        position: relative;
}
.dropdown-content{
        display: none;
        position: absolute;
```

```
        top:55px;
        width: 128px;
      background-color:rgba(20,173,171,.8);
   }
```

6. 设置通过鼠标交互下拉菜单

通过 display: none;与 display: block;的切换来实现下拉菜单部分的显示。下拉菜单结构是在“nav”类的无序列表项中，因此考虑鼠标移上列表项时，触发切换，具体样式声明如下。

```
.nav li:hover .dropdown-content{
      display: block;
   }
```

保存后预览发现下拉菜单并没有出现，将 top 值应用注释后下拉菜单能够出现，说明通过 top 边偏移后，下拉菜单被下面浮动的图片遮挡了。可以考虑在.dropdown-content{}中增加一句 z-index: 1;提升该下拉菜单的层次。再次保存后预览可以见到下拉菜单，如图 7-64 所示。

图 7-64　下拉菜单

7. 美化下拉菜单的样式

首先考虑对下拉菜单的文本结构进行美化，将超链接的内联结构转换为块结构，接着考虑和侧边栏导航类似，设置文本、边距以及超链接伪类的样式。

```
.dropdown-content a {
      color: white;
      padding: 12px 20px;
      display: block;
}
.dropdown-content a:hover {
        background-color:#f74e41;
}
```

最后为下拉菜单增加阴影效果，切换回.dropdown-content{}的样式声明中，添加 box-shadow: 0px 8px 16px 0px rgba(0,0,0,0.5);全部保存后预览效果如图 7-65 所示。

图 7-65　下拉菜单的美化

8. 保存后退出

任务分析

1. 堆叠次序 z-index

在使用定位布局时，可能会出现盒子重叠的情况，通过 z-index 来控制盒子的前后次序，也就是 Z 轴。数值可以是正整数、负整数或 0，数字后面不加单位。默认是 auto，而 1 大于 auto，数值越大、盒子越靠上。如果属性值相同，也就是都是默认的 auto，则按书写顺序，后来者居上。当绝对定位脱标后对于标准流文档一般不需要设置 z-index，若要低于一层可设为负值。只有定位的盒子才有 z-index 属性。

2. 绝对定位的居中

加了绝对定位的盒子不能通过之前块元素中 margin:0 auto;的方法来水平居中，但是可以通过以下计算方法实现水平和垂直居中。水平居中的实现：先设置 left 50%:让盒子的左侧移动到父元素的水平中心位置，然后设置 margin-left 为负值，让盒子再往左侧移动自身盒子宽度的一半。垂直居中的办法和水平居中的办法一致。具体代码可参考如下代码。

```
...
    .box {
                position: absolute;
                left: 50%;
                margin-left: -100px;
                top: 50%;
                margin-top: -100px;
                width: 200px;
                height: 200px;
                background-color: aqua;
            }
        </style>
</head>
<body>
        <div class="box"></div>
</body>
</html>
```

思维拓展：绝对定位可以压住标准流中的文字。

通过浮动布局的脱标元素只会压住它下面的标准流的盒子，不会压住下面盒子里面的文字或者图片。但是绝对定位，包括固定定位会压住下面标准流所有的内容。浮动之所以不会压住文字，是因为浮动产生的目的最初是为了制作文字环绕效果。

3. box-shadow

box-shadow 向框添加一个或多个阴影。该属性几乎可以完成任何阴影效果。该属性是由逗号分隔的阴影列表，每个阴影由 2～4 个长度值、可选的颜色值以及可选的 inset 关键词来规定。省略长度的值是 0。具体说明如下。

第一个值代表 X 轴的坐标，第二值代表 Y 轴的坐标。这两个坐标值用来设置阴影偏移量，可以为负值。水平为负值则阴影位于元素左边，垂直为负值则阴影位于元素上面。第三个值是模糊半径，这个值不能为负数，值越大，模糊面积越大，阴影就越大越淡。默认值为 0，此时阴影边缘锐利。第四个值代表扩散半径，取正值时，阴影扩大；取负值时，阴影收缩。默认值为 0，此时阴影与元素同样大。inset 关键词可放在最后或者首位，默认阴影在边框外。添加 inset 后，表示为内阴影，也就是阴影在边框内（即使是透明边框）。

4. 版心

版心是页面中主要内容所在的区域，即每页版面正中的位置。版心是网页布局中非常重要的概念，指网页中的主体内容区域，一般会将页面核心内容放置在版心内。通常设计师在设计 PC 端网页时会将页面主要的信息内容置于页面中间的 1200px 范围内，这 1200px 也就是俗称的版心了。这里的 1200px 并不是指浏览器实际的宽度，这一宽度一般大于 1200px。

这是网页设计的规则之一，目的是帮助前端制作 PC 端的页面自适应。目前市面上主流的屏幕分辨率是 1920×1080px，此外还有 1440×900px 以及 1680×1050px 等。而设计师一般给出的设计图都是 1920×1080px 版的。

5. 固定定位

固定定位是比较直观而容易理解的定位方式，当元素的 position 属性设置为 fixed 时，这个元素就被固定了。固定定位可以直接以浏览器窗口作为参考进行定位，固定定位后元素位置不会随浏览器窗口的滚动条滚动而变化。固定定位的元素会始终位于浏览器窗口内视图的某个位置，不会受文档流动影响。除非在屏幕中移动浏览器窗口的屏幕位置或改变浏览器窗口的显示大小。可参考代码如下。

```
…
<style>
        .wx {
            position: fixed;
            top: 100px;
            right: 80px;
        }
          .wx img{
              width: 100%;
          }
</style>
…
```

这样该图片始终会固定于浏览器顶部向下 100px 向右 80px 的位置，除非缩小浏览器窗口，由于是固定定位，该图片也能压住下面标准流所有的内容。

除了固定相当于浏览器的位置，还可以固定在版心一侧，这样缩放浏览器时还是贴着版心一侧。具体参考代码如下。

```
…
<style>
        .w {
            width: 800px;
            height: 1400px;
            background-color:aqua;
            margin: 0 auto;
        }
        .fixed {
```

```
                position: fixed;
                /* 1. 走浏览器宽度的一半 */
                left: 50%;
                /* 2. 利用 margin 走版心盒子宽度的一半距离 */
                margin-left: 410px;
            }
             .fixed img{
                  width:100%;
             }
        </style>
</head>
<body>
        <div class="fixed">
        <img src="images/fixed.png" alt="">555
        </div>
      <div class="w">主题部分 800 像素宽</div>
</body>
</html>
```

这里考虑将版心设置为 800px 宽，固定定位边偏移首先通过 left: 50%;移动到浏览器水平线位置，由于版心也是居中的，那么版心的一半也就是 400px 在中线一侧，那么通过 margin-left: 410px;可以让图片移动到版心最右侧外 10px 的位置，效果如图 7-66 所示。

图 7-66　固定定位贴着版心

思维拓展：黏性定位。

黏性定位 sticky，可以被认为是相对定位和固定定位的混合，具有以下特点。

（1）以浏览器的视窗口为参照点移动元素（这一点具有固定定位的特点）。

（2）黏性定位占有原先的位置（这一点具有相对定位特点）。

（3）必须添加 top、left、right、bottom 其中一个才有效，与页面滚动搭配使用，IE 不支持。例如：position:sticky; top: 10px;。

思维拓展：轮播海报图的制作。

网页中常见的海报轮播图其中的左右翻页图标以及下端的罗列图片数目的图标均可以考

虑通过绝对定位加以完成。当然，具体轮播交互效果还是需要通过 jQuery 来完成。这里只关注通过绝对定位来展现图标效果，如图 7-67 所示。

图 7-67　海报轮播图中的绝对定位图标

整个轮播图结构可参考如下，这里先只展示一张图片。

```
<div class="lbanner">
        <img src="images/lbanner01.jpg" alt="">
        <!-- 左侧按钮箭头 -->
        <a href="#" class="prev"> &lt; </a>
        <!-- 右侧按钮箭头 -->
        <a href="#" class="next"> &gt; </a>
        <!-- 小圆点 -->
        <ul class="banner-nav">
            <li class="selected"></li>
            <li></li>
            <li></li>
            <li></li>
        </ul>
</div>
```

其中，左右按钮箭头的定位分成两步，第一步是垂直居中，第二步是一个左侧定位、另一个右侧定位，具体样式可参考如下。

```
.prev,
        .next {
            position: absolute;
            /* 绝对定位的盒子垂直居中 */
            top: 50%;
            margin-top: -15px;
            /* 加了绝对定位的盒子可以直接设置高度和宽度 */
            width: 20px;
            height: 30px;
            background: rgba(0, 0, 0, .3);
            text-align: center;
            line-height: 30px;
            color: #fff;
            text-decoration: none;
```

```
        }
        .prev {
            left: 0;
            /* border-radius: 15px; */
            border-top-right-radius: 15px;
            border-bottom-right-radius: 15px;
        }
        .next {
            /* 如果一个盒子既有 left 属性也有 right 属性，则默认会执行 left 属性。同理，top bottom 
会执行 top */
            right: 0;
            /* border-radius: 15px; */
            border-top-left-radius: 15px;
            border-bottom-left-radius: 15px;
        }
```

底部的罗列图标小圆点的样式，可参考如下代码。

```
    .banner-nav {
            position: absolute;
            bottom: 15px;
            left: 50%;
            margin-left: -35px;
            width: 60px;
            height: 13px;
            /* background-color: pink; */
            background: rgba(255,255,255, .3);
            border-radius: 7px;
        }
        .banner-nav li {
            float: left;
            width: 8px;
            height: 8px;
            background-color: #fff;
            border-radius: 50%;
            margin: 3px;
        }
        /* 不要忘记选择器权重的问题 */
      .banner-nav .selected {
            background-color: #ff5000;
        }
```

同步测试

一、单选

1．下列哪个不是默认的块级元素结构？（　　）

A．nav　　B．li　　C．div　　D．img

2．对于 CSS 选择符，下列表示分组选择符的是（　　）。

A．p.aa　　B．h1 span　　C．h1,h2　　D．#p:hover

3．在定位属性中表示绝对定位的是（　　）。

A．fixed　　B．absolute　　C．relative　　D．static

4．下面不属于 CSS 插入形式的是（　　）。

A．内联　　B．外部　　C．嵌入　　D．索引

5．在边框样式中下列哪种方式表示实线边框？（　　）

A．none　　B．dotted　　C．soild　　D．dashed

二、判断题

（　　）1．内联标签是不能设置宽度和高度的。

（　　）2．标准盒模型中的总宽度等于边界+填充+宽。

（　　）3．线性渐变色：radial-gradient ( )产生圆形或椭圆形的渐变效果，渐变颜色从圆心向外发散式渐变。

（　　）4．圆角边框：border-radius，半径值可填写 1～5 个参数，根据填写参数数量的不同，效果有所区别。

（　　）5．当需要定义焦点状态样式时，可以通过伪类“:focus”设置。

三、操作题

1．完成类似商品详情页效果图的切片，如图 7-68 所示。

图 7-68　商品详情页效果略图

2．通过样式对完成切片的商品详情页进行布局。